1　『食道楽』 冬の巻

大隈重信《おおくましげのぶ》邸花壇室内食卓風景.『食道楽』は，村井弦斎《むらいげんさい》が著した料理小説で六百数十種の料理を紹介してベストセラーとなり，その口絵として使われた. 掲載料理の一部は弦斎の妻と親戚であった大隈の料理人の指導もあったという. 口絵に大隈邸が使われたのもそうした関係であろう. 盛装した紳士淑女の食事風景は上流階層の家庭から受容されはじめた西洋料理への憧憬《しょうけい》をも伝えている. 明治後期には家庭向け西洋・和洋折衷《せっちゅう》料理書の刊行が相次ぐ.

清水寺観音に願をかけ，人間の長者の娘と結婚する．しかし，鼠とわかって娘は逃げかえり，台所の様子が描かれている．魚売り，調理の様子，室町時代に形成された料理流派による層の饗応《きょうおう》の様子がうかがえる．

3　加賀藩江戸屋敷の足軽・聞番長屋から出土した陶器

大名屋敷には，下級武士が住む長屋があり，単身赴任の暮らしが営まれたという．聞番《ききばん》は，江戸時代，大名家の交際，幕府との連絡に当たる渉外係，留守居である．加賀藩江戸屋敷の長屋から出土した陶器類は，磁器類よりも多く，碗や皿類といった食器類が多いという．その什器類は出入りの商人から安価に大量に購入したものと思われ，なかには，単身赴任の慰《なぐさ》みに仲間と飲んだとも思える大量の徳利《とっくり》もある．

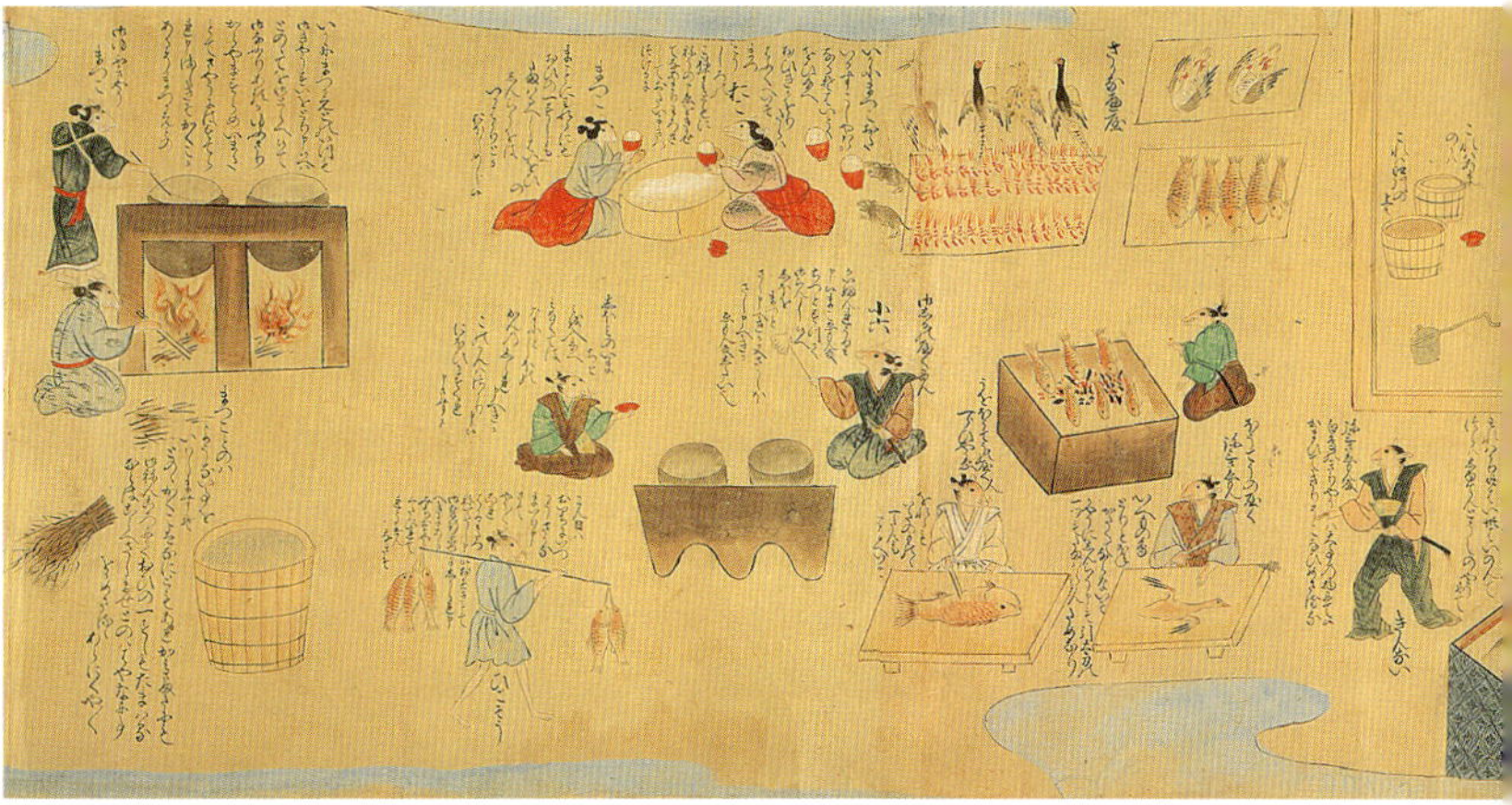

2　『鼠草紙絵巻』　室町時代の『御伽草子《おとぎぞうし》絵《え》巻物《まきもの》』で著者は不詳．京都堀川に住む鼠《ねずみ》が，鼠は高野山に出家するという物語．本図の部分は，婚礼とその準備の魚鳥の庖丁《ほうちょう》式，茶の湯の場を整える様子，酒の準備など中世の上流階

4　「甲子春黄金若餅」

歌舞伎《かぶき》役者をモデルにした餅つき風景を描いた錦絵．餅は様々な行事につくことが多く，正月を迎えるためには例年 12 月 15 日よりつきはじめ，武家の屋敷では御膳所《ごぜんしょ》で，町屋でも賑《にぎ》やかにつく．また，注文を受けた家の前で餅つきをする賃餅《ちんもち》または引きずりと称す餅つきもみられた．この図は「甲子《きのえね》若餅」とあるところからみると，元日になってからつく餅を指している．小正月につく餅も「若餅」という地域もある．

5　飢饉に襲われた東北の子供たち

昭和 9 年(1934)東北を中心に起った冷害による凶作で農家は飢饉に見舞われた．図は生大根をかじる岩手県青笹村の子供たち．

6　学校給食の風景

第二次世界大戦後，全国の児童・生徒を対象に再開された学校給食は，米不足からパンとミルクでスタートした．昭和 51 年（1976）に米飯給食《べいはんきゅうしょく》が導入されて以降，少しずつ米飯の割合が増加し，栄養面だけでなく食文化，地産地消《ちさんちしょう》などの面からも見直しが行われ，各地域・学校に特徴ある内容の工夫が行われている．この図は，地域の小麦粉を使用したうどんを取り入れ，子どもたちが身近な食材を意識できるよう工夫した日の給食風景である．各地域の食材を使ったこのような献立は，地域の食文化を再評価する教育にもつながっている．

日本食物史

江原絢子・石川尚子・東四柳祥子［著］

吉川弘文館

目次

食べるということ

食物となったもの

アフリカで誕生した人類の祖先は、長い時間かけて世界中を移動しながら、各地域で手に入る動物・植物を食物として利用し、生命を維持し、子孫を残す営みを続けてきた。ヒトは雑食性のため、野山の動物・植物、海や川の魚介類、空を飛ぶ鳥類、昆虫なども食物としてきた。そのために、人々は地球上の至る所に生活の場を広げることができ、さらにそれぞれの地にあった牧畜や農耕の方法を考案して安定した食料を確保し子孫を増やしていった。

人々は、主要な食物として、生きていくうえでもっとも重要なエネルギー源となるものを選択した。動物類ではフグのように毒のあるものを除けば、肉も内臓もほとんどそのままでも栄養的に優れた食物となった。しかし、それらは、継続的に安定して確保しにくいことが欠点であった。大量にとれた場合に、干す、加熱する、塩漬けするなどの工夫が食物を広げていくことにもなったが、より安定した、安全な食料を求めて、人々は植物も食物として利用しようとした。しかし、植物は人間にとって動物ほど食べやすいものではなかった。その多くはエネルギーに乏しく、消化しにくい繊維が含まれていた。また、多くの植物にはアクが含まれ、そのままでは苦くて食べられないもの、生命を脅かす毒のあるものもあった。

火を使ったもっとも単純な調理は、直火で焼くことである。魚・肉などは焼く方法で簡単に柔らかく食べやすく、細菌などによる危険から人々を救うことになり、また保存性も高まった。水が豊富にあった日本などでは、ゆでる、蒸す、煮るなどの水を使う調理法が、比較的早くから発達し、直火焼き以上に飛躍的に食物の範囲を広げることになった。

現在でも米は水を加えて加熱し、小麦粉は水で捏《こ》ねて焼いてパンに作り、うどんに切ってゆでるなどの加熱を行い、通常生のまま食べることはほとんどない。穀類やイモ類の主成分はでんぷんで、エネルギー源となる主要な食品類であるが、でんぷんは、水と加熱によってはじめて生のでんぷんの構造が変化し、消化液の作用を受けやすくなる。イモは水分を含んでいるためそのまま焼くか蒸すことで食べられる状態になる。さらに、植物の多くに含まれるアクは、水に溶けるために、水にさらすか、ゆでることで取り除かれることが多い。とくに縄文時代の主要な食料であった木の実の多くは、アク抜きを必要とするドングリやトチの実であった。

良質な水が得られないところでは、油を利用して加熱する調理が発達しているが、日本では、油を用いた調理の発達はむしろ遅く、中国など外国の文化の影響を受けるまではほとんど発展はみられなかった。逆に刺身など生の調理は、日本のような良質な水のある地域で発展したといえよう。

でんぷんを多量に含む食品の多くは、貯蔵性もエネルギーも高く、安定した食料となり得たことから、イモ類、穀類の栽培が始まった。とりわけ、イネ科の植物であるイネ、ムギ、雑穀類、トウモロコシは無毒であったため、各地域の環境に合う作物が選択され、世界各地で栽培され利用された。肉類の安定確保には、牧畜が行われたが、日本は、漁業が発展し牧畜の発展は遅れた。

以上のように、調理することにより、生では食べられなかったものを食物にかえていく工夫はつぎつぎに行われたが、人々の生活にゆとりができ、社会に階層差が生じると、食物に対して、生命維持や成長などの目的だけではなく別の役割が求められるようになる。

「食べる」行為は、動物的、醜い行為ととらえられ、羞恥心《しゅうちしん》からも食べる行為を見せたくない、話題にしないという考え方が生じるが、いっぽうで共に食べることで、仲間としての意識を確認する必要もあり、一定の階層、儀式などに共通した食事作法が生まれた。

よりおいしい、見ても美しい料理を工夫し、その料理を盛る器や膳などを考案することは、社会的地位を示すものともなり、楽しみのための料理・食器などを重視した、より人間的な食の世界を作り上げることにもなった。こうして食物の範囲やその役割は、地域の自然環境や社会・経済の影響を受けて広がり、それぞれの地域に独自の食文化が形成された。

日々の食事

私たちは、毎日食事を摂取しているにもかかわらず、それを記録することは少ない。各時代の人々も同様であったために、特別の日の食事記録は残されても日常の食事記録は残されていないことが多い。そのうえ衣類などと異なり、食物に関しては、長い年月を経て残るものは、種子、魚・獣肉の骨、貝殻などわずかで、ほとんど消えてしまうために後の人が検証することは難しい。

しかし、最近は考古学の分野にいろいろな高度の分析技術がつかわれるようになり、記録に残らない食物についても明らかにされるようになった。とりわけ原始・古代の人々が何を食料としたのか、より正確な推察が可能になってきている。イネ、ムギ、キビなどのイネ科植物の葉部などの細胞組織に集積されるガラス成分の珪酸《けいさん》体がそのまま一万年でも土中に残留することを利用して、これを分析し、植物の種類を特定しようとするプラントオパール分析と呼ばれる方法がつかわれている。そのほか、DNA分析、炭素の安定同位元素分析などの発展により、米や麦がいつから食べられていたのかを推察し、イノシシだけでなくブタも飼育されていたのではないかなど、これまでとは異なる視点から、原始・古代の日常の食材が明らかになろうとしている。

環境と食文化

自然環境により、生育する植物、生息する動物が異なるために、何を主食物とするかは、それぞれの地域で異なっている。たとえば、小麦粉の栽培は、夏期に乾燥した地域に適し、世界の広範囲で栽培され、小麦粉として利用される。そのためにパンなどを中心にしたヨーロッパ、インド北部、西アジアなどの食生活を粉食文化とも呼ぶ。これに対し、夏期の高温多湿地域に生育しやすい米を主食物としている東南アジア、日本、中国南部などの食文化は粒食文化とよばれる。

日本は、粒食文化を特徴とし、他地域同様、酒・味噌・醤油《しょうゆ》など発酵食品を発達させた。日本酒の発酵技術は、大陸からもたらされたとはいえ、大陸からのものとは異なるコウジカビが使われ、地域の米・水により特徴ある味の酒造りが行われた。

また、日本の水は、前述したように縄文時代から水さらしの技術を発達させていたために、それを応用して、くず・片栗粉など植物の根のでんぷんを製造した。江戸時代の飛騨の村では農閑期にわらび粉の製造が行われ、和傘の糊として販売され、村人の現金収入となった。伝承された水さらしの技術を用いて原価のかからない水とわらびから製造するでんぷんは、米の栽培もできない地域で貧しい人々の暮らしをつないできたともいえよう。

日本は、原始・古代からたえず中国・朝鮮半島の文化の影響を受け続け、模倣、折衷などをくり返し、日本の文化に融合させてきた。また、ポルトガルの甘味文化は江戸時代の和菓子に影響を与えた。さらに、近代以降の西洋文化の受容により、それまでの肉食禁忌が崩壊し、家庭料理に積極的に折衷料理を取り入れるきっかけとなった。

食と時代

食生活の時代区分は、政治的区分とは必ずしも一致しないため、食生活の画期をその区分とすることが必要である。しかし、一般的にはわかりにくい。そこで、本書では食生活の変遷を、

一　原始・古代の食生活――穀類中心の食生活の形成

二　中世の食生活――食事様式の形成

三　近世の食生活――日本料理の完成と普及
四　近代の食生活――西洋文化の受容と折衷化
五　戦中・戦後の食生活――飢餓の体験
六　現代の食生活――飽食と食スタイルの多様化

の六つに分け、それぞれの章に代表的な食生活上の特徴についての説明・記述を加えた。

食生活の画期は、それぞれの時代区分に含めて記述した。たとえば、明治後期は、日本が工業化に向かうなかで、家族形態が変化し、給与所得者が増加し、農村地域では、養蚕による現金収入が増加するなどにより、人々の食生活は大きく変化した。そのため明治後期は、江戸時代以来の食生活が変化する画期となったともいえる。

また、室町時代に形成された武家の饗応《きょうおう》料理である本膳《ほんぜん》料理形式は、江戸時代後期には各地の農村地域にも普及し、婚礼などの儀礼食として定着し、明治、大正時代へと引き継がれる。その内容や食事構成は、社会・経済の変化とともに変わり、地域での本膳料理の多くが簡略化され、やがて料理屋の仕出しに依存するようになる。その画期である明治後期には、本膳料理の形態は次第に会席料理形式へと変化する。

このような料理形式の形成と変化は、中世と近世の両方で扱う場合もあり、流れを説明する必要のある場合は、近世で近代の一部を扱う場合もある。また、安土桃山時代の内容は中世的内容が含まれるものもあるが、主に近世初期として扱った。しかし、懐石料理の形成・発展などは、成立期である中世で扱うなど時代区分の扱いには、両方の区分にまたがるものもある。

食物史の軌跡

食物の歴史を通史的に扱った書物はすでに何種類か出版されている。管見の限りのもっとも古いものは、大正十二年（一九二三）に刊行された宇都宮黒瀧著『食物史』（国史講習会）である。この書の前半は、太古から江戸時代、現代（大正時代）までの通史を扱い、その後の章は、魚介類・穀類・根菜類・葉菜類などに分類してそれぞれの食品の歴史が記され、後半部分に重きが置かれている。しかし、出典など根拠となる史料の提示はほとんどなく、物語風の記述ともいえる。たとえば、江戸時代の「料理法」の項では、「宝永の頃から天麩羅といふ物を製する様になった。これは魚介を油で煠いたものであるが、後には日本橋の吉兵衛といふ者が精製して、特に天麩羅ばかりを業とする様になった」などのように記されている。

また、翌年の大正十三年刊行の『美味求眞』（木下謙次郎）には、一部の節に「日本の食物の変遷」として簡単な通史がある。三〇ページ程度の記述であるが、これには、『古事記』『朝鮮通信使の日本往復日記』などの出典や秀吉の九州征伐の際の具体的献立の紹介などがある。その内容は、その後の書物にほとんど引用されていないが興味深い。

その後約十年後の昭和七年（一九三二）、趣味の飲食物史料研究会編『趣味の飲食物史料』が出版された。これには、「神代の飲食物史料」「仏教渡来後の飲食料」「上代から大正昭和の飲食料史料」

などの解説がある。しかし、主要な部分は、「原料及加工飲食料」であり、構成上は、前述の宇都宮の書物と同様である。しかし、この書には、当時の米実収の統計資料や栄養価などが記されている点で、前者とは異なっている。その後は、櫻井秀・足立勇著『日本食物史』(雄山閣　一九三四)及びそれに続く笹川臨風・足立勇著『近世日本食物史』(雄山閣　一九三五)が刊行される。前者は、近世以前の内容、後者は近世となっており、食物と人々の暮らしの関連も豊富な史料とともに記されている。この書に掲載されている史料の多くが戦後刊行される複数の食物史に掲載されており、この書が戦後の食物史に与えた影響は大きいといえる。この書は、昭和四十八年に『日本食物史』上・下として復刻された。

戦後になると、いろいろな分野の著者が通史的食物史を刊行するようになり、「食物史」以外に「食生活の歴史」「食生活史」と人々の生活に視点を置く書名を持つ本もみられるようになる。森末義彰・菊池勇次郎著『食物史』(一九五三)、瀬川清子著『食生活の歴史』(一九五六)、樋口清之著『日本食物史　食生活の歴史』(一九六〇)などに続き、吉川弘文館より発行された渡辺実著『日本食生活史』(一九六四)がある。この書物は筆者が食の文化、食の歴史の研究に取り組むきっかけとなった書物でもあり、紀元前後から昭和戦前期までの食物と人とのかかわりの歴史が記されている。当時、家政系の大学では、「食物史」と称する科目名が多かったが、書名を「食生活史」とする本が刊行されるようになると、少しずつではあるが、科目名称も「食生活史」となり、その後は「食文化論」と変わっているところが多い。

昭和五十五年以降には、安達巌『日本型食生活の歴史』(一九八二)、石川寛子他『食生活と文化　食のあゆみ』(一九八八)、原田信男『木の実とハンバーガー　日本の食生活史の試み』(一九九五)、高木和男『食からみた日本史』(一九九七)、原田信男『和食と日本文化　日本料理の社会史』(二〇〇五)など、多様なタイトルの書物が刊行され、近代、現代の食生活についても論じられている。まだ眠っている史料の掘り起こしが進めば、今後も新たな食の歴史書が著されるであろう。

食物史の地平へ

本書は、日本における人々と食のかかわりの歴史を綴ったものである。『日本食生活史』で示された重要な視点を引き継ぎつつ、四〇年以上を経ているために当時には盛り込むことができなかった新たな視点を加えたつもりである。『日本食生活史』では、当時まだ史料が不十分であった庶民や農民の食生活についての視点がみられる。現代においても文字を残すことの少ないそれらの人々の食生活の記録や上・中流であっても記録されることの少ない日常食に関する内容を掘り起こし、できるだけ人々の食生活の実態を描き出すよう努めた。また、『日本食生活史』ではほとんど語られなかった近代・現代の食生活の比重を重くした。近代以降でも一四〇年、第二次世界大戦後も六〇年以上を経ているためである。また、江戸時代の部分の比重も比較的重いが、近代・現代に伝えられている日本的食文化の多くが江戸時代に形成されたためでもあり、史料も多く、研究の蓄積が厚いためでもある。

本書ではできるだけ最近の研究を整理し、新しい知見を紹介するよう努めた。古代・中世では、史料が限定され、日常食を推察することは簡単ではないが、市場で売られた食品から日常食を予測するなどの試みを行なった。近代以前の史料では、身分、地域などにより食生活の内容は異なると思われるから、解読や考察を慎重に行う必要がある。また、文字通り主食であった米や麦、雑穀など穀類の「飯」をはじめ副食物を量的にどれだけ摂取していたのかについてはさらに史料が少ないためにこれまでの書物でもほとんど取り上げられていない。本書でも限定された史料ではあるが、日常食の内容だけでなくその量についてもできるだけ検討した。その結果、近代以降においても米食率はやや上がり、雑穀食は減少するものの、主食に依存した食生活は高度経済成長期以前まで継続することを示した。最後に、全体の流れをみるために、やや詳しい年表を作成した。

人々の暮らしの変化とともに、食事の構成、食べ方なども変化している。その歴史をたどることで、現代の食生活の課題やその要因やこれからの食生活の方向性を考えるヒントとなればと思う。また、各時代に生きた人々が食を通して考えてきたことや行動などから、今日に通じる人々の心を感じ取ることができればとの期待も込めている。

（江原絢子）

一　原始・古代の食生活——穀類中心の食生活の形成

1　自然食から栽培へ

採集狩猟の食　日本列島では、約四万年前の石器の出土からみて、その頃には、ヒトが生活をしたことが明らかであるとされ、ナウマンゾウなどの大型草食動物が最大の食料源であったという。その後、約二万年前の氷期を経て、大型獣が姿を消し、シカ、イノシシ、ウサギなどの中小動物へとかわり、温暖化が加速すると、東日本の内陸から東北にかけてナラ、ブナ、クリなどの落葉樹が増加し、西日本から東日本の海沿いの低地にかけては、シイやカシが茂る照葉樹林が発達し、旧石器時代から縄文時代へと時代が大きく変化した（松木　二〇〇七）。

縄文時代は、草創期（一万五〇〇〇～一万一〇〇〇年前）から晩期（三二〇〇～二八〇〇年前）まできわめて長い期間があり、また、日本列島の各地域は、それぞれ自然環境も異なるために、人々の生活のあり方は一様ではない。しかし、これまでの研究結果をみると、食料の確保には、自然環境に応じて獲得可能な動物、魚介類、堅果類などの植物を狩猟、採集し、これを加工、保存して食料の安定を

図1　イルカ骨の大量出土発掘風景

はかるくらし方を基本とし、狩猟・採集や加工に必要な技術と道具の開発、保存技術の発達によって、しだいに各地域に特有の生活形態が確立されたといえる。人々は、食料獲得を効果的に行うために集落を築き、共同作業によって、より高度な技術を磨いた。

堅果類の加工については、次項に述べるとおりであるが、主要な食料として加工するためには、いくつかの行程と大量の水、多くの人手を必要とするものが多い。そのためか、埼玉県赤山陣屋跡遺跡などにみられるように、堅果類加工施設が、少なくとも三ヵ所の集落遺跡から同程度離れた場所に設置されている例が報告されており、そこが複数のムラの共同作業場であった可能性が指摘されている（金箱　一九九六）。このようなムラを越えた集団の成立は、地域社会の誕生につながり、安定した農耕社会出現の可能性へとつながることを示唆しているともいえる。

また、石川県真脇《まわき》遺跡《いせき》では、縄文前期から晩期にわたりイルカの骨をはじめとする動物遺体が出土し、能登半島・富山湾沿岸のイルカ漁が生業として重要な位置づけとなっていただけでなく、縄文人の定住化とも密接な関連をもっていたという報告（加藤　一九九六）もある。この狩猟方法は、イルカを追い込む入り江を持つ場が必要であり、多人数の人々が協力して実施しなければ成立しない方法であった。その集団にはリーダーが存在し、祭祀など儀礼も行われ、地域特有の狩猟形態が成立していったことがうかがわれる（西本　一九九六）。

　また、縄文時代早期から中期前葉までの遺跡である滋賀県粟津《あわづ》湖底《こてい》遺跡では、貝塚の貝類はセタシジミが七七％ともっとも多く、魚介類では、コイ、フナが魚類の五三％以上を占め、さらに獣の骨ではイノシシが三二％、次がスッポンの一八％である。さらに堅果類でみると、コナラ類が三八％、トチノキが三一％、ヒシ類が二八％である。これらをエネルギーに換算し、エネルギーに占める食料の割合を算出した報告（伊庭　一九九六）によると、もっとも多くのエネルギーを供給していたのはトチノキの四三・五％、次がしじみの一八・五％、ヒシ九・一％、イノシシ七・五％、フナ六・三％の順になっており、堅果類をあわせると、五八・五％と約六割になる。また、魚介類は三二・八％、獣類は八・七％とある。縄文人の暮らしにとって、堅果類が重要な食料源となっていたことを物語るものでもある。また、イノシシや、シカが一般的な遺跡に多いのに対し、青森県三内丸山遺跡では、ノウサギ、ムササビなど小動物が多く、魚類は、マダイ、ヒラメ、カツオ、ブリなど海魚が中心であるが、オニグルミ、クリなど堅果類の花粉が多くみられ、DNA分析によりクリ栽培の可能性が指摘されている。このような大型の集落においても、動物性食品より、植物性食品に依存した生活が営まれたことがうかがえる。とくに、一年生草本の産出からヒエを含めた草本種実食の可能性が指摘されており、農耕社会のはじまりが考えられるという（岡田　一九九六）。

また、東京都北区中里貝塚から発見されたカキの養殖施設は、地面に立てられた木杭の回りに大型カキの付着が認められ、カキの処理場も発見された。生産と加工のプロセスがシステマチックに行われていた様子がうかがわれる（大島　一九九八）。ここでも定住のための生業が成立していた可能性が考えられる。

以上のように、縄文時代の食料は、採集・狩猟を基盤として成立していたといえるが、魚介類が大きな位置を占めている地域や植物や獣肉を中心としていた地域など、自然の環境により、そのくらしはかなり多様であったことがうかがえる。

木の実の加工・調理　二〇八ヵ所の縄文時代の遺跡の調査をした渡辺誠は、三九種（昭和五十年〈一九七五〉現在）の植物遺体を挙げており、そのうちイネもみられるが、それは弥生時代の幕開けを示すもので、縄文時代の基本的性格とはいえないと述べ、クルミ、ドングリ、クリ、トチの順で出土率が高いと指摘している（渡辺　二〇〇〇）。これらの堅果類は、クルミやクリのようにアク抜きを必要としないものと、トチやドングリの一部のようにアク抜きをしなければ食用とならないものがあり、その分布については地域差があると述べている。クルミは、現在日本全域に自生するが、縄文遺跡では北海道から近畿地方にかけて出土している。いっぽう、クリは青森から高知までの範囲に出土し、とくに東北地方から中部地方に多い。ドングリ類は、シイ類のようなアク抜き不用のものもあるが、ナラ類、カシ類はアク抜きが必要である。ナラ類は落葉広葉樹林帯に生育し東北日本に多く、カシ類は照葉樹林帯にあり西南日本に多く分布していた。さらに、トチは、落葉高木で、東北地方から近畿地方の遺跡に分布している。すなわち、東日本では、クルミ、クリ、トチの占める割合が八四%を占め、近畿地方以西ではカシなどドングリ類の割合が高く、脂質を多く含むクルミを含んだ東日本の食料資源の価値が高いとする指摘もある（松山　一九八二）。

トチの実には、サポニンなどが含まれ、アクが強くそのままでは食用に適さない。現代のアク抜き法から見ると、まずトチを乾燥させ、ぬるま湯で一日おき、さらに湯を入れて温めると内皮が浮くので、皮をむく。これを器に入れ、水に浸すとアワがでるので、アワがなくなるまで毎日水を替えて二週間くらい水さらしを行う。これを鍋で四、五時間温める。そこに木灰を加え、渋抜きする。これを水洗いし、水さらしすると澱粉《でんぷん》が得られる。これからみても、調整にはきわめて手間がかかるといえよう。また、ドングリには、加熱と水さらしの両方を伴う東日本のナラ類と水さらしのみでアク抜きを行う西日本のカシ類とがある（佐々木　一九八六）。

これらの木の実が食用として重要な役割を果たしたのは、長く保存できることで、安定した食料源となった。また木の実を調整した成分を現代の分析結果（松山　一九八二）でみると、一〇〇グラム当たりのエネルギーはトチの実で約三七〇キロカロリーあり、クヌギの粉は三四〇キロカロリー、オニグルミ六七二キロカロリー、カヤの実六一二キロカロリー、ブナの実五二四キロカロリーで、現在の食品成分表でみる精白米の三五六キロカロリーと比較しても、きわめてエネルギーが高い。また、精白米のたんぱく質九グラムに対し、トチの実三グラム、クヌギの粉六グラム、オニグルミ二四グラム、カヤの実一二・二グラム、ブナの実二五グラムである。さらに、木の実には、精白米にはほとんど含まれないカルシウムなど無機質が豊富なものが多く、栄養的に見ても優れた食品といえよう。

これらは、縄文時代だけでなく、弥生時代はもちろん、近代に至るまで救荒食品としても利用されてきた。現代ではトチの実の抽出物に抗炎症作用等薬理作用があることも報告されている。これらの木の実は、焼いてそのまま食べられるクリやシイなどのほかは、石皿などで粉にしたものに水を加えて練り、パン状に焼いたものがあったと考えられている（佐々木　一九八六）。

　また、木の実のアクを除く水さらしの技術は、その後も各種のでんぷんを採取する上に利用された。たとえば、くずでんぷん、片栗でんぷん、ワラビでんぷんなどである。水さらしには大量の水を必要とする。アクの成分の多くは水溶性のため、ゆでることや水にさらす操作は、アク抜きのもっとも有効な方法といえる。トチの実の何日もかかる水さらしには、おそらく川の水が使われたと考えられる

図2　クルミの入った貯蔵穴
（新潟県和島村　大武遺跡）

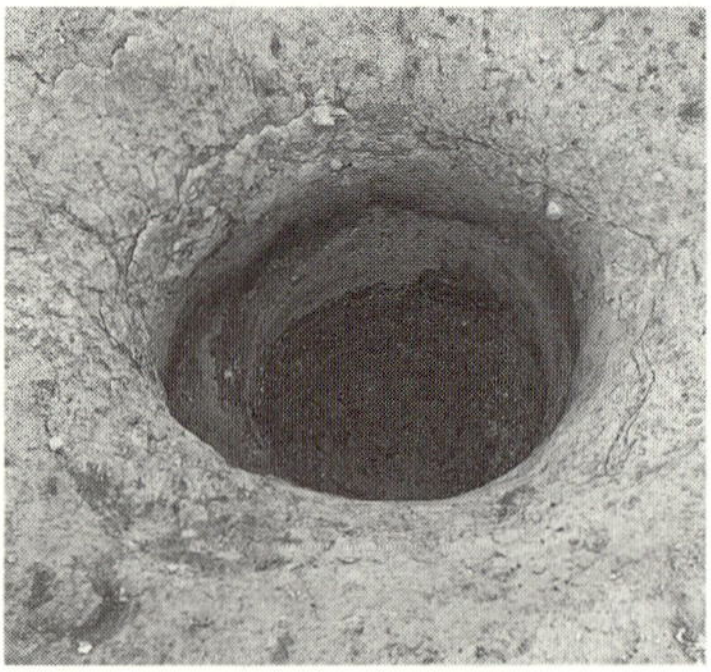

図3　ドングリの貯蔵穴
（富山県小矢部市）

が、日本の水の豊かさが大量の水を使用するアク抜き技術の開発を可能とした。このような自然環境のなかで人々は、木の実や植物の根から水さらしによってエネルギーの豊富な安定的食料を獲得してきた。

麦・雑穀類の栽培　ムギ類は、一年生イネ科の植物で、コムギ、オオムギ、エンバク、ライムギなどがある。日本には、縄文末期から弥生時代に伝来した。また、雑穀類は、澱粉を豊富に含むだけでなく、たんぱく質、無機質、ビタミン類も豊富に含み、有毒物質がほとんどないこと、長期保存が可能なこと、痩《や》せた土地でも栽培でき、比較的気候の変化や病虫害を受けにくいという特徴を持っている。日本で古くから栽培されていた雑穀として、アワ、キビ、ヒエ、トウモロコシ、ハトムギなどがある。これらは、稲作以前の農耕文化の主役的役割を果たしてきたとされているものの、稲作以前に雑穀類が広く栽培されていたというデータは、実際にはそれほど集積されてはいないという（阪本一九八三）。また、農耕がいつからはじまったかについても、その時期は諸説があって、明確にされていない。

縄文時代中期の遺跡、諏訪市荒神山で出土したものが、アワ状穎果の炭化物であると報告されたが、走査電子顕微鏡の鑑定結果では、それはシソ科のエゴマとされるなど、正確な判定は難しいという（宮坂　二〇〇〇）。また、縄文時代中期の三内丸山遺跡で、ヒエのプラント・オパール（葉脈に沿ってついている細胞壁に珪酸《けいさん》が集積してガラス化したもので、数万年でも土中に残るため、これを測定することで、イネ科等の種類を識別できる）が検出されたことなどにより、東日本ではヒエが、西日本ではイネが栽培されていたとする説もある（佐藤　二〇〇〇）。

弥生時代になると、大阪芝遺跡、千葉城の腰遺跡、岡山上東遺跡などにコメとともに、アワ、ヒエが出土し、後期以降は、東日本でアワ、ヒエの検出例が目立つ。しかし、調査された一九三遺体のうち、イネが六四・七％と最も多く、次がムギの一六・八％であるが、ヒエは五・六％、アワ四・六％、エノコログサ三・一％、キビ一・五％、ソバ一・五％、モロコシ〇・五％と雑穀類の出土は多いとはいえない（寺沢　二〇〇〇）。

種子圧痕とプラント・オパールの分析研究（黒尾・高瀬　二〇〇三）によると、オオムギは北海道から九州の五一遺跡のうち、茨城以南の九遺跡にみられるが、コムギは長崎の一遺跡にしかみられない。また、弥生時代以降の遺跡では、一六八遺跡中、西日本の一一遺跡にオオムギがみられるものの、コムギは、山口の四遺跡、福岡三遺跡、長崎一遺跡にみられるのみで、とくにコムギは少ない。また、雑穀についてみると、縄文時代の北海道の遺跡には調査遺跡のほとんどで、ヒエ、イヌビエが見られるが、その他の地域では少なく、アワもわずかに出土している。さらに弥生時代（一部に縄文晩期、古墳時代を含む）の遺跡では、ヒエの出土はやや広がりをみせ、アワも全国にやや広がりがみられるが、イネの出土例に比べてきわめて少ない（黒尾・高瀬　二〇〇三）。

いっぽう、古代の文献を見ると、『日本書紀』に、「粟、稗、麦、豆」を陸田種子（ハタツモノ）、イネを水田種子（タナツモノ）と称した農業神話があり、『続日本紀』の粟作奨励に関する詔には、飢饉に備え、アワの栽培を課しているだけでなく、イネのかわりに田租として納入できると述べている

（鋳方 一九七七）。しかし、ここにはヒエはみられない。ヒエには、自生のイヌビエ、栽培ヒエに近いが小型、現在の栽培ヒエの三種があり、前者二種が縄文ヒエと仮称されている（黒尾・高瀬 二〇〇三）。『万葉集』には、イネの中に生える有害雑草で除草の対称とされ、『倭名類聚抄』には、ヒエは草に似た穀との説明がある。これらのことから見ると、雑穀でもヒエとアワの位置づけはかなり異なっていたと考えられる。

また、『延喜式』民部式の交易雑物のなかに、麦と雑穀を探してみると、尾張国（稗子五石）、参河《みかわ》国（黍子二〇石）、阿波国（粟二〇石）、丹波国（粟一〇石）にみられる程度で、多いとはいえない。雑穀の生産が少なかったのか、交易物とする程の価値が置かれていなかったのか、明らかではない。律令国家における陸田政策の調査によると、当初はアワが重視されていたが、養老六年（七二二）・七年を境として、ムギを中心とした雑穀栽培奨励が盛んになった。その後、ヒエ、ソバなどもみられることが報告されている（伊佐治 二〇〇三）。また、同じ『延喜式』には、「正月最勝王経斎会料」に「白米、黒米、糯米、黍、稗、胡麻、大麦、小麦、大豆各四斗東西寺領請備供」とあり、さらに「践祚大嘗会解斎、七種、御粥料」に「米、粟、黍子、稗子、篁子、胡麻子、小豆各二斗」とあるほか、「正月十五日、供御七種、粥料」にも粟、黍、稗が記されており、儀式用に雑穀が用いられている。これから見ると、それら雑穀が栽培されていたことがうかがえるとともに、必ずしも低い位置づけであったともいえないであろう。

イモ類の栽培と利用　日本では、稲作として発展した水田稲作民的農耕文化型とは別に、畑作民的農耕文化型として雑穀やイモ類など根栽農耕を中心とする文化が発展したとする説は、坪井洋文《つぼいひろふみ》が『イモと日本人』及び『稲を選んだ日本人』のなかで述べたことで、その後の文化発展説に影響を与えた（坪井　一九七九・一九八二）。

民俗学的調査によると、特定の作物を栽培することや食べることを禁忌《きんき》とする特定の集団があり、新年に神仏への供物として餅を重視し、儀礼的食物として雑煮《ぞうに》を食べる儀礼集団と、サトイモ類を新年の儀礼食とする集団の存在が認められるという。後者の集団では、稲を象徴とする食品である餅を、新年に調理することや食べること、供えることを禁忌とした習慣を継承している場合や餅を禁忌とするまでには至らないものの、イネ以外の作物によって調理したものを餅より優先している民俗があり、坪井は、これを「餅なし正月」、または「イモ（里芋）正月」と呼んでいる（坪井　一九七九）。

稲作以前の農耕については、種々の説があるようだが、焼畑で栽培されたと推察される作物にアワ、ヒエ、ソバ、シコクビエなどの雑穀類、ダイズ、アズキなどの豆類、サトイモ、ムギなどがあげられている（佐々木　一九八六）。しかし、焼畑文化は、稲作と同時、または以後とする説もあり、実証されるまでには至っていない（小山　二〇〇五）。

考古学的にイモの存在を検証することは、イモの根茎が土中に残らないため、困難なことと考えられてきた。しかし、近年遺跡の土壌に残されているデンプン粒の分析が可能となり、京都府の縄文前期初頭の遺跡からムカゴが検出されている。これが栽培種とは判断できないものの食用とされていたとされる（松井a　二〇〇七）。

サトイモがいつから栽培されていたのかについては明らかにされていない。サトイモはサトイモ科の多年草で地中にある茎が肥大したものである。親イモに子イモがつくものと子イモを作らないものもある。サトイモは紀元前二〇〇〇～一〇〇〇年の『史記』に栽培品種の記録があるという（星川　一九八五）。『斉民要術』（五六〇）には、各種のサトイモがあると説明され、栽培方法が示されている。まず、約九〇センチ四方、深さも九〇センチ程度掘り、豆がらをなかに入れて、肥料も加え、イモを植えるとある。日本の文献『倭名類聚抄』『本草和名』には、青芋、紫芋などの各種イモの名があり、和名にサトイモを示していると考えられる「いえのいも」「いえついも」の名がみえる。

『延喜式』大膳式・内膳式には、数ヵ所に「芋（子）」の記載がみられる。「加茂神祭院　陪従集人給食料」には、白米、黒米、魚介類、海藻、塩、醤《ひしお》、酢、酒などのほか、栗、柿に加えて、芋子、笋子（たけのこ）などが挙げられている。芋が食料のひとつとして、支給されたことを示しており、同様に「供奉雑菜」の中にもみえる。また、「内膳式」に「営芋一段。種子二石」とあり、耕地や牛、杷《さらい》、犂《すき》などについても定めており、栽培が行われていることを示しているといえよう。

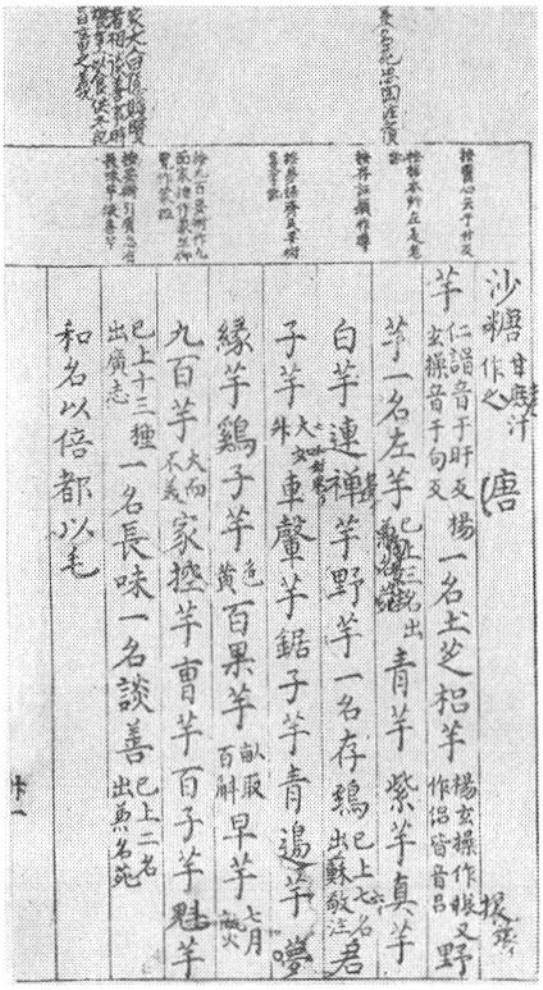

図４　『本草和名』にみえるイモ類についての記載

同じイモでも、「薯蕷」とあるのはヤマイモである。ヤマイモは、台湾から日本各地に

自生しており、古くから食用とされていたと考えられる。『倭名類聚抄』や『本草和名』では、「ヤマノイモ」といい、『延喜式』には内膳式、典楽式など二十数ヵ所に記載がみられ、一般的な食品であったと考えられる。

「正月最勝王経斎供養料」に、米、豆、塩など多くの食品とともに、薯蕷二合、芋六合とある。また諸国貢進として、菓子のなかに越前国の薯蕷があげられている。多くは果物か甘葛煎が多い中で、イモが菓子の部類に入れられていたことは興味深い。いっぽうで、「諸国進年料雑薬」のなかにも、伊賀、尾張、伊豆、甲斐、安房、下総、近江、美濃、越前、加賀、丹波、但馬、因幡、伯耆、出雲、播磨、美作、備前、備中、安芸、周防、紀伊、讃岐、伊予と、全国各国に、薯蕷があり、薬としてもとり扱われていたことがうかがえる。

イノシシとブタ　古代以前の社会で食用の家畜化がどれほど進んでいたのかについては、議論が分かれており、弥生時代以前には、食用家畜を欠く社会とするのが通説であった。しかし、大分市で弥生時代のブタの存在が確かめられ、縄文イノシシの歯より大きな歯のある大陸のイノシシを家畜化したブタが到来したとされた(佐原　一九九六)。その後も佐賀県吉野ヶ里遺跡でも奈良、大阪、愛知、神奈川の各地域の遺跡にも、ブタが飼育されていたと報告された。

しかし、形態、サイズ、年齢からみても古代ブタと野生イノシシには違いが認められず、DNA分析によっても、古代ブタは遺伝的にはニホンイノシシで、大陸から家畜ブタとして移入されたものではないことが報告されるなど(小澤　二〇〇〇)、家畜ブタを証拠づけるものはないとされた。

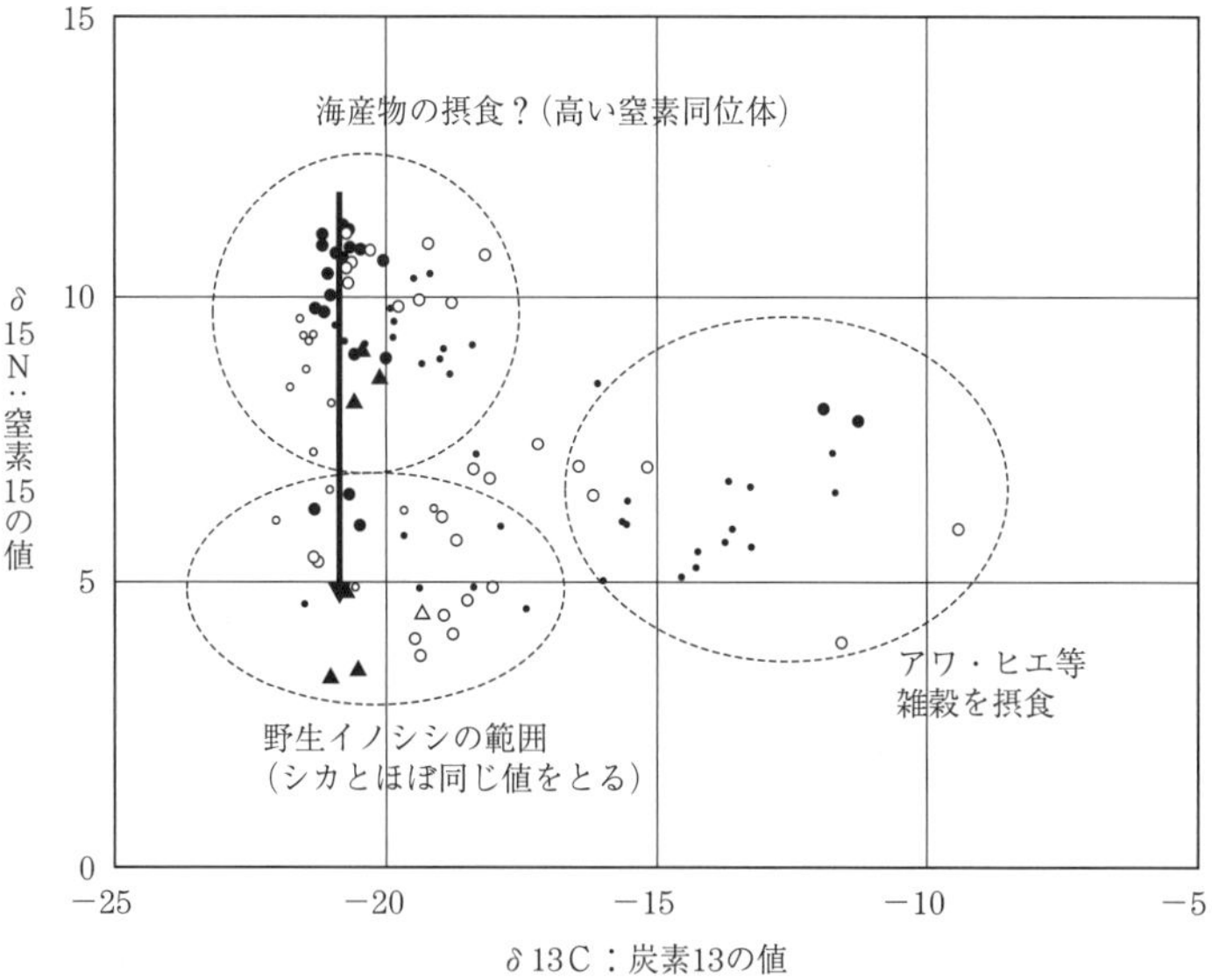

図5　窒素炭素の安定同位体比によるイノシシ／ブタの食性　松井　2004より

その後、松井章らは、世界のブタとイノシシの系統樹をあわせ、分析方法にも改良を加え、久米島の貝塚から出土したリュウキュウイノシシとされていた骨が、沖縄本島、石垣、西表島などとは異なる地域から搬入されたブタであった可能性が強いことを報告している。さらに食性のちがいを、炭素の安定同意元素分析により、生前の動物が何を食べていたかを判断できる方法を用いた結果、堅果類、イモ類、コメ、ムギなどC３植物を多く摂取していた野生イノシシと、C４植物と呼ばれるヒエ、アワなどや魚を食べている家畜化されたものがあるとし、沖縄の場合は、人の残飯か排泄物を摂った可能性が高いと報告された（松井二〇〇四）。このような研究の経過を見ると、今後、科学的な分析方法の精度が高まれば、さらに新しい事実が見いだされることが期待される。また、イヌは縄文時代には、人と同じ墓域に葬られていたが、弥生時代には埋葬例がまれとなり、投棄例が多く、解体されたものが出土し、番犬や食用とされていたと考えられている（松井　二〇〇七b）。

いっぽう、文献的に見ると、『倭名類聚抄』には、「野猪」の項があり、和名を「くさいなき」と呼び、「家猪」に形が似ており、腹小さく、脚が長く毛色は褐色であると説明している。しかし、「家猪」の項はなく、「豬」の項に和名を「イ」と称し、方言に「豚」というと記している。しかし、これがイノシシのことか、ブタのことかはっきりしない。中国の農書『斉民要術』には、同じ文字の「豬《ぶた》」があり、その飼育方法が記されている。「豬は性甚だ水草を好む」とあり、麻の実と塩が豬を太らせるにはよいとしている。

さらに、後の文献になるが、江戸時代の『本朝食鑑』（一六九七）では、「野猪」を和名では「クサイナギ」と称し、いまは「イノシシ」と称すると記している。ここでは、形は「家猪」に似ているが大きいと述べている。また、「猪」は「フタ」と読むとし和名は「イ」と称すとしている。所々でこれを飼育しているが、多くは溝や台所のゴミを処理するために飼育し、公家では、猟犬のえさにすると記されている。野猪と猪の扱いは、『倭名類聚抄』の扱いと類似していると考えられ、ブタを飼育していたとしても、食用としていたとはいえないのかもしれない。

中国ではブタの飼育はかなり古くから行われており、前漢時代の墓から出土した献立では、「羊、牛、豚、犬、鹿、兎」などの獣肉が炙《せき》（串焼）、熬《ごう》（火で乾燥させた干物）、脯《ほ》（細かく裂いた肉）、措《きたい》

（小動物の丸ごとの干し肉）などに調理されていたことが知られる（飯島　二〇〇〇）。

日本でブタの料理が紹介されるのは、江戸時代の中国料理を紹介した料理書で、積極的に食用とされるのは後のことと考えられる。

稲作と変化する食生活　稲作伝来の時期や水田稲作と陸稲との関連などについては、古くからさまざまな説が展開され、縄文後期の遺跡から熊本県古関原遺跡で土器とともに米が発見されている報告（香川　二〇〇〇）、岡山県の籾痕つき土器がみられるなどから、縄文時代後期には米の栽培が行われていたとされている。また、焼畑などによる陸稲栽培が先にあり、しだいに水田栽培に移行したとする説が一般的になっている（渡部　一九七七）。福岡県板付遺跡、佐賀県唐津《からつ》市菜畑遺跡では、縄文晩期の水田の遺構が発見され、耕土の中から炭化したジャポニカ型の米や籾が出土し、大型石庖丁や鋤の柄など農具が発見されていることから、縄文時代後期・晩期には水田稲作がはじまっていたとされている（佐々木　一九八六）。

しかし、このような定説に反論する説も出されている。これまでの各説を詳細に検討し、東南アジアにおける根栽農耕の観察結果などから、野生稲は、播種ではなく低湿地における株分け栽培からはじまり、やがて水田耕作となるとする説で、陸稲栽培が先にあるとはいえないとしている（池橋　二〇〇五）。この説を発表した池橋は、稲の品種の専門家で、縄文農耕論の重要な根拠となっている土器に付着したイネ籾痕は、顎の存在などから籾痕とは異なると主張している。また、縄文土器中の稲のプラント・オパールの検出から、稲作がこれまでの定説より一〇〇〇年さかのぼるとする縄文時代の稲作論にも疑問を呈している。

いっぽう、炭化米のDNA分析により、佐賀県唐津の縄文晩期の炭化米は、熱帯ジャポニカであるとされている。それは、ラオスなどで、焼畑で栽培されてきた米であり、その栽培法も比較的新しいという（NHKスペシャルプロジェクト　二〇〇一）。これらの論議の結論は、今後明らかにされると思われるが、ここでは紹介にとどめておく。いずれにしても水田稲作が本格的に広がりを見せるのは、弥生時代である。

水田稲作には、灌漑、播種、田植え、雑草取りなど収穫までに多くの人手を要する。稲作の広がりは、縄文時代とは異なる農業集落社会の形成と関わっている。奈良時代の収穫量などから登呂遺跡《とろいせき》（静岡県）で田植えが行われた場合の収穫について試算した資料を見ると、水田の程度により異なっていたとしているが、実質収量は、上田では約六〇石一斗、下々田では、約一七石一〇斗、中田では、四八石八升とかなり差がある。奈良時代の反当り収量としては、〇・八五〜〇・二五石（約一〇六〜三二キロ）くらいとされる。登呂遺跡には、一二軒の住居跡があり一軒平均五人として約六〇人が暮らしていたと推察されている（田崎　二〇〇〇）。近世以降の米の一日平均摂取量四合を仮に一日分として算出してみると、約三三人しか扶養できないことになり、米を常食できなかったといえよう。この試算は、水田の全域を使っていたことを想定しているが、必ずしも全域を使用できたとはいえないので、さらに扶養力は低くなる。さらに、後述するように酒造に使われる米もかなりの量あったと考えられる。いっぽう同遺跡には、クリ、オニグルミ、トチの炭化種子が出土している上、キビ族のプラント・オパールが検出されているため、木の実やキビなどで米の不足を補っていたとみられている。この試算は他の遺跡でも行われているが、それらの水田は、下田・下々田が多く、一人一日当たりの消費可能な米は、〇・七〜一・二合にすぎなかったと推定されている（佐々木　一九八六）。

いっぽう、二二四の弥生遺跡に見る植物遺体を調査した資料では、一七五種の食用となる遺体が確認されたという（寺沢　二〇〇〇）。主なものは、ドングリがもっとも広範囲に出土し、次がイネ、モモ、豆類と続く。穀類は、出土遺跡の約六五％にイネがみられ、ムギ（約一七％）、ヒエ（約六％）、アワ（約五％）と続く。また、豆類は、アズキ、緑豆のほか、ヒョウタン、ユウガオなどウリ科植物、ウメ、カキなど果物が出土しており、それらも米の補いとして食べられていたと考えられる。

米の調理法　弥生時代の米の調理は、土器に炭化米の付着が見られることや米が十分供給されなかったことから、水で増量した粥《かゆ》や雑炊《ぞうすい》が食べられていたとするのが定説となっている。また、縄文・弥生移行期には、煮炊き用土器の容量が大きく変化している。縄文時代には、容量一〇リットル以上の大きな土器が出土土器の四〇〜六〇％と高い割合であるのに対して、弥生時代には、一〇〜二〇％と減少し、かわって二〜五リットルの容器が増えていると報告され、水稲農耕の広がりによる食生活の変化が関係しているとみられている（佐藤　二〇〇二）。いっぽう、土器のコゲの頻度の検討から、三〜四リットルと七〜一〇リットルの土器を境に小型、中

図６　吹きこぼれ痕土器

型、大型に分けられ、中型土器は炊飯、小型土器はおかず主体に使われ、アク抜き、ゆでるなどの加工などには大型土器が使用されているなど、機能分化が進んでいることが想定されている（小林　二〇〇二）。

また、北陸・東北地方の弥生遺跡の出土土器のコゲやススの様子、吹きこぼれ、炭化米などの調査から、炊飯方法の復元を行った報告では、現在行われている、コメ一に対して容量で水約一・二倍で水加減をして炊く炊き干し法がもっとも吹きこぼれが多いという。そして、こげ付きの程度から炊き干し法とみられる土器の数の方が湯取り法（二倍くらいの水で加熱し、沸騰後余分の水分を除去して蒸して仕上げる方法）による土器より多いことが明らかとなった。土器の吹きこぼれ痕とコゲの状態、加熱状況、その頻度などと比較した結果、炊飯の後半段階（水分がなくなる段階）で胴部に強い加熱が加えられ、炊き干し法による炊飯方法がすでに普及していたと推定している（小林・柳瀬　二〇〇二）。

三世紀後半期に書かれた『魏志』倭人伝には、対馬《つしま》では、「良田なく、海物を食して自活し」とあり、壱岐《いき》に行けば、「やや田地あり、田を耕せどもなお食するに足らず」とある。さらに、九州の末盧《まつら》国では、「好んで魚鰒（魚やあわび等か）を捕え」と、魚介類を食用としている様子を記している。また、日本は温暖で、「冬夏生菜を食す」と述べ、「食飲にはへん豆を用い手食す」と飲食には高坏《たかつき》を用いて手で食べると述べており、高坏には飯が盛られていたと推測される。（石原　一九八五）。

いっぽう弥生時代の遺跡からは、米を三角形または円錐形にまとめた炭化米のかたまりが出土されており、弥生時代にちまきやおむすびがあったことも指摘されている（静岡県立登呂遺跡博物館　一九九三)。「手食」するとは、この「おむすび」状のものを指していたといえなくもない。

また、高坏に盛られた飯からみると、古墳時代に盛んになるとされる蒸す調理法による飯とも考えられる。土師器《はじき》の甑《こしき》を用いて蒸した米は、古墳時代以降に用いられた飯の調理方法で、古代貴族の正式な饗応《きょうおう》の飯となり強飯《こわいい》といわれた。甑は、奈良時代には鉄鍋と木製のこしきへと変化した（関根一九六九)。山上憶良の「貧窮問答歌」に「甑には、蜘蛛の巣かきて飯炊くことも忘れて」とあるのも、甑による炊飯が普及していたことを示しているといえよう。しかし、蒸した飯は硬く、食べやすいとはいえないもので、ひめ飯《いい》といわれる軟らかく炊いた飯が好まれ、これが常食となっていった。

魚介類の調理と加工　縄文後期の東京湾岸一帯の貝塚では、貝類とともに多量の魚骨が出土している。魚類としては、もっとも多いのがアジ類、次がクロダイ属、スズキ属、イワシ類で、サバ属は、七遺跡のいずれにも出土しているものの遺体数は少ない。また、貝類は、ハマグリがもっとも多く広く出土し、ハイガイ、ヤマトシジミなども比較的多い。また、海岸から数キロ離れた貝塚にもハイガイ・ハマグリなどの海産種を主体とした貝塚が発見されていることから、内陸から貝を求めて海岸に遠征

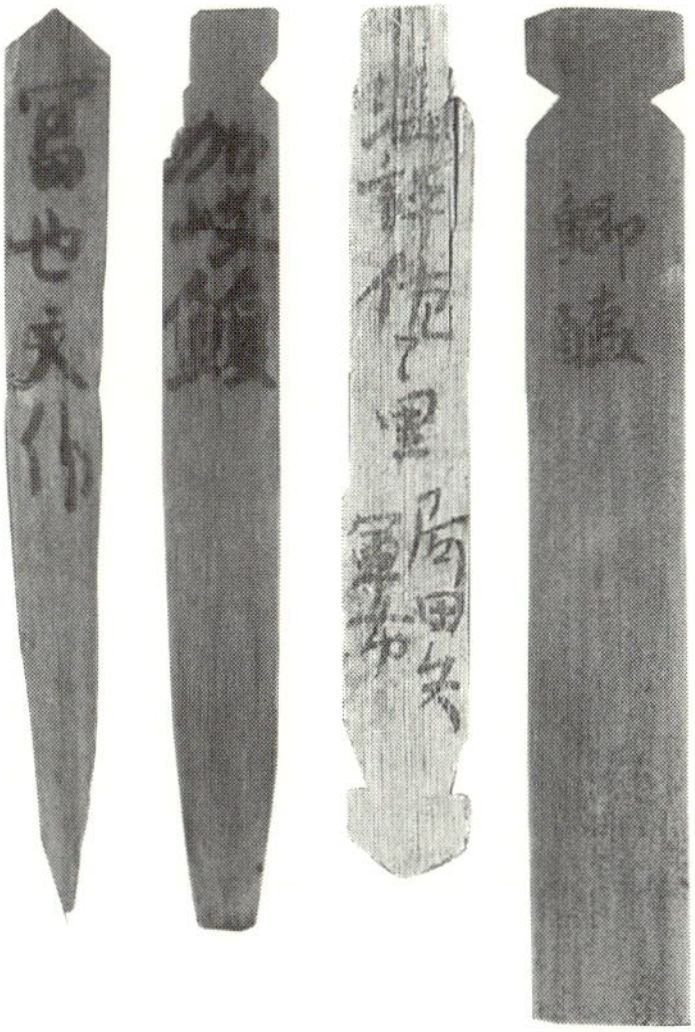

図７　食品名が記載された木簡

した集団があったと推察されている（樋泉　一九九七）。さらに、青森三内丸山遺跡の動物遺体の中で、魚類をみると、マダイ、クロダイ、マグロ、スズキ、ブリ、コチ、サメ、エイ、サバ、フグ、ヒラメ、カレイ、ニシン、マダラが出土し、多様な魚類があったといえる（岡田　一九九六）。また、弥生時代以降には、外洋の網漁が発展し、漁撈が生業として成立していくなかで一度に大量にとれた魚介類について、これらを加工・調理する技術が発達した。

古代の魚介類は、調としての貢進のために、さらに各種の加工品が考案され、大消費地でもあった藤原京や平城京には、各地から物資が運ばれ、物資につけられた荷札の木簡には多くの食品名が記された。藤原宮跡に出土した木簡の食品類をあげると、醤《ひしお》、鮒醢《ふなしおから》、軍布《わかめ》、加岐鰒《かきあわび》などがみられ、平城京跡の木簡には、堅魚《かつお》、鰒《あわび》、赤米、楚割《すわやり》、塩、熬海鼠《いりこ》のほか、それぞれ漬菜、胡麻、酢と墨書した土器も出土している。また縄文時代の遺跡にも、カツオの骨が出土しており、古くから食べられていたといえる。木簡には「十一斤十連三節」とあり、鰹節として紐などでまとめてあったと考えられる。現在のようなカビ付けした鰹節は、近世まで発展しなかったようであるが、乾燥したカツオは、古代には各国で作られ、調として納められた（福島県立博物館　二〇〇一）。

また、鯛は、鯛醤、鯛楚割、鯛鮨、鯛腊などと木簡に書かれたものがあり、さまざまに加工されたことがわかる（広野　一九九八）。また、『延喜式』により、諸国からの貢進物のうち、魚介類の加工品を上げてみると、腊とよばれる魚を丸のまま干したものとして、鯛、小鯛、与理刀魚、蛸、小鰯、牡蠣などの腊があり、内臓を除いて干した乾魚として、鰯、鮫、久恵、蛸、螺がある。また、細長く裂いて干した楚割として、鮭、鮫、鯛、焼いて干した火干年魚《ひぼしあゆ》、煮て干した煮堅魚、煮塩年魚、熬って干した熬海鼠、蒸して干した蒸鰒、焼いた火焼鰒、塩蔵の塩塗年魚、漬塩雑魚、漬塩年魚、発酵させた鮨、阿米魚、年魚、貝蛸、大鰯、魚醢、カツオの濃縮汁である煎汁《いろり》などが挙げられる（市毛　一九八八）。これらの加工品の多くが貴族の大饗料理に供されている。

魚介類の調理として、『倭名類聚抄』には、羹と鱠が見られる。羹は、野菜や魚鳥肉を加えた汁物である。鱠は、「細切完也」とあり、魚や鳥類を生のまま細切りにしたものと解釈され、今日の刺身と同様というのが定説とされるが、これに酢で味が付いていたかどうかについては、明らかではない。中国においては周代にはかなり調味法が定着しており、魚鱠《うおなます》を食べるには、芥《からし》醤を配すといい、また鱠に入れる菜は季節により春は葱《ねぎ》、秋は芥を用いるとあるため、味つけした可能性も否定できない（王　二〇〇一）。また、『万葉集』に「醤酢に蒜搗《ひるつ》き合てて鯛願ふ我にな見えそ水葱《なぎ》の羹」とある。前半は鱠の味つけに類似しているともいえる。

② 食事文化伝来と模倣

箸と匙の伝来　手食をしていた日本に、中国から箸が伝わるのは、古代以前のこととされている。しかし、中国では、すでに春秋時代（紀元前七七〇～同四〇二）末期か戦国初期には箸《はし》が存在していたといわれる。しかし、その出土例はきわめて少なく、調理用か冶金用とみられており、食事用と認め

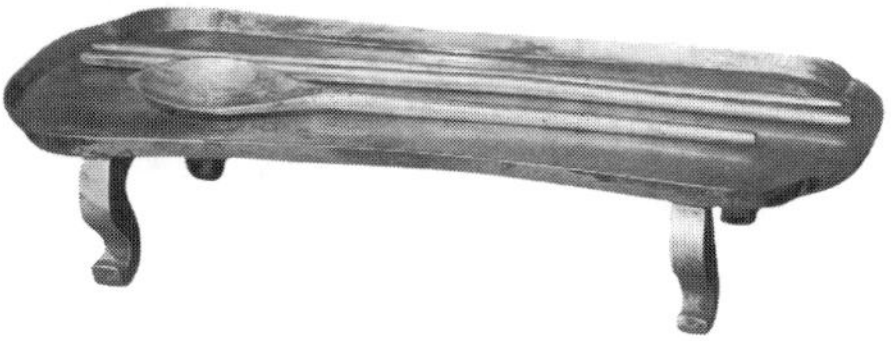

図8　銀の箸と匙

られる箸が出土されるのは、その後の前漢時代（紀元前二〇〇～紀元八）であり、竹の箸が多い（太田　二〇〇一）。また、紀元後には中国各地の発掘品のなかに、青銅製の箸が出土し、隋代（五八九～六一八）には、銀製の箸と匙《さじ》が出土している。

　いっぽう、朝鮮半島では、箸より匙の出現がはやくみられ、紀元前七〇〇～同六〇〇年には、骨製の匙が出土し、紀元後七世紀ころには、青銅器製の匙と箸が登場している。さらに高麗時代（九三六～一三九二）には、銀製、青銅製の匙と箸が多数出土しているが、中国のように竹製や木製が見あたらないことが特徴といえよう（向井・橋本　二〇〇一）。

　日本における箸の発祥について、向井由紀子・橋本慶子著『箸』（二〇〇一）をもとに見てみると、もっとも古い二本組の箸は、七世紀の奈良県の遺跡から出土した檜の箸があるが、食事用の檜の箸が出土するのは、藤原京跡（六九四～七一〇）の長さ一五～二三センチほどの箸で、檜の匙も同時に出土しており、さらに平城京跡からも長さ一三～二六センチの檜の箸が多数出土している。ほかにも東大寺境内跡からも出土しており、大仏殿などの檜材の余りを利用した箸で職人などの食事用に使用されたものと考えられている。これらのことから奈良時代には箸の利用がかなり一般化していたと考えられる。

　正倉院には、銀製の箸・匙が残されており、また竹製の箸も使用されたと見られているが、金属製の箸・匙は貴人の用具で、一般には竹製が用いられた（関根　一九六九）。『延喜式』には、銀箸、白銅箸、箸竹が見られ、なかでも竹製の箸についての記述が多いが、檜の箸については記されていない。

貴族の食卓を描いた図（図10）、たとえば、『類聚雑要抄』（『新校群書類従』第四百七十）には、箸と匙がセットで置かれている様子がうかがえる。貴族の食卓では、中国から伝来した匙と箸がセットで使われたと考えられるが、貴人に特有の使われ方であったのかもしれない。『倭名類聚抄』には、匙については「かひ」と読み、「所以取飯也」と説明しているところから、飯を食べる食具として用いられていたと見られる。貴族の饗応などの正式な食事では、飯は蒸した強飯を高々と盛りつける高盛飯として供される。玄米を蒸した飯は、かなりポロポロとした米で食べにくいものであったことから、匙が必要とされたといえよう。しかし、平安時代後期に成立した『病草紙《やまいのそうし》』のなかの歯槽膿漏《しそうのうろう》に悩む男が強飯の固さに嘆いている絵をみると、飯には匙ではなく、箸がさしてある。飯を箸で食べることが一般化していたのか、それと

図９　強飯の固さを嘆く歯槽膿漏の男

も匙で食べるのは、貴族の習慣だったのであろうか。しかし、貴族の饗応においても次第に匙の使用は廃れていき、箸のみに変わっていく。

貴族の大饗料理　平安貴族を中心とした饗応《きょうおう》料理は、饗膳《きょうぜん》あるいは大饗《たいきょう》と呼ばれ中国の饗応料理の影響を受けたものと考えられている。饗膳の形については、藤原忠通の行った永久四年（一一一六）の大饗を図入りで示した『類聚雑要抄』の内容や鎌倉後期の貴族の献立を記した『厨事類記』が紹介されることが多い（熊倉　一九八五、原田　二〇〇五など）。

図 10　「尊座」の食卓図

まず、『類聚雑要抄』について見ると、これは宮中恒例、臨時の公事における供御、室礼、指図、調度、装束以下の雑事を記し、図示したもので、巻一に臨時客饗、大饗などが示されている。平安時代後期頃の編纂であるが、著者、著作年代は不詳である。

史料によると、永久四年正月二十三日、内大臣に補任された藤原忠通の母屋大饗寝殿で行われた大饗の様子が座席の配置図、膳組などからうかがえる。「尊座」（大饗で上座に座る親王または高位の人）の食卓（図10）は、机と呼ぶ長方形の台が四台配置され、それぞれに八種の器に盛られた料理が並べられている。飯が置かれている机のみ、四皿の料理と飯の横に、

図11　貴族の宴会

四種物（器）と呼ばれる調味料の入った器が四皿（塩、酢、酒、醤）置かれる。さらに手前には、箸と匙が置かれている。説明には「不居箸台」とあるので、通常は箸置きがあったものと思われる。

料理の配置は、『厨事類記』（『群書類従』第三百六十四）と類似しているので、これを参考に内容を検討してみると、饗膳の配置は、飯、四種器、窪器物（モムキコミ、海月、老海鼠、蝙蠚、小鸁子《しだたみ》、蟹蜷《ごうな》、石華《せ》、霊鸁子《うに》）、干物（置鰒、蛸、干鳥、楚割）、生物（雉立盛、鯉鱠、鱒立盛、鯛立盛）に加えて、貝鮑《あわび》、栄螺子《さざえ》、白貝《おふ》、石陰子《かせ》の貝類の器がある。また、最上部には、唐菓子《からくだもの》（餲餬、桂心、黏臍、饆饠）、木菓子（梨子、干棗、小柑子、獼猴桃）がみえる。つまり尊座の机には、飯と調味料のほかには、二〇種の料理（菜）と八種の菓子が並ぶことになり、これに加えて、追物として、鮒裹焼、茎立、鳥足汁、鱠の四種が追加されている。

また、その他の配置は公家など身分により異なり、三つの机に一四の料理と六種の菓子が置かれるもの、二つの机に飯、五種の料理、四種器に四種の菓子が並ぶもの、家主の机のように、飯に塩、酢のほか、六種の料理と二種の菓子のみというものもあり、客の位置づけにより、かなりの違いがあったことがうかがえる。これらをみると、調理が行われているものは少ない。窪器物は、『厨事類記』に「醤類也」とあるから、塩辛に近いものと思われる。ほかは、唐菓子の一部に揚げ物がみられるが、多くは生、蒸す、焼くなどきわめて単純な調理であり、調味は各自が行う形である。料理の配列については、料理が最初から置かれている「平面的展開」と飯、汁、菜、菓子などが、酒の盃がまわるにつれて、一品ずつ配膳される「時間的展開」の両方が併存した形ではないかと考えられている（熊倉一九八五）。

宴会は、酒礼、饗膳、酒宴の流れからなる。大饗のなかでとり行われる酒の儀礼については、藤原頼長の日記『台記』を事例にした解説があり（熊倉一九八五）、机がすえられると肴が運ばれ、頼長が盃をとり、次に大宮太夫、公卿一同を盃が巡る。これが初献で、二献目からは主人役は飲まず下座まで流巡する。初献、二献より、机に肴物が並べられ、三献は盃の流巡ののちに、飯・汁がすえられているので、三献目ですでに食事である饗膳に入っているようだ。『類聚雑要抄』にも、頼長の保延二年（一一三六）の大臣大饗の様子が記されており、「穏座肴物」として一献から六献あり、菓子、干物、生物各八種、窪坏物四坏、四種器（塩・酢・酒・醤）に加え、飯器とある。前述した献立と類似したものといえよう。

また、同書の花山院廂大饗では、「尊者」の二つの机には、菓子（梨子、棗、栗、菱）、干物（干鳥、楚割、蒸蚫、焼蛸）、生物（鯉、雉、鯛、鱸）、窪坏物（海月、鯛醤、鮎児、鱒）があり、その後に一献から五献と続いている。一、二献の内容は書かれていないが、三献は、飯、次汁、四献は、雉羹、根笋、鮎焼物、生鮑、五献は小柑子、甘葛、枝柿、平栗とある。三献に飯と汁があるのも『台記』の例と同様である。酒の儀礼と饗膳、酒宴の間には区分が判然としないところがみられる。

唐菓子は、中国から伝来した加工菓子である。菓子は果物をさしていたことから、唐からきた果物の意で「からくだもの」と称した。唐菓子については、すでにさまざまな書物で解説されているので、ここでは簡単にふれておく。糯米の粉、小麦粉、大豆、小豆などを主材料とし、これに酢、塩、胡麻、甘葛汁《あまずら》を加えて、いろいろな形にして蒸す、焼く、揚げるなどしたものである。『厨事類記』に八種類の唐菓子の名称として、梅枝、桃子（枝）、餲餬、桂心、黏臍、饆饠、鎚子、団喜が挙げられている。梅子、桃枝はその実に似せたもの、餲餬は、麦粉を練って油で揚げたもの、桂心は、餅で樹木を形作り、花に似せて肉桂を先につけたもの、黏臍は、中央が臍《へそ》のようにくぼんだ揚げ菓子、饆饠は糯米の粉でせんべいのように平らにして焼いたもの、鎚子は里芋の形をした餅、団喜はだんごのことで、甘葛汁をつけて食べたという（渡辺 二〇〇七）。

年中行事と行事食 貴族の社会では、毎年恒例の儀式は、年中行事として執り行われた。これらの

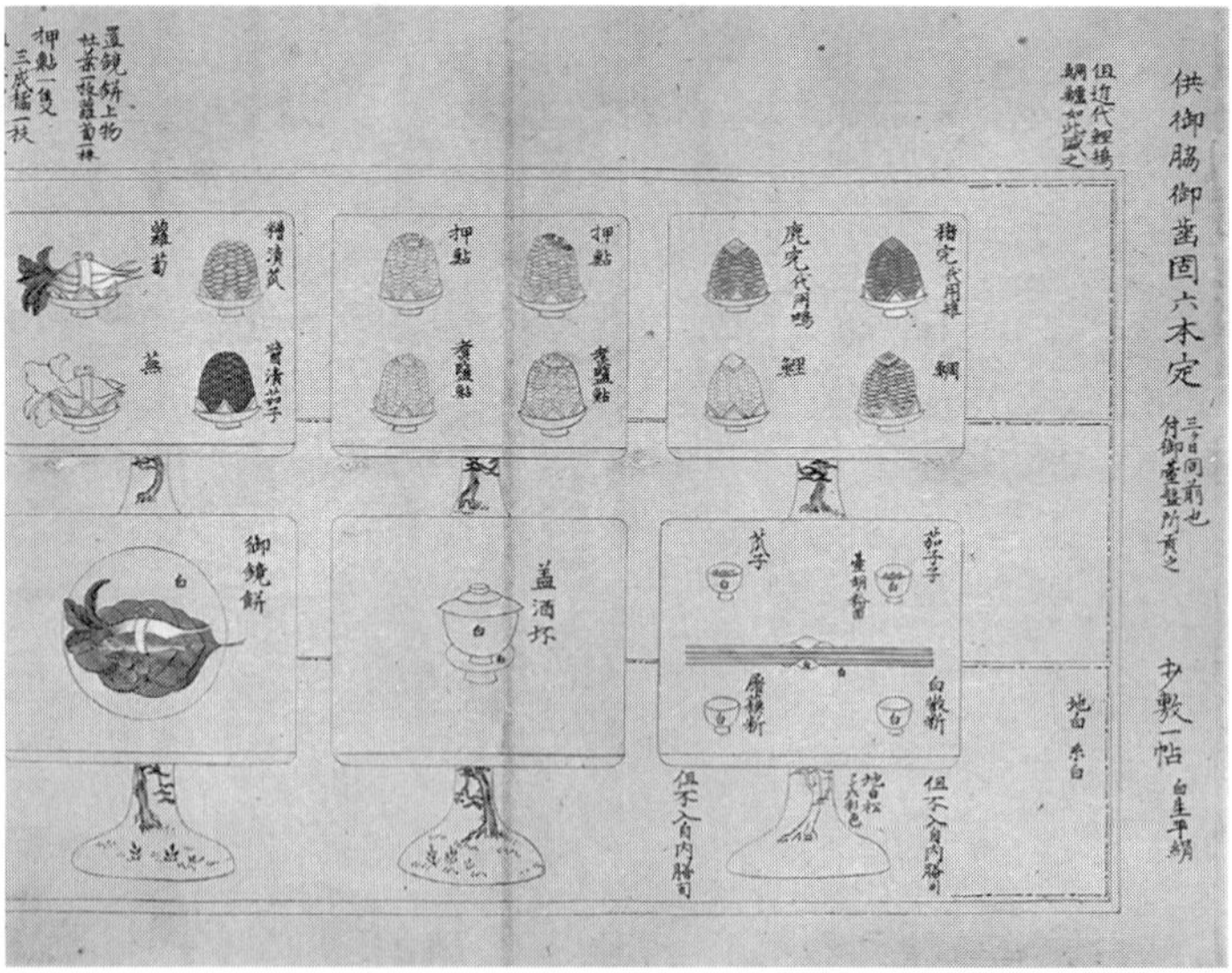

図12　御歯固の献立

行事には各行事に特有の食物が用意されることが多く、年中行事にあわせた行事食が発展したが、年中行事の多くは、中国のそれを模しており食物についても類似のものが用意された。

中国の行事を記した『荊楚歳時記』（五八一〜六二四成立）は、奈良時代には日本に伝来していたとされ、また鎌倉時代の『年中行事秘抄』などに引用されているため、十世紀までには伝来していたともいわれる。いずれにしても、貴族社会の年中行事の多くが、これに倣っていると考えられるので、中国の行事と比較しながらその食物についてみることにしたい。

まず、正月の行事をみると、元日の早朝、天皇が清涼殿の東庭に出て、天地四方、山稜を拝し天下太平、万民安寧を祈る四方拝があり、終わると諸臣が参朝する朝賀の儀があり、元日の節会において酒食が振る舞われた。供御薬の儀として屠蘇と御歯固めの儀が執り行われる。『荊蘇歳時記』（宗懔　一九七八）には、元日に、桃湯、椒柏酒、屠蘇酒などを飲むという。朝廷の供御薬は、一献は屠蘇、二献が白散、三献には度嶂散が出され、元旦から三日間繰り返して行われた。また、『厨事類記』によると、正月には貴族の正式な饗応に出された、蒸して作る強飯、菜八種、菓子八種が供されている。

また、正月七日は人日《じんじつ》の行事で、若菜を摘みこれを羹（汁）にして食べる（寺林　一九八三）。『荊楚歳時記』には、正月一日を鶏とし、二日を狗《いぬ》、三日を猪、四日を羊、五日を牛、六日を馬、七日を人となすとしており、「七種の菜で羹を作る」とある。北人は煎餅を食べ、南人は菜羹（青菜の汁物）を食べるといい（王　二〇〇一）、地域により異なった習慣があったことがうかがえるが、著者宗懔の出身が揚子江中流域の江陵域であることで、南人の習慣が記されているのかもしれない。さらに、『年中行事秘抄』（一四九七写）には、「正月七日。以㆓七種菜㆒作㆑羹食㆑之」とあり（寺林　一九八三）、中国の人日の行事に従っていることがうかがえる。

『荊楚歳時記』によると、三月三日の上巳《じょうし》の儀式は、「清流に臨んで流杯曲水の飲をなす」とある。曲水の宴は、奈良時代には条例となり、盛んになったが、平安時代には一端中止され、また再開されたものの、中世以降は行われなくなった（寺林　一九八三）。中国の行事に倣ったものである。また、中国の上巳には、黍麹《しょきく》菜の汁をとり羹を作り蜜を粉に合わせまぶした龍舌粋《りゅうぜつはん》を食して時気（気候不順で流行する病）を払うという。その実態は、はっきりしないが黍麹菜は薬草的な働きがあり、痰を除き、時気を払い、熱を去る効用があり、米粉と混ぜて糗《きゅう》を作ればすこぶる美味だという（宗懍　一九七八）。また日本の書『日本文徳天皇実録』の嘉祥二年（八四九）五月の記事には、三月三日に母子草を摘み、蒸してついて「くさもちい」とするとある（黒板　一九三四）。母子草が黍麹菜に取って代わったものなのかは明確ではないが、類似の行事といえるであろう。『厨事類記』にみられる行事食を見ると、三月三日は「御節供」とあり、赤御飯、御菜、御菓子八種が記されている。

また、五月五日端午《たんご》の節供について、三国時代の『風土記』には、「夏至と五月五日の一日前、糯米に棗を混ぜて真菰の葉で包み、濃厚な灰汁で煮熟する。（中略）粽とも角黍ともいう」とある（王　二〇〇一）。いっぽう、『荊楚歳時記』では、五月五日ではなく、「夏至節の日に糉《ちまき》を食う」とある。日本では『倭名類聚抄』（九三一〜三八）に粽についてほぼ同様の説明があり、中国の行事を取り入れたことがうかがえる。しかし、中国北部と南部でも作物の収穫の関係やその種類の違いから行事の時期は、微妙にずれているのかもしれず、日本における受け入れ方もいくつかの書物により、少しずつ異なったと考えられる。

『荊楚歳時記』の七月七日は「牽牛、織女、聚会の夜と為す」とあり、食については、ほとんど記されていないが、中国では七月七日は、女性の節日とされ、技芸の発達を乞い福を願った。楊貴妃《ようきひ》（七一九〜五六）は、酒宴を催し、牛女両星を祀ったといい、星を祀るのに供える節物に、湯餅、同心鱠、煎餅などがあったという（王　二〇〇一）。日本では、『厨事類記』に、七月七日、索餅、御菓子八種、麻実、小豆という記述がみられる。

さらに、九月九日は、重陽《ちょうよう》といい菊酒を飲み花糕を食べるといい、この行事も中国の行事を受け入れたといえよう。『厨事類記』には、九月九日は赤御飯、御菜、御菓子八種とある。また、十月亥子《いのこ》は、餅一折敷角 五種白、赤、黄、栗、胡麻、菓子一折敷八種などと記されている。これに対し、『荊楚歳時記』では、きびを入れた羹「黍臛《しょかく》」をつくり胡麻の羹「麻羹《まこう》」や豆飯をつくっている。このように、多くの年中行事は、中国の行事を改めながらも受容し、貴族社会で華やかに展開され、やがてその一部が民間でも行われるようになっていく。

塩と醤・未醤　日本では、塩を海水から製造してきた。海水の塩分は約三%であるため、九〇%以上の水分を除かなければならず、はじめの製塩方法としては、海水を煮詰めて塩をつくる方法であった。土器に海水を加えて煮詰めてつくる製法を、土器製塩と呼び、縄文時代後期から晩期前半の茨城広畑貝塚で製塩用土器が出土したのをはじめ、福島、宮城、青森でも出土し、各地域の海岸で造られたとみられている。この土器には文様がなく口縁部の径は三〇チセン前後で強い熱のために剥落しているものが多いという（川崎　二〇〇〇）。この様な製塩は植物食への依存が高まり、専業化した漁撈活動の安定をはかるために塩蔵が盛んになったこともその要因と考えられている。

その後、土器製塩は、瀬戸内海に面する岡山、大阪、広島、山口のほか、福岡、福井、石川、三重、愛知へと広がった（佐原　一九九六）。これらの製塩用土器には珪藻が付着しており藻塩法と呼ばれる古代製塩が行われていたことをうかがわせる。具体的な方法については諸説があるが、乾燥藻を焼き、その灰を海水に入れ、または海水を注ぎ、濃厚な塩水を得て煮詰めることや乾燥藻を焼き、その灰を

図13　製塩用土器

海水で固め、灰塩をつくるなどの説がある（広山　一九九〇）。古代の塩は、堅塩と呼ばれる固形の焼き塩で煙のために紫黒色となるもの、春塩《つきしお》とよぶ堅塩を粉砕したもの、さらに細粒状にした焼塩などがみられた。このように全国で造られるようになる塩は、奈良、平安時代を通して、調物として正丁一斗五升、次丁はその二分の一など、庸塩としては正丁一斗五升、次丁一人七升二合を貢進しているだけでなく、給料、人夫賃としても使用されている（広山　一九九〇）。塩は、米や穀（籾）と共に、供給制として与えられたが、『延喜式』でみると、米と塩の供給量は原則百対一の割合であったという。すなわち、米二升、塩二勺の割合である。その量は身分差もあるが、労働差によっても分けており、同じ者に対しても、京へ庸・調を運搬する場合と帰還する場合では異なり、後者は前者の半分となっている（向林　二〇〇六）。

この塩を用いて、発酵調味料の醤が造られた。『倭名類聚抄』には、「ひしほ」と呼び豆醤であることは示されているが、その材料は示されていない。醤は『延喜式』大膳式によれば、「大豆三石、米一斗五升、糯米四升三合三勺二撮、小麦、酒各一斗五升、塩一石五斗」が原料となっており、ここから「得一石五斗」とある。また、醤滓がしばしば記載されていることからも醤造りには、これを絞って滓をとっていたことが考えられるだけでなく、「奉写一切経所告朔解」（七七二）に「以醤大豆五斗得作汁」とあることから、醤が液状であったことがわかる（関根　一九六九）。また、『延喜式』には、醤滓のほかに滓醤が見られ、別のものであったことがうかがえる。同書における順序が、醤、滓醤、醤滓のように書かれていることから、滓の多少混じった醤ではないかと推察されている（関根　一九六九）。しかし、順序がいつも同じとは限らないところもあるために、その内容についてはさらに検討する必要があろう。

また、未醤は『倭名類聚抄』に「美蘇」とあり「みそ」と読ませていたと考えられるが、『延喜式』内膳式には、未醤として「醤大豆一石、米五升四合、小麦五升四合、酒八升、塩四斗」から「得一石五斗」としている。醤の場合とは比率が異なること、得られる量も大豆量など醤の方が材料が多い割には収量が少ないのは、醤には絞る行程があるためであろう。これらの醤や未醤は、料理の調味料としてだけでなく瓜、茄子、冬瓜などの漬物にも使われた。

また、醢《ししびしお》（宍醤）は、肉醤や魚醤で、塩辛のようなものとされる。秋田県のしょっつるや石川県のいしるなどの魚醤油のようなものに発展したものもあるかもしれないが、『延喜式』では大宰府から宍醢、鯛醤を貢進しているなどが見られるものの、大豆を原料とした醤に比較すれば調味料としてはほとんどみられない。このような醸造による他の調味料は、酢が苦酒《からさけ》とも呼ばれ、酒を造る過程で造られるようになった。古代は、このようにすでに発酵調味料の多くが定着していたといえよう。しかし、糀を使った醤油やみりんが製造されるのは、中世以降のことである。

日本酒の誕生　ヒトが酒を知ったのは、きわめて古く、果実が自然の発酵によりアルコールを生成したことからであろうとされている。農耕がはじまると、偶然に発芽した麦の貯蔵などから、その浸出液が美味な飲物にかわることに気づくなどを発端として酒が造られるようになったというが、日本でのはじめての酒がどのようなものであったのかはわかっていない（柚木　一九七五）。

考古学的には、土器から類推することが考えられる。液体を注ぐための管状の注口を胴部にとりつけた注口土器は、縄文時代早期の新潟県の遺跡などから出土しているようだが、その形態が定着するのは後期のこととされ、後期から晩期にかけて偏平化が進むという。注口土器の用途は、液体を注ぐ以外には考えられず、その精製品からみて、おそらく酒であっただろうと推察されている。（藤村二〇〇〇）しかし、その出土は他の土器に比較して少ないという。ほかにも、発酵器や酒器と考えられる土器の出土もみられるが、酒に用いられたかどうかについては検討が必要とされている。

日本人の酒についての初出は、『魏志』倭人伝の記事で、「人性酒を嗜む」とある。また、中国の農書『斉民要術』（五三〇～五〇成立）には、酒の造り方がくわしく記されている。蒸、炒、生の麦を各一石ずつ用い、水を二〇石加え、麹を加えて発酵させる方法である。麹をまるめる人は童子、小児で、「人妻を近づけてはいけない」とするなどタブーをつくっていることから、発酵には苦心があり、失敗も多かったことがうかがえる（賈　一九五九）。

六世紀末ごろから大和朝廷の律令国家体制がととのってくると、中国・朝鮮半島から伝えられた酒造技術は、さらに進展することとなった。朝廷の酒造りの文献としては、『令集解』と『延喜式』がある。『令集解』によると、当時朝廷では酒だけではなく、朝廷の調度を製造するために、大規模な工房をもち、工人をかかえていた。朝廷用の酒を造った造酒司、その長官酒造正《さけのかみ》などがいたが、実際には酒部《さかべ》により、酒造が行われ、多くの儀式に用いられた（柚木　一九七五）。

『延喜式』を分析した研究によれば（坂口　一九七七）、酒造司による酒造及び製酢用米は、年間を通じ、一六六二石、そのうち五四・二％に相当する九〇一石が酒造に使われ、およそ六二四石の酒が造られたという。『延喜式』造酒式の「造御酒糟法」では酒八斗をつくるのに、一石の米に「よねのもやし」（米こうじ）四斗、水九斗が必要としている。蒸米、こうじ、水を仕込み、もろみが熟成するとこれをろ過し、ろ別した酒を汲水代わりにして、蒸米、こうじをその中に仕込む。このもろみが熟成すると、さらにろ過し、これをくり返し造る（坂口　一九七七）。この酒造がいつ頃からはじまり、いつまで続いたかについては明確になっていない。『延喜式』造酒式には、各種の酒がみられ、御酒《ごしゅ》、御井酒、醴酒《あまざけ》、白酒《しろき》、黒酒《くろき》など多種の酒が収載されており、用途により使い分けが行われていた。コメを搗くのは女の仕事で、酒原料のコメ一石を四人の仕女が搗いたという（柚木　一九七五）。

牛乳と乳製品　東アジア諸国は、乳・乳製品の発展しない地域であるとされているが、古代の日本には乳・乳製品が朝鮮半島を経て伝えられ、貴族など上流階級に利用された。

中国の古代の乳製品は、『斉民要術』にみられ、酪および乾酪、酥の製造法が記されている。酪は、牛・羊の乳を搾り、これを鍋・釜のなかで、弱火で加熱する。とくに、牛・羊の乾糞を集めておき、これで加熱するのが一番よいという。冷えてきた時にできる膜は、酥をつくる材料となるので、すく

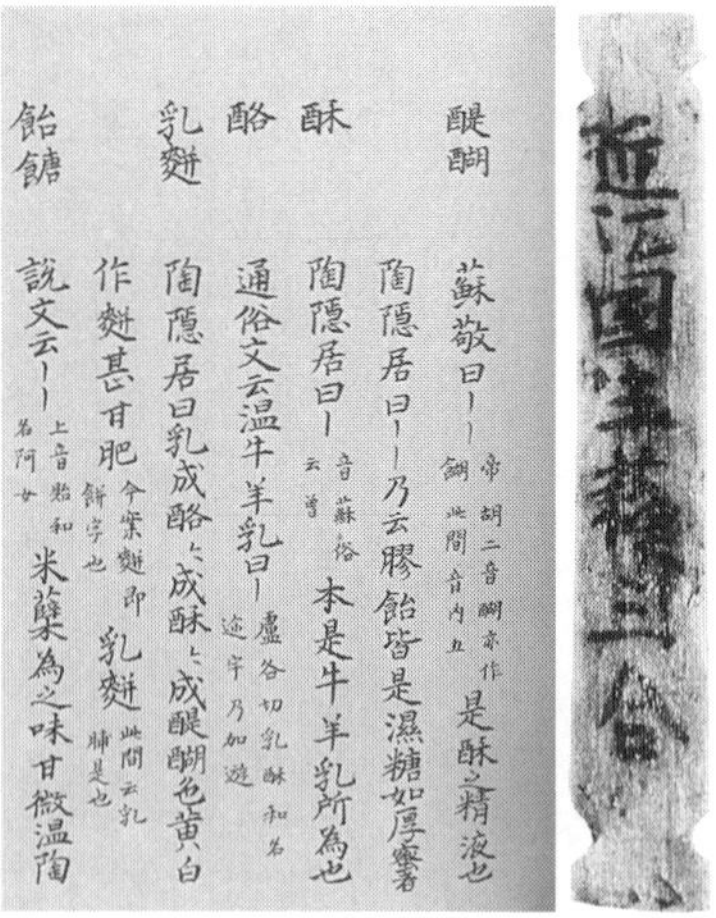

醍醐 蘇敬曰ーー（帝胡二音 醐亦作餬 此間音内五）是酥之精液也
陶隠居曰ーー乃云膠飴皆是濕糖如厚蜜者
酥 陶隠居曰ー（音蘇 俗云曽）本是牛羊乳所為也
酪 通俗文云温牛羊乳曰ー（盧各切 乳酥 和名迩宇乃加遊）
陶隠居曰乳成酪々成酥々成醍醐色黄白
乳餅 作餅甚甘肥（今案餅即餅字也）乳餅（此間云乳脯是也）
飴餹 説文云ーー（上音怡 和名阿女）米糵為之味甘微温陶

図14 『倭名類聚抄』と木簡にみえる乳製品についての記載

い取って別の容器に入れる。冷えた乳は濾して素焼きの瓶に入れてねかせる。その際、前に作っておいた甜酪を加えるという。体温よりやや温かい加減がよいとしており、現在のヨーグルト様のものである。また、乾酪は、日向に出して酪を炙ると酪の表面に皮ができるので、これを何度もすくってとり、これがたまったら、日にさらす。途中で梨ほどに丸め、さらに日に曝して乾燥させるというところから、チーズ様のものと思われる。さらに、酥は、酪を瓶に入れ、杓子で攪拌し、湯を加えて酥を分離させ、水を加えて凝固させ、すくい取るという。バター様のものである。

多くの日本の食品は、中国の影響を直接間接に受けているが、このような乳製品に関する具体的な製法は日本の文献にはほとんどみられない。『倭名類聚抄』には、「醍醐」として「酥之精液也」とある。また、「酥」は「牛羊乳所為也」、「酪」は「温牛羊乳」といずれも簡単にしか記していない。また、『本草和名』には「酪蘇」として、乳から酪を造り、「蘇」を造り、さらに「醍醐」を造るとあるが、製法はそれほどはっきりした内容ではない（深根　一九二六）。わずかに製法が具体的に見られるのは、「蘇」についての記述で、『延喜式』に、「乳大一斗ヲ煎ジテ蘇大一升ヲ得」とあり、牛乳を一〇分の一に煮詰めていると解釈されている。

蘇の内容については、いくつか説がある。一つはインド・ネパールの「コア」と呼ばれる濃縮乳で保存性のある固形物と類似しているが、その水分は約三〇％あるという。収量が一〇％と記されているところから、『斉民要術』にある粗製酥の可能性が大きいとする説である（和仁　一九八七）。いっぽう、和牛、山羊乳は一四％まで濃縮が出来ることを確認し、さらに乳皮法による酥は、和牛による回収率が低いことを実験により確認し、蘇と酥は異なるもので、濃縮乳としての蘇がつくられたのではないかと推察している説で、菓子の材料として用いられたとされる（斎藤・勝田　一九八八）。

また、『延喜式』民部式に「諸国貢蘇番次」とあり、蘇を全国諸国四五ヵ国から貢進させており、国ごとに蘇の貢進時期とその量が定められている。例えば伊勢国は一八壺（七口が大一升、一一口が各小一升）で、他国をあわせて八ヵ国が第一番として丑未年に貢進させ、寅申年には伊賀国など六ヵ国、卯酉年は近江、美濃国など八ヵ国と定めている。その量も常陸、武蔵二〇壺から周防の六壺まで差が大きい。とくに大宰府は格段に多く七〇壺となっている。出雲国のみ十二月、他国は十一月に貢進するよう定めている。六年もかけて、貢進する国を定めていたことから見ると、畜産が全国に及んでいたとはいえ、その規模は大きいものとはいえないであろう。天平十年（七三八）の丹波国正税帳によると、蘇を五壺をつくるために、乳牛を一三頭使い、二〇日間乳搾りをするという。大一升は、小一升の三倍で、壺を籠に入れて輸送したとされる（東野　一九八三）。また、貢納量が多くなっている諸国には、百済や高句麗からの渡来人集団を政策的に定住させ、そこで酪農を営み宮中に貢納していたという（斎藤・勝田　一九八八）。

大和朝廷は、畜産にかなり力を入れていたとされ、全国に牧場を設けていたが、主として農林・軍事・運搬用であったという。奈良時代の大宝律令では、御用的な畜産、乳業の諸制度が確立され、すでに実施されていた貢蘇の制度が強化され、宮廷における牛乳の供御のために「乳牛院」を設置し、「典学寮」をおいて職員の制度を定めたという。「乳戸」は牛乳を絞り、それから酥をつくり、日々の供御として朝廷に納める「家戸」であったとされる（伊藤記念財団　一九九一）。

市で売られた食材　平城京、平安京は、政治の都市であり官僚たちの住居地でもあり大消費地でもあった。そのため、大量の生活物資が必要とされた。各地の産物は、租・庸・調として諸国から京の官営の東西市に運ばれた。平城京・平安京の東西市は、宮城の南方前面におかれており、南北に流れる大溝があったと見られている（奈良市史編集審議会　一九九〇）。市には、「鄽《みせ》」があり、平安京の市には、南北が四分の一または八分の一に、東西が二分の一に区画され、整然と堀立柱建物が配置されていたことが発掘調査でも確認されており、しかも出土した木簡には、平安宮遷都からまだ三年の延暦十六年（七九七）のものがあり、平安宮の造営完成以前に市が整備された可能性が示唆されている（菅田　二〇〇四）。このことからも市が重要な位置づけであったことがうかがえる。

市は、正規に売買を行う権利をもつ市人（市籍）がおり、その籍帳は毎年作成され、交易は男女で分けられており、粗悪品は没収され、寸法などの異なるものは、返却もされるなど管理が行われたが、公的なものだけでなく個人的な交易も市で行われたという。市は正午からはじまり、没後前に太鼓が三度鳴って終了した（奈良市史編集審議会　一九九〇）。

『延喜式』によれば、東西に市を管理する東市司、西市司があり、「凡毎月十五日以前、東ノ市ニ集、十六日以後ハ西ノ市ニ集」と規定しており、一ヵ月を東西で交代して開いていたことを示している。「廛」は、東市に五一店舗、西市に三三店舗あったと記している。それぞれの店舗名から、何を扱ったかが推察される。そのなかでは、織物、糸など衣生活に関わるもの、櫛、筆、墨、弓、太刀など生活工芸品、食料品など生活物資の「廛」の名が挙げられている。食料についてみると、東市では、米、麦、塩、醤、索餅、心太、海藻、菓子、蒜、干魚、生魚、海菜、油であり、五一店舗の二五％が食料を扱っているといえる。また、西市では、米、塩、未醤、索餅、糖、心太、海藻、菓子、干魚、生魚、油の一一店舗で三三％が食料に関わる店舗である。海藻と海菜の店を区別しているので、前者は食用以外のものも扱っていたのかもしれない。またこのうち、両市に共通な店舗が多いのは、両市が一ヵ月の前半、後半と分けて開かれたために、生活必需品については両市で扱う必要があったと考えられる。麦店は東市のみ、調味料では、醤店は東市、未醤店は西市でのみ見られるものの、多くが共通である。それぞれの店で他の調味料を扱うこともあったかもしれない。ただし、油は食用とばかりはいえず、燈火用もあったといえよう。

索餅は、『倭名類聚抄』では「むぎなわ」とあり、小麦や米粉に塩を入れて練り、縄状にしたものとされ、麺類の一種ともいえる。心太はところてんのことであるが、海藻、海菜と海産物の利用が多い。海藻は木簡にも貢進物荷札に多くみられ、ワカメが中心とされ、ほかにあらめなどもあるが、こんぶは一般的ではなかったという（関根　一九六九）。ところてんは、大凝菜ともいい、今日でいうテングサと考えられている。そのほか、各種海藻は、かなりよく利用された。菓子は、ここでは多くは梅、桃、梨など果物や干し柿などをさしているが、小麦や米粉を練って油で揚げた唐菓子なども扱っていたのかもしれない。

前述の店舗に見られない食料としては、野菜類、芋、豆類がある。しかし、芋、薯蕷、大根、蓮根、大豆、小豆などは価格の記述もあり、市で売られていたと考えられる。平城京の東西市の物資を「正倉院文書」から調査した報告（奈良市史編纂審議会　一九九〇）によれば、食料には、ごま油、白米、黒米、糯米、小麦、塩、醤、索餅、海藻、干柿子、栗子、桃子、梨子、棗、布乃利、凝海藻、未醤、糖などのほか、大根、青菜、茄子、水葱、酢、茸などがあり、より具体的である。平安京市でもこれらを扱っていたことは十分考えられる。

二　中世の食生活——食事様式の形成

1　武士の食生活と農村生活

武士の台頭と食　保元《ほうげん》の乱（一一五六）・平治の乱（一一五九）を契機として、僧慈円が『愚管抄《ぐかんしょう》』（一二二〇）に記したように「ムサ（武者）ノ世」が到来した。中世武士の特徴はそのほとんどが地方に生活の場を設け、耕地開発や農業経営、生産にもかかわっていたことにある。律令制が崩壊していくなかで、地方の豪族たちは所領の確保や治安維持、そして農民支配のために武装化をすすめ、次第に大きな武士団を形成していった。源頼朝率いる武士団は平氏および奥州との戦いに勝利して、ついに、建久三年（一一九二）頼朝は征夷大将軍となった。

武門の身でありながら貴族の模倣に徹した平氏と異なり、源氏が樹立した鎌倉幕府は、武家法を制定して封建制度をつくりあげたが、荘園制はまだ温存されており、公家、武家、僧家支配が混在する社会構造となった。食生活もそれぞれの階層や地域などによって、異なるかたちが形成されていく。一般的な中世の食の特徴の背景には、貴族の凋落《ちょうらく》と武士の台頭をあげることができよう。貴族階級は、随・唐など諸外国の食文化を取り入れ、地方からの貢納品をもとに前章でみたような調理文化・食事文化を開花させた。一方、地方の武士たちは土地に根づいた現実的実際的な生活を行なっており、当然、食生活も奢侈《しゃし》を排した自然食に近い簡素なものとなっている。つまり、新鮮な野菜や獣肉などを食卓に取り入れ、料理数や食品数は少なくても、健康的な食生活だったと思われる。

鎌倉武士の質素な食生活は、貴族には目新しいものではなかった楚割《すわやり》を頼朝がことのほか喜んだという話（『吾妻鏡』）や、味噌を肴に酒を飲む北条時頼の逸話（『徒然草』）などからもうかがえるが、ここでは鎌倉幕府における垸飯《おうはん》を例としてあげたい。

垸飯とは、年頭に有力御家人が将軍を招いて饗応する食事儀式のことである。『世俗立要集《せぞくりつようしゅう》』（鎌倉中期）によると、承久の乱（一二二一）以後の垸飯の肴は「台一本に、梅干、打鮑、海月、酢、塩の五皿を並べたもの」で、梅干の使用は僧家の影響を受けている。いっぽう、貴族の肴は「台二本に、老海鼠《ほや》、蟹螺《かうな》、蒸鮑、焼蛸、楚割、塩、酢および交《まぜ》果物を折敷に据えた献立」（笹川　一九四七）となっている。これらの献立は大饗料理を受け継いだものであり、武士もまた、大饗料理の影響を受けるようになる。原田は、鎌倉初期の武士の垸飯について、「味付けは全く大饗料理と同じで、基本的には武家の垸飯が、公家の料理の伝統を引くものであることが重要であり、承久の乱の鎮圧によって鎌倉幕府は公家勢力を押さえ込んだ段階で、公家の影響を受けつつ、武家の食事形式が調った」（原田二〇〇五）と指摘している。

しかし、あくまでも鎌倉初期の武士の食事は質素を旨としていた。ところが、幕府を京都に置いた

図15　筑前国の武士の館

室町時代に入ると、将軍を迎える御成《おなり》の饗応などは贅をきわめ、初期の精神は失われていった。

「応仁の乱」（一四六七）以後、下克上の動乱期に突入するが、人や物資の移動がひんぱんになり、食生活の上では大変革期となった。中世の食生活は、都の文化のなかで磨かれた貴族の食と、地方で培われた実質的な武士の食と、中国の食文化を取り入れた僧家の食とが相互に影響しあって形成され、一般庶民にも普及していった点に特色がある。

狩りと獣肉食　武士にとって武具を整え、肉体を鍛えることは職業上不可欠なことであった。地方に居住する武士たちは農業経営のかたわら、猪、鹿などの巻き狩りを行なったり、兎や野鳥を仕留めたりして、肉体を鍛練するとともに獲物を食膳に供して、動物性たんぱく質や脂肪を補給した。図15は、建治二年（一二七六）、時宗《じしゅう》の開祖一遍上人《いっぺんしょうにん》が筑前国（福岡県）の武士の館を訪ねたときの一こまである。

図16　軒先に吊された獣肉

中央には鷹がつながれていて、鷹狩りがあったことがうかがえる。右下の畑では野菜が栽培されている。鷹と畑がみえることから、この館では新鮮な野菜、獣鳥肉、穀類を組み合わせた比較的バランスのよい食事を摂っていたものと思われる。図中の酒宴の肴がどのようなものかは不明だが、獣肉を含む新鮮な食材でのもてなしがあったであろう。

具体的に獣肉食の例をあげる。

図16は「粉河寺縁起絵巻」（十二世紀作）の一場面である。左手の板の間には「まな板」がみえ、動物の骨が二本置いてある。まな板の右手には切った肉があり、軒先には乾燥肉をつくるための串刺肉が吊されている。外には鹿皮が干してあるからこの肉も鹿肉であったにちがいない。毛皮をとることが狩りの目的だったにしても、肉は食材として利用され

た。干し肉は軽くて長持ちするから戦陣食になる。肉を干して利用することは原始・古代から続いた獣肉の食べ方だが、戦地での栄養食でもあったことがこの絵巻から読み取れる。

獣肉食の多彩さをみてみよう。史料とした「往来物」は往信返信の書簡形式をとる子ども用の教科書で、中世成立の往来物には『十二月往来』『庭訓往来《ていきんおうらい》』『尺素往来《せきそおうらい》』などがある。十四世紀後半作とされる『庭訓往来』から獣肉食関連のことばを拾うと、「干兎《ウサギ》・干鹿《シシ》・干江豚《イルカ》・豕焼皮《イノコ》・熊掌《クマノタナココロ》・狸沢渡《サワタリ》・猿木取《コトリ》」などがある。兎・鹿・江豚は干し肉、豕焼皮は脂肪付きの猪皮を焼いたもの、熊掌は中国料理の「熊の掌《てのひら》料理」であろうか。狸沢渡と猿木取は手脚の料理だそうである。兎、鹿、江豚、猪、熊、狸、猿などを教材化したのは、たとえそれが実生活からかけ離れていたとしても、子どもたちに教える必要があったからと考えられる。

また、『東寺百合《ひゃくごう》文書』の新見荘史料「備中国新見荘市場での購入品目」には、「百文たぬき・さけ、百三十文たぬき・こふ（昆布）、二十五文うさき」の記録がみえ、応永八年（一四〇一）当時、狸や兎を食べていたことがうかがえる（熊倉　二〇〇七）。

しかし、殺生禁断の考え方まで反故《ほご》にしたわけではなかった。鎌倉幕府成立後も、北条政子による「諸国の地頭分の狩猟停止令」（一二〇三）、幕府による「諸国の守護に鷹狩り禁止（一二五〇、『吾妻鏡』）、「社官による社領での供祭用鷹狩以外の鷹狩禁止」（一二六六、『吾妻鏡』）など、狩猟と肉食がたびたび禁止されている。殺生禁断が徹底してくると、鳥肉は食べても獣肉は食べなくなるが、新見荘の場合のように、購入してまで肉を食べ続ける人たちもいた。

武士の肉食は貴族の反感を買う場合もあった。「洛中の六角西洞院境内にて、大勢の武士が「宍市」と称し、鹿肉を食べ、公卿の怒りに触れる」（一二三六）などはその事例である。

農業生産の向上　中世とくに後期は「豊かな発展の時代」という見方と「低迷・暗黒の時代」という二つの見方がある。前者は、都市や農村における民衆勢力の台頭、そこでの自治の形成、農・工業の生産力発展、商業・交通の活発化などを理由としてあげ、後者は、中央政治権力の不安定、気温の低下、自然災害と飢饉および戦乱の頻発などをあげている（峰岸　二〇〇一）。おそらく農業生産にとっても同じ見方ができるであろう。しかし、さまざまな悪条件をバネにして、農民たちは生産性を高める努力を行なった。

開発の進行による人口の増加や新しい村落結合の成立という農村の変質は、新興勢力の台頭を促し（入間田　一九九一）、生産量を増加させていった。為政者にとっても米の増産は必須であったから、開墾開発が奨励されている。承元元年（一二〇七）の「幕府地頭北条時房に武蔵野の開墾開発命じる」や仁治二年（一二四一）の「幕府（北条泰時）が武蔵野を開墾し、多摩川の水を用い、水田を作るよう議定する」（『吾妻鏡』）などの記録は、食糧増産が課題であったことを示している。

農村では、名主《みょうしゅ》など上層農民の指導のもとに、「惣《そう》」と呼ばれる共同組織がつくられ、村落の自衛、灌漑用水や入会地の管理などを行なった。「惣」を中軸にした一揆や訴訟頻発の背景には農民たちの組織力および土地に対する権利意識が根底にあったと考えられる。

具体的事例として「紀伊国阿弖河《あてがわ》荘上村の百姓たちが、地頭湯浅氏の横暴なふるまい一三ヵ条を荘園領主の高野山に訴え出る」（一二七五）という行動もあり、農民たちが地位向上につなげていった軌跡がうかがえる。その文書「紀伊国阿弖河荘上村百姓申状」の口語訳を抜粋して紹介する。

「地頭の孫次郎殿は二十人ほどの部下を引き連れて、十月八・九・十の三日間と十八・十九の二日間、上村で年貢の取り立てを行いました。その間、食事を二百膳も用意させられました。そのほかにも、五人、三人と日常的に取立人がやってきては食事を出させ、しかも、百姓が大事にしている栗や柿までもっていってしまうのです」

二〇人ほどの部下に五日間、食事を二度提供すれば、ちょうど二〇〇膳になる。上村には、鎌倉時代、柿の木五九八本、栗林三一町七〇歩があったという。柿の実や栗は年貢にもなり、干柿や搗栗は保存食になる百姓たちの大事な食料であった。それを強奪するなど、とんでもない無理無体である。申状はさらに続く。

「十月二十五日より地頭の太郎、孫次郎ら上下三十五人、百姓の家にあがりこんで、いろいろの物を納めないかぎりは何十日も立ち退かないと脅かし、一日に三度の食事を命じます。その上、秣《まぐさ》を一日に一斗三升ずつも責め取り、さらに豆・小豆・粟・稗までも馬に食わせる」。さらに「馬の飼葉《かいば》の納入が遅くなったといって、鎌・鍬・鍋など、合計十五の家財道具を取られ、質に入れられてしまいました」と。

取立てがうまくいかなかった地頭側は今度は一族あげて三五人でやってきて、三度の食事を要求し、馬のエサまで求めてくる。そして、馬のエサがおそくなったと、大事な農機具や家財道具まで質に入

図17　秋の収穫風景

れてしまった。前回までは二度だった食事を三度食に増やしたのは一種のいやがらせである。天変地異、飢饉、争乱、年貢の責め立て、たび重なる困難のなかで、農民たちの食生活がいかなるものであったのか、この申状からも読み取れよう。

こうした乱暴狼藉にもめげないで、泣き寝入りせず訴え出る、逃散《ちょうさん》や一揆で対抗するなど、直接行動におよんだ中世農民たちの自立意識やたくましさが、生産性を向上させ、「惣」組織を強固にしていった。このような厳しい時代であったが、農村では、稲こき、籾すり、俵詰めなどの作業を共同で行う図17のような風景もみられた。

十一～十二世紀にかけて農業生産は関東から東北にかけてめざましく発展し、粟、稗、大麦、小麦などの畑作物栽培が、北海道の石狩川流域にまでおよんでいる（山本　一九七六）。

先にも触れたように「日本中世は農業生産が拡大した発展期というよりも、むしろ飢饉の頻発や慢性的低生産によって苦しめられた停滞期だったのではないか」（清水　二〇〇八）との指摘もある。しかし、中世の農民たちが、二毛作の推進、農具や肥料の改良、牛馬を使った農耕などを取り入れ、さらに、灌漑工事をすすめて大規模な水田造成などを行なったのも事実である。農業用水の確保は米づくりに欠かせない。灌漑による用水確保とともに、竜骨車《りゅうこつしゃ》や水車の普及も農業生産の向上を促した。

中世に普及した二毛作とは、一つの耕地で表作と裏作を行い、土地を有効活用する農法である。瀬戸内地方では三毛作もあった。水田裏作麦（田麦）の栽培が普及した要因の一つに、江戸時代初期まで生き続けた田麦への非課税をあげることができよう（藤木　二〇〇一）。田麦非課税は文永元年（一二六四）の「備前・備後の領主は田麦に対し租税を徴収しているが今後はこれを禁止する」という令をみてもうなづける。

応永二十七年（一四二〇）、倭寇問題処理のため来日し、京都に二ヵ月滞在した朝鮮使節宋希環《ソンキヒョン》は、「摂津の尼崎付近において、一つの耕地を灌水・排水することで、水田あるいは畑として使い分け、秋に大小麦を作り、初夏に稲を植え、秋に木麦（そば）の一年三種の作物を収穫する農民の勤勉さ」（『老松堂日本行録《ろうしょうどうにほんこうろく》』）を報告している（峰岸　二〇〇一）。

そのほか、農業生産向上の背景には都市人口の急増があり、消費者層の需要に応えるために、米・麦の生産量増加がはかられた。水田での二毛作は米の収穫後に麦を蒔き、畑地での二毛作は陸稲・麦、麦・大豆、大豆・蕎麦の間で行われている。麦や大豆の生産量の増加はこうした二毛作によるところが大きい。しかし、集約的な土地利用は地力低下を招きやすく、多収穫をめざす上でも、施肥が欠か

図18　牛耕による荒田打ち

せなくなってきた。農民たちは草木肥・肥灰・刈敷《かりしき》（刈り取った雑草を土中に敷き込む方法）のほか、牛馬の厩肥《うまやごえ》や人肥までも利用するようになる。米も早稲・中稲・晩稲などの品種改良がすすめられた。

ついで、農具についてみてみよう。律令制度のもとでは農業生産に効果のある鉄製農具、たとえば、鉄鍬の場合、正・従一位一二〇口、正・従二位一〇〇口、正三位八〇口、従三位六〇口というように、その位階によって支給量に差があった（安田一九九〇）。

このように、貴族・官僚などの特権階級に独占されていた鉄製農具は、次第に農村地帯にも広がっていく。建暦三年（一二一三）の「蔵人所牒案《くろうどどころちょうあん》」には「諸道の細工人等、身の芸能につきて、色々の私物を交易売買せしむるはこれ定例なり。よって鋳物師等、五畿七道諸国を往反し、鍋・釜以下を売買し、鉄の鋤・鍬を打たしむ」（「能登中井家文書」『鎌倉遺文』二〇六三号）と、鋳物師たちが鉄鋤・鉄鍬を全国に売り歩き、地方農村でも利用できるようになったことを記している。

鍬・鋤の普及とともに、もともとは貴族や武士が独占していた牛馬を飼育し、牛馬による耕起・運搬が行われるようになる。鎌倉時代末期の「紀伊国鞆淵荘百姓等言上書案」（「高野山文書」）に「当地のある農民は、牛を飼育して耕作に使っていたが、その牛を打ち殺したとのいい懸《が》かりをつけられて、荘の役人の下人に殺されてしまった」（安田　一九九〇）がみえ、農民の牛馬飼育が裏づけられる。荒田打ちなどは厳しい農作業だったので、図18のように、牛耕がかなり普及していた。

戦陣食の工夫　武士は戦いを生業にしていた者たちである。「腹が減ってはいくさができない」の格言どおり、戦場での兵糧《ひょうろう》は勝敗を決するほど重要な役割をもっていた。軍略の一つに「兵糧攻め」があるほどである。兵士が腰につける食糧を腰兵糧《こしひょうろう》といったが、その内容は握飯・焼飯が多かった。陣中給付米の一例として『訓蒙士業抄』には「人数十人につき一日米一斗、味噌二合、塩一合を用う。朝二合五勺、夕二合五勺、中食二合五勺なり。残り二合五勺は不時の食となすべし」とあり、常時一食分は握飯にして何がおきても対処できるようにしていたという。腰兵糧の一食分は米約二合五勺（三六〇グラム）であり、握飯にした場合は両面を焼いたり、梅干・粒胡椒・唐辛子を用いたり、竹の皮で包んだりして、日持ちをよくする工夫が施されている（石川　一九八八）。

図19　陣笠を鍋にする雑兵

ふだんは、鍋・釜で炊く飯も、戦場では頭にかぶる鉄・銅の陣笠、兜の鉢で炊くこともあった。布袋に米

て炊く方法などもあった。

を入れ、草で包んで焚火《たきび》で蒸す方法、包んだ米を土穴に埋めて炊くことや桶に米を入れ焼け石を投じて炊く方法などもあった。

米や飯以外の戦陣食として重要なのは味噌と塩である。でんぷん性食品および野菜類の摂取に塩分は不可欠であったし、戦場で汗を多量にかけば塩を補給しなければならない。塩が不足すると、頭痛、倦怠感、食欲不振などを起こし、戦争どころではなくなるからである。

味噌と塩は、干味噌・焼味噌・玉味噌・堅塩などにして用いられた。梅干や鰹節なども支給されたが、これらは、飯を食べるためであり、鰹節などは動物性たんぱく質の補給源でもあった。このほか、胡椒・生姜・胡麻なども、病気予防のために薬として用いられている。

究極の戦陣食である籠城時の準備について『南海通記』（一七一九）は「粮は三年の用をなし、永き謀《はかりごと》には稲穂を積み、干飯を庫にし、芋茎、干葉、焼塩、味噌、干魚、荒布、和布、海藻、薬種などを積み、薪は土居に築き、炭は地中に埋め、秣、糠、藁、馬食をたらしめ、木実を集めて油を調え（後略）」と記している。

このように、籠城時には、米、糒はじめ、乾物、塩物、燃料、そして、馬のエサまで、周到に用意している。

ついで、江戸時代の作ではあるが、戦国時代の下層兵士を題材にした『雑兵物語』を引用して、戦陣食の具体例を紹介する（吉田　一九八〇）。

・梅干は出陣の間じゅう一個で間に合うが、胡椒の粒は、日数ほどの数が要る。

・荷縄は里芋の茎を縄になって味噌で煮たもので荷をくくってきたから、刻んで水に入れてこね回せば、汁の実になる。
・戦場は飢饉と覚悟して、食える草木の実はもとより、根や葉に至るまで馬にくくりつけろ。松の木の皮は煮くたくして粥にして食うのもいい。また、首にくくりつけた籾が、大雨や川越えで濡れて芽を出したら、植えられるぐらいになったのを、根と一緒に煮て食うのもいい。
・薪は、一日に一人八〇匁（三〇〇グラム）もあれば、全軍の分としては十分に間に合うもんだという。もし薪のないところなら、馬糞の乾いたのでも拾って薪にするんだぞ。
・戦場へは杏仁（あんずの種子の仁）を持っていき、絹に包んで鍋に入れて、その上澄みを飲むのがいい。また生国のたにしを乾干しにして鍋に入れ、その上澄みを飲むのもいい。
・籠城のとき、水はなにより大切、一人一日一升ずつ いる。また、食物などにも計算があり、米は一人に六合（九〇〇グラム）、塩は一〇人に二合（二九〇グラム）。もしも夜合戦でもあれば、米の分量が増える。米を一度に多く渡せば、上戸は酒にして飲むので、三、四日分ずつ渡し、五日分より多くは渡さない。

食材の多様化　先にみた『世俗立要集』の埦飯《おうはん》は饗応食にもかかわらず、簡素な献立であり、食品の数もわずかであった。武士の食事はもともと玄米と一汁一菜程度だったと思われる。

少し時代が下がる十四世紀末頃になると、惣村では田畑や山野の一部を共有財産として、農業用水や草木肥料、生活資材の確保につとめ、季節に応じた食材を採取して食生活を営んでいた。いっぽう、都市部でも生産性の向上や流通機構の整備により、食材の多様化がすすんでいる。中世の食材について、いくつかの史料からみてみたい。

前述した『庭訓往来』は武士の子ども向け教科書であるが、穀類、豆類、野菜・果物類、鳥類・魚介類など多くの食品食物が記載されている。後述する他史料と重複するものを除いてつぎに列挙する。

穀類豆類――粳・糯・早稲・晩稲・喬麦・大豆《マメ》・小豆《アヅキ》・大角豆《ササゲ》・粟《アワ》・麦《ムギ》・稗《ヒヘ》

種実果実――梅・桃・李《スモモ》・揚梅《ヤマモモ》・枇杷・杏《カラモモ》・栗・柿・梨子・椎《シイ》・榛《ハシバミ》・石榴・棗・樹淡《キザハシ》・柚柑・柑子・橘・雲州橘・橘柑・林檎《リンゴ》・柚

調味料――味噌・醤《ヒシホ》・酢・酒・塩梅

初献の料――海月・熨斗鮑《ノシアワビ》・海干《ホヤ》

削物――干鰹・円鮑・干蛸《ホシタコ》・魚躬《ウオノミ》・煎海鼠《イリコ》

魚・肉――鯛・鱸・鯉・鮒・鯔《ナヨシ》・王余魚《カレイ》・雉・兎・鳫《ガン》・鴨・鵠《クグイ》・鴇《タウ》・雲雀《ヒバリ》・水鳥・山鳥・一番《ツガイ》

塩肴――鮎白干《アユシロボシ》・鮪《シビ》黒作・鱒楚割《ソワリ》・鮭《サケ》塩引・鯵鮨《アチノスシ》・鯖塩漬《シホヅケ》・干鳥・鳥醤・蟹味噌《カニミソ》・海鼠腸《コノワタ》・鱁鮧《ウルカ》・烏賊・辛螺・栄螺・蛤・蝦交雑《サウ》魚・氷魚《ヒウラ》

菓子――柚柑・柑子・橘・熟瓜《ジユクワ》・沢茄子《ナスビ》・伏兎《ブト》・曲煎餅・焼餅・粢《シトギ》・興米《ヲコシコメ》・索餅・糒・粽《チマキ》・生《ナマ》栗《グリ》・搗栗《カチ》・串柿《クシガキ》・熟柿《じゆくし》・干棗《ナツメ》・花梨子・枝椎《シイ》・菱《ヒシ》・田烏子《クワイ》・覆盆子《イチゴ》・百合草《ユリ》・野老《トコロ》・零余子《ヌカゴ》

地方名産――鞍馬木芽漬《キノメツケ》・醍醐烏頭布《ウドメ》・東山蕪《カブラ》・西山心太《ココロブト》・越後塩引・隠岐鮑《アワビ》・周防鯖・近江

鮒《フナ》・淀鯉《ヨトコイ》・備後酒・和泉酢・若狭椎・宰府《サイフ》栗・宇賀昆布・松浦鰯《イワシ》・夷鮭《エゾサケ》・筑紫穀《コク》）

このように、子どもたちの教材にも、食材の多様化が反映されている。食品食物を知ることも武士の教養であった。とくにここで興味深いのは地方名産のところで、京都近辺のものが多いのは当然としても、宇賀昆布や夷鮭にみられるように、食材入手の範囲が遠く北海道にまで広がっていることである。

ついで、十五世紀の農村から荘園領主へ納められた食材についてみてみよう。京都山科の荘園・山科東荘の雑掌《ざつしょう》（代官）大沢久守が書いた『山科家礼記《やましなけらいき》』（一四五六〜九二）を中心史料とした藤木久志氏作成の年間生活サイクルによって、東荘における行事にあわせた山科家への上納物を列挙する（藤木　一九八九・一九九七）。

一月「餅・米・栗・豆・串柿・若菜」
二月「兎・塩引き・うどん・蜜柑・大根・煎り豆」
三月「酒・米・新茶・鮒・蕨」
四月「酒・茶・昆布・焼き米」
五月「粽《ちまき》・筍・小麦・蓬《よもぎ》」
六月「酒・茶・竹の子・白瓜・大角豆・唐瓜」
七月「酒・米・素麺・茄子・塩引き・ごぼう・昆布・はも」
八月「蕎麦・鮭・米・柿・焼き米・鯖・茗荷・餅」

九月「酒・米・松茸・栗・餅」
十月「酒・米・餅・栗・菜・熟柿・串柿」
十一月「米・平茸・酒・昆布・大根・強飯」
十二月「米・酒・昆布・みそ・くるみ・強飯・鯛・干魚・梅」

ここには、季節ごと、行事ごとに、多種多様な食品食物が記されている。米・餅・酒などは回数が多く、若菜・新茶・蕨・筍・蓬・はも・栗・柿・松茸・平茸などの旬の食材、塩引きのような購入品も納められていた。上納物という特別な食品食物の記録ではあるが、季節ごとの自然の恵みと農作物、そしてその加工品から、日常においてもかなり豊かな食材が使用されていたことがうかがえる。

さらに食材の多様化をみるために室町末期から江戸初期作とされる『多聞院日記』を史料として、寺院で使用された食材名称を列挙する。

米　関　係　――米、白米、飯米、粳《うるち》、ウルノ米、ウルノ白米、餅米（モチノ米）、餅白米、モチノ米ノコ、新白米、新米、古米、早米、日用米、冬米、酒米、備前之米、木津米、黒米、米粉（米ノコ）、茶子用米ノコ、ウルシ子、チマキ米、味噌米

米の加工・調理品――白飯、飯、豆飯（豆御飯）、麦飯、蕨ノ飯、粥、白粥、白粥汁、イリコメ、焼米、オコシ米、糒意（ホシイイ）、干飯、コゴメノ糒、団子、粟飯、クリコノ飯、芋ノ飯、雑煮飯、スシ、餅、朝餅、温餅、白餅、小豆餅、粟餅、麦

餅、亥ノ子餅、大餅、クリコノ餅、クルミノ餅、ヲシ餅、カイ餅、鏡餅、菓子ノ餅、干餅、切子餅、草餅、よもきの餅、蔵ノ餅（庫ノ餅）、ケンスイ餅、サタウモチ（沙糖餅）、小麦餅、シルコノ餅、膳餅、雑煮餅、茶餅、ツメ餅、ハカイ餅、花餅、ハラハラコ餅、ヒシ切餅、干餅、豆餅、マメクルミノ餅、マメノコ餅、マメノネリノ餅、焼餅、ワラヒノ餅、キビノ餅、巻餅、朝粥、赤大豆粥、赤粥、小豆粥

酒関係——酒、古酒、温酒、ヒヤ酒、霰《あられ》酒、カン酒、濁酒、桑酒、コゴメ酒、ミソ酒、キノ酒、白酒、タル買酒、詰酒、正月酒、夏酒、ナラノ酒、伏見酒、餅酒（モチ酒）、諸白、モロミ酒、破酒（ワリサケ）、酒カス

麦関係——麦、小麦、夏麦、醤麦（ヒシヲ麦）、粉、麦粉、ウドンノ粉、大麦、醤大麦、大麦ノ麹、唐ミソ用麦、切麦、コナガキ、麺・素麺、麦縄（麦ナワ）、入麺、夏麺、冬ノ麺、ツメサウメン、ツメムシサウメン、スイトン、団子、麦ノモヤシ

その他の穀類等——雑穀、キビ、ヒエ、タウキビ、ソハ（蕎麦）、ソハノコ、ムマヒエクス（葛）、葛根

豆関係——マメ、大豆、小豆、白マメ、黒大豆（クロマメ）、夏大豆（夏マメ）、古マメ、イリマメ（煎大豆）、打マメ、枝マメ（枝大豆）、マメノコ、豌豆《えんどう》、唐ミソマメ、

吉ミソママメ、大角豆《ささげ》、藤豆、豆腐、納豆、マメカウジ

芋関係――芋、山芋（山ノ芋）、芋頭、唐芋、シナ芋、唐芋頭、タウノ芋ノ茎、サツマ子、根芋、丸芋、蒟蒻、コンニャクホシ、ホシコンニャク

野菜・山菜関係――菜、若菜、干菜（ホシナ）、汁菜、牛蒡、アフラナ、ナツナ、土筆（ツクシ）、山フキ、ササキノハ、赤瓜、芋茎、ウコギ、ウト（ウド）、瓜、白瓜、唐瓜、瓜漬、大根、菜大根、ホソ大根、大根葉、ヲワリ大根、京大コン、ヌキ大根、茄子（ナスヒ）、生茄子、ニラ、人参、ハス、蓮根、ワラヒ（ワラビ）、笠間ワラヒ、蕪《かぶら》、蕪菜、饗菜、教菜ノ頭、茎菜、ククタチ、芹、クコ、クコノ葉、ツルナ、葉甘草（ハカンサウ）、竹子《たけのこ》、カモノ竹子、カンヘウ（干瓢）、木瓜、トウガン、トコロ

種実・果実関係――トチ、トチコメ、栗、冬ノ栗、ムキクリ、ヤキクリ、クルミ、胡麻、ヒシ、松実、梅、青梅、梅ツケ、梅干（ムメホシ）、柿、甘柿、熟柿、丸柿、干甘柿、串柿、根成柿、蓮柿、ヒキ柿、ヒク柿、桜桃、ナツメ、柑子（カウシ）、桃、金柑、柘榴《ざくろ》、梨（ナシ）、アオナシ、枇杷、柚、蜜柑（ミカン）、ヤマモモ（楊梅）、林檎（リンゴ）

茸《きのこ》・海藻関係――岩茸《いわたけ》、カタマツタケ、カウタケ、菊茸、椎茸、シメシ（シメシ茸）、松露《しょうろ》、子スタケ《ねずたけ》、平茸（ヒラタケ）、松茸、椋茸（ムクタケ）、昆布、青苔《あおのり》、アマノリ、

イリコフ、キリコフ、カンテン、モツク、ホタワラ、ワカメ（和布）

調味料関係――塩、焼塩、味噌、唐味噌（タウミソ）、吉味噌、酒手味噌、醤（ヒシヲ）、酢、柚酢、梅ツケ正ユウ、タレミソ

香辛料関係――朝倉山椒、芥子《からし》、クチナシノミ、山椒、生姜、陳皮、ハシカミ、柚皮、柚干

料理関係――汁、吸物、ツユ、ヒヤ汁、アツメシル、芋汁、鰯汁、カラシ吸物、茸ノ汁、松茸汁、ヒラタケ汁、ムクタケ汁、ククタチ汁、ササキハノ汁、シメシ汁、随喜汁（ズイキ汁）、竹子汁、ヒル汁、タヌキシル、追膳汁、タウフ汁、マメノシル、唐味噌汁、茄子汁、ニラ汁、子《ね》スタケノ汁、フナノスイ物、麺汁、雪汁

菜（サイ）関係――肴、樽肴、サシミ、ナマス、ニモノ、雑煮、アエモノ、クキアエ、茎合、クルミアヘ、ツケ物（ツケモノ）、油煎、クコノアエ物、イモニ、タタキ牛蒡、竹子ノスシ、ナスヒノスシ、イリタウフ（炒豆腐）、ヤキ大根、焼松茸、ツマ、ツマアワセ、ヒエアヘモノ

茶・甘味関係――茶、青葉の茶、宇治茶、笠上茶、笠間茶、吉茶、肝煎茶、新茶、初葉ノ茶、古茶、葉茶、畑茶、引茶（曳茶）、山ノ茶、よき茶、茶子（チャノコ）、アメ、マメアメ、ユスアメ、サタウアメ（沙糖飴）、ハララコアメ、煎餅、饅頭（マンチウ）、小饅頭、ツメマンチウ、羊カン、粽（チマキ）、ヒメノ菓子、蜜（ミ

ツ）、甘酒、沙糖、白沙糖

動物性食品関係　——鮎、タヒ（鯛）、タラ、アワヒ（鮑）、糸より、カツヲ、カニ、鯉、タコ、フナ、ハマクリ貝、海松（ミル）、カマホコ（蒲鉾《かまぼこ》）、カラスミ、魚、魚物、猪ノ肉、タヌキ

こうしてみると、食材関係でとくに多いのは、米・酒・飯・粥・餅・麹といった米に関するものであった。ついで野菜・山菜、種実・果実、茸・海藻などの菜となるものである。

当然ながら圧倒的に植物性食品が多く、饂飩・素麺、豆腐、大根、牛蒡、梅干、柿、蜜柑、昆布、味噌などが頻出しており、寺での食生活が垣間みえよう。茸は汁にされている点が注目される。味噌は購入する場合と手作りする場合とがあったらしい。「買ミソ」と同時に、味噌製造に関して「唐ミソ大麦二斗、小麦二斗イル。マメ四斗イル。子《ね》サセ了《おわんぬ》」（天正十二年〈一五八四〉六月八日）や「吉ミソノ口開」の記事があるからである。「梅ツケ正ユウ」に関する天正十年八月二十三日の「十後ヨリ梅ツケ正ユウ取ニ来遣」の記事も興味深い。

調理品としてあげられている「サシミやナマス」は植物性食品を用いたものであろう。しかし、厳格な食禁があった動物性食品も魚介類を中心にわずかながら登場している。

「饅頭屋二郎」「マンチウヤ宗二」「モチヤ」「ヤキウヲヤ」のような食商売の名も記されている。菓子や焼魚を購入する場合もあったらしい。

以上、『多聞院日記』より寺院食生活の一端をみたが、手づくりしたり、購入したりしつつ、植物

性食品を中心に多彩な食品や料理が用いられていた。

なお、ここに登場する蒲鉾は、大永二年（一五二二）、伊勢貞頼が「蒲鉾は鯰本也。蒲の穂を似せるもの也」と『宗五大艸紙』に記しているように、贅沢品ながらも、かなり利用されていたことが推察される。

料理職人の登場　食材が豊かになるとともに調理法も進歩した。もともと家職としての料理人は公家や武家に仕えて儀式などの料理をつくっていたし、たしなみや楽しみとして料理技術を身につけた「庖丁上手」が庖丁を握ることもあったという（原田　一九九三、熊倉　二〇〇七）。

いっぽう、禅宗の寺には調菜所（調理場）があり、調菜という料理人が野菜類の調理を行なっていた。明応九年（一五〇〇）作といわれる『七十一番職人歌合』には、油売り、豆腐売り、米売り、一服一銭など、七一組・一四二種の職人が出現する。その五七番目に、正装して烏帽子をかぶり、庖丁とまな箸で鯉を調理する「はうちゃうし」が描かれている。庖丁師は武家風のいでたちである。同じ画面に蒸籠《せいろ》のようなものに饅頭を入れて売る「てうさい」がおり、こちらは坊さん風である。この図の対比からも、庖丁師は魚鳥料理を扱い、調菜は植物性食品の調理をしていた。また、調菜の場面には「砂糖饅頭、菜饅頭、いづれもよく蒸して候」と書かれており、砂糖入り饅頭が街頭で売られていたことがうかがえる（図20）。

庖丁師は宴会などに出職《でしょく》として赴き、魚鳥料理を中心に庖丁の腕をふるった。その後、料理職人たちの専門化がすすむと、庖丁の秘伝・料理のコツなどが口伝され、次第に料理流派が発生する。そし

図20　庖丁師と調菜

て、四條流は公家の、大草流・進士流は武家の料理流派として形式を整えていった。料理について記された『四條流庖丁書』（一四八九）、『山内料理書』（一四九七）、『大草殿より相伝之聞書』（一五〇四）、『武家調味故実』（一五三五）、『大草家料理書』、『庖丁聞書』などは、当時の料理事情を知る上で貴重な史料といえよう。

この時期に料理人が生まれたのは、料理技術が発達して、味への関心が深まったからであり、さまざまな絵巻にも庖丁師が登場している。次頁の絵巻には、武士の館で鳥や魚を捌《さば》く男性が描かれており、専門料理人の調理場における仕事ぶりを知ることができる（図21）。

市・問・座と食品流通　中世は商業が発達した時代であり、ほぼ全国的な商品流通組織としての座《ざ》、馬借・車借、問丸《といまる》などが誕生した。魚・塩・米・油・味噌などの市が生まれ、都市周辺では商品とし

図21　武家の台所

ての野菜などが栽培されるようになった。定期市も開かれたが、通常、定期市は十日目ごとの月三回、五日目ごとの月六回などがあり、前者を三斎市、後者を六斎市と呼んでいる。また、二日市、四日市、五日市などの呼称もあった。古代の例ではあるが康治元年（一一四二）の近江国饗庭川《あえばがわ》市九の日市は比較的早い例とされている。

当時の市場は人口が集中する都市、水陸交通の要衝、寺社の門前などに設けられたが、とくに京都は政治の中心が鎌倉に移ってからも大都市として賑わっている。鎌倉幕府は鎌倉に本拠地を置いたが再び政治の中心が京都に移り、その繁栄は継続した。京都の風俗は信長が上杉謙信に贈ったとされる『洛中洛外図屏風』に詳細に描かれている。

いっぽう、大都市のみではなく農村でも市立があり、農業生産の向上と一体のものとなっていた。農産物を商品として売買したのである。

貴族社会では都に物資や情報が集中したが、地方に根拠地を置く武士たちはそれぞれの領地において都市機能を充実させていった。多くの人が集まり、消費者が増えれば、当然、流通機構は整備され、物資の集散が活発となる。その結果、商品経済、貨幣経済へ、一般民衆も巻き込まれていった。各地に名産名物が生まれ、商人たちは商品とともに情報を運び、文化の伝播に貢献している。

中世の物流の拠点となったおもな港をみると、北は十三湊《とさみなと》から南は坊津まで、全国に分散していて、物流が広範囲であったことを裏づける。

ついで、『直幹申文絵詞《なおもともうしふみえことば》』の絵図（図22）によって、食商売の様子をみてみよう。

右下の鳥居のそばには、頭上の籠に魚を積んで商売に行こうとしている桂女《かつらめ》がいる。右端の家では女性がふたり、縦臼《たてうす》、縦杵《たてぎね》を用いて何やら穀物を搗いている。隣の店の女性は店先に大きな魚や饅頭のようなものを並べ、曲物《まげもの》の桶に箸で何かを詰めている。これから行商に行くところであろうか。左端の店では魚・餠・野菜などを商う女性が卸《おろし》らしい人物の応対をしている。この史料には、物売り、琵琶法師、見物人、遊ぶ子どもなどが描かれ、食商売も常設店舗の見世棚あり、行商人である振り売りありで、文献にはあまり登場しない女性たちが生き生きと働いている。当時の食生活と女性の生き方の一端をみることができるであろう。

近江堅田《かただ》の住人が、能登、越中、越後、信濃、出羽、奥州、因幡、伯耆、出雲、岩見、丹後、但馬、若狭へ、商いに出かけたことを示す史料からは（蔵持　二〇〇七）、商売の範囲がかなり広域にわたっていたことがうかがえる。また、市場の普及によって新しい職業が誕生した。畿内を中心に港や河川沿いの都市で発達した問《とい》は、商品の運搬・管理・中継取引などを行い、同時に年貢の輸送なども請け

図22　町屋のなかの市場

負った。問はすでに、淀、木津、桂などに設置されていたが、鎌倉時代になると、鳥羽、大津、坂本、敦賀などにも拡大し、室町時代に入ると、さらに多くの地方で中継取引業者として活躍するようになった。江戸時代の問屋《とんや》は問の後身である。

中世にはまた、商人や職人らによって座と呼ばれる特権的同業者団体がつくられた。座は同業者同士が、本所である朝廷、貴族、社寺などに座役を払うことで、販売の独占権・課税免除を保証された組織である。初期の座としては、山城大山崎石清水八幡宮の油座、京都北野神社の酒麹座、坂本日吉神社の塩座、福岡の酒座、奈良興福寺の塩座などがあり、蛤座、煎雑魚《いりざこ》座、相物座《あいものざ》（塩魚）などの海産物を扱う座もみられるようになる。こうした座は、鎌倉中期以後、荘園領主の保護のもとに発展し、荘園領主の力が衰えたあとも、商品ごとの分化がすすめられ、多くの座を生み出していった。（小柳　一九七一）。

大山崎石清水八幡宮油座を例にあげれば、本所の石清水八幡宮へは燈油の献納などを座役とし、その見返りとして、関銭・土倉役の免除、荏胡麻《えごま》などの仕入れ・販売の独占権が保証されていた。食品の多くもこうした座構造のもとで売買が行われている。

地方における交易の実態を『十三往来《とさおうらい》』によってみてみよう。『十三往来』は北津軽郡市浦村の隆盛ぶりを「西を望めば青い海がひろがり、夷船・京船が群集して、へ先を並べ、湊は大変なにぎわいだ。（中略）商人の売買は思いのままである」と記している（石井　二〇〇二）。日本将軍《ひのもとしょうぐん》と称された安東氏は、津軽地方から蝦夷が島（北海道）にまたがる海域を支配し、アイヌ人から鮭や昆布などを買って畿内へ運び、米・鉄器・漆器などを蝦夷地に運ぶ交易を行なった。こうした北方交易も含めて新しい食品流通ルートが開拓されている。十三世紀中期になると、貨幣経済は急速に進展するが、北条時頼は武家の初心である農業社会への復帰をめざして、都市における商業地の限定、商業統制に乗り出した。建長四年（一二五二）には「幕府、鎌倉諸国の市での酒の売買停止を命じる。幕府、禁酒令（沽酒の禁制）を発令」（『吾妻鏡』）という状況になっているが、それは、飢饉への対応とともに、過当競争を抑え、風紀の乱れを正そうとするものでもあった。

しかし、規制を受けつつも、座や問を中心に商業活動は確実に拡大していき、応仁の乱後は、秩序の乱れに乗じて座に属さない商人があらわれはじめる。戦国大名は自国の経済を発展させるため、座役などを撤廃して自由な商売を許したが、織田信長の安土城下における楽市・楽座（一五七七）はとくに有名で、商業のいっそうの発展を促した。

食と健康　心身ともに健康であることが武士にとって必須の要件であった。彼らは鍛錬によって肉体を鍛えたが、自然食に近い簡素な食生活が、もっともよくそれを支えた。禅寺をはじめ寺院の僧侶たちも健康であることに配慮し、さまざまな工夫を行なっており、鎌倉時代に入ってから健康に関する書物が多く刊行されたこともそれを裏づける。

建暦元年（一二一一）、日本初の茶書として栄西が著した『喫茶養生記』の冒頭には、「茶は養生の仙薬なり。延齢の妙術なり。山野之を生ずれば、其の地神霊なり。人倫之を採らば、其の人長命なり。天竺唐土同じく之を貴重す。我朝日本も曾て嗜愛せり。古今奇特の仙薬なり。摘まざるべからず」と、茶を養生や延命の薬と位置づけ、さまざまな疾病に効果があることを説いている。栄西と茶に関するエピソードとしては、「建保二年（一二一四）、宿酔を患った三代将軍源実朝に、栄西が良薬として茶一箋、茶の徳を賞した『喫茶養生記』を献じる」という話があり、当初、茶は飲料というよりは薬であった。

また、吉田兼好の『徒然草』（一三三〇頃）には「人の身にやむことをえずして営む所、第一に食ひ物、第二に着る物、第三に居る所なり。人間の大事この三つには過ぎず。飢ゑず、寒からず、雨風に冒されずして、しづかに過ぐすを楽しみとす」と、食の重要性を第一にあげている。兼好は「百薬の長とはいへど、萬《よろず》の病は酒よりこそ起れ」と酒の害を説いているし、梶原性全撰述の『頓医抄《とんいしょう》』（一三〇四）は、脚気、攪乱、腹脹、腹病、消渇、不食、中風など多くの病名をあげ、禁食（食べてはいけないもの)、宜食(食べていいもの)を詳細に記述している(樋口 一九八九)。多くの人が経験上、食事が疾病の発症や療養と関連することを知っていたのであろう。

『拾芥抄《しゅうかいしょう》』(十四世紀成立)には、合食禁として「蕎麦と猪羊肉」「麺と枇杷・薺」「猿と鯉」「魚膾と芥子」など六〇種類以上があげられている。また、季節によって禁止するものとして「正月生葱・宍《しし》」「二月兎肉」「三月小蒜」「四月大蒜」「五月韮・雉」「六月芹菜」「七月生蜜」「八月薑《はじかみ》」「九月猪肉」「十月椒《なるはじかみ》」「十二月麻・大豆・粟・韮」などが記載されている。蕎麦や麺には毒があるとされていたし、獣肉に対しては殺生戒の影響があったと思われる。香辛野菜については、薬味として添える生魚へ注意を向ける意図があったのか、香辛野菜そのものが害となる場合があったのか明確ではないが、多くの食禁事項がみえる。「食を禁ずる条」に「砂糖、蜜糖、飴」がある。これは、砂糖類の多食が健康によくないのを知っていたのか、あるいは、めったに口にすることができない甘味を禁じて贅沢を戒める意味があったのか、いずれかであろう。

たびたび引用する『庭訓往来』には「脚気、中風、上気、頭風、荒痢、赤痢、内痔、内瘶《ナイセウ》、腫物、癰疔《ヨウチヤウ》、瘧病《ギヤヘイ》、咳病、疾歯、瞙《マケ》(眼病の一種)、(中略)禁好物の注文、合食禁の日記、薬殿の壁書に任せて、写し給ふ可く候」の記事があり、さらに「濁酒の酩酊、食物の飽満、深更の夜食、五更の空腹、塩増の飲水、浅味の熱湯」の禁止を記載している。このように、病気の治療と予防について、子どもたちに食の分野にも踏み込んで教えており、たとえ迷信の域を出なかったとしても、食品食物摂取によって健康を損ねてはいけないという思想、身体を大切にするという考え方が根底にあったからと思われる。

戦時での敵地における飲食には慎重な対応が求められていた。水に関して『雑兵物語』には「池の水は決して飲まねえもんだ。底にはたいてい糞を沈めてあるから中毒するぞ。川の水を飲むんだぞ。それもよその国の水にはあたるもんだ。」と、水は戦術にも使われていて、その対策が練られ、教育されている。これも健康への配慮といえるであろう。

2 寺院の酒と料理

留学僧がもたらした食 天徳四年（九六〇）、中国は宋の時代となり、日宋間に国交はなかったが活発に民間貿易が行われた。宋へ留学した僧たちは異国の食文化をもちかえり、また、多くの中国人僧が故国の食文化をもちこんで、寺院を中心に中国食文化の伝播・同化がすすんだ。つまり、中世は唐風《からぶり》模倣の前代とは異なる新しい食事様式が生み出された時期と位置づけられよう。

宋へわたる拠点となったのが博多である。博多には唐房（坊）や大唐街とよばれる中国人街が形成され、自国の文化を日本に伝える宋商人もあった。留学僧のなかには日宋貿易船に便乗するものもあり、戒覚《かいがく》は宋商人の船で永保二年（一〇八二）に密航したといわれている。こうして、宋商人、日本商人、入宋僧たちによって、宋の文化や多くの物資がもたらされた。具体的な文物としては、絹織物、陶磁器、銅銭、香薬、竹木類、砂糖・茶などの飲食物、経典、書籍、絵画など多彩であったが、とくに宋銭は大量に輸入され、国内の商品流通に大きな役割を果たした（大隅　一九九八）。

仏教信仰がさかんになるにつれて、日本人の入宋僧は増加する。鎌倉幕府成立前後に宋にわたった留学僧の記録をみると、「栄西・重源、宋より帰る」（一一六八）、「栄西、宋より帰朝し禅宗を広める」（一一九一）、「俊芿《しゅんじょう》、律・天台・禅を学び、多くの経典などを持ち帰る」（一二一一）、「道元、宋から帰朝し『普勧座禅儀』を著す」（一二二七）、「覚心、径山寺味噌の製法を伝える」（一二二八）などがある。その後中国は、元・明と体制を変えるが、留学僧たちは外交・交易の面においても活躍し、日本文化に大きな足跡を残した。なかでも、後世に大きな影響をおよぼしたのは禅と茶である。

禅宗は厳しい戒律を設けて、簡素な生活を送ることを基本とし、飲食も修行の一環として重要視された。臨済宗の開祖・栄西（一一四一〜一二一五）、曹洞宗の開祖・道元（一二〇〇〜五三）などが禅の伝達者として知られている。禅の教えの簡素さは武家社会の精神とも合致し、禅宗を中心とした新しい仏教は、鎌倉幕府の庇護をうけるようになった。

そのほか、留学僧などによって、点心《てんじん》をはじめとする中国風の食品や調理法がもたらされ、庶民へも伝播していった点が食文化的観点から特筆される。

文献に茶が登場するのは「大僧都永忠《えいちゅう》、手づから茶を煎じて奉御す」という『日本後紀』弘仁六年（八一五）の記録である。献茶の相手は嵯峨天皇であった。その約三〇〇年後、栄西が新しい喫茶法を伝え、前述したとおり、茶の効用を説く『喫茶養生記』を著して、茶の普及につとめた。

このように留学僧がもちこみ、後世への影響が大きかった食文化には、嗜好飲料としての喫茶風習の広がり、点心喫食が契機となった二度食から三度食への移行、精進料理の形成、大豆食文化や野菜食文化の発展、茶道と懐石料理の形成、点心・茶子をもとにした菓子の発達などをあげることができる。

茶の導入と茶道　比叡山山門守護・山王神社の『山王神道秘密記』には「茶の実は大唐より大師求め持ちたまい、御帰朝有、ここに植え、その後、山城国字宇治郡所々に植弘め給い（後略）」とあり、延暦二十四年（八〇五）に帰朝した天台宗開祖最澄（伝教大師）が、茶の種をもち帰ったという言い伝えを記している。八世紀から九世紀にかけて、茶は貴族社会に受け入れられていた。前述の『日本後紀』における大僧都永忠の献茶記録は、こうした貴族の風習を物語っている。しかし、その喫茶風習は一部の人たちに限られ、広がりをみせなかった。それは、遣唐使の廃止（寛平六年〈八九四〉）などで中国との交流が希薄になったこと、中国渡来の茶は固形の茶（団茶）を削って煮だす淹茶《だしちゃ》であったため、日本人の嗜好にあわなかったことなどが要因と考えられている。

茶の二度目の導入は十二世紀末、栄西によってであった。栄西は建久二年（一一九一）筑前の背振山に茶の種子を植えた。これが岩山茶である。栄西がもちこんだのは中国江南地方の緑茶で、味も香も日本人の嗜好に合っており（熊倉　二〇〇二）、栄西から種子を贈られた栂尾高山寺の明恵上人（一一七三～一二三二）は、山城の栂尾・深瀬、宇治にも植樹して、茶樹が全国に広がるきっかけをつくった。このように寺を中心に茶が栽培され、鎌倉時代後半には喫茶の風習は、禅僧から武士・貴族、そして庶民へと普及していった。

図23　門前の茶売り

導入時の茶は薬効のある飲み物として取り入れられている。『喫茶養生記』には、喫茶法とともに茶の効能が詳しく紹介され、茶が効能を示す疾病として、中風・食欲不振・脚気病などがあげられていたが、その後、薬用茶は、次第に嗜好飲料としての茶に変化していった。

茶に対する人々の需要が高まるにつれて、茶の生産は全国に拡大し、茶の産地として、栂尾、仁和寺、醍醐、宇治、葉室、般若寺、神尾寺、大和の室尾、伊賀の八鳥、伊勢河居、駿河清見、武蔵河越などが知られるようになった。

寺社の門前などで茶を売る「一服一銭」については『東寺百合文書』に、「東大寺大門前の一服一銭茶売人に商売上の定めをさせる」とあり、応永十年（一四〇三）には記録がみえる。また、小屋がけの茶屋が立ち、参詣客に茶を売るなど、行楽地における茶売りの様子も絵画資料などに多く残されていて

（図23）、中世の飲茶風習を伝えている（入間市博物館　一九九九）。

茶導入の先駆者・栄西に師事した道元は、修行の一環として、喫茶《きっさ》・行茶《ぎょうちゃ》・大唐茶湯《だいとうちゃゆ》などの礼茶を制定した。また、博多崇福寺開山・南浦紹明《なんぽじょうみょう》が『茶道経』を刊行するなど（有馬　一九九九）、禅と茶とのかかわりは深くなっていった。こうした修行としての喫茶、あるいは茶の産地あてをする闘茶《とうちゃ》、唐物尊重の茶から、茶を静かに喫する茶へ変化していき、茶道が誕生する。

奈良称名寺の僧・村田珠光《むらたじゅこう》は、そまつな庵に茶席をしつらえる茶禅一体の茶道をつくりあげた（一四八二）。珠光の茶は足利義政の庇護を得たため、東山茶道あるいは書院茶道といわれている。その後、商人の町・堺の繁栄とともに武野紹鴎《たけのじょうおう》を経て、千利休（一五二二～九一）にいたり、十六世紀にわび茶としての茶道が完成する。利休道歌とされる「茶の湯とはただ湯を沸かし茶を点《た》てて飲むばかりなる事と知るべし」には、無心に茶を点て、静かに喫するだけの茶の湯は、禅の精神にも通じ、禅を体現する場でもあることが歌われている。

利休がつくりあげた茶道は、建築・造園・華道・書・道具類・菓子・後に述べる料理など、一つ一つの芸術が総合された美として、日本文化の一大集成と考えてよいであろう。

茶会の記録は天正十五年（一五八七）の豊臣秀吉による北野大茶会（『北野大茶湯之記』『多聞院日記』）はじめ、多くの文献にみられる。

寺と酒造技術　中世寺院は強い独立的性格をもつ集団として経営されていた。寺院は酒づくりにも高い技術を所持しており、経済活動の一環としての酒造が行われている。真言宗の寺院天野山金剛寺

図24　酒宴の図

では、銘酒「天野」が醸造され、「天野比類なし」ともてはやされていた。他にも、河内の観心寺、奈良の興福寺、奈良の菩提山正暦寺、近江の百済寺、越前の豊原寺などが有名で、菩提山正暦寺の諸白《もろはく》酒は名の知れた名酒であった。

酒造は寺院内の神社に供えるため、あるいは、正月の自家用が目的であったが、次第に商品として製造されるようになっていく。中世の絵画資料をみると酒宴の様子が数多く描かれており、壁に破れがあるような貧しい絵師の家でも酒宴が行われていた（図24）。

酒造技術の面で貴重な史料は、十五世紀初めに成立したとされる佐竹家文書『御酒之日記』である。ここには「天野、練貫、菩提泉、菊酒」および「酢」など六種類の醸造法が記されている。以下に『御酒之日記』冒頭の一般酒の醸造法を引用する。

抑白米一斗夜一やひやすへし、明日ニ能よくむす（蒸す）へし、かうし（麹）ハ六升ツツの加減、人はた（人肌）にて合之作候、よい（宵）よりひやし候水と作入水ヲハ人ハた（人肌）ニて自上（上より）一斗はかり（計り）て入候、席（薦か）ヲかふせ（被せ）六日程可置、成り出キ候ハハかくへし（掻き回すべし）、懇《ねんごろ》ニ桶はたまてかくへし、ひるハ二度つつかくなり、からミ出来候は水かうしをすへし、其時ニ如前に米一斗能能《よくよく》むすへし、其を能能さまし、わき候酒之中ニおたいを入候、自其而日ニ（それより一日に）二度つつかくへし、又、しつまはまぜ木ヲ可引、ふたを作らセよ、口伝（柚木　一九七五）。

つまり、白米一斗、麹《こうじ》六升、水一斗を混ぜて酛《もと》をつくり、白米一斗を掛けている。これは二段掛法と呼ばれるものであるが、さらに進歩すると、三段掛法となる。段掛けとは、蒸米、米麹、水を数回に分けて仕込むやり方で、良酒醸造の手法であった。

また、『多聞院日記』には「酒ニサセ了《おわんぬ》」の記述があり、「酒を煮る」すなわち、火入れ法が取り入れられていた。火入れ法の導入によって、酒の保存性は一段と向上したが、パスツールが低温殺菌法を見出す三〇〇年も前の発明であり、日本の酒づくりがいかに優れていたかがわかる。

ところが次第に、僧坊での飲酒の弊害、風紀の乱れが問題視されはじめ、僧侶たちの本業は仏に仕えることであるとして「本業専念」を決議する寺も出てきた。

僧坊の酒の「段掛け」「諸白化」「寒造り」「火入れ」などの高度な技術は、酒屋の酒に受け継がれ、酒醸造はいっそうの発展をみることになる。良酒の産地として『尺素往来』には、河内・南都（奈良）・摂津・西宮・越前豊原・加賀宮越などがあげられており、酒づくりが地域的にも広範囲にわたっていたことがうかがえる。

応永三十二年（一四二五）の調査によれば、洛中洛外に三四二軒の酒屋があり、酒屋が納める税金は幕府の重要な財源になっていた。

一般民衆と酒に関する史料として『七十一番職人歌合』には、酒作と麹売りが描かれている。「酒作」の女は瓶子《へいし》を背に「はやりて候。うすにごりも候」と客に呼びかけ、おなじく「上戸たち御らんじて、よだれながし給ふな」と声をかける麹売りの女も登場する。この史料から、当時の酒売りが清酒と濁酒の中間程度の「うすにごり」を商っていたこと、酒麹が売買され、自家用の酒づくりも行われていたことが推察される。

禅寺の食と精進料理　禅の精神を強く打ち出し、食生活に大きな影響を与えた道元の食思想を考える際、仏教の「法食一等」という教えに注目する必要がある。中国での修行を終えた道元が、安貞元年（一二二七）に帰国してみると、この教えは有名無実化していた。そこで道元は、僧堂で食事を用意する典座のあり方を『典座教訓《てんぞきょうくん》』（一二三七）に、食事作法を『赴粥飯法《ふしゅくはんほう》』（一二四六）に著して「法食一等」を実現しようとした。『典座教訓』の一部を抜粋する。

謂《いわ》ゆる醍醐味《だいごみ》を調うるも、未だ必ずしも上と為さず。莆菜羹《ふさいこう》を調うるも、未だ必ずしも下となさず。莆菜を捧げ、莆菜を擇《えら》ぶの時、真心《しんしん》・誠心《じょうしん》・浄潔心《じょうけつしん》にして、醍醐味に準ずべし。（中略）賤と為すべからず、軽と為すべからず。人天《にんでん》の導師、莆菜の化益《けやく》を為すべきものなり。

（秋月　一九八五）

つまり、「醍醐味は極上の味といわれているが必ずしも上等とはいえず、菜汁を調理しても下等とはいえない。野菜を手にもち、野菜を選ぶとき、誠心誠意、醍醐味を扱うと同じようにしなければならない。野菜を卑しいとも、軽いとも思ってはならない。人間の世界・天上の世界の導師は野菜によって人びとを教え導き、利益となすべきものである」という意味である。当時の世間一般では乳製品の極上品を醍醐として珍重し、菜類は下等とみなしていた。道元はその誤りを正して、修行の根本を説いたといえる。永平寺が開かれたのは寛元二年（一二四四）であり、開山当時から今日まで、永平寺では道元の教えが厳格に守られ、「法食一等」の実践が生き続けている。

一般に禅寺での食事づくりは、三徳六味、調理の三旬《じゅん》の教えに従って行われる。三徳とは「口に軽軟（あっさり）、浄潔（きれい）、如法作《にょほうさ》（一定の順序や方式に従う）」であり、六味とは「甘、辛、鹹《かん》（塩味）、苦、酸、淡」の調和とされる。調理の三旬とは「材料の旬、手法の旬、味付けの旬」（有馬一九九九）であって、いかなる時代、いかなる地方、いかなる階層においても、調理の基本とすべきものといえる。

時代はさがるが、利休の弟子南坊宗啓の茶書『南方録』から、利休が禅林での食事作法を取り入れたとされる「飯台座の懐石」を口語訳して紹介する。

飯台は、机のようなもので、二人・三人・四人の客が台ひとつで食事をしますが、これは、禅林における日常の作法といえましょう。（中略）亭主はまず台座を出してきて、きれいに拭き清めます。そして、食椀《めしわん》に物相《もっそう》（盛相）飯を入れて蓋をし、下に汁椀を重ね、客の人数によって引盆に並べて運んで台の上に上げ、汁は汁次《しるつぎ》で出します。菜《さい》も、鍋や鉢に入れて出します。（中略）

全体的に飯台の料理は軽くすることが大切です。汁一つに菜一つ、菜は二つにすることもありますが、茶受けなども出さない方がよいでしょう。また、食椀、汁椀、蓋物《ふたもの》の三つを、客それぞれに青菜染木綿のふくさに包んで、亭主が客一人一人に配り、客が椀を出して受けとる方法もあります。

この「飯台座の懐石」の献立は、「物相飯・汁・一種か二種の菜」で構成されており、「飯椀・汁椀・蓋物」という食器が用いられている。そして、銘々が自分で食器を出して食物を受ける形式であった。椀も木ヘンであることから、塗り物であろう。

禅寺の食が、後述する本膳料理、懐石料理、会席料理の形成に深くかかわり、今日の代表的な日本の食事様式に影響を与えていることが、この史料からも読み取れる。そこで、日本料理の基礎となった「禅と精進料理」についてみてみよう。

日本では、真菜《まな》すなわち魚介類に対して野菜を蔬菜と呼ぶように、魚介類を真の菜とし、野菜類を粗末な菜とする価値観があった。すなわち、ご馳走・美物は動物性食品だったのである。それに対して、野菜類を中心とした食事様式を整えたのが精進料理であった。

仏教伝来とともに導入された殺生戒の思想は、寺を中心に植物性食品のみを使用する食事の形を生み出した。とくに、禅宗寺院では殺生戒を厳格に守り、植物中心の料理文化をつくり出したのだが、禅寺の料理の多くはもともと留学僧がもち帰った中国料理であった。それを日本の食材を用い、日本人の嗜好にあうように工夫したのが精進料理である。

禅寺では食材そのものの栽培や調理、食べるという一連の行為を修行として行なった。鎌倉から室町期にかけて禅寺を中心に発達した精進料理は、まず武士の食膳に取り入れられ、次第に一般庶民の食卓にも登場するようになる。

精進料理の特徴は植物性食品をいかにおいしく、栄養豊かに食べるかにある。元来、魚介料理は「焼物・鱠・削物」などが中心であり、野菜はもっぱら「茹でる・焼く」を中心に調理されていた。禅寺での精進料理は、これに「煮る・和える」を加えた点に特徴がみられる。「和える」には「すりばち・すりこぎ」の導入が大きく影響している。

うまみに乏しい、たんぱく質・脂肪が不足する、アクがあるなどの欠点をもつ野菜に、風味よく、栄養豊かな種実類を組み合わせる「和え物」は、野菜の上手な食べ方である。植物性食品のみを食材とする精進料理に「和え物」は欠かせないものとなった。和え衣も、胡麻、荏胡麻《えごま》、胡桃《くるみ》、味噌、豆腐など、多様になっていく。

精進料理の具体的な例をみてみよう。『庭訓往来』では時《とき》の汁として「豆腐羹《トウフカン》、辛辣羹《シンラツカン》、雪林菜、三和羹、薯蕷《ショヨ》、笋蘿蔔《シユンロフ》、山葵《ワサビ》、冷汁《ヒヤシル》」を、菜として「繊蘿蔔《センロフ》、煮染牛房《ニソメ》、昆布《コブ》・烏頭布《ウドメ》・荒布黒煮、蕗、薊《アザミ》、蕪、酢漬茗荷《ミアウカ》、薦子蒸物《コモノコ》、茹物茄子《ナスビ》、酢菜ハ胡瓜《キウリノ》甘漬、蒟蒻《コンニヤク》、納豆、煎豆、茶《ヲホトヂ》、苣《チサ》、円豆、芹《セリ》、薺《ナズナ》、差酢《サシス》若布、青苔、神馬藻、海雲《モヅク》、曳干《ヒキ》、甘苔、塩苔、酒煎松茸、滑茸、平茸雁煎」をあげている。菜の調理法には、煮染《にしめ》・黒煮などの煮物や酢漬・甘漬・差酢などの酢の物、煎豆・酒煎・雁煎などの煎物、薦子蒸物のような蒸物などがあり、子ども用の教科書とはいえ、多彩な料理を記載して

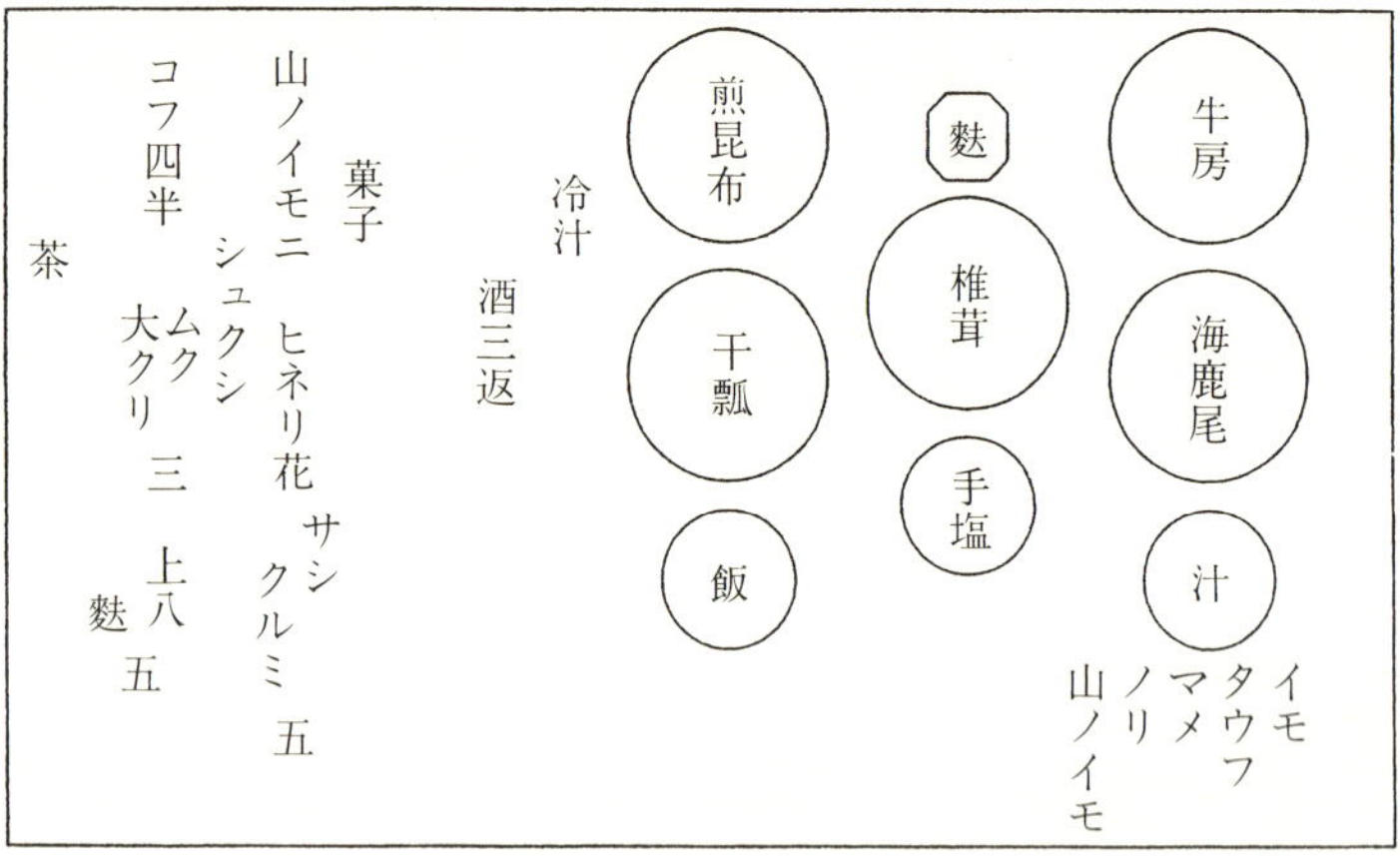

図25　一休宗純百年忌の精進料理（斎）の献立

いて、料理が武士にとっても教養の一つだったことがうかがえよう。また、平茸雁煎のように動物名を入れているのは、一つの遊び心として興味深いが、あくまでも食材は植物性食品であった。

禅寺で工夫された精進料理は、寺行事でのふるまいから、檀家法事などへ伝えられ、ついで、日常食へ取り入れられた。このようにして精進の料理は一般庶民へ広まったと考えられる。

精進料理に欠かせないすりばちが庶民の間に普及し、味噌汁も一般化するのは宝徳二年（一四五〇）頃のことである。

精進献立の具体的事例として、天正九年（一五八一）大徳寺真珠庵で行われた一休宗純百年忌の正餐にあたる斎の献立をみてみよう（図25）。

飯は別格として、汁には「イモ（薯）、タウフ（豆腐）、マメ（豆）、ノリ（海苔）、山ノイモ（山芋）」が入った集汁《あつめじる》（熱い汁）および冷汁がある。菜は「干《かん》瓢《ぴょう》・煎昆布《いりこんぶ》・椎茸《しいたけ》・麩《ふ》・海鹿尾《ひじき》・牛房《ごぼう》」の六種および「手塩《てしお》」であるが、調理法がわかるのは煎昆布のみで、他は煮物か和え物と思われる。他に菓子と茶が出された。菓子は「山ノイモ（山芋）」「ヒネリ花」「サシクルミ（胡桃）五」「コフ（昆布）四半」「シュクシ（熟柿）」「ムク大クリ（大栗）三」「上八麩五」である。料理と菓子に食材の重複がみられるが、植物性食品のみで構成されており、膳組みも簡素であった。

[3] 日本料理の誕生

本膳料理の形成　貴族の大饗《だいきょう》料理は豪華絢爛であったが、次第に儀礼中心の見る料理に変化し、おいしく食べるという食本来の目的から遠ざかっていった。鎌倉武士は実質本位であったが、武家政権が長期化すると、平安貴族の式正《しきしょう》料理をモデルに形式を整えた饗応食、すなわち本膳料理が誕生する。武士の間で本膳料理が形成されたのは室町時代になってからであった。

一条兼良（一四〇二〜八一）が書いたとされる『尺素往来』には、「本膳、追膳《おいぜん》、三膳、大汁、小汁、冷汁、山海苑池之菜《さんかいえんちのな》、誠調百味候也」とあり、本膳の名がみえる。

また、『蔭涼軒日録』の長禄三年（一四五九）の記事には、将軍足利義政の御所で、御煎点があったことが記され、「点心六点、菓子七種と茶が出たのち、精進三之膳が振る舞われ、最後に唐餅と菓子・茶」でしめくくられている。精進三之膳の中央に本膳、右に二之膳、左に三之膳が置かれている

図26　本膳料理

のは、本膳料理の形式が整ってきていたことを示していよう。『尺素往来』の饗応は僧侶が対象であり、『蔭涼軒日録』の献立も茶席で供されたものであることから、本膳料理は精進料理からも、懐石料理からも影響を受けていることが示唆される（熊倉二〇〇七）。

図26は十六世紀に描かれた『酒飯論』の一部で、武家屋敷書院作りの会所における本膳での饗応である。上座の武士の前には、本膳、二の膳、三の膳が置かれ、本膳には飯、汁、五つの菜、二の膳には三つの菜、三の膳には一つの菜が並んでいる。また、杯も置かれ、食事中の酒（中酒）を給仕する女性も控えていた。本膳・二の膳は白木の足つき膳、三の膳は折敷、飯と汁は朱塗りの漆器、皿鉢は陶器が使われている。控えの武士や女性、別室での酒や菓子の準備など、当時の武家屋敷における本膳形式での会食が描かれていて、食事の全体像を把握する上で、興味深い史料となっている。

室町将軍への饗応について「室町期に入ると、カツオやコンブを用い、しっかりと火を用いて調味した焼物や煮物・汁物などが、実に盛りだくさんに出されるようになった」（原田　二〇〇五）との指摘からも、平安貴族の大饗料理とは異なる武家独特の料理が整ってきたことがうかがえる。

その最高級の事例として、永禄四年（一五六一）三月、将軍足利義輝が三好筑前守義長邸へ招かれた時の御成献立《おなりこんだて》を紹介する。

御成とは「宮家や五摂家、将軍などが家臣宅を訪問することをいい、宴会は式三献のあと七つの膳で構成されていた。古くは頼朝のころから行なわれていたものが、室町幕府のもとで定例化」（江後二〇〇七）されたものである。本膳料理の形式は室町時代に御成献立などを通して完成されていくが、その内容は、酒礼（式三献）、饗膳、酒宴の三部構成になっていた。ここでは、饗膳を紹介するが、先に紹介した垸飯は、「梅干、打鮑、海月、酢、塩」であったから、三好義長邸御成献立は、膳の数も食品数も料理数も格段に増えて、贅沢かつ形式的なものになっている。

本膳では「御ゆづけ（湯漬）、しほ引（塩引）、かうの物（香物）、やき物、あへまぜ（和交《あいまぜ》）、かまぼこ、をけ（桶）、くこ、ふくめ」が出された。塩引きは鮭、桶には「このわた」が入っていたと思われる。二の膳は「たこ、からすみ、にし（辛螺）、くらげじる、ゑび、たい、あつめ」である。「くらげじる」は「御汁」と書き添えてあり、「あつめ」は「集汁《あつめじる》」であろう、野菜をいろいろ入れた熱い汁のことである。二の膳には汁が二つあった。三の膳では「こざし、とり、かさめ、くぐい、こい」が供せられている。「こざし」は串打ちの料理、「かさめ」は蟹の一種の「がざめ」、鳥の鵠《くぐい》は汁に使われている。よ（四）の膳には「酒ひて、おちん、かいあはび（貝鮑）、（御汁）くじら」が出ている。

「酒浸《さかびて》」は魚を酒に浸したもの、「おちん」は干魚をほぐして辛味をつけ酢煮したもの、汁は「くじら」であった。五の膳は「すし、いか、うづら、（御汁）こち」。六の膳は「はむ（鱧）、あかがひ（赤貝）、（御汁）ゑび」。七の膳は「くま引き（熊引）、しぎ、（御汁）ふな」で、熊引は魚のしいらのことである。

ついで、「御くハし（御菓子）」には「きそくこんにやく、ふ（麩）、きそくくるみ、うちぐり、のり、山のいも、むすびこぶ、くしがき、からはな、みかん」が記されている。

その後も延々と朝まで続いた三好邸御成の宴は、酒と肴・菓子・茶と盛りだくさんであっても、貴族の大饗料理と同様、見栄《みば》えだけのものになっていた（熊倉　二〇〇二）。

公家の有職故実の饗宴料理から脱皮して、武家が確立した本膳料理であったが、見た目の豪華さばかりを追求するようになると、大饗料理同様形骸化してくる。そこで、心からのもてなしや味を求める気風が起こり、茶の湯の発達とともに懐石料理が生み出された。

茶の湯と懐石料理　茶は禅宗の僧侶たちによって、抹茶法という新しい形で再導入された。喫茶の風習が広がり、茶の湯の形式が整ってくるにしたがい、茶席で供される懐石料理も発展した。懐石とは「温石《おんじやく》を懐に抱いて空腹をしのぐ」という禅の修行上のことばであり、「空腹をしのぐ程度のささやかな食事を召し上がっていただく」という意味が込められている。一言でいえば、懐石料理とは禅風の質素だが心のこもった茶席の食事のことである。

茶会の料理について『喫茶往来』には「まず、はじめは水繊（葛切）で酒を三献、次いで索麵を食して茶を飲み、その後に山海の珍味をもって飯を勧め、最後に菓子で甘みを楽しむ」とある。「おそらく（室町初期）の茶会においても、茶の湯に伴う懐石料理の原型のようなものが、すでに確立していたと考えてよい」（原田　二〇〇五）との指摘もある。懐石料理は茶の湯とのかかわりから精進料理との関係が深く、形式と料理法は本膳料理にならっていることから、精進料理と本膳料理双方から大きく影響を受けて形成したものといえる。

『庭訓往来』から茶の湯のことばを拾ってみよう。

茶の具、茶椀《チャワン》の具には「建盞《ケンザン》・天目・胡盞《ウサン》・饒州椀《ねうしゆわん》・木椀《モクワン》・茶器・八入盆一対・茶瓢・茶筅《チャセン》・茶桶・茶巾・茶杓・兎足・湯瓶・鑵子《カンス》・檑茶・茶磨・折敷・追膳・楪子《シャツ》・豆子・皿」など、かなり詳細に記述されており、茶に関する知識をもつことが、子どもたちの必須の教養になっていた状況が示唆される。

ついで、利休の談話筆記とされる『南坊録』の「懐石之法」から、懐石料理に関する記述を拾うと、「小座敷の料理は、汁一つ、菜は二つか三つにし、酒も軽くしなさい。わび座敷で料理をおおげさにするのは不相応です。上方衆は盃事もするようですが、草庵露地入の茶席で盃事はするべきではありません。菜数を多く出すことさえ、おおいに本意を忘れた事といえましょう」と、盃事や料理数が多いことを戒めている。あくまでも懐石料理の原点は「質素」にあった。

つぎの献立は、千利休が天正十八年（一五九〇）九月二十一日、豊臣秀吉を正客に迎えてもてなした茶会での懐石料理である（「利休百会記」）。

めし　菜汁　鮭焼　鱠
引而　さかひて（酒浸《さかびて》）　おぼろとうふ
くわし（菓子）　ふのやき　いりかや　やきくり

膳も食器も簡素であり、食事の分量も少ない。まさに「わび茶」を具現化したものであるが、この献立には、鮭、鱠などの動物性食品が登場している。精進料理とは異なって魚鳥を用いていること、見た目は質素だが食材は吟味されていること、温かく、味よく調理された料理をもっともおいしい時に供すること、季節感を大切にすること、などにより、懐石料理は精進料理や本膳料理をさらに発展させた日本料理の頂点に達したものと位置づけられる。

中世末期に渡来した外国人の目に日本の食文化はどのように映ったのであろうか。宣教師たちの手紙には、茶の湯や懐石料理の記述がみられる。永禄八年（一五六五）十月二十五日のルイス・デ・アルメイダの手紙には、堺の豪商、日比屋了珪の茶会の様子が記されており、ルイス・フロイスの『日本史』にも懐石料理に関するつぎのような記述がある。

細い藺で編んだ座布団に坐ると、膳て食膳が運ばれる。日本はものの出来ない土地で、食物は決して甘味とは言えないが、そのサービス、秩序、清潔及び器物はあらゆる賞賛に値する。これ以上の調った宴会は一寸《ちよつと》比を見ないだろうと思われた。食事中の人、数多《あまた》なるに係らず、侍者の話声一つ聞えず、驚くべき静粛な調った宴会であった。

また、天正七年に来日した巡察師アレシャンドゥロ・ヴァリニャーノは、すべての修道院に茶室を設け、茶の湯者を置くことを命じ、茶の湯を通して日本文化に溶け込もうとした。当時はまだ有力者のものであった茶の湯や懐石料理が、宣教師の手紙を通してヨーロッパにも伝えられていた点に注目される。

調理道具と調理法の発達　いつの時代もそうだが、中世の食事においても、階層や地域、経済力などによって、取り入れられる食品食物、献立、食器、食べ方などが異なっている。しかし、玄米が多いとはいえ、主食は現在の飯にあたる固粥が一般化している。また、粟・稗などの雑穀飯も食べられ、二毛作の普及を受けて麦の生産量が増加するなど、主食は多様化していた。

食事の回数も三度食が定着してきた。「海人藻芥《あまのもくず》」（一四二〇）に「毎日三度の供御《くご》は御めぐり七種、御汁二種なり」とあるように、三度の食事には、主食のほか、副食が七種、汁が二種も付く日常食まであらわれてくる。

清少納言の『枕草子』に「大工が食事をしているのをみていると、汁物がくればたちまち飲んでしまう。つぎに、あはせがくるとすぐに食べてしまう。おものはいらないのかとみていると、やはりすぐになくなった。三人四人いた大工たちはみなそうだった。」という箇所がある。主食の「おもの（飯）」と副食の「あわせ（おかず）」が出てきて、大工のような一般庶民にも主食と副食の分離が行われていたことがわかる。

副食については、麺類・大豆加工品・心太《ところてん》・蒟蒻《こんにゃく》・蒲鉾《かまぼこ》などの食材が新しく加わった。また、禅寺での精進料理の影響を受けて、野菜料理が一般にも取り入れられている。さらに、生魚の膾や刺身もみられ、魚介類の料理も多彩になった。その例として『大草家料理書』のレシピから、鯛料理二つを紹介する。

・鯛の苔焼と申は、わたをぬきて、皮をむかずに藁にて巻候て、上に壁土を塗付、火中にくべて焼也。則口より醬油をさし候也。

・同南ばん焼は、油にてあぐる也。油は胡麻又はぶた（豚）の間であぐるなり、後味噌汁を入候也。

これらの料理は、醬油や味噌を調味料として使い、焼物や揚物を用いるなど、高度な技術が使われていた。一方、『四條流庖丁書』には「鯉はわさび酢、鯛は生姜酢、鱸《すずき》は蓼酢《たでず》、鱶《ふか》は実芥子《みがらし》の酢、えいも実芥子の酢、王余魚《かれい》はぬた酢」と、それぞれの魚にあう酢を取り合わせており、料理が細やかになっていたことがうかがえる。

料理法の発達とあいまって調理道具も多彩となった。先に述べた「すりばち・すりこぎ」は、これまでの穀物などをつぶす道具「竪臼《たてうす》・竪杵《たてぎぬ》・磨臼《すりうす》」に比べれば、はるかに少ない労力で作業することができ、台所に一種の革命をおこした。禅宗寺院では、「すりばち・すりこぎ」を利用して、味噌汁や味噌和えがつくられ、各種の和え物、胡麻豆腐、くるみ豆腐などの寄せ物が調理されている。これらは禅寺で生まれ、禅寺から庶民の台所へ普及していったものであり、調理法の多様化に貢献した料理といえよう。

食器と食道具　中世武士の住居は書院造りという様式であった。寝殿造りを簡略化し、一棟を間仕

図27　寺院の台所

切りしていくつかの部屋にわけたものである。寝殿造りの住居では台所は別棟に設けられていたが、書院造りではかまどが邸内に取り込まれ、土間のかまどと室内のいろりで調理が行われるようになった。中世の台所の事例を一つ紹介する。図27は浄土真宗本願寺派・第三代覚如（親鸞の曽孫）を追慕して描かれた『慕帰絵詞《ぼきえことば》』のなかの台所である。左手の竈《かまど》の焚口《たきぐち》は一つであるが、鍋は二つ置かれている。焚口《たきぐち》には五徳《ごとく》があり、鍋は鍋輪《なべわ》の上にある。右の板戸には藁製の鍋つかみ、板の間にはいろりがあって、自在鉤《じざいかぎ》に茶釜がかかっている。煙出《けむだ》しの下の四角く覆った空間には干し柿のようなものが吊してある。秋田の「いぶりがっこ」のように、日持ちと独特な風味を加えるための工夫だったのだろう。いろりのまわりには藁座《わらざ》があり、各人の坐る場所が決まっている。下には曲《まげ》物《もの》の水桶があり、厨子棚《ずしだな》には高坏、箱には皿が六個、その下には陶器の鉢もある。右手の厨子棚には「銚子・さかずき・折敷・果物をのせた膳」があり、下の段には「酒壺・酒盃《さかずき》・水瓶」などの陶器が多くみられる（渋沢　一九六八）。

中世寺院の台所には、じつにさまざまな食器や食道具が配置されていた。食事をつくる場所としての台所は、多くの食器や食道具の収納場所でもあった。平安貴族の食膳に並んだのはおもに高価な漆器だったが、庶民の食器はどうだったろうか。

前章で示した図9の『病草紙』に登場する歯痛の男性の目の前には、四角い折敷と六個の漆器椀が置かれている。けして身分が高そうにはみえないこの人でさえ、六個の、しかも、黒塗りの漆器に料理を盛っている。つまり「高盛飯の椀・汁椀・三つの副食の皿・飯の向こう側の調味料と思われる皿」があり、今日まで伝承されている一汁三菜の配膳形式と同じようにみえる（熊倉　二〇〇七）。こうした史料から庶民の日常食にも漆器が使われていたことが示唆される。

庶民の日常食にも使われた漆器椀のもとになる木地椀をつくったのは、木地屋《きじや》、木地師《きじし》と呼ばれる技術者たちであった。土地に定着することなく、古代から近世まで、諸国の山野を移動して椀などの挽物《ひきもの》づくりを生業としていたのが生地屋である。

中世の塗物《ぬりもの》の具体例として根来椀《ねごろわん》をあげたい。根来椀は根来寺の僧侶の手によってつくられた自家用の椀で、黒地に朱をかけた塗物である。根来寺の山門前で参詣客に売られたといい、信仰を通して広まった。

つぎに、陶器についてみてみる。鎌倉時代には宋から製陶技術が導入され、高温で焼き上げる有釉陶器がはじまった。貞応二年（一二二三）道元にしたがって宋にわたった加藤景正によって、安貞元年（一二二七）茶器製造が開始され陶器製造が急速に発展した。室町期には、瀬戸、常滑《とこなめ》、備前、越前、丹波、信楽《しがらき》などのいわゆる六古窯が独特な作品をつくるようになる。天目茶碗《てんもくちゃわん》、水指《みずさし》、茶壺などの茶道具もつくられたが、日用品として、大小の壺、甕《かめ》、鉢、土鍋、土瓶《どびん》、皿、小鉢なども焼かれている。近世初頭にあたる安土桃山時代には、茶の湯の流行とともに、黄瀬戸、志野、織部などの茶碗が生まれ、とくに、瀬戸焼は瀬戸物とよばれて、陶器の一般的な名称として広まっていく。

教材としての食器と食道具を『庭訓往来』から拾うと、「能登釜・河内鍋・打銚子・金色提《ヒサゲ》・青漆鉢・茶垸《ちゃわん》の具・高坏・懸盤・引入合子・皿・盞《サガズキ》・包丁」など、各地の名産品やふだん使いの台所用品が記載されており、食器・食道具の一般化が読み取れる。

菓子の発達　中世の菓子の発達は二つの側面からみる必要がある。一つは留学僧などがもち込んだ点心・茶子《ちゃのこ》であり、もう一つは宋や南蛮との貿易によって輸入された砂糖および南蛮菓子である。点心が寺院における食事と食事の間の空腹をみたす間食であったのに対して、茶子は茶を喫するときの食べ物であったから、喫茶風習の広がりとともに発達した。

明応六年（一四九七）よりやや早い時期の書とされる『山内料理書』には、「菓子は飯を食べたあとに出されるものであり、茶子は点心のあとに出されるものである。だから、菓子は気の晴れるようなものにし、茶子は柔らかく口あたりのよいものにしなさい。」（筒井　二〇〇二）と記されている。ここでは、本膳料理のあとに出される菓子と、点心（禅院での軽い食事）後に出される茶の子とを区別しているが、いずれも甘味である必要はなかった。

茶の湯の普及とともに茶会が数多く開催されるようになるが、茶会の菓子は、柿・栗・蜜柑などの果物、餅の類、煮しめなどであって、千利休が茶会の菓子とした「フノヤキ」は、小麦粉を水でといて焼鍋の上で薄く焼き、その片面に味噌を塗って巻いた素朴なものであった。しかし、菓子は急速に発達して、菓子座での取り扱い商品にもなっていく。

一方、茶売りや茶店では、餅や団子なども商われており、一般庶民が茶や菓子を喫する機会は広まっていった。

『庭訓往来』は、点心として「水繊《スイセン》、紅糟《ウンサウ》、糟鶏《ソウケイ》、鼈羹《ベツカン》、羊羹《ヨウカン》、猪羹《チヨカン》、笋羊羹、驢腸羹《ロチヤウカン》、砂糖羊羹《サタウヨウカン》、饂飩《ウントン》、饅頭《マンチウ》、索麺《サウメン》、碁子麺《キシメン》、水団《スイトン》、巻餅、温餅」などをあげ、茶子・点心が子どもの教養の一つになっている。このなかの「水繊」は葛粉を固めて細かく切ったもの、「紅糟」はいろいろなものを入れた粥、「鼈羹」はやまいも・小麦粉・小豆粉などに甘味を加えて蒸し、鼈甲型に切ったもの、「碁子麺」は小麦粉で生地をつくり、碁石のように押し切りしたもの、「巻餅」は小麦粉の生地を油鍋で焼き、くるくる巻いて輪切りにしたものである。そのほとんどが中国伝来であり、麺類をはじめとする穀類の粉食文化が定着するきっかけとなった。また、「砂糖羊羹」のように、わざわざ砂糖を強調する菓子が出現したことは、特筆すべき事柄といえよう。先に紹介した『七十一番職人歌合』の調菜には「砂糖饅頭、菜饅頭」が併記されており、砂糖が辻売りの商品にまでなっていたことを示している。

甘味菓子に必要だった砂糖は、宋貿易によって薬用として輸入されたが、最初はごく少量であった。京都の貴族、地方の豪族などの上流階級の人々が薬用・調味料・菓子原料として砂糖を独占していたが、室町中頃になってようやく一般にも知られるようになってくる。しかし、国内での生産はなく、わずかに明から輸入される程度であったから、やはり貴重品であった。ところが、十六世紀の南蛮人との接触によって、それまでとまったく異なる食文化が導入された。砂糖をたっぷり使った南蛮菓子もその一つである。

南蛮菓子には、ポルトガル語が原語と思われるパン・カステラ・ボーロ・カルメラ・コンペイトウ・アルヘイトウなどがある。カルメラ・コンペイトウ・アルヘイトウのような砂糖菓子、カステラ・ボーロのような小麦粉の焼き菓子は、代表的な南蛮菓子として、近世の長い鎖国時代を経て、今もなお、異文化接触の様相を伝えている。

信長・秀吉の時代にはかなりの量の砂糖が輸入されるようになった。しかし、土佐領主の長曽我部元親が砂糖三〇〇〇斤を信長に献上したこと（天正八年〈一五八〇〉）、饗宴には必ず砂糖を用意した秀吉のふるまいなどは、砂糖がまだ贅沢品だったことを物語っている。

塩・味噌・醤油　調味料のなかでも、塩は生命を維持する上で欠かすことができない生理的必需品である。古くは素水焚法と藻塩焼法《もしおやきほう》で行われていた塩づくりは、塩田法を取り入れることによって効率化した。八世紀ごろに開始された塩田は揚浜式《あげはましき》といわれるもので、海岸の砂地に人の力で海水をまき、水分を蒸発させて加熱する製塩法である。森鷗外の『山椒大夫』は塩汲みとして売られた姉弟の物語で、当時の製塩実態をしのばせる。

鎌倉・室町時代の揚浜式塩田はまだ小規模で、大量生産とまではいかなかったが、伊予国弓削島《ゆげのしま》や因島《いんのしま》の塩は有名で、奈良・京都などへ送られ、塩座商人が販売を独占していた。弓削島の塩は保延元年（一一三五）以前に開発され、年貢にもあてられていたが、「一年に七度も召し上げられることや、わずか白酒一升と引き換えに大俵《おおだわら》一俵の塩を取り上げられること」に抗議して、正和三年（一三一四）、百姓たちが「申状」を出している（『東寺百合文書』、福田　一九九五）。

文安二年（一四四五）「兵庫木田関を正月二日に通過した商船六一艘の半数が塩船。塩の生産が増大し、それに伴い塩問屋、塩商人が増加」、文明元年（一四六九）「讃岐坂出の塩田開始」のように塩の製造・流通・販売は拡大していった。塩の記述は『多聞院日記』にもみえる。

戦国の世、戦地において塩は必須で、戦陣食に塩の給付量が定められていたほどである。戦国武将たちは製塩業を推奨し、保護育成につとめたが、塩がどれだけ重要であったかは、上杉謙信から武田信玄へ送ったという「義塩」が「敵に塩を送る」美談として、人々に長く語り継がれている一事をもってしても明らかであろう。

味噌の原料である大豆が多量に生産されるようになったのは畑地二毛作がはじまる鎌倉期以降とされる（小柳　一九七二）。鎌倉初期には「なめみそ」の形で副食や酒の肴であった味噌は、鎌倉中期から室町期にかけて調味料としての役割を与えられ、庶民的な食物となった。その要因として、主原料である大豆の量産が可能となったこと、禅寺での味噌活用が武士たちへ伝播され、さらに一般庶民へも伝わっていったことがあげられる。「なめる味噌」から「飲む味噌汁」への移行は、味噌普及の転換期になったといえよう。

また、室町時代には味噌屋が登場し、地方農村の市場でも味噌が売られていたこと、すりばち・すりこぎが広く使用されたことなどが、味噌汁の大衆化へ、なおいっそう拍車をかけた。

『七十一番職人歌合』に描かれた「法論みそ売り」の図には、「われらもけさならよりきてくるしや。ほうろみそ売」とことばが添えられている。奈良には「あすかみそ」もあり、仏教寺院と味噌製造とは深くかかわっていた。

醤油に関する文献史料には、永禄二年（一五五九）山科言継《やましなときつぐ》が宮中の女官に「シャウユウ」を贈ったこと、同じころ、奈良興福寺多聞院で醤油のやりとりがあったことが知られている。『多聞院日記』には「大豆・大麦・塩・水を原料とし、旧暦六月上旬から七月下旬にかけて造った。粒状の大豆と大麦を含んでいて、水分は醤油よりも少なく、なめるものとして食べた。麹菌の生え具合、加える塩水の量、蒸し方などにも注意を払っている」と、醤《ひしお》について記述している。

伝説としての醤油発祥は、鎌倉時代、紀州湯浅の寺で径山寺味噌《きんざんじみそ》を作成中、現在の「たまりしょうゆ」に近いものができたことに由来するといわれている。伝説の主人公・覚心（一二〇七〜九八）は、浙江省の径山寺で五年間修行した実在の人物である。宋から味噌づくりの技術をもち帰って径山寺味噌を仕込んだところ、水分の多いものができてしまった。上澄みをなめてみるとおいしい。これが醤油になったというのである（ヤマサ醤油　一九九九）。この伝説は、古代の穀醤が味噌・醤油に分化する以前は、溜《たまり》・澄味噌《すめみそ》・垂味噌《たれみそ》・薄垂《うすたれ》などと呼ばれた味噌の汁が調味液として用いられたことを示している。

商品としての醤油が紀伊の湯浅で製造されたのは天文年間（一五三二〜五五）、下総野田での醤油製造は永禄年間(一五五八〜七〇)といわれている。野田の醬油は甲斐武田家へ納められてから「川中島御用溜醬油」と呼ばれるブランド商品になった。また、播磨の竜野や小豆島での醬油も、天正年間(一五七三〜九二)にはじまっているが、室町後期の料理書に醬油はほとんど出現せず、醬油が一般に普及するのは、江戸代になってからと思われる。それまでの庶民の調味料はおもに塩と味噌であった(遠藤・谷口 一九八三)。

飢饉の頻発と非常の食 中世は禅や茶、さまざまな食事様式の誕生など、食文化の向上に大きく貢献した時代だったが、不安定な世情が一般庶民に過酷な食生活を強いた側面もあった。ここでは、頻発した飢饉と食の実態および戦争がもたらす食の非常についてみていきたい。

中世の飢饉は、養和の飢饉(一一八〇年代)、寛喜《かんぎ》の飢饉(寛喜三年〈一二三一〉)、正嘉《しょうか》の飢饉(正元元年〈一二五九〉)、文永・建治の飢饉(一二七〇年代)、元亨《げんこう》の飢饉(一三二〇年代)、建武の飢饉(一三三〇年代後半)、正平の飢饉(正平五年〈一三五〇〉前後)、応永の飢饉(応永二十七年〈一四二〇〜二八〉)など、おびただしい数にのぼっている。しかも、応永の飢饉あたりを境にして、中世前半の飢饉は断続型、後半は慢性型という特徴がみられ、さらに、戦国時代に入ると、どこかでいつも飢饉があるような状況になっていた。戦争の時代は、飢饉や疫病の時代でもあり、飢饉は人災の側面もあったことが示唆される(藤木 二〇〇一)。

文献から飢饉の記事を拾うと、寛喜二年「大冷害による大飢饉が起こり、北条泰時自ら一食を減じ、余財を得ようとした」(『明月記』)。寛喜三年「伊豆・駿河にて、北条泰時が貸し付け用の出挙米を飢民救済に醵出《きょうしゅつ》させ、蓄えある者は飢民の救済に寄与するよう命じる」(『吾妻鏡』)。同年「寛喜の大飢饉にて、六波羅探題が京都の飢民等による富家の襲撃、銭穀の強要を禁止」(『皇帝紀抄』)。同年「餓死者続出」(『明月記』)。同年「諸国で大飢饉。各地の流民が食を求めて京都へ移動。京都にて、流れ着いた流亡民が餓死し、道路に充満」(『明月記』『吾妻鏡』)。建長四年(一二五二)「京都にて大飢饉。米一升が百銭に高騰」(『如是院年代記』)。応永二十六年「関東にて大風、大洪水、旱魃が続き、飢饉が起こる」(『喜連川判鑑』)。応永二十七年「旱魃・飢饉にて、餓死者多数。足利義持が八朔《はっさく》礼物を停止する」(『看聞日記《かんもんにっき》』)。寛正元年(一四六〇)「寛正の大飢饉起こる。度重なる戦乱と水害や蝗害などによって、稲の不作、多数の死者が出る。備前、美作、伯耆では人民相食む」(『大乗院日記目録』『碧山日録』)。寛正二年「前年からの飢饉(寛正の大飢饉)により、正月から二月にかけての京都の飢饉の死者数約八万二千人、京都の乞食は数万人。鴨川が死体で埋まる」(『碧山日録』)。

これらは中世でも比較的はやい時期の飢饉状況だが、冷害・旱魃・洪水・地震・戦争など、天変地異や異常気象、戦争などによって不作となり、餓死者や栄養失調による伝染病死が夥しいことが述べられている。ひどい場合には、人肉食までが行われたという。

鴨長明は「飢え死ぬるもののたぐひ、数も知らず、取り捨つるわざも知らねば、くさき香世界にみち満ちて、変りゆくかたちありさま、目も当てられぬこと多かり」と『方丈記』(一二一二)に飢死する人々を描き、「下野国堀籠郡住人動垂弥太郎国光申状」も、寛喜年中の飢饉による餓死者に言及している。

図28　施粥の風景

飢饉がおこると、京都などの都市には難民が押し寄せた。為政者や寺院、篤志家などは、粥などを施したが（図28）、寛正の飢饉時、京都で行われた願阿弥の施行では、一日八〇〇〇人分を用意したという。

餓死者は夥しかったが、為政者等による救済、富めるものたちへの徳政強要、山野の動植物の食用などで飢えをしのいで、したたかに生き残った人びとは、飢饉を乗り切る知恵や死者への鎮魂の行事を後世に残して、飢饉の記憶を伝えている。

戦陣食については前述したので、ここでは兵士たちのふるまいから、戦場での「非常の食」をみてみたい。『雑兵物語』（吉田　一九八〇）を史料に、戦場での雑兵たちの行動を列挙する。

・味方だといっても油断はできねえ。こういうときは食いもんに困って、味方からでも奪いとるもんだ。

・民家の中には米や着物が埋めてあるもんだ。外には鍋や釜を埋めて、上から土をかけておくもんだぞ。朝、土の上に霜のおりたところを見れば、物を埋めたところは霜が必ず消えるもんだ。
・味方の土地で刈り株を掘ったら、来年の稲の出来にひびくで、決して掘っちゃあならねえが、敵地ならば見つけ次第、掘じくるもんだぞ。
・今の季節に敵地に踏みこめば、麦が穂を出していべえから、もぎっては陣笠に入れて、火であぶり、障泥の裏皮を二枚、重ねてこすれば、麦のとげがすっかりとれるべえと思い、これは大事なもんだと馬の尻輪にひっつけてきた。

雑兵たちは自分の村では決してしない「刈り株掘り」で、敵地の村の農耕を壊滅させるようなことを平気で行なっている。また、襲われた側が逃げる際に埋めた鍋や釜を見つけ出す知恵ももっていた。穂を出したばかりの麦をもぎとるのも茶飯事であったろう。戦国時代の村々にとって、戦《いくさ》と兵士たちは食料の生産と貯蔵、ささやかな暮らしそのものを脅かすやっかいな存在であった。しかも、味方すら信用できない状況も語られている。

こうした戦国時代の戦と略奪は、黒澤明監督の名作映画「七人の侍」によく描かれている。最後の場面で侍たちに「本当に勝ったのは百姓たち」と言わせた村びとたちの勝利は、「自治」と「食」を守り切ったことで、中世に一つの光を与えているように思われてならない。

三　近世の食生活——日本料理の完成と普及

1　南蛮文化の渡来と明との交流

砂糖の輸入　近世は江戸時代が中心となるが、信長の上洛から、徳川幕府が成立するまでの約三〇年間は、近世初頭として扱われることも多い。ここでは、甘味と辛味文化をもたらした南蛮貿易による影響を中心にとりあげる。

砂糖は、奈良時代、胡椒とともに薬として中国より伝来した。天平勝宝六年（七五四）、来日した唐僧鑑真の船積みに「胡椒、蔗糖、石蜜、蜂蜜、甘藷」（『唐大和上東征伝』）などがみえる（樋口　一九五六）。蔗糖は砂糖に相当し、この期が伝来のはじめとされる。それまでは、米、麦もやしなどからつくる飴（糖）やかずらを煎じた甘葛《あまずら》煎蜜などが使われている（関根　一九六九）。また平安時代に成立した『本草和名』の「沙糖」の項に「甘蔗汁作之」とあり、「甘蔗」の項には、「沙糖」のために汁を取ると記され、「沙糖」とは、砂糖をさしていると考えられる（深根　一九二六）。

室町時代の『庭訓往来』『異制庭訓往来』などには、「砂糖羊羹」「さたうまんぢう」が記されており、薬としてだけではなく次第に菓子にも使われるようになった（石川　一九七三）。

しかし、その輸入量が増加するのは、近世初頭以降である。明国より通商権とマカオでの居住権を得たポルトガルは、マカオを足場に日本での布教活動を続け、いっぽうで元亀元年（一五七〇）、長崎を貿易港と定め大型の船を寄港させた（村上　一九七〇）。

また、豊臣秀吉は外国貿易に統制を加えるため、朱印状を発給し、許可制をとった。朱印船により中国より輸入された飲食物は、砂糖、葡萄酒である。『織田信長記』に、天正八年（一五八〇）六月に、長曾我部元親から信長に贈られた「砂糖三千斤」を「馬廻中へ下されけり」という記述がみられ（樋口　一九五六）、すでにかなりの量の砂糖が出回っていたことがうかがえる。その後、徳川幕府は、スペイン、イギリス、メキシコ、オランダなどに通商許可を与え、日本人の特定商人にトンキン、シャムなどとの渡航朱印を与える（吉川弘文館編集部　二〇〇七）など外国との貿易を行った。

しかし、幕府は、寛永十二年（一六三五）、日本人の海外渡航・帰国禁止令、続いて寛永十六年、ポルトガル人の来航を禁止し、寛永十八年にはオランダの平戸商館を長崎出島に移転させ、中国商人とともに長崎一港を海外の窓口とした。

オランダ人が残した『長崎オランダ商館の日記』には、「支那船」「フロイト船」と呼ばれる船に積まれた中国泉州・福州・広東、カンボジアなどから、砂糖、生糸、麻布など多くの物資が毎日のように出島に着いている様子が記されている（村上　一九五六）。飲食物では、砂糖が中心で、「砂糖船」

図29　南蛮人慶長来朝上陸之図

と呼ばれているほどであった。ほかには、胡椒、にくずく（ナツメグ）、丁字《ちょうじ》（クローブ）、肉桂《にっけい》（シナモン）などがみられる。これらは、薬としての使用もあったとみられるが、江戸時代のうどんの薬味に胡椒が一般化していたことからみると、飲食にも重要な輸入品であった。

砂糖には、白砂糖、黒砂糖、氷砂糖、赤砂糖などがあり、なかでも白砂糖の輸入が多い。寛永十八年に「支那」から九七隻の船で輸入された砂糖は、黒砂糖約二五万斤を含み五六七万斤、氷糖四万七〇〇〇斤である。また広南からは、白砂糖二万斤、黒砂糖四〇〇〇斤、トンキンから砂糖（白カ）四〇〇〇斤、黒砂糖三万五〇〇〇斤と砂糖を総計すると、約五七八万斤となる。砂糖の輸入については、寛永から正徳までの八〇年間は一年三五〇万斤と制限があり、その後、四三〇万斤に増量された（樋口　一九五六）。上記の日記より算出すると、著しく規定をオーバーしていることになり、すでに同年八月四日の日記に輸入超過のおそれがあると記されている。四年後の天保二年（一六四五）には、約三三八斤と少ない年もあるが、いずれにしても砂糖が大量に輸入されていたことがうかがえる。このような大量の砂糖輸入に対し、金・銀・銅の流出を防ぐために、八代将軍吉宗は国内産砂糖を奨励した。砂糖製法を中国の書から学び、『砂糖製作記』（一七九七）、『甘蔗大成』（一八三七頃完）などが著述された。全国の総生産量は明らかではないものの大坂町奉行の記録によれば、天保元年（一八三〇）から慶応元年（一八六五）で平均一六〇〇万斤、これに島津藩の砂糖などを加えた指定国産砂糖は四八〇〇万斤にも達したとみられる（樋口　一九五六）。いっぽう、国産製糖業の発展により、輸入の砂糖量は減少した。しかし、西南日本では米や麦を廃してまで、甘蔗を栽培する者が増加し、糖価が暴落し、貿易にも悪影響を与えたことから、文政元年（一八一八）には、米にかえて甘蔗をつくることが禁止され、以後も繰りかえし禁令が出された。こうして天保年間から、幕府は糖業の奨励策を抑制策に切りかえ、中国・オランダの輸入糖を保護する政策に転換することになった（樋口　一九五六）。

南蛮菓子　『原城紀事』の弘治三年（一五五七）の記事に、「角寺鉄異老《カステイラ》、復烏而《ボウル》、革二滅以而《カルメイル》、掩而皿兮《アルヘイ》、哥目穴伊《コムヘイ》」等の珍しい甘味を製し、酒とともに客を接待し、老若男女が接待を受け、教えに従うものが市をなしたと記されている。（川北　一八八二）これらは、現在カステラ、ボウル、カルメラ、アルヘイトウ、コンペイトウと称しているものか、砂糖そのものを主原料としたものか、小麦粉、砂糖、卵を使った菓子類である。

コンペイトウの伝来については、織田信長に宣教師ルイス・フロイスが献上した記事が知られている。フロイスが信長に謁見し、京都滞在を許されるのは、永禄十二年（一五六九）のことで、二条城の建設現場で、約二時間あまり一緒であったと記され、その時の贈り物として「コンフェイトス入りのフラスコ一つ及び蝋燭数本を送りたり」とあり（村上　一九七〇）、その後の日記にも日本人が珍重する品の中に、「瓶入金平糖、上等の砂糖漬、蜂蜜」があり、甘味が人々を魅了したことがうかがえる。江戸時代の菓子製法書『古今名物御前菓子秘伝抄』（一七一八）によると、金米糖の製法として氷砂糖を洗い、氷砂糖一升に、水二升入れ煎じ、ふるいで漉して、さらに半量に煮詰める。別の平皿にケシの実を入れ、煮詰めた砂糖をさじで少しずつかけ、固まらぬよう茶筅でかき回し、何度も繰り返すと苺のようになると説明している。ケシの実のほかに、ごまなどを種とする場合もある。

実際に試作してみると、角をきれいに作ることはかなり難しい。当時もかなり苦労したようで、井原西鶴の『日本永代蔵』（一六八八）に、「南京より渡せし菓子、金平糖の仕掛、色々せんさくすれ共、終に成がたく」と述べている。さらに、長崎では、女の手業で作っており、今は上方でもこれを学んで広まったが、はじめの頃は、都の菓子屋もごま一粒を種とすることを知らず、長崎でも唐人に尋ねてわかるまでに二年もかかったという。このように製法を知るまでの苦労を詳しく記しているほか、製法を学び、一代で財を築いた話を綴っている。アルヘイトウも砂糖を煮て、色々に着色し、花・鳥・果物などに形作る細工菓子で、後には慶弔用の菓子などに使われた。

また、カステラは、砂糖、小麦粉、卵を原料とした焼き菓子である。当時、砂糖、卵が一般的な食品ではなかっただけでなく、オーブンなどによる蒸し焼き菓子という点でもカステラは日本人がはじめて出会う異文化の菓子で、南蛮菓子の中でもとくに好まれ普及した。前述した『古今御前菓子秘伝抄』により、作り方を要約すると、鶏卵五〇個を割り、白砂糖六〇〇匁（約二・三キロ）、小麦粉五〇〇匁（約一・九キロ）を練りあわせ、銅鍋に紙を敷いた中にこれを入れ、金属製のふたをして、上下に炭火を置いて焦げ目がつくよう焼くとある。量から見て、個人用ではなく、菓子屋などを対象としたものであろう。膨化剤の使用もなく卵の泡立ての指示もないため、実際に焼いてみると、やや固く素朴な菓子である。カステラは、江戸時代以降、各種の料理書・菓子製法書に作り方が紹介され、祝賀・見舞など贈答用菓子として使われた。

また、同じ時期にパンが伝来している。これは他の南蛮菓子に比べ、普及しなかったようだが、前述した菓子製法書には、「はんの仕やう」として説明されている。甘酒を用いて小麦粉を発酵させて作るもので、砂糖も加えている。その焼き方は、「風呂」と呼ぶ石の竈を造り、この中に薪を入れて焚き、おきを掻き出して、発酵したパンを並べ、ふたをして余熱で焼くとある。この焼き方は、ヨーロッパ各地で現代まで行われてきた方法であるが、日本では近代になるまでほとんど普及しなかった。日本には、それ以前から蒸して作る「まんじゅう」があり、器具なども扱いやすくなじみがあったからでもあろう。

『楢林雑話』（一七九九成立）に長崎にパン屋があり「蘭人みなパン屋より買って食す」（柴田米作一九五六）とあるもののオランダ人のためのものであり日本人のものとはいえなかった。

野菜の伝来と栽培　日本で最古の農書とされる『親民鑑月集』は、戦国時代、永禄三年（一五六〇）頃の大森山（愛媛県）の城主、土居式部大輔清良一族の軍記物語『清良記』の第七巻にある。本書の成立は、寛永五年（一六二八）か、それ以前とされる。

　そのなかの食用作物をみると、一月に植えるべきものとして、「垣菽《ふじまめ》、蕗、茗荷、菱、蓮《はす》、夏菜《ふだんそう》、苣《ちしゃ》、根深、葱、嫁が萩（よめな）、茄子、もろこしきび、高きび、唐ごま（ひま）、茶」とある。また、「一月に取りて食する菜園野菜」には、「萱草《かんぞう》、蕪菜、大根、芹、薺《なずな》、牛房、たびらこ、仏の座、はこべ、蕗のとう、野大根、苣、菘菜《あおな》、つわ、ひじき、おご、韮《にら》、夏菜、葱、根深、分葱《わけぎ》、あさ付、蒜《にんにく》、千根《えぞねぎ》、芥子菜、三つ葉芹、蓮根、葛根、わらび根、防風、いひら（ひゆ）、娵《よめ》が萩（よめな）、百合、ほど（豆科の蔓性多年草）、野良《ところ》、薯蕷《ながいも》、人参の葉、たんぽぽ、子持菜（のげし）、高野菽《そらまめ》の葉、鳳連《ほうれん》草《そう》」が記され、十二月まで具体的な作物名と食用にする時期が示されている。すでに、多種類の作物の栽培が行われていたことがうかがえるとともに、品種の改良も行われていたといえよう。たとえば、いも類、茄子、胡麻、大根、瓜などは一〇～二〇種の品種が記述されている。

　また、すでに琉球芋（さつまいも）、ほうれんそう、春菊、にんじん、とうがらしなど戦国時代から江戸時代初め頃に伝来した作物がみえる。さつまいもは、コロンブスがアメリカ大陸からスペインに持ち帰ったとされ、日本には、慶長十一年（一六〇六）に琉球へ伝わったものが、宝永二年（一七〇五）に薩摩に伝わるいっぽうで、イギリス人ウイリアム・アダムスが平戸に伝えたのが元和元年（一六一五）という（青葉　一九八三）。すでに前書に記載があるのは、『親民鑑月集』の成立が、寛永五年頃である可能性が高いとする説を支持することになろう。また、琉球芋の名称から、薩摩からの伝来ではなく、西九州からの伝来であろうとの推察もある（宮本 一九六二）。ほうれんそうは、アカザ科の一年草、ペルシャ（イラン）で栽培がはじまり、日本には中国を通して十六世紀に伝えられたとされる（青葉 一九八三）。

さらに、春菊は、地中海沿岸地帯を原産地とし、十五世紀には中国から伝えられたという。しかし、当時の文字（蓬蒿）とは異なるので、異種かもしれない。にんじんはアフガニスタンが原産地とされ、十五世紀までにはヨーロッパに広がり、日本には、中国を経て十六世紀には伝わったために胡（西土）からきた大根の意味で胡蘿蔔《こらふ》（にんじん）の文字も使われた。さらに、とうがらしは、メキシコで紀元前の遺跡から出土しているが、コロンブスにより、十五世紀にスペインに伝えられ、インド、東南アジアには十六世紀に伝えられた。日本には、ポルトガル人により伝えられたとも、秀吉が朝鮮出兵で持ち帰ったともいわれる（青葉 一九八三）。

これら近世初期に伝えられた野菜類は、それまでにすでに日本に伝来して定着していた野菜類とともに、発展し全国に広がっていく。その栽培について詳述した宮崎安貞『農業全書』（一六九七）も、各地の栽培作物を発展させる上で大きな影響を与えたと考えられる。

肉食の禁忌 日本での肉食の禁忌は、仏教伝来（五三八）以降、天武四年（六七五）の肉食禁止令が要因として取り上げられることが多い。その禁止令では、牛、馬、犬、猿、鶏の肉に限定され、猪、鹿、熊など野獣類は対象にならなかった。しかし、貴族の饗応食においては、しだいに野獣食をふくめ獣肉食が忌避されていく様子がみられ、「鹿宍代用鴨、猪宍代用雉」（『類聚雑要抄』）などの食卓の記述がみられるので、しだいに鳥類が代用品となり、獣肉が正式な食事からは姿を消す様子がうかがえる。

獣肉食に対する禁忌は、仏教の殺生戒というだけでなく、中世以降肉食をけがれとする意識がしだいに広がり、江戸時代に定着した。江戸時代の料理書では、『料理物語』（一六四三）に、獣肉食として、鹿、狸、猪、兎、川うそ、熊、いぬがあげられ、焼き物、吸い物等の料理が紹介されている。しかし、その後に刊行された料理書では、中国料理を紹介したもの以外、獣肉食料理はみられなくなった。まして、牛肉、豚肉などの家畜類の料理はみられないが、中国の薬学といえる本草学の書には肉類の効用などの紹介がみられる。

人見必大『本朝食鑑』（一六九七）には、牛肉と豚肉についての記述がみえる。そのなかで、必大は、当時、獣肉食がけがれとなるとして一般に忌避されていることを述べている。しかし、必大自身は、ときにより牛肉も体にとって必要なものであろうと述べ、その食べ方を詳しく記している。何時間も牛肉をゆでて油を除き、味噌汁として就寝前に飲ませるというもので、食用というより薬として扱っているといえる。いっぽう、豚については、公家たちが残飯の整理のために飼育しており、犬のえさとなることをあげているが、食用とはみなしていないことがうかがえる。

しかし、これらを食用としなかったかといえば、そうとはいえない。近江彦根藩では、牛肉の味噌漬けをつくり、これを藩主の井伊家から将軍家や親藩の諸家へ、寒中見舞として贈っていた。そのはじまりは明確ではないものの、元禄期にはすでに行われていた習慣で、養生のための薬という意味合いがあった。『彦根市史』によると、牛肉の献上記録は、天明元年（一七八一）から明治三年（一八七〇）まで続いている（伊藤記念財団　一九九二）。

また、十九世紀になると、獣肉店が開業され、『江戸繁昌記』（一八三二）には、文化七年（一八一〇）、八年頃から開業している江戸麹町の獣肉店を紹介している。「国禁」を避け「薬食舗」とし、看板には「山鯨」と大書し、紅葉（鹿を示す）を描き、人々は「おばけ」と称したと伝えている。同じ頃同様の店が現れるようになり、「江戸町触」の文化七年の江戸の飲食店調査では、獣肉店は五〇店であった（近世史料研究会　一九九九）。

豚肉については、中国料理を紹介した『八僊卓燕式』（一七六一）や清国人からの聞き取りをもとにした『新編異国料理』（一八六一）などにもみられる。

図30　山くじら店

『武江年表』の慶応二年（一八六六）の項には、「牛を屠りて羹とし商ふ家、所々に出来たり」と、幕末に向かって次第に牛肉食が受容されていく様子がうかがえる。『守貞謾稿』にも、幕末には獣肉店が増加しているとし、開港前より「所々豕《ぶた》を畜《やしな》ひ」、開港後は畜豚が増加し、「豕鍋」と看板を出して売る店も所々あったと述べている。

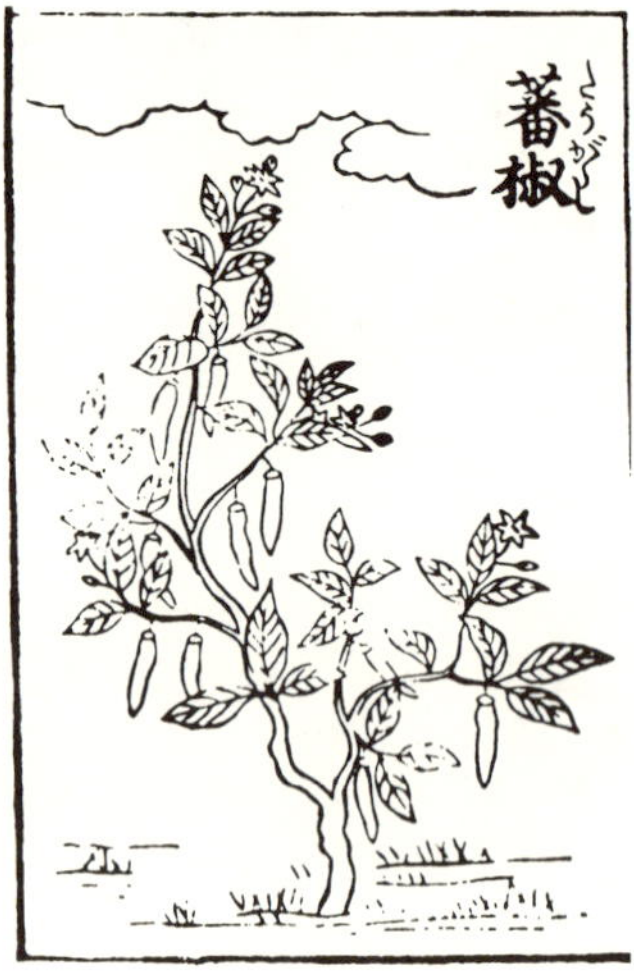

図31　とうがらし

とうがらしの伝来と利用　とうがらしは、十六世紀に日本に伝来したもので、前述したように南蛮貿易によりもたらされたとされる。

日本における香辛料のなかで、主として辛味を主体とするものとして、しょうが、わさび、からし、山椒、胡椒などが使われてきた。わさびは、アブラナ科の野菜で、日本中の清流の浅瀬に自生しており、平安時代の『本草和名』『延喜式』等にも深山に生ずとある。料理の香辛料として中世には使用されている。江戸初期には家々に植えられ、魚鳥肉、そばの毒を消すとされた（『本朝食鑑』）。山椒は、平安時代から塩漬けなどに作られ、吸口、煮物など若葉、実ともに利用されてきた。煮山椒はたれ味噌でよく煮て、葛粉をまぶし炒って干したものである。また、しょうがは三世紀の『魏志』倭人伝にみられるので、かなり古くに伝来したとみられる。さらに、からしは、からし菜の種子から作られるもので、これも古くから使われてきた。これらの香辛料は、刺身の調味として用いられることが多く、からし酢、わさび酢、しょうが酢など酢とともに用いられた。本草書では、「魚毒を解す」とあるためといえよう。

また、胡椒は、八世紀に薬として伝来したが、中世以降の料理書『りうりの書』（著者未詳）には、汁の吸口としての使用がみられる。また、江戸時代には、吸口に加え、うどんの薬味として用いられることが多く、和田信定『臨時客応接』（一八一九）には店屋物を客に出す場合にも「胡椒包み」を取りこぼさないようにとの注意書きがあり、料理書にも多出することから、薬味として一般的であったことがうかがえる。そのほか、辛味として使用されたものには、辛味大根がある。野生に近いものほど辛味が強いとされるが、江戸時代には、そばの毒消しとして、鼠大根など辛味大根が各地で栽培された（『本朝食鑑』）。

このような香辛料の状況の中で、とうがらしが伝来した。とうがらしは胡椒と異なり、日本での栽培が可能であったから、その栽培法は、宮崎安貞『農業全書』（一六九七）に詳述されている。とうがらし（蕃椒）は、茄子と同じ地ごしらえをし、苗が大きくなってから移植するとあり、人家の多い大きな町に近いところでは、多く栽培して販売するべきと記述している。また、とうがらしは、性のつよいもので、胸のつかえや胃のもたれを取り去り、気分をすっきりさせ、魚肉の悪い臭みを消すと説明している。『本朝食鑑』（一六九七）では、とうがらしを日本で使用するようになって一〇〇年にすぎないとしていることから、やはり十六世紀に伝来したといえるが、少量でかなりの辛さをもつとうがらしは、日本の料理では、インドやメキシコなどにみるような大量の使用はみられず、一回の使用は吸口、薬味などのようにわずかである。

江戸時代に刊行された料理書のとうがらしの使用例をみると、汁物の吸口の利用が最も多いが、山椒、胡椒、しょうが等と比較すると、三分の一から二分の一程度の使用である。麺類では、そば、そうめんにわずかに使用例がみられるが、まだうどんの薬味としては一般的ではなかったようで、調査したところではみられなかった。

必大は、とうがらしの辛さは、山椒、胡椒、からし、しょうがの類に比べて辛味が強いために過食すると害となるのに、近頃、上下ともに好んで食べるものが多く、害を受けたものはまれであると述べており、十七世紀終わり頃からは、少しずつ浸透した様子がうかがえる。振り売りにも「蕃椒粉売り」が登場している様子が『守貞謾稿』にも記されている。七味とうがらし、「陳皮、山椒、肉桂、黒胡椒、麻仁等を竹筒に入れ、のみをもってこれを突き刻み売る。諸食にかけて食う人多し」とし江戸新宿内藤氏邸辺が名産と述べている（喜田川　一九九六）。粉とうがらしには、辛味が強いことを好まない人が多いために、ほおずきの実を刻むともあり、辛味を和らげて用いる工夫が行われている。

このように、日本の食生活では、強烈な辛さは浸透せず、わずかに辛味を感じる程度の使用法が好まれたことは、日本の温暖な気候と関わりがあるのか、日本の食文化では、材料の持ち味を生かすおだやかで繊細な味と香りが重視され、強烈な香りや辛味が定着しなかったのかもしれない。

南蛮人のみた日本の食　海外から日本を訪れた人々による日本人の食生活の記録は、各時代に残されている。日本人にとっては当然のことや日常のことは、かえって記されにくいが外国人の目から見れば珍しい習慣と受けとめられるために書き残されることが多い。キリスト教布教を主目的に来日したポルトガルの宣教師たちが本国にあてた書簡を中心に、近世初頭の日本人の食生活をみてみることにしたい（村上　一九七〇）。

天文十八年（一五四九）、フランシスコ・ザビエルは、インドゴアからマラッカを経て鹿児島に到着し、島津貴久に謁見し、許可を得て布教を行う様子が記される中に、日本人観が示されている。日本人は、良く人と交わり善良で何より名誉を重んじること、武士は貧窮しているものの、より裕福な人々もその武士を尊重していると述べている。また、「食物を節すれども飲むことにつきては稍寛なり」と、飲酒について寛大であると述べている。その酒は、葡萄酒がないので、「米の酒」を飲むとある。また、多数の人が読み書きを知るために「デウス」のことを学ぶことができると賞賛するいっぽうで「米の外食物なくまた小麦、野菜の類、その他滋養分少なき物あり」と、肉やパンを中心とした食習慣をもつザビエルにとって戸惑いを感じる記述がみられる。

その後の書簡（一五六五）にも、日本人の常食は米及び野菜で、海辺に住む者は魚を食するとある。穀類としては、米の外、麦、粟、大麦、野菜には、蕪、大根、茄子、苣などがあり、豆類として果物では梨、石榴《ざくろ》、栗があるが少ないとしている。これらの野菜類は、すでに古代からみられるが、『親民鑑月集』にみる穀類は、大麦、小麦、粟、稗、蕎麦などが記され、野菜類は、前述したように品種が多い。とくに茄子では、紫茄子、丸茄子、白茄子、長茄子、芥子茄子など一二品種が紹介され、その収穫時期も五月から九月まであり、当時の農民にとって茄子はきわめて重要な作物であったことがうかがえる。同様に蕪は一〇品種、大根は八品種紹介されている。ポルトガル人たちのみた野菜類は、当時普及していたものであったといえよう。近世初頭に発展した茶会の記録から食材料をみると、牛蒡、筍、大根、蕪菜などは多く用いられているものの、茄子は茶会の時期と関係があるのか、ほとんどみられない（『松屋会記』）。しかし、出版された最初の料理書『料理物語』（一六四三）には、「青物之部」に七六種の野菜、芋類、果物類を紹介しており、茄子は、汁、さしみ、和え物、香の物、しぎ焼きなどに使われると説明している。

また、食べ方については「二本の小さき棒を以て食し、食物に手を触るるを不潔なりとす」とし、さらに冬夏ともに「甚へらるる丈熱き湯」を飲むとあることから、当時、朝夕食後に熱湯を飲む習慣があったことがうかがえる。『本朝食鑑』(一六九七)には、上層・下層ともに食後に湯を飲む習慣があったことを伝えている。食後の湯は、口歯を清潔にし、穀肉を消化し、「胃の気」を導くなど養生に必要なものだと説明し、さらに米のとぎ汁とあわせて焦げ飯を煮熟して食後の湯にするのも良く、炒米、陳皮、茴香、山椒の粉を混ぜて飲むのも良いなど、健康との関わりから生まれた日常の習慣は、外国人から見て特別にみえたのであろう。

さらに、饗宴には一定の形があることについても述べており、一卓で食することなく、各人が「清潔なる机」について、美味一切をこれに載せ、数の多い場合は左右にさらに小さな机を置くと、本膳料理の膳の説明をしている。饗宴の儀礼には多くの時間を要すること、貴族の間では儀礼の書を作っていること、夜の大部分は談話、音楽、饗宴に用いているために睡眠することが少ないと述べており、夜を徹した饗宴が行われていた様子をうかがうことができる。ここでも、米の酒しかないことが記されているが、野生のブドウはたくさんあるので、葡萄酒を造るべきだと述べていることは興味深い。饗宴が終わり、膳が撤去されると、各人に皿に盛った果物が「歯に用いる棒」とともに出され食事が終わると述べている。楊枝のことであろう。楊枝は平安時代には上流社会に伝わり、江戸時代には、房楊枝と呼ばれて庶民にも広まった。いっぽうを房状に、もういっぽうの先を鋭くして用いられたという（稲葉　二〇〇六）。いずれにしても口を掃除する歯ブラシ的な役割を果たしていたといえる。

2　江戸時代の食料生産と流通

農産物の多様化　江戸時代以前、米以外の野菜、芋類などの生産が進み、とくに農書の刊行も手伝って各地域に特色ある農産物が増加した。とりわけ江戸、大坂、京都の三都の周辺農村は、大消費地への野菜類の供給地として発展した。

享保二十年（一七三五）から元文三年（一七三八）、四年にかけて幕府に仕えた本草学者丹羽正伯により調査された諸国の産物調査をまとめた諸国『産物帳』によると、江戸時代中期以降にきわめて多様な農産物が全国各地域で栽培されていたことを知ることができる。藩により異なるが、穀類（豆類を含む）では、粳稲だけでも十数種の品種を掲載し、粟、稗、黍、大麦、小麦、蕎麦、大豆、小豆なども多くの品種が記されている。菜類（芋類を含む）では、大根、人参、茄子、ちさ、蕪菜、いも類では、つくね、山芋、里芋などがみられ、これらは、ほぼどの地域でも栽培されているが、近世初頭に伝来したとうがらし（なんばん）、かぼちゃも数種の品種が全国で栽培されているのは興味深い。しかし、同様に近世初頭に伝来したさつまいもは、南方系の作物であるということもあって、東北地方ではほとんど栽培記録がみられないが、栽培が可能と考えられる美濃、尾張、近江、摂津、隠岐、出雲などでもその名がみられないのは、まだ普及していないともいえよう。この調査の少し前、享保十二年に、徳川吉宗が鹿児島藩に甘蔗栽培を命じ、同二十年に青木昆陽が『蕃薯考』を刊行していることからみると、栽培は当時まだはじまったばかりと考えられる。

江戸の郊外の野菜類についてみると、『武江産物志』（一八二四）に、江戸における農産物の産地として次のものをあげている。大根（練馬）、秋菜《ふゆな》（小松川）、ごぼう（岩槻）、水芹《せり》・春菊・茄子・豌豆・水菜（千住）、西瓜（北沢）、とうがらし（内藤新宿）などがある。筍は『武江年表』の安永八年（一七七九）条に、「薩州候、品川の前邸へ琉球産の笋を始めて植えられる。諸人これを珍賞す（世に孟宗笋と称す）」とあり、これを繁殖させて神田多町の青物市場に竹で編んだ大籠四個を一駄として出荷するようになり、荏原・戸越方面は江戸の筍名産地として知られるようになった。とくに安政二年（一八五五）江戸を襲った大地震の際にも孟宗竹のやぶは比較的地割れが少なく安全であった経験から各家々に竹を植えることが広まった（神田市場協会　一九六八）。

果物では、甘い温州蜜柑が江戸に運ばれ流行した。紀伊国のみかん収穫の様子は『日本山海名物図会』（一七五四）に描かれ、駿河、紀州（現在の静岡、三重）から船で運ばれ、日本橋に近い四日市の市場に運ばれ、籠入りみかんが山のごとく積み上げられるとしている。紀州から江戸に送られたみかんは、寛永十一年（一六三四）には四〇〇籠（一籠に一〇〇〜三〇〇個入り）であったものが、元禄十一年（一六九八）には二四万〜三〇万籠と増加し、贈答品にも使われた（塚本　一九九七）また、一八世紀のはじめに行われた鍛冶、鋳物などふいごを扱う江戸職人の祭りである「ふいご祭り」では、市中の子供たちに数百のみかんやもちなどがまかれ、子供たちは争ってこれを拾う習慣があったという。みかんは十八世紀以降、庶民的な果物になっていったと考えられる。

このように多様な農産物が大量生産され市場に出された。幕末の青物問屋の「諸色改覚帳」（一八六三）には、「梅干、松茸、〆じ（しめじ）、初茸、長芋、地年生（じねんじょ）、梅肉、牛蒡、間天（寒天）、くわゐ、束芋、人じん、小わさび、連こん、うど芽、柚子、芹、三葉、もやし、生が、青物色々、椎茸、きくらげ、海茸、岩茸、角ゆば茶巾、かんひょう、ひじき、花焼麩、青板昆布、せんまい、切するめ、角豆、三嶋のり、氷こんにゃく、山せう、干椎茸、けし、からし、銀なん、白こま、黒こま、切こんふ、切あらめ、かんぜ麩、丸焼麩、利久麩、白豆、黒豆、小豆、隠元豆、そら豆、陰道豆」と記され、一つの問屋が扱う商品が多様であり、梅干、干瓢、麩や氷こんにゃくなどの加工品も扱っていた（神田市場協会　一九六八）。

図32　江戸四日市の蜜柑市

また、シーボルトにより記録された江戸の食品リスト（一八二六）によれば、青物類として、大根（一〇本）七二文、練馬大根（一〇本）二〇〇文、みずな（一わ）五六文、塩漬類として梅（五合）七二文、しょうが（五合）一二四文、とうがらし（一わ）四〇文などがある。これに対し魚は、鯛（一枚）一分〜三両、鯖（一枚）三〇〇文、マグロ（一斤）四〇〇文、いわし（一〇尾）一二〇文といわしを除き格段に高価である（熊倉・宮坂　一九九七）。安価な農産物の大量生産とその多様化により、庶民の食生活は四季折々の農産物を中心として営まれた。

しかし、江戸では初物を食べると寿命が延びるといわれてもてはやされ、価格が跳ね上ることもあった。そのため幕府は寛文五年（一六六五）、売り出す時期を定めて初物に制限を加えたが、その後も禁令は守られなかった。このような初物の流行は、生産地での促成栽培を促すことになる。天保十三年（一八四二）の「江戸町触」では、従来から季節外の野菜を売買しないようにと命じており、とくに料理茶屋が競って買うことは、「不埒之事ニ候」としている。きうり、茄子、いんげん、もやしなどが促成栽培されたようで、ゴミによる温床、障子をかけることによる保温あるいは室内に炭団（たどん）の火を用いて保温する方法があったが、これらを禁じている（近世史料研究会　二〇〇〇）。しかし、とくに高級料理屋では、季節外の食品が求められたと考えられるので、禁令はなかなか守られなかったであろう。

漁法の改良と漁場　古くから盛んに行われてきた漁業は近世初期になり、さらに漁法が改良され、漁獲高も増加する。『日本山海名産図会』（一七九九）には、伊勢鮑《あわび》、伊勢海老、丹後鰤《ぶり》、平戸鮪《まぐろ》、讃州鰆《さわら》、若狭鰈《かれい》・小鯛《こたい》、能登鯖《さば》、広島牡蠣《かき》、土佐堅魚《かつお》、越前海胆《うに》、讃州海鼠《なまこ》、西宮白魚、桑名焼蛤、加茂川鮴《ごり》、予州大洲石伏、神道川鱒、諏訪湖八目鰻、明石章魚《だこ》、滑川大蛸《おおたこ》、高砂望潮魚《いひたこ》などが記され、名産地があったことを示している。また、前書に類似した『日本山海名物図会』（一七五四）には、鰯《いわし》網、鯨《くじら》突船、鯨置網などが絵入りで紹介されている。

鯨は一六〇万年前の化石がみつかっていることや縄文時代の遺跡にも見られることから、古くから食べられていたと考えられるが、鯨漁は熊野灘の海民により十五世紀末に、銛《もり》による突取法が行われていた。その後、延宝三年（一六七五）には、鯨に網をからませた後、銛で刺し捕らえる網とり式捕鯨が考案された。紀州ではこの漁法を用い、幕府は太地（和歌山）・古座・三輪崎に捕鯨業を特定した。また、この捕鯨法は太地から土佐に伝わり、さらに肥前（佐賀）、長州（山口）などの捕鯨漁にも伝播

図33　鯨　突　船

した（葉山　一九九二）。『日本山海名物図会』には「鯨置網」について説明があり、網舟一二艘、人数一五人で網を周囲からおろし、鯨が網に絡まって弱るのを待つという。網をつけた銛で射止めた鯨に縄をかけ、ろくろで海岸に引き寄せる。肉も油も、皮も捨てるところがないために、鯨一頭とれば、「七浦にぎはう」と、利益が大きかったことを伝えている（平瀬　一九七九）。

鯨の価格は一斤（六〇〇グラム）四〇〇文で、マグロ一斤とほぼ同価格であった。いっぽう鰹は「三両より一分マデ」とあるから、初鰹の価格が異常に高価であったといえよう（熊倉・宮坂　一九九七）。

いっぽう、鰹漁の漁法も紀州から土佐に伝えられたとされる。鰹は、太平洋沿岸、薩摩から陸奥まで漁獲されるが、『日本山海名産図会』(一七九九)には、「土佐、阿波、紀州、伊予、駿河、伊豆、相模、安房、上総、陸奥、薩摩、此の外諸州に採るなり」と太平洋側沿岸一帯が漁獲場であることを記している。また、四、五月の頃、鰹は、東南の海に群集するために、相模、土佐、紀州、とくに鎌倉、熊野に多く、土佐、薩摩のものは味厚く、上品で生食して美味であると地域差を詳細に説明している。三月のはじめの頃から中旬までを初鰹として生食し、五月までを春節として上品の乾魚とし、さらに八月までを秋節というと解説している。

鰹漁は、舟一艘に一二人が釣り竿を持ち、まず鰯の生餌を水上に放つ。鰹がこれをとりに集まる中に針に鰯を尾からさして鰹の群に投げ入れるとすぐに喰いつくため、これをひき上げるという。鰹節の作り方は、まず釣舟を岸につけると浜辺でさっそく庖丁で五枚おろしにし、一匹から四節をとる。内臓は塩漬として「酒盗」にする。鰹の切身はかごにいれて大釜で蒸し、水で冷やして洗い、約三〇日ほど乾し、鮫皮でけずり、さらに縄でみがくと鰹節ができ上るとしている(蔀《しとみ》 一九七九)。

正月の魚として重視される鰤は丹後で獲れるものが上品とされたようで、追網で獲るという。入り海の口に縄を張り、数十艘の舟を並べ、船ばたをたたき、魚を追い入れ、縄網を二重におろし、さらに三重に苧網をおろし、はじめの網をろくろで引き寄せる。苧網は手で引き寄せ、砂浜に魚を導く方法で、他国とは異なると説明している。このほか、鰆の流し網、若狭鰈網、鰯網など、多くの人手により、一度に大量の漁獲が行われた様子がうかがえる。

海・川・道と食品の流通　江戸時代、物資の流通の中心となったのは、水運で、各地からの物資の集散地となった商業都市大坂から江戸への日用品の輸送船として登場したのは、菱垣廻船である。元和二年（一六一九）、堺の商人が木綿をはじめ、油、綿、酒、酢、醬油などの生活物資を江戸に運んだのが、菱垣廻船のはじまりで、積荷の脱落を防ぐために菱形の垣をつくったための名称という。酒荷もはじめは菱垣廻船で運ばれていたが、寛文年間（一六六一〜七三）に、酒荷を中心に酢、醬油、塗り物、紙などを積みあわせて運ぶ樽廻船が誕生した（林　一九九二）。

図34　菱垣廻船と弁財船

また、加賀、越前の船主が北海道から日本海沿岸を結んで行なった北前船も化政期から幕末にかけて拡大し、さまざまな物資を運んだ。北海道松前から新潟の出雲崎に入津した食物に関する流通品をみると、昆布、鮭塩引き、身欠鯡（鰊）、数の子、塩蛸などがあり、そのほかには、干鱈・塩鱈の子（佐渡）、塩（播磨）、砂糖（大坂・讃岐）、かつお節（大坂・長門）など全国の産物が見られる（小村　一九九二）。北前船の船主は北陸出身者が多い。彼らは、食品としては、酒、砂糖などを大坂から蝦夷地に運び、代わりに昆布、鯡、身欠き鯡、白子などを買い入れ、再び大坂に戻る。また、ほかにも各地に海上輸送の船が発達した。代表的な物としては、塩廻船で、生産地である瀬戸内海から江戸などに運ばれた。このように、日本各地で生産・加工された食品は、船を中心にして日本の隅々まで運ばれた。

江戸から大坂を経て筑紫まで旅をした暁晴の記した『雲錦随筆』（一九六一）には、大坂の港に集まった物資がこと細かく記述されている。食物の多くは、魚介類とその加工品である。食品の一部産地を挙げてみると、鰹節（土佐、薩摩、日向）、生節（熊野、阿波）、鮪《しび》（肥前、豊後）、鯖（紀州）、鯨（土佐、紀州）、鰤（対州、長州）など主として西日本から運ばれたものが多い。

また、江戸時代には、河川開発が広く行われ、海運と結びついて大量の商品の輸送路となり、山間部との交流が行われた。食品でみると、多くは米の輸送であり、東北では、阿武隈川、北上川、最上川などが知られる。最上川の河口に位置する酒田港（山形）には北前船が寄港した。播磨（兵庫）の塩、大坂の砂糖などや松前などからの昆布、身欠き鯡など北海の産物は、酒田の問屋を経て最上川を遡り内陸部に運ばれた。逆に内陸の米は、酒田港に運ばれ、さらに敦賀（福井）から琵琶湖北岸まで運ばれて湖上を輸送され、さらに大坂、江戸に運ばれた（宮本　一九八七）。このように、食品は、海、河川を通し、全国に流通するだけでなく、同時に調理法や食の文化の交流も行われた。

いっぽう、道路の整備は、船ほどではなかった。しかし、幕府は東海道、中山道、甲州道中、日光道中、奥州道中の五街道にそれと続くいくつもの脇街道をつくった。船で運べないところでは、物資は牛や馬の背にのせ、それも無理なところは、人の背にのせて運ばれた。飛騨の山中などでは、他国

図35　日本橋新場の市

から買い入れた米、魚、塩、茶などを背負って運ぶ必要が多く、歩荷《ぼっか》と呼ばれた。

市場と小売商　大消費地であった江戸・大坂・京都は、交通網が発達し、多くの商品が大坂、江戸に運ばれ、商品の集散地として大きな市場が発展し、問屋、仲買、小売商などの流通システムが形成された。

魚市場は、江戸では日本橋市場、大坂では雑魚場、青物市場には、江戸の神田市場、大坂の天満市場に多くの人々が集まった。慶長十一年（一六〇六）、十二年、江戸城の拡張工事にともない、町人町は、新開地に移転させられて日本橋、京橋などが商業地となり、そこに問屋街が形成された。日本橋魚市場は、それより数年前から市場の基礎ができたとされるが、神田青物市場は、万治二年（一六五九）以降、神田川が江戸川と掘り割りで結ばれるようになり、隅田川から米や青物などが荷揚げされ、青物市場として発展することになった（神田市場協会　一九六八）。

大坂は、全国から物資が集められ、全国各地から問屋が集まり、仲買人が増加した。正徳年間（一七一一～一六）の大坂問屋の記録を見ると、関東筋、摂津国（大坂）、紀伊国（和歌山・三重）、阿波国（徳島）の問屋をはじめ、北は松前から南は対馬まで問屋があり、合計五六五五軒にのぼった。食に関する問屋には、「米、酒、青物、煎茶、塩、生魚、塩魚干魚、鰹節、川魚、玉子」などがみられる。また、仲買は、八七六五軒（呉服仲買を除く）であった（船越　一九二九）。

市場に集められた物資は、問屋から仲買を経て小売り商にわたる。小売店として店舗を構える場合と仮設店舗の形をとったものがあるほか、振り売りの形態も発達した。振り売りは、天秤棒を担いで商品を売り歩く商人で、売り歩く商品は幕末の資料『守貞謾稿』ではかなり細分化されている。魚類だけで見ても、鮮魚売、初鰹売、白魚売、むき身売、塩物・乾物売、鯉売など種類が多い。

慶安元年（一六四八）の江戸の「町触」をみると、振り売り札のない者が商売をすると、当人は牢に入れられ、家主まで罰金が科せられるなど、規制があったことがわかる。その後も取り締まりは続くが、万治二年（一六五九）には、振り売り札を出した者は、五九〇〇人となり、うち、約五二％が五〇歳以上、二一％が一五歳以下、身障者が二％と、当時としての老人と子どもが七割を占めている。このことは、振り売りによる収入がわずかなもので、家族の生活を支えるのに充分なものではなかったことが推察されるとともに、そうした年齢層が他の仕事になかなかつくことのできない弱者として保護されていたともいえよう。一般には、新規に振り売り商となることが規制されたが、老人・子ども、身障者には、煎茶売など特定の職種では、札金を免除し、また、煮売、「時々のなり物菓子売」、塩売、あめおこし売、味噌売、酢醤油売、とうふこんにゃく売、ところてん売、餅売などでは札を優先的に発行するなど特典が与えられた。また、精進干物売、南蛮菓子売、つき米売、麹売、油売（食用とは限らないが）、鍋売、鰹節売、串海鼠売（乾燥なまこ）、串鮑売、鮭の塩引売などは、札なしでも商売が許された（近世史料研究会　一九九四）。

製塩業と塩の道　江戸時代には、瀬戸内沿岸に面した一〇ヵ国（播磨・備前・備中・備後・安芸・周防・長門・阿波・讃岐・伊予）における製塩が、全国の塩生産の八〇〜九〇％を占めるほどとなり、これを十州塩と称した。この塩田は、入り浜塩田で海岸線に堤防を築き、潮の満潮時を利用して海水をとり入れる方式である。海水は、塩田地盤に浸透し、これが毛細管現象で上昇し、地盤表面の撒砂の表面で風と日光により水分が蒸発し、砂に結晶塩が付着する。この砂を引きかき、蒸発と乾燥を繰り返す。これを集め、溶出装置に入れ、海水を加えて滴下し、濃厚な海水（鹹水）を得る。これを石釜で焚いて塩をとる。瀬戸内沿岸は、砂土の粒子が細かく、塩煎煮用の釜に適当な花崗岩の割石や河原石が採取しやすいなど、製塩業には適した地域であった（廣山　一九九〇）。

十州塩の一つ赤穂（兵庫）の塩浜と塩造について、山崎美成『赤穂義士随筆』（一八五五）に詳細に紹介されており（図36）、ほぼ前述の方法をとっている。塩は、鹹水一升を煮て五合を得るとあり、一釜煮ると一石二斗から六斗の塩がとれ、昼夜で一〇石を生産したという（山崎　一九七五）。近世の塩は、差塩、真塩、焼塩の種類があり、差塩は、塩分六〇〜八〇％の粗悪塩としているが、安価であり、農山村では好まれたという。焼塩は、贈答用などに用いられた。

図36　塩づくり

近世末期の日本の塩生産量は、瀬戸内沿岸の塩田による生産量が、約四〇〇万石、瀬戸内以外で約七〇万石、合計四七〇万石と推定されている。また、昭和初期の消費量から近世の消費量の内訳を推定すると、料理の調味料として二五万石、醤油、味噌などでは一六七万石、漬物用塩は、一二五万石、塩魚・塩辛に一二〇万石と算出されている（廣山　一九九〇）。この推定からみると、食品の貯蔵・調味料製造に生産量の八八％が使われているといえる。

瀬戸内の十州塩は、全国に運ばれ、近畿、東海はもちろん、赤穂の塩の五〇％は江戸に送られ塩廻船と呼ばれた。また、北は北海道、東北、北陸、西は、山陰・山陽、四国、九州に俵詰めにして運ばれた。しかし、場所により、塩俵の量は一定ではなかったようで、しかも運搬途中にニガリが潮解作用で溶解したため、かなり目減りした。

「塩の道」として知られている千国街道は、糸魚川（新潟）と松本（長野）の約一二〇キロを結ぶ道をいう。松本への塩は、そのほかにも直江津、富山などから運ばれるルートもあり、富山からは、途中、海抜二五四一メートルの針ノ本峠を越えなければならず、牛方たちが、隊商を組んで塩と魚を運んでいたという（田中　一九八二）信州大町は、糸魚川、富山から運ばれた荷駄の集積地であった。塩問屋平林家を利用した大町の「塩の道博物館」の塩倉には、興味深い知恵が残されている。前述したように、塩の運搬中にニガリが溶解するが、これを少しでも回収するために、塩俵（または、かます）を積む台の下に溶け出したニガリを受けるかめが設置されている。このニガリは、おそらく豆腐つくりに利用されたのであろう。すべてを利用し尽くそうとした知恵の一つといえる。

このように、十州塩田で大量生産された塩は、船と牛、馬、人の背などで日本中、山間部に至るまで流通した。

醤油の生産と流通　日本の調味料として古くから発展した味噌に加えて、醤油が登場するのは、中世のことで、湯浅醤油（和歌山県有田郡湯浅町）が知られるが、大規模に製造されるようになるのは江戸時代のことで、味噌が各家で製造されることが多かったのに対し、醤油製造は酒造業と並び、発酵工業として発達した。醤油の起源としては、醤《ひしお》を絞ったものとする説と味噌からにじみ出るたまりを集めたとする説がある。

醤油という言葉は、易林本『節用集』（一五九七）にはじめて登場するといわれるが、その実態は明確とはいえない。江戸時代にはじめて刊行された料理書『料理物語』（一六四三）には、調味料を示すものとして、味噌に水を加えて袋に入れ、垂れてくる汁を用いた垂れ味噌が中心となっている様子がうかがえるが、「正木醤油」「仙国流醤油」の紹介がある。前者は、大麦を挽《ひ》き割《わ》り、大豆を味噌のように煮て、小麦も引き、これを加えてねかせ、塩と水を入れ造るとある。後者は大豆、大麦、小麦、糀、水をあわせてねかせるというものである。

しかし、料理の内容をみると、醬油を用いたものは見あたらず、今日醬油の調味が一般的となっている刺身の調味料は、煎り酒（かつおぶし、梅干し、酒に水とたまりを少し加えて煮詰めたもの）か、生姜酢、山椒味噌酢、からし酢など酢、味噌が使われている。また、煮物の調味には塩、煎り酒、たまり、味噌等が用いられている。これらのことから、江戸時代初期には、まだ醬油が一般的ではなかったことがうかがえる。

料理書の中に醬油の作り方が登場するのは、『合類日用料理抄』（一六八九）である。そこには、大豆一斗を煮て、大麦一斗炒り挽き割り、小麦三升炒り粉にしたものを混ぜ、これに水二斗、塩一斗を加え、さらに糀八升入れ、五十日おくなど比較的詳しく製造法を記述している。また、『本朝食鑑』（一六九七）には、近世の家々で醬油を製造しているとし、上記本に類似した詳細な製造方法を紹介している。

『雍州府志』（一六八六）には、大豆、大麦、小麦、糀をあわせ、桶に盛り、水、塩を加えて発酵させると説明し、七十日後に布袋で絞るとある。そして、泉州（和歌山県）の酒家で多く造り、堺醬油として名産となっているが、現在は京都の酒屋が多く製造していると伝えている（立川　一九九七）。また、播磨龍野（兵庫県龍野市）では、安土桃山時代の天正十五年（一五八七）、龍野の醬油屋円尾屋の孫右衛門によりはじめられたという（吉田　一九九八）。

いっぽう、関東の醬油は、江戸初期に湯浅醬油の流れをくむ浜口儀兵衛（ヤマサの祖）および田中玄蕃（ヒゲタの祖）が銚子で、また寛文元年（一六六一）以降、高梨・茂木氏が野田で醬油醸造をはじめ、濃い口醤油を製造することになり（市毛　一九八八）、次第に製造量が増加した。

そのため、享保年間（一七一六〜三六）までは「下り醤油」として関西の醤油が江戸に送られたが、関東の銚子、野田に大規模な醤油製造業が発展する文政四年（一八二一）には、江戸への年間入込高

図 37　下総国醤油製造の図

一二五万樽のうち、一二三万樽ほどは関東各地から積み出されたもので、下り醤油はわずか二万樽と、関東醤油が主流となった（油井　一九八三）。この影響からか文政期前後の料理書からは、醤油が調味料として盛んに登場するようになる。刺身にも、わさび醤油が登場し、かば焼きに山椒醤油、魚の醤油付け焼きなど各種料理の調味として醤油が一般化していった。

たくあんの普及　江戸時代の加工食品のなかで、身分、日常、特別な食事を問わず必ず食べられたのは、漬物である。漬物は、古代から塩漬け、醤漬け、酢漬け、粕漬けなどがつくられてきたが、江戸時代に急速に発展した漬物として、たくあんがある。

たくあんは、現在でもよく知られた漬物であるが、漬物ばかり六四品を集めた『漬物塩嘉言』（一八三六）

から、その作り方を見てみよう。まず、良質の大根を選び、土を洗い落とし、大根を縄で編んでつるし、約二〇日ほど干す。小じわができるようになったら、酒が空になったばかりの新しい樽に漬ける。糠はふるっておき、一樽に七、八〇本から一〇〇本漬ける。小糠七升、塩三升をよくもみ合わせ、桶の底に大根を置き、一段ごとに塩と糠を混ぜたものを振り漬ける。重石を強くし、水が大根の上いっぱいに上がってきたときに、軽い重石にする。以上のような説明があるが、夏の土用を越えるまでたくあんを食べるためには、糠は六升、塩を四升と塩を多くして保存性を高めるよう注意している。さらに、たくあんの三年漬、五年漬、七年漬などもあり、一年保存を延長するために、塩七〜八升増すよう説明している。酒の空き樽が利用され、四斗の空樽に約一〇〇本つけることができたので、たくあんは別称百本漬ともいわれた。

たくあんに用いる糠は、江戸時代になって盛んになった精白米の副産物といえる。たくあんは、各家でも漬けたが、漬物製造業者もあらわれた。江戸時代の漢学者、松崎慊堂の日記『慊堂日暦』には、たくあん漬けとおもわれる漬物の様子が記されている。天保四年（一八三三）十一月四日に、「婢僕は蘿蔔《だいこん》を洗う、永吉は来り助く」とあるから、一日目は大根を洗うことに費やされたといえる。翌五日、「婢僕と永吉とは蘿蔔《だいこん》を編んで晒架《さいか》にかく」とあり、葉つき大根を編んで干したことがうかがえる。七日には「本年は蘿蔔を晒すこと千本、今日はじめておわる」と記され、一度に一〇〇〇本の大根を洗い、三日かけて干す作業を行ったことがわかる。また、同月二四日には永吉が来て大根の漬物を一〇桶つくると記述している。このことから、一〇〇〇本の大根を一七〜八日ほど干し、一〇〇本ずつ四斗樽につけ込んだことがうかがえる。何人で食事をするのかはっきりしないが、おそらく一年分を漬けたものと思われる（松崎　一九七八）。

一度に一〇〇〇本漬けることは、それほど特別のことではなかったことは、漬物用大根の生産地であった練馬村に残されている文政三年（一八二〇）の「受取状」からうかがえる。それは、松平丹後守の屋敷に差し出したもので、干し大根一〇〇〇本、糠、塩、酒樽というたくあん漬けのセットのほか、朝（浅）漬大根一〇〇〇本を購入している。練馬村は、大根を栽培していただけでなく、漬物セットや漬物そのものも販売していたといえる（練馬区教育委員会　一九八四）。さらに、家が狭くて一年分の漬物を漬ける場所のない多くの家庭のために、一年分の予約を受け、練馬村で漬け、何回にも分けて配達もしていた。さらに、江戸の漬物屋に数種の漬物をひとつの箱にいれた漬物セットを売り出し、注文に応じて進物用の浅漬け大根を送るなど、現代の注文・宅配に類した多角的経営を行なっていたといえよう。

浅漬大根やたくあんは、落語「長屋の花見」などにもみられるように、貧しいくらしにしばしば登場するが、同時に武家の屋敷でも日常の重要な漬物であったといえる。ちなみに幕末の大根の漬物は一本一六文で、当時のそば一杯の価格にあたる。前述したように鯖（一枚）三〇〇文、鮪（一斤）四〇〇文、など魚介類の価格と比べ格段に安価である（熊倉・宮坂　一九九七）。

豆腐と料理　豆腐は、鎌倉時代に中国から伝来したとされるが、その伝来の経緯や年代は明確とはいえない。しかし、「七十一番職人歌合」の「豆腐売」の絵をみると、大きめの豆腐を板の上に直に

図38　豆腐の田楽作り

置いて売っていることから、かなり固い豆腐であったといえる。しかし、江戸時代の『職人尽発句合』（一七九七）にある豆腐屋の絵を見ると、水槽に豆腐を入れて売っており、柔らかい豆腐であったことがわかる（花咲　一九七三）。また、料理書『料理珍味集』（一七六四）には「冷湯《ひやゆ》豆腐」として、朧《おぼろ》豆腐を水につけて、器に移し、だしに味つけして葛でとろみをつけたあんをかけ、辛子をそえた夏の料理がある（博望子　一九七九）。湧き水などの冷たい水からあげた柔らかい豆腐の食べ方が工夫されたのは、日本のおいしい良質な水の影響ともいえる。

江戸時代の豆腐は、現在の豆腐製造とほぼ同じ行程がとられており、水につけておいた大豆をすりつぶし、水を加えて加熱し、これをこして豆乳とおからに分離し、豆乳に凝固剤（にがり）を打ち、容器に入れて凝固させる。豆腐は、三都では日常食で多用された加工食品で、焼き豆腐、油揚げも庶民的な食材であった。京坂と江戸では、同じ一丁の豆腐でも大きさがかなり異なっていたようで、京坂と江戸の豆腐の値段も異なる。大坂の豆腐は、一丁が一二文、半丁が六文、焼き豆腐、油揚げ二文であるのに対し、江戸の豆腐は、一丁が五〇～六〇文で大型であったために、四分の一丁売りもあったことを伝えている（『守貞謾稿』）。また、京都も大坂と同様であったが、半丁売りはしなかったという。すでに絹ごし豆腐があったことは、当時大流行した料理書『豆腐百珍』（一七八二）にも「八杯とうふ」（絹ごし豆腐を酒と水と醤油で煮て、おろし大根をそえたもの）として紹介され、そのほかの料理書や「おかず番付」にも登場する。

天保十四年（一八四三）二月の江戸の「町触」によると、豆腐屋四六人、家主、五人組の名前で、大豆の値上げにより、豆腐箱を小さくし、豆腐を小さく切るなどの不正を改め豆腐箱の大きさ、等分の仕方を規定し、適正価格とする要望書が番所に提出された。それによると、水豆腐と呼ばれた普通の豆腐は、一箱に大豆四升を用い、これに薪、にがり、消泡剤などを合わせ、三四四文となる。一箱を九丁に切るので、一丁をこれまでの四八文から五二文とする。

また、焼き豆腐は、大豆四升八合とやや大豆が多い豆腐をつくり、一箱を一〇八等分する。つまり、一丁を一二等分にした小さな焼き豆腐で、一つ四文を五文に値上げしたいという。また、油揚げは、焼き豆腐と同じ濃度の豆腐一箱を一六二等分（一丁を一八等分）にして油で揚げたもので、焼き豆腐より小さいが、油代がかかるので、価格は焼き豆腐と同じである。そのほか、苞《つと》豆腐（六文）、生揚（五文）などが記されている。また、豆腐箱や切り方の図が描かれており、当時規定した大きさが明確にわかる。それによると、豆腐一丁は、縦七寸（約二一センチ）、横六寸（約一八センチ）、厚さ二寸（約六センチ）とあり、かなり大きな豆腐である。油揚げなども一枚ずつの大きさが図で示され、三月はじめ、番所からあらためて寸法と値段について、店に張り出して守るように通達をしている（近世史料研究会 二〇〇三）。

式亭三馬『浮世風呂』（一八〇九）は、長屋の人々が風呂で世間話している様子を描いているが、隣にかぎを預けて働きに出ている裏長屋に住む独身者の話しがある。そこに「わしは一体豆腐が大好きぢやけどナ、小半挺《こはんちょう》買うたら為方《しかた》がない。余って犬にや遣《や》られずナ、さうぢやとて、皆食た所が、役立たん事ちや。夫《そ》れ故焼豆腐一つ買うて、腹を癒してゐるぢや」というせりふがある。前述の江戸の豆腐の大きさと焼き豆腐の値段の実態をみると、この話は大変理解しやすい。小半挺の豆腐は、四分の一丁としておよそ九×一一×六チセン角で、十二文、それに対して四文の焼き豆腐は、三分の一の値段である。いずれにしても、豆腐やその加工品は、きわめて日常的な食材でもあり、葬儀などの儀礼食としても欠かせないものとして、汁、煮物などに多用された。豆腐料理ばかりを集めた『豆腐百珍』は、その後の材料別料理書を刊行する上に大きな影響を与えた。

煎茶の普及　九世紀には中国の飲茶文化が伝来し、その茶が団茶から抹茶へとかわり、茶の湯が成立する過程は、前章でみたとおりである。茶の生産は、宇治茶を中心としていたが、近世には全国に茶の名産地が生まれ、そこでは乾燥した茶葉に湯を注いで飲用する煎茶が生産されるようになる。人見必大『本朝食鑑』（一六九七）では、煎茶の産地として、宇治、江州の政所、紀州の熊野、駿州の安部、予州の不動坊などをあげ、江戸で販売される煎茶は駿州、信州、甲州、総州、野州、奥州の産で、当時の江戸では朝飯の前に必ず煎茶を飲み、なかでも婦女がもっとも好んでいるが、次第に男性も老人も飲むようになったと述べている。しかし、その習慣は、海西（中国から中九州）や京ではみられず、煎茶で飯を炊き、茶炒り大豆、黒大豆、赤小豆などの類をまぜる奈良茶があるという。また、その製造についても詳細に述べており、新芽を摘み、これを蒸し、うちわを用いて冷まし、さらにほいろで焙り、手でよるとある。その製造工程には、正確な時間管理や火の管理の必要性があり、各家に秘伝があって秘密になっていたとも述べている。しかし、佐藤成裕『中陵漫録』（一七九五）には、宇治の煎茶は、茶摘みの後に薄く広げそのまま置き、小籠に入れた後、熱湯を注ぎ清水に浸し、さらに炉で加熱し、しなやかになる時によりをつけると、前述の方法とはやや異なる製造法が記されている。

図39　煎茶の流行

　また、必大は、茶は効用もあるが、空腹時に飲むのをもっとも忌むもので、空心《すきばら》に塩入の茶を飲めば、直ちに「腎経に入り且つ脾胃を冷やす」という本草の内容を紹介している。いっぽうで、当時流行した飲み方は、朝飯前に煎茶に塩を入れて飲んでいるという健康には悪いはずのことをしているのに、長生きしている人がいるのをみると、朝夕飲み慣れているためかもしれないと評している。ここからもとくに東日本に急速に煎茶が普及していった様子がうかがえる。

　煎茶を日本に将来したのは、宇治黄檗山万福寺の開祖となった明の僧、隠元隆琦（一五九二〜一六七三）とされている。この折りに同時にもたらされたと考えられる中国の精進料理である普茶料理の形式には、煎茶が供されている。普茶料理や卓袱《しっぽく》料理などの形式が九州から京・大坂、江戸の料理屋に取り込まれていくことと、煎茶の流行も関連があると考えられる（東四柳　二〇〇五）。料理書『普茶料理抄』（一七七二）では、「煮茶の仕やう」として、まず客に菓子を出し、湯を沸かし、瓶を温め、そこに茶葉を入れ、熱湯を注ぎ少しおいてから茶碗を取りて注ぎ、銘々盆にのせて供すと説明し、「煮茶の間客待合のところ」と図を示している。また、普茶は茶を飲みながら菓子と煮菜を食卓に並べ、猪口と箸とを添えて出し、猪口で茶を飲み、茶を何度か飲む間に、小食の饅頭や菜包をだすとある。今日の飲茶に類似した形ともいえる。

3　都市の食生活と大衆化

食の情報　江戸時代には、食に関する情報として種々の本が刊行された。その内容をみると、料理書、菓子製法書、食物本草書、養生書、飢饉に備えた救荒書、家庭百科・技術書でもある重宝記類、生産や加工を記した農書、産業書類、女子用教訓書、名所案内書などがある。

江戸時代以前の料理書は、中世から公家や武士に仕えて発展した四條流、伊勢流、生間流など料理流派による手写本、巻物などが中心であった。これらは、秘伝として伝えられるもので、一般に知られることは少なかった。しかし、江戸時代になると、不特定多数の読者を対象とした料理書が出版された。寛永二十年（一六四三）刊『料理物語』は、日本ではじめて出版された料理書である。これは、料理の作り方や材料別に料理のヒントが記述されたもので、中世の料理法の流れを残したものとされている。大きな特徴は、その後の料理書にはほとんど扱われることのない、鹿、狸、猪、兎、川うそ、熊、いぬの獣肉料理が紹介されていることである。また、天明二年（一七八二）刊『豆腐百珍』にはじまる材料別料理書は「百珍もの」とよばれ、江戸時代中期の特徴的な料理書である。これは、豆腐料理ばかり一〇〇種類を集めたもので、料理の作り方だけではなく、漢詩などの紹介もあり、単に実用性を重んじた料理書ではなく、遊び心を盛り込んだものともいえる。その後、『豆腐百珍続編』（一七八三）、大根料理『諸国名産大根料理秘伝抄』、『大根一式料理秘密箱』（一七八五）、鯛料理『鯛百珍料理秘密箱』（一七八五）、鳥と卵を中心とした『万宝料理秘密箱』（一七八五〜一八〇〇）、『甘藷《いも》百珍』（一七九八）などが流行した。

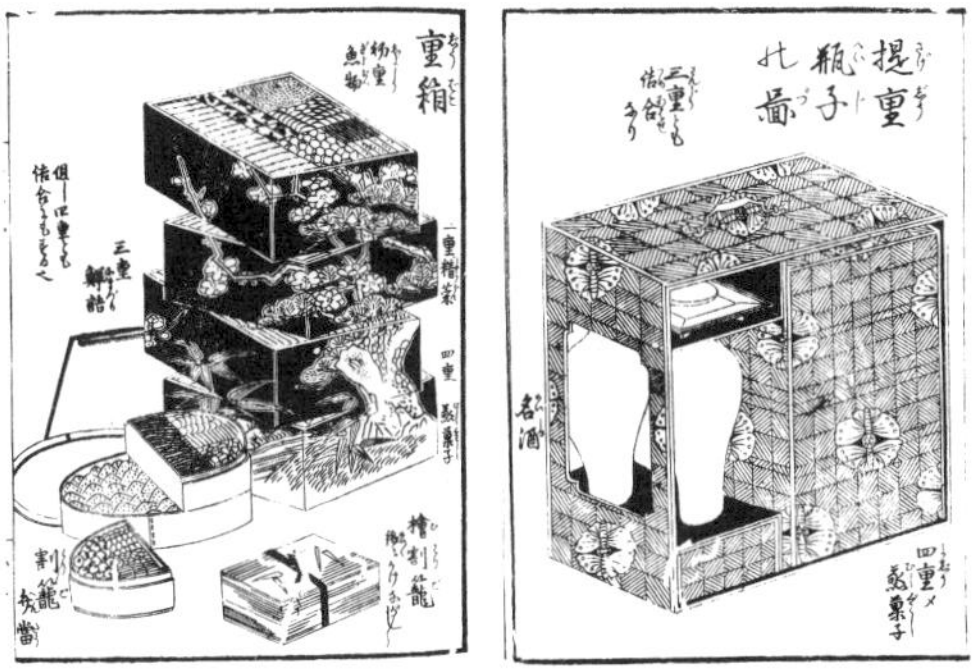

図 40　花見の重詰め献立

　さらに、江戸時代後期には、江戸など都市の外食文化が発展し、初編から三、四編と何年かにわたり出版されるものが増加した。『料理早指南』（初編〜四編）は、花見や船遊びの重詰め献立が絵入りで紹介されている。また、『即席料理　素人庖丁』（初編〜三編）は、袖の中に入るような小型横本で、挿絵が随所にみられ、魚を農具の鋤で焼く「鋤焼き」がみられる。また、『江戸流行料理通』（初編〜四編）は、当時高級料理屋として知られた八百善主人が刊行したもので、煮物、和え物の調味料にみりんが多用されていることが特徴といえる。

健康と病と食に関する情報を伝える書物としては、本草書、養生書などがある。慶長十年（一六〇五）、明の李時珍著『本草綱目』が日本に伝えられて以来、これを学んだ日本の医師などにより急速に日本人による本草書の刊行がはじまる。和歌の形をとった本草書『和歌食物本草』（一六三〇）は、「芋こそはあじわいからく平のもの諸病のどくぞふかくつつしめ」など和歌に読み込んだ食品の宜禁（良否）について、イロハ順に七八七首が記載されている。また、江戸中期以降に刊行されるようになる養生書では、飲食記事が重視されているが、その考え方は本草学が基盤となっている。

人見必大『本朝食鑑』（一六九七）、貝原益軒『大和本草』（一七〇九）などは、いずれも『本草綱目』を学んだ著者が、日本人向けにまとめたほぼ同時代の本草書である。その内容を詳細に検討すると、分類方法やその解説などにもかなりのちがいがあり、江戸に居住した必大と九州福岡に居住の中心をおいた益軒とは食品の見方に食習慣のちがいが感じられる記述が見られる。たとえば、糸引き納豆について、益軒の評価はきわめて低く、必大が味がよいとしているのに対し、益軒は「陳腐のもの食べるべからず」としている。現在でも、糸引納豆の文化は、東日本に広がっているが、地域のちがいがすでにあったことがうかがえる。

生産に関わる書物としては農書類があげられる。『農業全書』（一六九七）は宮崎安貞により著述された農書で、穀類以外に野菜類、果実類の栽培方法が詳細に記されているもので、その後何回も版を重ねて出版され、その後の農書に影響を与えた。

これらの食に関する本は、日常の食生活にすぐに影響を与えたものばかりではないが、料理書の各種の料理法は、婚礼料理、料理屋の料理に取り入れられる事例もあり、少しずつ生活の中でも利用されたことがうかがえる。また、名所案内書にある飲食店の紹介なども料理屋の発展に一役買ったと考えられ、飲食店の住所リストを集めた『江戸名物酒飯手引草』（一八四八）や『江戸食物独案内』（一八六六）なども刊行された。

江戸の食べ物屋　宿場や門前町のように人の集まるところに発生した簡易な外食店の形態は、京・大坂に現れ、その後、江戸で発展した。食べ物を扱う商売は、立ち食いのきわめて簡易なものから高級料理屋まで、さまざまな形態がある。料理屋については、後述することにし、主として簡易な食べ物屋とその発展について見てみたい。江戸の食べ物屋を具体的に扱った書物はいくつか刊行されているので、それらも参照されたい（原田　二〇〇三、渡辺　一九九六）。ここではできるだけ重複を避けて紹介する。

江戸の食べ物屋は、「明暦の大火（一六五七）後、浅草金龍山の門前の茶屋に始めて茶飯、豆腐汁、煮染、煮豆等を調へ奈良茶と号けて出せし」（『守貞謾稿』）とあり、火事を恐れた幕府・町奉行所は、「町触」を出して、夜の食べ物屋営業を規制した。「町触」を通し、食べ物屋の変化をみることにしよう。

明暦の大火の四年後の寛文元年（一六六一）、「町中茶屋煮売仕候者、振売之煮売、夜ニ入堅商売仕間敷候」と、夜の煮売り商売を禁じている。煮売り商には、店を構えたものと、振り売りのように店

図41　天麩羅屋の屋台

を持たないものとがあったことがうかがえる。また、寛文五年には、暮六ツ（冬五時・夏七時半頃）過ぎの煮売りが禁じられ、寛文十三年までしばしば同様の禁令が出される。さらに貞享三年（一六八六）には、火を持ち歩く商売を禁止し、移動しない煮売り・焼売り店は火に注意することで許可された（近世史料研究会一九九四）。

その後も元禄～寛政年間（一六八八～一八〇一）まで同様の町触れが出されるが、なかなか守られなかったようで、それだけ夜まで営業する煮売りが繁盛していたことを示している。

移動式の簡易な物売り屋を「屋台見世」（京坂では出し見世）と称し、すし、天ぷら、その他の食物、粗末な酒と肴を売っていた（『守貞謾稿』）が、寛政七年（一七九五）には、「荷家台《にやたい》」が、「燈火を照し夜商ひ致候も数多有之」と夜間営業の屋台が増加してきて取り締まる必要があると述べている。しかし、生活貧窮者、「足弱老人」には、それでは生活が成り立たないので、一夜一人分五銭宛（後の史料では五文）町役人に三年間預け、場所を定めて商売することが許され、紙印鑑が渡された。さらに寛政十一年には、新たな鑑札が渡され、一人五文ずつ三年間差し出した銭は、商人たちに払い戻された。

文化八年（一八一一）の食べ物屋調査結果を前年と比較した「町触」では、文化七年に七六六三軒と増加した店が、翌八年には七六〇三軒とやや減っている。その内訳を整理してみると、団子汁粉、飴、餅菓子、煎餅など菓子類の店が、二八六六軒ともっとも多く、煮売り肴屋・煮売茶屋・煮売居酒屋が、二三七四軒と三割を占めている。また、饂飩・そば屋は七一八軒、蒲焼屋二九六軒、すし屋は二一七軒、茶漬・菜飯などを含めた料理茶屋は九三八軒である。獣肉店は文化七年に五〇軒あったものが、一九軒と減少している。これは、幕府が膨れあがった江戸の食べ物屋を六〇〇〇軒に減らす目標を立てたためで、文化八年に「六千軒を致目当、五ヶ年之内ニは減切ニいたし」と町触れを出している（近世史料研究会　一九九九）。しかし、それが実現するのは、天保期になってからで、天保六年（一八三五）の調査では五七五七軒となった。しかし、これらは、芝居、遊里街の食べ物屋や振り売り、夜商の屋台見世などを除いたものであるから、食べ物屋の実数はもっと多かったといえよう。

名所案内や随筆などには当時知られた食べ物屋が紹介されている。『江戸名所記』（一六六二）では、上野、浅草、芝に茶屋があることを記しており、『江戸雀』（一六七七）では、寛永寺など寺院とその近辺の茶屋についての記述がある。具体的な食べ物屋の名称は『紫の一本』（一六八三）に見られるようになり、市ヶ谷桔梗屋、海老屋などの茶屋、飯田町の壷屋のうどんなどを紹介している。また、『江戸買物独案内』（一八二四）、『江戸名物酒飯手引草』（一八四八）、『江戸食物独案内』（一八六六）には、食べ物屋の住所と料理店の種類を記した料理屋のリストがあり、計延べ一一〇〇以上の店舗が掲載されている。

これらの店舗の所在を見てみると、両国、浅草、上野、日本橋、京橋、神田など現在の台東区、中央区、港区、千代田区近辺に三分の一から四分の一の店舗が集中している。

十七世紀後半には、江戸の商業は、市中だけでなく奥羽や関東との商品取引も増大させていくなかで、とくに発展をみせるのは、日本橋通りの町々や周辺の河岸に面した町、さらにその外の芝、麻布、赤坂、四谷、小石川、本郷、下谷、浅草、深川などの町であった。とりわけ日本橋魚河岸では、買出人の休憩所でもある茶屋が必要とされ、浅草寺など寺院の周辺にも茶屋類が集中した。

いっぽう、大坂幕末に描かれた「花の下影」には料理屋、すし屋などばかりでなく、菓子屋、豆腐屋、麩屋などさまざまな三一六店の絵が描かれている。このなかでは、茶店を含めた料理屋が圧倒的に多く、鮓屋、そば屋なども描かれている。また、鮓屋では箱ずしの絵が描かれており、同じすしでも江戸の握りすしとは異なっている。江戸・大坂の食べ物屋で、獣肉を扱っている店もみられる。肉食禁忌の時代ではあるが、いずれも幕末の店であるためか、薬食いという意味があったのかもしれない。江戸では、「山鯨」と称し、麹町、神田、両国などに店があった。大坂では、むしろを敷いた上に鹿肉の足を並べて売っている図がみられ、女性客が二人物色している。行燈があるところをみると、昼間ではない。昼間大ぴらに売る物ではなかったようだ。『守貞謾稿』では、黄昏に、橋のあたりに莨蓙を敷き、猪鹿の肉及び股を並べて売る者ありと記している。

料理屋と料理形式　茶屋は、室町時代、路上で一服一銭の茶を売ったのが、はじまりとされる。江戸時代の京・大坂では掛茶屋、江戸では出茶屋、後に水茶屋とよばれ、往来人の休憩所として発展し、茶と菓子・団子を供した（『守貞謾稿』）。茶屋には、料理茶屋、煮売茶屋、豆腐茶屋、芝居茶屋、仕出茶屋など、扱うものや用途などでさまざまな名称が使われ、なかには遊女屋に案内する引手茶屋、貸座敷を兼ねるところに発展したものもある。ここでは、料理を主とした料理茶屋についてみることにする。

考証随筆『嬉遊笑覧』（一八三〇）では、江戸では、料理茶屋というものは昔はなく、「寛文の頃まで も少なかりし」としている。煮売茶屋とも称する簡易な料理を供したところも料理茶屋とするのか、比較的高級な茶屋を料理茶屋と呼ぶかにより、その発展の時期は異なる。煮売茶屋については、夜の営業を規制する「江戸町触」が寛文元年（一六六一）に出され、その後もしばしば出されているところから、煮売茶屋は、かなりの数にのぼっていたと考えられる。しかし、高級料理屋となると、もう少し後の十八世紀以降のことであろう。江戸の料理茶屋の成立、発展時期については、原田信男の『江戸の料理史』（一九八九）、『江戸の食生活』（二〇〇三）、『江戸の料理と食生活』（二〇〇四）などに詳しい。

『守貞謾稿』（一八五三）では、幕末の江戸と大坂の有名料理屋をあげている。大坂では、名物の大盃を出す浮瀬、座敷から大坂の町や西の海が見渡せた西照庵、江戸では料理書『料理通』を出版した八百善、文化頃からの店という平清などである。江戸の料理屋に先駆けて発展したのは、京都の料理屋であるが、『守貞謾稿』にも、その後にも取り上げられていない。

そこで、博望子『洛陽勝覧』（一七三七）という京都の名所を紹介した本を中心に、京都の料理屋をみてみたい（駒　一九九一）。本書の著者は、料理書『料理山海郷』（一七五〇）の著者博望子と同一人物と思われるので、料理そのものに造詣が深いためか、多くの茶屋・料理茶屋を紹介している。料理茶屋では、酒、吸物、飯を出すが、本膳料理を供すところもあるとしている。地域ごとに、茶屋・料理茶屋の店名をあげているが、今日も賑わっている四条河原、祇園付近では、享保十九年（一七三四）頃より料理茶屋、水茶屋で繁盛している。料理茶屋佐野屋は、「会事」などのほか「卓子」としてオランダ料理を酒代は別として銀六五匁（約一両強）で供している。明治十六年（一八八三）の石田有年編『都の魁』によれば、同店は、縄手四条にあり、大きな門構えの料亭である（図42）。『守貞謾稿』に「享保年中京都下河原に、佐野屋嘉兵衛と云ふもの長崎より遷《うつ》り住みて、大椀十二の食卓《しっぽく》料理を始む」とあり、同じ店であろう。高級料理屋で知られた江戸の八百善の食事は、水をとりに行く費用が高く茶漬けで一両二分請求されたという有名な話しもあるが、通常は銀一〇匁（『守貞謾稿』）というから、佐野屋の料理はかなり高価ということになる。

また、東山の寺々およびその周辺にも比較的多くの料理屋があったようである。豊臣秀吉の正妻北政所が建立した高台寺前から清水寺への八坂塔、山寧坂（現三年坂）にかけて、三〇軒以上の店名を挙げ、「一座三匁五分」と価格を示し、酒と酒肴中心だが注文に応じて飯を出すとしている。また、そのあたりには、昔は一二〇軒もあったが、今は少なくなったと述べていることや、宝永の頃から享保年間（一七〇四〜三六）に開業した店を紹介しており、十八世紀初頭には、料理茶屋がかなり繁盛していたとみられる。

さらに、円山安養寺の七家の寺家では、精進料理の仕出しを行っており、夕飯一人前二匁、吸物二分、後段夜食（麺類も同）一匁二分、茶漬四分、揚麩一人前三分とあるなど、各寺家が精進料理の仕出しを行い、寺の前では煮売茶屋、豆腐茶屋などが開業していたことが知られる。

図 42　料理茶屋 佐野屋

このような料理屋の食事形式についてみてみたい。『守貞謾稿』には、「江戸にては、近年会席風と号け」、客の人数に応じて適切な量の肴を用意する料理形式が紹介されている。その順序として、味噌吸物、口取肴、二つ物（甘煮と切焼肴など）、刺身、すまし吸物または茶碗ものなどの酒肴のあと、一汁一菜の飯あるいは一汁二菜の飯、香の物、前後に煎茶と口取菓子を出すと説明している。また、別の箇所では、天保初め（一八三〇頃）以来、会席料理が流布し、口取り肴などすべて人数分出し、大盛りにしないが、それ以前は浜焼きも一尾を盛っていたと述べている（喜田川　一九九六）。会席料理が懐石料理、本膳料理などと大きく異なる点は、酒宴が中心であるため飯と汁が、酒肴と酒のあとで出されること、従来本膳料理を供した後の酒宴の酒肴は、大盛りで取り分ける形が多いのに対し、一人分ずつ、しかも時系列で出されることである。通常一人分の価格は、高級店で銀一〇匁程度、比較的安価なもので五、六匁もあるという。希望に応じ風呂に入り、余った肴を折り詰めにして土産とする価格を含んでいた。

この形式に類似の形は、享保十七年に成立したとされる『八十翁疇昔話』（一八三七）にみられるのが、時代的には比較的はやい。この本は、享保年間に八十歳になっていた老人が、幼児からの江戸の風俗の変遷を述べたもので、ここで「昔」とは延宝元年（一六七三）の頃以前をさす。その中に、「昔は、膳前に茶、たばこ計出て、膳過て、吸物、酒、茶、くわし出す。近年は、膳前に吸物、酒肴出す。蕎麦切振舞猶以出す。此故に本料理くはれず」と、食事の前に酒と肴が出される料理屋の形式（会席料理）があったことを伝えている。ただ、刊年はずっと後であるため、料理屋の形式が享保年間であったかどうかは、保証の限りではない。また、黄表紙の一つ曲亭馬琴『料理茶話即席話』（一七九九）に見られる「即席料理」の献立は、興味深い。献立の流れは、吸物、盃、硯ぶた、鉢肴、手取肴、吸物、本膳（飯・汁・猪口・香の物）、平、膾、焼き物、茶碗、坪、吸物、口取、丼、鍋焼、引物と続く。これが、順番に供されるとすれば、先に酒とその酒肴、次に本膳料理形式（飯・汁・菜・香の物）が供され、その後も酒肴が続く形である。本膳の前に酒の儀礼とは異なる酒肴が出されるという意味では会席料理に類似している。

さらに、料理書『即席料理　素人庖丁』二篇（一八〇五）には、「膳崩し」と名づけた料理形式を図入りで紹介している。まず、最初に鱠、次に酒が出され、さらに味噌汁、硯蓋、平（煮物）、焼き物と続き、さらに酒が勧められる。時系列であるという点では、懐石料理形式と同様であるが、飯は

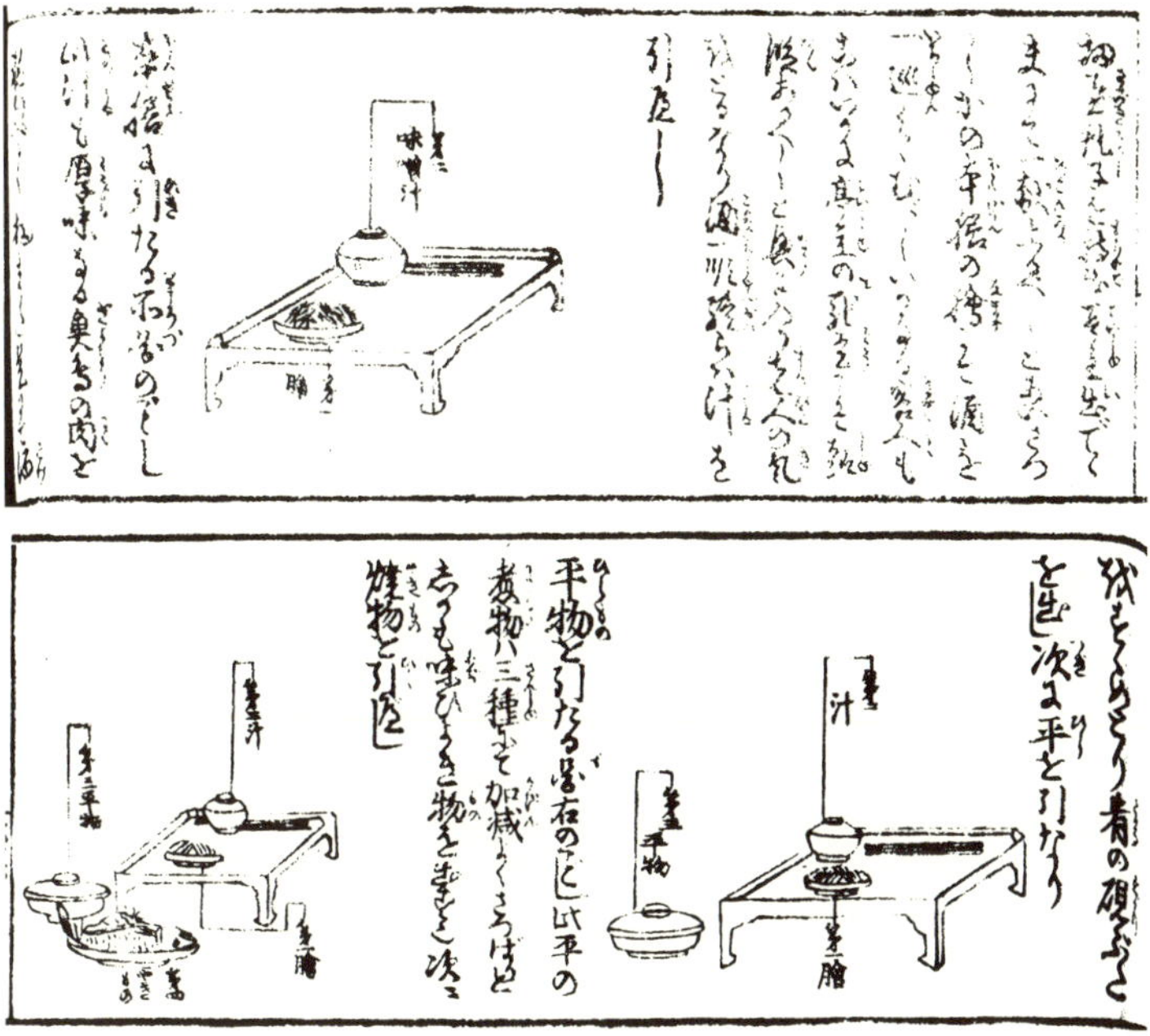

図43　膳　崩　し

まだ出されていない。次に二の膳が出され、汁、鉢肴、刺身、菓子碗、吸物、茶碗、坪と続き、最後に飯となる。そして、「飯《めし》は酒後《しゅご》のことなれば麦飯《ばくはん》或はたいと飯《めし》、蕎麦飯《そばめし》などのかろきものに、出《だ》し汁加味《じるかやく》ありて塩《あん》ばいよくして出すべし　器《うつわ》は蕎麦碗《そばわん》によろし」とあり、汁かけ飯を酒後に出す様子がうかがえる。さらに、「右膳《ぜん》くずしの料理《りょうり》は九州辺《きゅうしゅうへん》にてはやることなり」と説明している。これは、前述の会席風、即席料理と類似の形式で、本膳料理のように二の膳つきであるが、茶の湯の懐石（会席）料理のように時系列で供され、その名のように本膳の崩しといえる。

明治時代以降の同様の形式についての解説をみると、本膳、懐石（会席とも称した）料理を「本式」とすれば、料理屋の会席料理は、略式、半会席などとも呼ばれていたことがうかがえる。また、会席料理について、「元来茶の湯の会席に於て行はれし一種の簡単なる料理なりしが、文化文政の頃より料理店に於て会席料理を営行するに及びて前者を会席料理と云ひ、後者を半会席料理と唱ふるに至れり」と述べている（村井　一九二二）。以上の史料をみる限り、料理屋の会席料理形式は、酒宴の酒肴が先に出され、飯や汁などの食事がその後に出されること、また、その酒肴は、本膳料理における酒宴の酒肴とは異なり、個人盛りで供されることが特徴といえよう。しかし、その成立時期や場所、その呼称の変遷については、まだ十分解明されないところもあるので、さらに検討する必要があろう。

本草学と養生論　栄養学がまだ発展していなかった江戸時代、本草学の書『本草綱目』（李時珍編）が、慶長十二年（一六〇七）、中国から長崎にもたらされた。本草学は、自然物、動物、鉱物、植物を一つずつあげ、その効能や害について解明しようとした薬学的な学問である。

これらを学んだ医師たちは、日本人向けの本草書を出版した。前述した和歌の形にまとめた『和歌食物本草』（一六三〇）のほか、『宜禁本草集要歌』（江戸初期刊）などの本草書が刊行された。これらの刊行本のもととなったと考えられる『庖人集要宜禁本草之歌』は、慶長十二年の奥書のある写本で、前者の約二倍、後者より約二〇〇首多い一八四一首の和歌が収録されている。序に「玄朔門下玄智」の名があるので、これらの和歌は中国の李朱医学を普及させた曲直瀬道三学派の継承者玄朔の門下生であろう（江原　一九八六）。玄朔は後に大奥の医師の一人となった（新村　二〇〇六）。中国の本草学を学んだ当時の医師たちがその内容を学び、定着させるために精力的、組織的に働いた様子がうかがえる。

和歌の形をとることで記憶しやすいという利点があったためか、『和歌食物本草』は寛永七年（一六三〇）の刊行後、少しずつ和歌を加え、編集方法を変え、増補版をつくるなどして、九〇年以上にわたって刊行され、その一部は家庭百科である『重宝記』類に転載されていった（江原　一九八六）。

また、前述した人見必大『本朝食鑑』（一六九七）は、単に身体への良否だけでなく、その食品の産地や評価を加え、『本草綱目』をそのまま肯定するのではなく、これを批判的に見て、必大自身の考え方を述べている。たとえば、豆腐の毒について『本草綱目』を紹介しながらも、僧侶は毎日食べていて害にならないのは慣れているからかと、疑問を投げかけている。

江戸時代中期になると、健康に長生きするための方法について論じた養生論、養生法などに関する養生書が出版された。養生書には、飲食、用薬、洗浴、養老、養育、鍼などの内容が含まれ、いずれの本でも飲食は最も多くの頁をさいている。

貝原益軒『養生訓』（一七一三）は、その後の養生書にも影響を与えた。この書は、益軒が八五歳で没する前年に刊行されている。本草学の書『大和本草』（一七〇九）を著し、自らも長生きして豊かな経験と知識を有した益軒の具体的記述は、説得力ある内容である。飲食について益軒が重視したことは、予防医学的なことで、節食すなわち控えめに食べること、毎日食後、必ず庭・畑などを数百歩静かに歩行するなど運動の必要性をすすめていることである。そうすれば、鍼や灸を用いなくても消化を助け、病気をしないですむとしている。

食べ方については、一つの味に偏ることなくバランスよく摂取すること、同じ食品ばかりを食べ続けることなく、良質で新鮮なさまざまな食品を選んで食べることを勧めている。さらに、朝食に重点をおき夕食は軽くするなど、多くの具体的内容は、現在にも示唆を与えるものである。

益軒は『養生訓』で「わが心にかなわざる物は養いとならず」と述べており、たとえ自分のためにつくられたものでも、自分の気持ちに合わないものや満腹な場合は、無理に食べるのは良くないとしている。この時代、画一的な教えではなく、個人の身体の状況に合わせた食べ方を具体的に記述した点は注目される。食事をとる本人自身で食の善し悪しを見分け、その摂取量、時期などについて自己管理する能力を養うことの重要性を述べているともいえる。

その後、江戸時代末期の養生論には、西洋医学が導入されることになり、さらに明治以降の養生論は、生理学、栄養学的内容となり、本草学の考え方は失われていく。

和菓子の完成　菓子は、果物、木の実を意味する言葉として用いられた。しかし、十六世紀に南蛮菓子と総称される砂糖を加えた菓子類の伝来により、砂糖を使う菓子類が急速に発展し、江戸時代、今日和菓子と称するほとんどの菓子類が完成した。菓子に欠かせない砂糖が大量に輸入され、将軍吉宗の製糖、甘蔗生産の奨励により、国産砂糖も生産されるようになったことはすでに述べた。白砂糖を用いる上菓子屋は、大掾や小掾などの官名を受領し、御所や公家御用として川端道喜や虎屋近江、江戸幕府の御用菓子屋となった長谷川（虎屋）織江、金沢丹後などがあったという（中山　一九九三）。これらの御用菓子屋は、宮中・幕府の行事に応じた菓子を納め、饅頭、羊羹、らくがん等の類が発達した。また、茶の湯の発展による菓子の発達のほか、庶民の楽しみのための餅菓子、雑菓子類もみられる。

『七十五日』（著者不詳、一七八七）は、江戸の飲食店・菓子屋など三九〇余件の名称・看板・引札、所在などを集めたものである。すし、蕎麦、茶屋、酒屋などの中で菓子屋は、二〇〇軒以上ときわめて多い。多く分布しているのは、日本橋など料理屋の集まる地域にもあるが、麹町、四谷など新たな地域にも多く見られる。店で扱う菓子類は、まんじゅう類（酢まんじゅう、蒲鉾まんじゅう、粟まんじゅう）、せんべい類（粟せんべい、高砂せんべい、葛せんべい、木の葉せんべい、千鳥せんべい、利休せんべい、七味せんべい、味噌せんべい、かすてらせんべい等）、餅類（しら玉餅、かしは餅、まさご餅、魚らん餅、浅草餅、幾世餅等）、だんご類（よしの団子）、焼き菓子（九重助惣焼、かるやき）などの名がみえ、とくにせんべいに種類が多い。文化八年（一八一一）の江戸の町の食べ物屋の調査では、団子・汁粉・雑煮・餅・阿部川餅・飴・雑菓子・水菓子・揚げもの・焼米粉（カ）などの菓子屋が、一六八〇軒、餅菓子・干菓子屋・煎餅・軽焼・干饂飩・白雪こう屋が一一八六軒と分類している（近世史料研究会　一九九九）。

『浪華百事談』（著者不詳、一八九五）には、大坂高麗橋にあった虎屋大和大掾藤原伊織について詳

図44　虎屋伊織

述され、とくに味がよく国内はもちろん「支那国」にもその名が聞こえていると記されている。また、「高貴の御方」への調達も、大坂ではこの家のもの以外に用いることはなく、価格も安いので、一般の人も「旅客」も必ず求めていくと絶賛している。菓子の種類として、まんじゅう、ようかんを挙げている。まんじゅうは、京都の人からその製し方を習い、元禄十五年（一七〇二）に大坂で開業したとし、そのまんじゅうは、一個五文と安価だが、入念に製してあるという。材料について砂糖は、「支那」より来る「上白」を用い、赤小豆は大和国の「大納言」に限り、水は土佐堀川の川水を早朝に汲み置きしたものを用いるだけでなく、薪は、樫・くぬぎなどは用いず、檮《とう》の木を用いるなど、名産を用いたこだわりまんじゅうであることを強調しているのは、現代に通じるところがある。京都において御所の御用菓子をつとめた虎屋は黒川家であるが、ここで紹介している虎屋は、藤原氏（本姓竹田）というから、異なる菓子屋である。

大坂の虎屋ではまんじゅう・羊羹の切手を発行しており、一枚五〇文で、まんじゅう一〇個、羊羹切手は一枚一〇〇文で、一棹分であった。大坂市中だけでなく、仏事の供物や茶の子にも切手が使われた。しかし、天保頃からは、負債を抱え、砂糖、あずき、薪なども安価なものにし、この切手を抵当に金策し、やがて廃業したようである。膨れた菓子屋の中にはこうした運命をたどったところもあったようだ。

茶の湯の発展と共に地方にも菓子が発展した。松江の菓子、金沢の菓子などはこの例である。文化八年(一八一一)の「絵図名帳」にみえる金沢の菓子屋は、一六四軒記載され、生菓子、干菓子、蒸し菓子、煎餅、団子、飴を扱う菓子屋があり、菓子職人は五軒みられる。これらの菓子屋は、団子商と酒粕商や塩売り、たばこ、豆腐屋などを兼ねているところもあり、菓子専業店は一〇三軒である(深井 二〇〇一)。このように、各地方においても少しずつ専業の菓子屋が増加していったことがうかがえる。『蜘蛛の糸巻』(一八四六)に駄菓子について、「天明の侈風なることも、未だ菓子には移らず、饅頭羊羹を最上としたる鶯餅、一名を仕切場と唱へ茶席にも用ひ、通人の称美したる物なるに、今は駄菓子屋物となりて、おっかア四文しんえへの卑しき小児の物となりぬ」(山東 一九七四)とあり、以前は高級なものも四文程度で子どもが購入できる駄菓子となったとしている。どれほどの信憑性があるかは疑問だが、先の調査にある団子、汁粉、餅菓子などが駄菓子類であるとすれば、煮売居酒屋と並び、かなりの店があったことがうかがえる。

旅の食事　旅にはさまざまな目的があり、参勤交代、朝鮮通信史や視察、商売によるものも一種の旅といえる。一般の人々の旅は、伊勢参りなど寺社詣を目的としたもの、病気療養のための湯治などであったが、同時に物見遊山の旅でもあった。江戸時代後期には、庶民は旅を広く楽しみ、これによって文化の交流も行われた。

旅に出かけた人は、記録を残すことが多く、道中記として出版されたものも多い（神崎　二〇〇四）。

これらの旅日記の中でも食に関する記述が比較的詳しく記されているのは、伊勢参宮道中記類であろう。伊勢参宮が表向きの旅の目的とされてはいたが、各文書の旅のルートをみてみると、京都、大坂、安芸の厳島、四国の金比羅、さらに信濃善光寺から草津温泉を巡って江戸に戻るといった長旅もみられ、三〇〜九〇日程度かけて旅をしている。とくに農村部からの旅は、農閑期である必要から、一月から二月に出発するものが多い。

伊勢に詣でる人は、十八世紀はじめで、年間約六〇万人、文政期（一八一八〜三〇）になると、一日の最高は一四万八〇〇〇人、六人に一人ずつが出かけたことになるという（金森　二〇〇四）江戸時代に形成された五街道（東海道、中山道、日光道、奥州道、甲州道）と、これらに附属する美濃路などの街道、さらに中国路・長崎路などの脇街道と呼ばれる街道があり、そこには旅人のために宿場や茶屋が発展した。

大名などの宿泊する本陣にも食事記録は残されているが、一般の人々は旅籠《はたご》や木賃宿と称する宿を利用した。旅籠は、宿賃を支払って宿で食事が供されるが、木賃宿は、旅人が木賃を支払い、米を購入して自炊した。そのため、宿賃は一六〜三二文と、そば一杯程度であった。『守貞謾稿』によれば、京都には、比較的上宿が多かったとし、一泊約銀三匁五分であり、いずれも朝夕二食付きであった。江戸の宿は京坂のような上宿は少なく、食事も粗末で、部屋での食事ではなく、「台所」に一同を集めて食事を供すだけでなく、浴室があるところは少なく、銭湯であったと述べている。宿賃は、幕末には高騰し、江戸、大坂、京都ともに一泊七〇〇～八〇〇文になったという。

このように、伊勢参りなどには、奉納金などを含め費用がかかり、さらに旅行手形を得るための手続きも必要で、個人の旅はそれほど容易ではなかった。切りつめた旅でも江戸、大坂の旅には往復一両二分は必要だったという（金森　二〇〇四）。

図45　木　賃　宿

また、御師《おし》（伊勢詣では「おんし」という）の活動は、旅を広めることともなった。御師は、信仰の布教者であったが、近世には、参詣者の旅の斡旋者としての役割を果たした。村人に講を組織させ、毎月積み立てをして代表者が順次出かける形をとらせ、旅のコーディネートを行った。御師（代理の手代）は、檀家の家を手みやげをもってまわり、檀家でも彼らを手厚くもてなした。

世田谷の代官大場家では、例年十月から十一月、御師龍太夫手代ほか三人に、二日間にわたり三食の食事をもてなしている。夕食は、飯・汁・なます・坪・香の物など一汁二菜に、二日目には酒も供されている。大場家への土産には御祓いのほかに、食べ物では、鰹節、鯵干物、塩鯨、のし鮑、するめ、煎じ茶などがある。料理には土産物のするめをきざみ、大根と人参を加えたなますとして供していることも興味深い。大場家では初穂として五〇〇文、手代の祝儀に二〇〇文を渡している（東京都世田谷区教育委員会　一九八六）。

東海道に位置する神奈川県茅ヶ崎の幕末の伊勢参宮に関わる数種の史料（茅ヶ崎市　一九七七）を中心に、旅の行程と食の関わりをみてみよう。伊勢に出かけた村人は、年により人数は定まっていなかったようだが、村の代表十数名が伊勢を目ざしている。しかし、帰途は、金比羅などに寄るものもあり、帰宅は必ずしも同じではなかった。

まず、旅の始まりは、送別の会があり、餞別が贈られている。天保六年（一八三五）一月の餞別は、一〇〇～二〇〇文が贈られているが、むしろ多いのは、食品で、「ゆわし」（鰯）、あげ（油揚げ）、米、酒などがある。なかでも鰯は一八人が平均二四尾（疋）を贈っており四〇〇尾以上と、きわめて多い。旅には持っていけないから、おそらく送別会の宴会料理に利用されたと考えられる。しかし、文久二年（一八六二）、慶応四年（一八六八）の史料では、たばこ、海苔、わらじなど旅に必要な品物以外には、ほとんど金銭が贈られているから、餞別の内容が次第に金銭中心となったことがうかがえる。

また、旅立ち後、村人は、その留守宅に「留守見舞」として金銭、食品を贈っている。一戸一〇〇～二〇〇文の金銭のほか、米、鰯、油あげ、めざし、酒、とうふなどがあり、相互扶助の様子がうかがえる。

御師宅の食事は、二～三の膳までつく豪華なもので、当時の豪農での婚礼を凌ぐほどであった。茅ヶ崎村の例ではないが、等々力村（東京都世田谷区）の天保六年の例でみると、二の膳つきの本膳料理が出されており、はじめに茶と菓子、餅吸物で酒を汲みかわした後二の膳つきの食事が出されている。飯、汁（すまし）、膾（切り身、ぼうふ、九年母）、坪（すだれぶ、ひじき、あわび）、香の物、二の膳には、二の汁（せいご、こんぶ）、小皿（さしみ、青のり）、猪口（からし）、炙（鯛）、吸物（いなだ、みょうが）、平（はんぺん、椎茸、うど）に酒、台引き（あわび）が供されている。二日目以降は、朝食、昼食、夕食が一汁三菜で酒とともに供され、日頃とは異なるごちそうを楽しむことになった（東京都世田谷区教育委員会　一九八四）。

御師の家以外の旅籠の食事は、一汁二菜のところが多く、カレイの煮物、漬け菜のごま和えに飯と汁、香の物など、魚と野菜に汁と飯がつく形がみられるが、大名の日常食も一汁二菜程度であったことから見ると、旅籠の食事も村人には、滅多に食べられないごちそうであったたであろう（『伊勢参宮献立道中記』〈一八四八〉）。費用は、一六四文〜二〇〇文を支払っている。

また、宿の食事以外の昼食や茶屋での費用、飲酒代なども必要であったが、道中の名物は、旅の楽しみでもあった。山川の白酒（八文）、岩淵の栗粉餅（一二文）、安倍川の安倍川餅（一五文）、宇津谷峠の十団子、小夜中山観音には飴餅（一五文）、日坂の蕨餅（一六文）などがみられる（東京都世田谷区教育委員会　一九八四）。伊勢から戻った村人は、御祓をはじめ土産を配る。もらった餞別により多少異なるが、風呂敷と赤飯が多い。なかには箱入海苔、鰹節などもある（茅ヶ崎市　一九七七）。

味の東西文化　地域差が薄れたとされる現在でも、地域による食習慣のちがいは存在しており、大阪と東京の食習慣のちがいは、今日でもあげることができる。この東西の食習慣のちがいは、すでに江戸時代にみられ、特に大坂と江戸のくらしや旅によってそのちがいを書き留めたものがいくつか見られる。その代表的なものとしては、喜田川守貞『守貞謾稿』（一八三七〜六七）があるが、大坂の風俗を描写した平亭銀鶏『浪華雑誌「街能噂」』（一八三五）、『浪華百事談』（著者不詳、一八九五）、江戸の風俗を記した『絵本風俗往来』（一八六三）などから、江戸と大坂の食習慣のちがいをみてみよう。

現在、東西のちがいで誰もが気づくのが麺類や蒲焼きであろう。守貞は、江戸ではそば屋でうどんも扱い、大坂では、その逆にうどん屋でそばも扱うとしている。銀鶏は、上州辺りではうどん、そばに菜や大根をゆでてつけるのを「こ」というと説明している。

そばについては、江戸では引っ越しにそばを配る習慣があり二つ三二文で間に合うからよく使われると安価なことを強調している。守貞も銀鶏もそば屋の張り札を紹介している。銀鶏は、「うどん代十六文、そば代十六文、のつぺい代二十四文、あんかけ代十八文、けいらん代二十四文、すいもの代十六文、上酒代二十四文」のほか、「かちん代二十四文、おだ巻むし代三十八文」と紹介しているが、守貞は、大坂の張り札のほか江戸のものを紹介し、「御膳蒸籠四十八文、そば代十六文、かけうどん代十六文、あられ代二十四文、しつぽく代二十四文、玉子とじ代三十二文、上酒一合四十文」としている。江戸も大坂も類似したメニューであるが、小田巻き蒸しについては、銀鶏は「しつぽくに同じ」としているが、守貞は、うどんの上に焼き卵、蒲鉾、椎茸、くわい類を加える点では「しつぽく」とおなじであるが、「鶏卵を入れ蒸したるなり」としており、今日の小田巻き蒸しと同様のものである。「かちん」は、餅を示す女房詞であるが、ここでは雑煮を意味している。大坂では、そば屋が料理屋を兼ね、茶漬けや雑煮などを出すところもあったようで、『浪華百事談』によれば、八ツ橋という麺類店では、餅と葱を煮た「難波もち」が名物であったという。銀鶏は、この点は江戸のそば屋と違うところだとコメントしている。簡単な雑煮は、うどんなどと同等のものとして扱われていたといえる。

いっぽうで、雑煮は、江戸時代以前から、婚礼など酒の儀礼の酒肴として定着し、正月も儀礼食の一つとして雑煮が出されている。守貞は、元日、二日、三日とも諸国で雑煮を食すとしているが、江戸と大坂の雑煮のちがいとして、江戸では切り餅を焼き、小松菜を加えて、鰹節を用いた醤油の煮出し汁を用い、大坂では丸餅を焼いて用い、味噌仕立てで、小芋、焼豆腐、大根、乾鮑を加えると説明している。しかし、銀鶏は、二日目は、醤油味の汁で、すべてが味噌仕立てではなかったと記している。また、歌舞伎芝居の「顔見世」の見物人は、大坂ではかき雑炊を食べるのに対し、江戸では鴨雑煮を食すなど、雑煮は行事食、特別食、外食と多様され、その食べ方も食べる場も東西で異なっていたことがうかがえる。

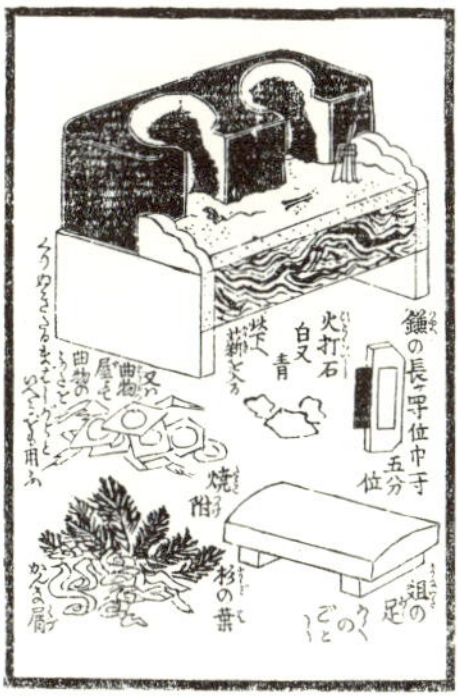

図 46　江戸のかまど

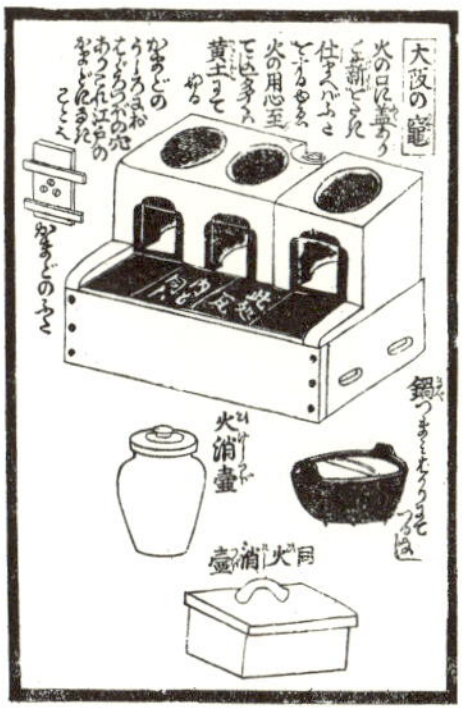

図 47　大坂のかまど

日常の三度の食事についてみると、守貞は、江戸と大坂の大きなちがいとして、一日一度の炊飯を江戸では、朝炊き、大坂・京都では昼炊くと指摘している。このことから、翌朝の飯を粥にして温かくおいしく工夫しようとした京坂の朝粥の習慣が、その後定着し長く伝えられた様子をうかがうことができる。銀鶏は、春から夏の日が長い時期には、昼食と夜食の間に「八ツ茶」または「小昼」、京都で「間炊」（けんずい）と呼ぶ中間食があったとしている。

また、台所の竈についても両人とも具体的なちがいを図入り（図46・47）で説明している。東西の竈の大きなちがいは、薪を入れる口が大坂は土間の側にあり、江戸は床側にあることとしているが、ほかにも大坂は鍋が入る穴をくりぬいてあるために火気も十分こもり倹約もできるとしている。また、銀鶏は、火打ち石も白いものが灰色のものより流行していること、火口も江戸のような麻殻、もろこし殻は使用しないと説明していることから、当時の台所で火を使う調理操作が簡単ではなかったこと、一日一度だけしか炊飯しないことの意味も理解できる。

4 儀礼食とその伝播

武士の饗応食の変化　室町時代に成立した本膳料理の形成については、前章に示したが、江戸時代、とりわけ中期以降になると、本膳料理は、武家の饗応食だけでなく、やや簡略化され各地域・階層に浸透していった。婚礼や葬儀などの儀礼食はもちろん、年中行事、訪問者への饗応なども本膳料理形式で供された。農村地域などの本膳料理については次節で述べ、ここでは武家の料理を中心にその内容をみることにしたい。

江戸時代には、料理の秘伝の一部が出版物となることもあり、これが饗宴の手引き書ともなったと考えられる。比較的早い時期に刊行された料理書『料理献立集』（著者不詳、一六六九）には、武家の祝儀献立が具体的な流れで記され、室町時代の形より、簡略化されている。祝儀の饗応は、酒の儀礼、膳部（本膳料理）、酒宴という流れでとり行われる。いずれにも酒肴が用意されている。まず、三宝にくり、のし鮑二本、こんぶ二切の酒肴に、三つ重ねの素焼きの盃（かわらけ）、酒の入ったひさげ（銚子）が用意され、さらに重箱に数の子、まきするめ、からすみ、ほかに、田作り、梅干し、根ぶか、雑煮、吸い物、塗り盃、酒、その後に本膳として、飯・汁・膾、焼き物、煮物、和え物、香の物が本膳に、二の膳には、二の汁、貝焼き、たこ、かまぼこ、すし、くらげ、三の膳には、三の汁、しぎ羽もり、にし、えび舟盛り、ほかに引き物がある。酒宴の酒肴の流れは示されていないが、酒肴の例は、貝盛り、さざい坪入れなど具体例が紹介されている。

このような献立に関する具体的な内容とその調理法を紹介する料理書は、その後つぎつぎと刊行された。饗応食の規模に合わせた七五三献立や五五三献立とよばれる式正献立を図入りで示し、四條流関係の文献を中心に編集した『当流節用料理大全』（一七一四）、四季ごとに汁、膾、刺身など料理の構成ごとに具体的例を記した『当流料理献立抄』（一七五一～六三）などが刊行され、各地で本膳料理形式の浸透に影響を与えたと考えられる。

武士の食生活の中で実際に饗応食が用意されるのは、どのような場合で、その規模はどの程度であったのだろうか。武士の立場、身分により異なるので、簡単に一般化はできないが、大名の隠居後の食事記録により、饗応食の内容をみることにする（江原 二〇〇二）。

これは、寛政十二年（一八〇〇）十一月から九ヵ月間にわたって記録された「御膳日記」と題する史料で、信濃国（長野県）松代藩真田家の藩主真田幸弘の隠居後の食事記録である。幸弘は、宝暦二年（一七五二）に一〇万石の藩主となり、寛政十年（一七九八）に隠居後、江戸赤坂南部坂の中屋敷で暮らしていた。南部坂付近は、浅野内匠頭夫人、瑤泉院の住まい、備後国三次《みよし》藩中屋敷のあったところでもあり、近代には、勝海舟の屋敷も近くにあった。南部坂は、現在、東京都港区六本木の近くにあたり、松代藩真田家の屋敷跡はアメリカ大使館宿舎となり、石垣とその向かいにある氷川神社が当時を物語る。

九ヵ月の食事記録では、饗応食が供されているのは、朝食には、正月と六月にある程度で、あとは夕食または夜食であり、記録された八八〇余の食事中、九％の八〇回程が饗応食である。これらのなかで、規模の大きい饗応食は、十二月二十一日の煤払い、二十九日の歳暮御祝儀、元旦の夕食で、いずれも三の膳つきの食事が供されている。正月元旦は、朝、夕ともに饗応食である。正月の夕食では、式三献の酒の儀礼に伴い、初献（昆布、勝栗、のし、いりこ、数の子、巻きするめ）、二献（田作り、梅干し、雑煮）、三献（吸物など）に三の膳の食事が供される点では、饗応食は、刊行された献立集と類似の流れであるといえる。いっぽう、端午の節句や七夕、月見、俳句の師匠への振舞などでは、一汁三菜に簡単な酒肴がつく程度の饗応食もみられる。

やがて江戸時代中期以降になると、酒宴の酒肴がはじめに出される会席料理の形や茶の湯の発展に伴う懐石料理も武士の饗応食として使われるようになる。

婚礼と饗応食　武士の饗応食として定着した本膳料理形式は、江戸時代中期以降、各地域の農村や山間部の庄屋あるいは名主など豪農の家に伝播した。

図48　婚礼の図

とりわけ婚礼は、その家の格を決めるものでもあったので、各家では総力を尽くして多額の費用を投入した。農村部の婚礼の形態もその流れはほぼ武家の饗応食の流れに準じ、酒の儀礼、本膳料理、酒宴という流れをとっている。豪農の婚礼の本膳料理の規模は、各家により、また対象とする客により異なるが、一般には、本膳のみというものから二の膳、三の膳まで見られる。三河国（愛知県）稲武の名主であった古橋家には、文化四年（一八〇七）から大正五年（一九一六）までの婚礼の食事記録が一〇件以上残されている。その献立を調査してみると、二の膳までの献立は少なく、ほとんどが本膳のみの献立である。また、美濃国（岐阜県）千秋家、飛騨国（岐阜県）大前家の婚礼の記録も比較的よく残されている。三家とも名主レベルで隣接した山間地域にあり、生活環境が類似していると思われるので、三家の献立を比較してみたい（増田・江原　二〇〇五）。

婚礼の献立は、通常供する順に記されているが、上客である本客と「女中・子ども」に至るまで客の身分に応じ少しずつ異なる献立で、料理の数のちがいだけでなく、その材料にも差をつけている。もっとも豪華な本客用の献立について見ると、酒の儀礼に続き本膳料理が供され、その後に酒宴とその酒肴が続く形と、本膳料理が酒宴とその酒肴の後に供される形とがある。後者の形は、前述したように、料理屋の会席料理形式に類似している。後者の形が現れるのは、古橋家では大正五年、千秋家では明治三十七年（一八九四）、大前家では明治三十年代にも、前者の形のみであった。甲斐国（山梨県）依田家では、天保三年（一八三二）にすでに後者の形が見られるが、他の事例では、家の婚礼を仕出し屋に注文する近代以降に見られるようになる。ここでは前者の饗応、すなわち酒の儀礼→膳部（本膳料理）→中酒→酒宴→茶・菓子の江戸時代の一般的な婚礼の饗応についてみることにする。

婚礼は、婚家から迎えを出し、花嫁は夕刻に到着し、華燭の式典はその夜から始まる。身分に応じて客が接待されるため、式典は、三、四日におよぶことが多い。新郎新婦の前には、三宝が置かれ、仲人、両親、親族が並び盃と酒肴が用意される。三家ともに見られる酒肴は、吸物で、雑煮も大前家を除いて出されている。これは簡略化されてはいるものの武家の式三献に類似している。

膳部の内容をみると、一汁二菜～二汁八菜の献立が見られる。料理は、鱠（または生盛）、坪、汁、飯、香の物に猪口（千代久）、平、焼物、向詰、炙物が供されている。二の膳には、二の汁、刺身を基本とし、それに平や猪口がつく形である。天保六年（一八三五）の古橋家の献立では、生盛には、

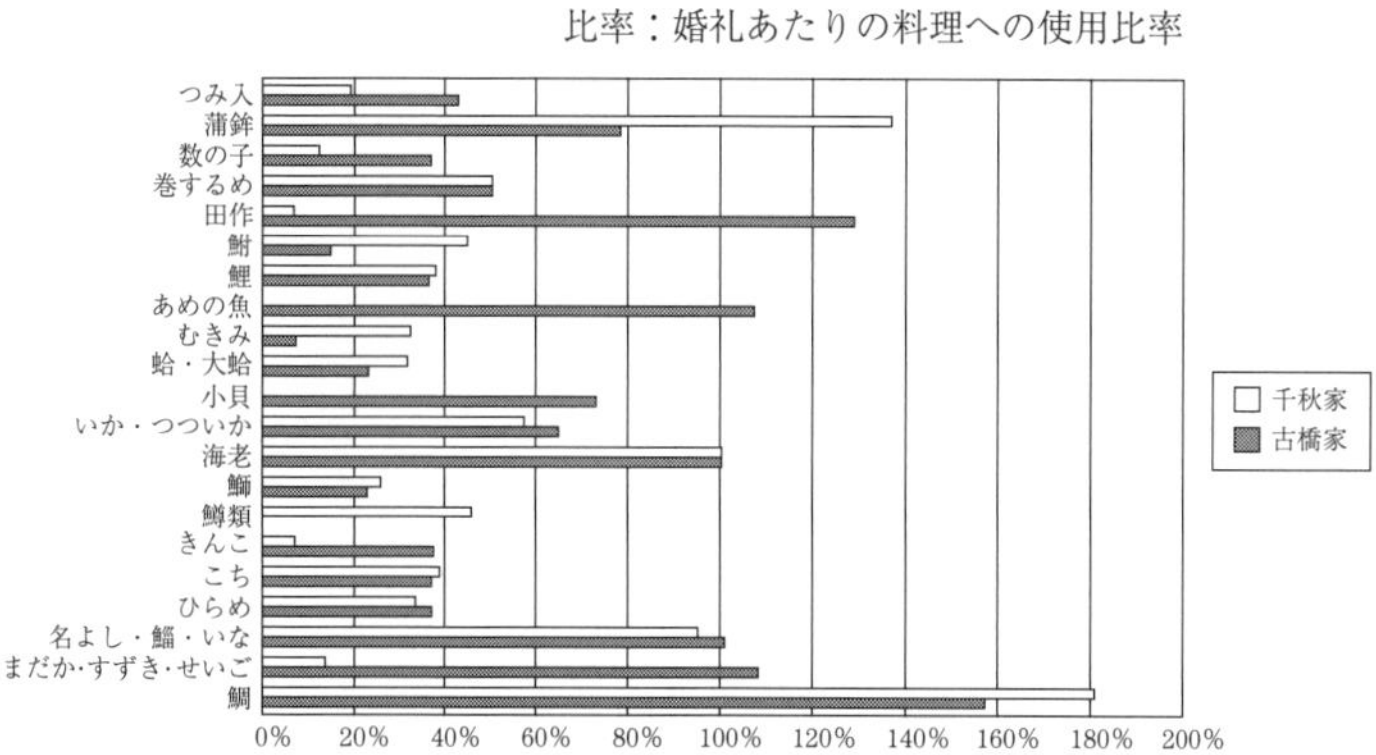

図49　婚礼あたりの魚介類の使用頻度　増田・江原　2005より

大根、人参、名よし（ぼら）、岩茸、汁は豆腐、大根、とり貝、坪はきくらげ、里芋、竹輪、蒟蒻、人参などが記されている。

また、酒宴の酒肴は、吸物、丼、鉢、硯蓋などがいずれの婚礼でも多く供されている。吸物を除き大きな器に大盛りとし、取り分ける形である。吸物は、小鯛、さより、小貝などが使われ、硯蓋には、二色玉子、からし磯巻き、きんかん麩、ゆべし、大板（かまぼこ）などを盛り合わせたものなどが見られる。鉢には、すし類のほか鯛、焼きくりなど内容は決まっていないが、山間部にもかかわらず三家とも海魚を多種類使用していることは注目される。史料の比較的多い千秋家、古橋家の魚介類の使用状況を図49に示した。鯛がもっとも多く、えび、名よしも多い。魚介類およびかまぼこなど加工品のうち、海魚類が六六%を占め、川魚類は一〇%に過ぎない。海魚類は、古橋家では三河湾、千秋家では伊勢湾、大前家では富山湾から運んだものと思われるが、その輸送には、かなりの人力と費用がかかったはずである。日常とは全く異なる手に入れにくい材料を豊富に用いた婚礼の饗応食をみてみると、婚礼が家の格式を示す重要な儀式であったことがうかがえる。

五節供と食物　一月から十二月までに行われる年中行事は、地域により異なるが、それぞれの行事に用意される特別な食物がある。江戸幕府は、正月七日を人日、三月三日を上巳、五月五日を端午、七月七日を七夕、九月九日を重陽の節供として、五節供と定めた。

正月は長い歴史をもつ行事食であるといえるが、その内容も時代と共に変化している。『本朝食鑑』（一六九七）の粥の項には、「昔は上元の日に、赤豆お粥と同じく七種《ななくさ》の粥を献上した」とある。七種とは「米・小豆・大角豆、黍、粟、菫子（未詳）、薯蕷のこと、または白穀、大豆、小豆、粟、栗、柿、大角豆のことともいう」と、七種類の穀類やいも、豆類を加えたものであったとを説明しているが、江戸時代には、正月七日に上も下も薺《なずな》の粥に焼き餅を入れて味わうと述べている。

市岡正一『徳川盛世録』（一八八九）には、「七草の節」として、さらに具体的な様子が記されている。まず、前夜六ツ時（午後六時頃）および当朝六ツ時（午前六時頃）家々にて七種の囃子をなす。これは、小桶にまな板をのせ、上に菜および薺を置き、庖丁、火箸、すりこぎ、杓子などを用意し、恵方に向かって菜と薺を打ちながら歌を歌うという。その歌は、「唐土の鳥と日本の鳥とわたらぬさきに七種なづな手につみ入れて亢觜斗張《こうしとちょう》（二十八宿一占星術）となる」と唱える。これは、鎌倉時代からの習慣だという。その後、菜と薺を刻み白粥に入れて食す。これを七種粥というと説明している。これを食して万病を除くという。七草は、芹、薺、御行、はこべら、仏の座、鈴菜、すずしろを七草と称するだけでなく、諸説があり、必ずしも定まったものとはいえなかった。
『東都歳時記』によると、三月三日は、草餅、白酒、炒り豆を用意するが、女子の雛祭りでもあり、二月末よりひな人形を飾るほか、江戸の芝浦、高輪、品川沖、佃島沖などから船に乗り、沖にでて卯の刻（朝六時頃）から潮が引き始め、正午には水が引くので、蛤や魚をとって宴を催すという。また、『絵本風俗往来』では、浅葱、筍、慈姑、蓮根なども雛祭りの重詰めに必要な野菜類であり、栄螺・蛤、わかさぎを串にさして焼いたものを売り歩いたとある。また、端午の節供である五月五日は、武家は登城し粽の献上があるが、町家でも七歳以下の男児があれば戸外に幟をたて、兜人形を飾る。柏餅もこの時期のものであったようだが、『守貞謾稿』では、三月の白酒ほどには盛んではないと説明している。

　七月七日の七夕も「貴賤供物をつらねて二星に供し、詩歌をささぐ」とあり、各家では、冷やしそうめんを食べるとある。さらに、重陽の節供は、邪気を払う菊、長寿を保つといわれる菊酒とともに中国から伝わった習慣が続いているといえる。しかし、『守貞謾稿』には、大坂では雛をまつる者もあるが、上巳の節供ほどではなく、江戸ではほとんどそのようなことはな

図50　七種の囃子

いと述べていることから、一般には他の節供ほど盛んではなかった様に思える。

五節供のほか、年中行事には、祭り、彼岸、盆、節分など一ヵ月に何日も特別な日が設けられた。彼岸には、萩の餅団子、五目すし、茶飯、あんかけ豆腐などをつくり、家主、長屋の取りなしが行われ、六月の江戸の天王祭りには笹団子が作られるなど、日常の合間に特別の日をいろいろに設定して食べ物が用意された（菊池　一九〇五）。

葬儀・仏事の食　死者の霊魂を怨霊としておそれる思想は、奈良時代末期から広まったとされ、その慰霊と鎮魂のため、仏教による念仏や斎会などが次第に定着していったという（新谷　一九九二）。

江戸時代になると、葬送の儀式は一般にも浸透していく。そのなかで、幕府の保護のもとにあった寺院や僧侶は勢力を増し、キリシタン統制政策として檀家制度、宗門人別帳などがつくられ、檀家は、宗門の祖師忌日、仏忌、盆、彼岸、先祖の命日の寺への参詣を行うなど、多くの儀式が習慣化することになった。葬儀の折には、地域の人々が相互扶助の組織を作り、それぞれ役割を分担した。そのなかには、調理方、飯炊きを受け持つ御飯方、味噌汁などをつくる汁方、配膳を行う膳方などがあった。

文化十年（一八一三）頃に各地の風俗習慣について問い合わせた返答をまとめた『諸国風俗問状答』のうち、葬儀に関する内容を見ると、地域により少しずつ異なる葬送の儀礼があったことがうかがえるものの、共通点も多い。いずれも白衣を用い、喪主の喪服も白衣が一般的のようであったが、鼠色なども見られる。多くは、七日、四十九日、一周忌、三年忌、七年忌、十三年忌と続く仏事があり、百年、百五十年忌にもつながった。食に関わる記述はそれ程多くはなく、四十九日の餅、斎の料理と酒などで、詳しい料理内容は見られない。葬儀やその後の仏事にどのような食物が用意されるかについては、地域の事例に関する研究がいくつか見られるので、これによって具体例をみてみたい。

讃岐の国の庄屋クラスの各家の葬儀の食事には、一汁二~三菜の精進による本膳料理が供されている。すなわち飯、汁、皿、平などで、汁のほとんどに豆腐が使われている。また、皿には、大根、人参、こんにゃくなどの煮物、坪には、かんぴょう、椎茸などにごまが使われ、平には、焼き豆腐、ひりょうず、氷豆腐など豆腐製品が使用されている（秋山　二〇〇五）。また、飛騨国中呂村の大前家の史料では、葬儀の献立は、一汁二菜に飯が茶飯となる場合も見られ、初七日にも食事と酒が用意されるが、二日目にはうどんが出されている。また、二十七日（十四日）には、飯、酒、菓子椀、皿、丼、三十七日（二十一日）に丼、吸物椀、四十七日（二十八日）にも飯、汁、菜、酒が、さらに三十五日には菜飯に猪口、皿と酒が供されているなど、四十九日を迎えるまで、つぎつぎと仏事があり、そのたびに食事が準備される。

図51　仏　　事

これらの献立内容は、文政五年（一八二二）の史料から大正時代までほとんど変化がみられない。明治の史料であるが、材料についてみると、大量に購入しているのが、米、酒であるが、うどん用の小麦粉と豆腐用・煮豆用大豆の購入量が多い。葬儀、仏事とも豆腐やがんもどき（ひりょうず）、焼き豆腐など大豆製品が重要な食材となり、共同して大豆から加工していたといえよう。そのほかには、しいたけ、こんぶ、のり、きくらげ、くるみ、さつまいもなどもみられる（江原　一九九一）。

三河国稲武（愛知県）の庄屋古橋家の嘉永元年（一八四八）の葬儀には、その準備段階で口取り、丼、大平など酒肴と酒が供されており、焼き芋、つけあげ、人参、牛蒡、こんにゃく、冬瓜、茗荷、浅草海苔などの材料が使われており、念仏などが終わると定例の膳を出すとあり、飯、汁、皿、坪に平、猪口、茶碗など本膳料理に酒が供されている。汁には豆腐が、皿には、三島（のり）、大根、こんにゃく、岩茸、おご、くずきり、油あげ、人参、茗荷が使われている。坪はあんかけ冬瓜、平はひりょうず、猪口には蓮根、茶碗には雪の輪麩、ゆば、椎茸が使われるなど精進料理としての工夫が見られ、ここでも大豆製品が重視されていた様子をみることができる（古橋家　一八四八）。

5　日常食と非常の食

二度食から三度食へ　一日の食事が二度から三度に変化する時期については諸説があるが、実態としては三度食事をしている場合でも、正式な食事は二度という場合と、三度とも食事として位置づけられている場合とがある。また、身分や地域や職業によっても三度食が一般的になる時期は一様ではない。三度食は、安土桃山時代には一般化していたとする立場もあるが、もっとあとの江戸時代寛政年間（一七八九〜一八〇一）に、一般的になったとする説もある（渡辺　二〇〇七、三田村　一九五七など）。

古い記述では、鎌倉期に成立した「春日権現験記」の大工の絵に「たくみ等中食くふ処」と記してあることから、職人だけでなく武家も軍事やそのほかの時は、中食もあっただろうとしている（喜多村　一八一八）。また、無住の『雑談集』では、僧侶は朝食のみ一日一度であったが、次第に非時と名づけ日中に食べ、「後ニハ山モ奈良モ三度食ス」とあるが、昼の食事は、「非時」としているために、当時嘉元二年（一三〇四）、三年頃では、まだ三度食が一般化してはいなかったであろうと述べている（柳亭　一八二六）。このように、三度食のはじまりの時期は特定することは容易ではない。江戸時代の書物にも、三度食事をとりながら、今日の昼食にあたるものを夕食と呼ぶことも多く、三度食の位置づけは一定していない。そこで、江戸時代の書物から、三度食についての記述を検討してみることにしたい。

井原西鶴『日本永代蔵』（一六八八）には、「朝夕《ちょうせき》に肴をくはずに（中略）夜食の出べき所なり」と述べ、商人の間でも朝食・夕食の二度食に夜食が加わっており、昼食は登場していない。しかし、貝原益軒『養生訓』（一七一三）では、「朝夕飯を食するごとに（下略）」と記しているいっぽうで、「朝食いまだ消化せずんば、昼食すべからず（中略）昼食いまだ消化せずんば夜食すべからず」と「昼食」を用いているだけでなく、「朝食、昼食、夜食」の三食を摂ることがあったことを示している。しかし、別の場所では、夕食を晩食と記していることなどから、実態としての三度食と呼び名とがまだ不分明であったとも考えられる。

文政十一年（一八二八）に記録された但馬国出石郡の庄屋田井家の『家事日録』には、正月の膳に「朝膳、昼膳（中略）夕方御酒、吸物、取肴数の子」の記述がみられるほか「昼、芋しるに一菜」など朝膳、昼膳の使い方から、朝と昼は同レベルの食事であると考えられる。また、天保十年（一八三九）に書かれた長岡藩（新潟県）の庄屋大平家の『農家年中行事記』には、元旦には「昼食を食《くわ》ず。早夕食に（下略）」とあるので、通常は「昼食」を食べていたと考えられる。この時代になると、農村部でも「朝食、昼食、夕食」の三度食の呼称と実態とが一致していたといえよう。これらの例から見て、江戸初期には一日三度の食事が行われていたといえようが、二度食に、臨時的なものとして夜食や昼食が加わったものと考えられる。江戸時代後期には、朝、昼、夕食の三度食が名実共に定着したと考えられるものの、身分、地域のちがいが大きいと思われるので、さらに事例を検討する必要があろう。

日常食の量と献立　一回の食事に食べる飯の量がどれほどかについては、武家の一人一日五合と算出されるが、実際どうであったのか、詳細な史料は限られるものの、栗原信充『柳庵雑筆』（一八四八）を中心に農夫、大工、商人についてみてみよう。

農夫とその妻は、忙しい時期には日雇いを一人頼んで、一町の田を耕し、米二〇石の収穫がある。

このうち、年貢五石、田の借り主に五石を納めると一〇石が手元に残る。さらに畑で大根二万五〇〇〇本を得て、その販売料一三五貫文を得る。このうち肥料、船賃などを差し引き、二八貫七五〇文の得分がある。さらに麦六石も収穫している。このようなくらしから、さらに塩、茶、油、薪、炭、農具、衣服などにかかる費用を差し引くと、夫婦の一年分の食料としては、麦三石六斗、米一石になるという。これを一人一日分に換算すると、米一・四合、麦四・九合となる。米一合一四四《グラム》、麦一〇〇《グラム》とすれば、米二〇〇《グラム》、麦四九〇《グラム》となる。設定された米・麦の飯米の量は正確とはいえないうえ、今日の品種ともことなるから、換算値もたしかではないということを承知したうえで、あえて今日の食品成分表でエネルギーを算出すると、米は約七〇〇《キロカロリー》、麦は約一七〇〇《キロカロリー》となり、合計約二四〇〇《キロカロリー》となる。

次に、大工についてみると、一日の工料が四匁二分、飯米料一匁二分を受ける。二九〇日くらい働くとして年間でおよそ銀一貫五八七匁六分となる。夫婦と小児一人の飯米が三石五斗四升で三五四匁である。ほかに、店賃一二〇匁、塩、醤、味噌、油、薪、炭など七〇〇匁、その他に使うと、わずかに七三匁六分くらいしか残らず子どもが二人もあれば酒を飲む楽しさを得ることもままならないという話しである。夫婦と小児で二・三〜二・五人分とすると、一人一日三・九〜四・二合で、先と同様に仮定して算定すると五六〇〜六〇〇《グラム》、約一九九〇〜二一〇〇《キロカロリー》となる。

次は商人の例である。店にはおとな、子ども合わせて四、五人いる。また、家には妻子、下女等四、五人、計八〜一〇人で、精米が一年に一四石四斗で一五、六両、味噌一両二分、醤二両一分、油三両、

図52　町屋家族の食事

薪四両二分、炭三両二分、大根漬一両三分、菜疏、家具で一四、五両かかるとしている。九人分として同様の計算をすると、四・四合（六三〇グラム）、約二三〇〇キロカロリーと算出される。

　また、古典落語「甲府ィ」に豆腐屋の話しとして何日か食べていなかった男が大量に食べたという次の話がある。「なんだって人さまに上げるのにひや飯なんぞ出したんだ。なぜあたたかいほうを出さないいんだ。（中略）いやあ今朝炊いたご飯で、どのくらいあったんだ。「二升五合」（中略）もし、お前さん、そのおはちにあったご飯をのこらずお上がりかい」（江国　一九六九）ここでは、「今朝炊いたご飯」ということから、一日分のご飯を朝に炊く江戸の習慣がみられる。また、「二升五合」が一日分とすれば、豆腐屋には、夫婦と娘、奉公人一人の計四人までが確認できるが、奉公人があと一、二人程度いたとして、一人分の米の量は約四〜五合となり、前述の例に類似している。

　いずれの事例も飯の量はほぼ似ており、文字通り飯が主食で、汁、おかず、漬物などは、副えもの（副食）であった。一日二五〇〇キロカロリー程度摂取したとすれば、一日に必要なエネルギーの八〇〜九〇%程度を飯から得ていたことになる。したがって、日常の食生活でもっとも費用のかかったのは、米など飯にする穀類であるが、ほかに塩、味噌、醤の調味料は、どこでも必需品として購入し、さらに燃料として薪、炭が重要で、蔬菜はわずかであったことがうかがえる。

簡素な大名の食事　日常食の記録は、史料として残されることは少ないために、その実態はそれ程明らかにされていない。ここでは武士の饗応食で述べた『御膳日記』から隠居大名真田幸弘の日常食をみてみよう。

幸弘の食事は、一日三度供されているが、「朝食、夕食、夜食」と記され、武家の正式な食事が二度食であったことを示している。特別な行事のない日常の食事は、朝食、夕食が、一汁二菜、夜食が一汁一菜とほぼ規則正しい形式で供されている。つまり、朝食と夕食は、ご飯と汁とおかずが二品に漬物、夜食はおかず一品のみと比較的簡素である。

六月五日の食事例を見ると、朝食は、ご飯、汁（実は糸瓜）、おかずは平皿（茄子・割あらめの煮物）、煎り豆腐（あんかけにして、切くるみ、生姜せん切りかけ）、夕食はご飯、汁（豆腐、平鰹）、おかずは、平皿（なす・みょうがの煮物）と蒸し小鯛（ごま塩かけ）の焼きものである。夜食は、ご飯と汁（冬瓜、平鰹）、おかずは一品で平皿（八盃豆腐―豆腐を酒、水、醤油で煮たもの、平鰹）である。一〇ヵ月の食材の傾向を見ると、豆腐がもっとも多く使われ、魚はあまり使われていない。ただ鰹節を平らに薄く削った平鰹はつけ合わせによく使われている（江原　二〇〇一）。「夕食」の時間は一定せず、午前中の場合もあれば正午や午後二時頃の場合も「夕食」として扱っている。

また、後の三河国（愛知県）半原藩主（二万二五〇〇石）の江戸上屋敷の幕末の食事記録（慶応二年〈一八六六〉正月〜十二月）をみると、ここではすでに「朝、昼、夜食」と「昼食」の言葉が使われている（木津　一九二八）。同じ六月五日をみてみる。この記録では、ご飯と漬物は省略されているが、当然供されているはずである。朝はご飯、汁（大根・油あげ）、猪口（煮豆）、昼は、ご飯、皿（がんもどき、長芋）、夜食がご飯に皿（酢貝、わさび）と何れも一汁一菜である。時には酒も出され一品加わることもあるが、一汁一菜が基本であり、幸弘の食事よりさらに簡素な食事といえる。この記録で興味深いのは、時々「御登城御弁当箱」が見られることである。城に登るときに持って行く弁当は「焼玉子、しいたけ、ご飯」（六月七日）、「椎茸、干瓢、味噌漬け大根、（ご飯）」（九月十三日）と簡素である。大名もハレの日と日常（ケの日）の食事には、かなりの差があったことがうかがえる。

長屋住まいの食事　江戸時代の人口は、十八世紀初頭には武家人口五〇万人、町方人口五〇万人、計約一〇〇万人以上になったと推定されている。しかし、その居住地は、明治二年（一八六九）の調査で武家地六八・六％、町地一五・八％、寺社地一五・六％である（宮崎　一九九二）。武家人口とほぼ同じ町方人口が、狭い町地に暮らしていたことになる。

江戸の日本橋などに見られた大店の居住空間は、総二階でかなり広かったが多くの町民は、狭い長屋住まいであった。もっとも狭い住まいの表現として、九尺二間（三坪、六畳）という言い方がされるが、実際にはさらに狭いところも見られる。神田三河町の三井家が所持する屋敷の一つは、約三〇戸の店（住宅）があり、そのうち八割にあたる二四戸が、四坪（約一三・二平方メートル）以下の長屋であり、共同施設としては、井戸が一ヵ所、雪隠《せっちん》（トイレ）四ヵ所、芥溜《ごみため》一ヵ所である。

三河町四丁目には、全体として店借が九五戸あり、その六五%の五三戸が、三、四坪の住まいに暮らしており、なかには二・五坪の住まいさえある。一戸あたり三〜五人家族が多く、職業を見ると、畳、木具の職人や青物、菓子などの振り売り商人である。店賃は、地域により異なるようであるが、一七九〇年代では、九尺二間の裏店の店賃は、一〇匁〜一五匁くらいである（東京都公文書館　一九九〇）。振り売りで、一日三匁くらいの収入があるとすれば、五日程度の店賃ということではあるが、不安定な収入では、結構厳しい日常であったと考えられる。

天保の飢饉の時期に多く出版された『日用助食竈の賑ひ』『都鄙安逸伝《とひあんいつでん》』などの救荒書などには、長屋住まいの人々の絵が描かれている（図53）。図53から見ると、各住まいには、小さな流しと水桶があり、へっついなども描かれている。また、長屋の食生活は、式亭三馬の『浮世風呂』や『浮世床』に描かれ、また落語の話題にもなっている。前述の経済事情から見れば、食料事情は豊かとはいえない。

『浮世風呂』（一八一三）の食風景をみてみたい。豆腐と料理の項で述べた長屋住いの独り者のくらしである。仕事から戻ってきても「お帰りなさい」といって迎えてくれる妻も子どももいない。隣に預けておいた鍵を受け取る日々だが、「裏借屋」は、何かと口うるさいので、時々傷のある安売り桃なら五つ、さらにはずむと三八文の西瓜の安売りを渡すという。隣や向かいの子どもやおかみさんの相手をすると、時には「茄子田楽」や「蛤煮物」など平皿一ぱいずつおすそ分けがあるという。また、他の部分では、汁（おつけ）は「銀杏《いちょう》大根に焼き豆腐のさいの目」、お平（煮物などをいれる器をさすが、

図53　長屋の食事

おかずのひとつ）は、「お定まりの芋、にんじん、ごぼう、大根、田作」とある。野菜類の煮物である。さらに、振り売りがやってきて、「白瓜、茄子、十六大角豆、冬瓜、丸漬瓜、柚、茗荷、青とうがらし、そのほか見なさる通りだ。たんと買ってくなせえ」と、さまざまな野菜を売っている様子も記されている。これらをみると、長屋の日常食は、季節の野菜類を中心としてときどき豆腐・油揚などの大豆製品や子魚、貝類などを加えたおかずであったと思われる。

ここに描かれた安売り西瓜は、三八文という。独り者は、何か商いをしているようであるが、はっきりしない。しかし、振り売り商として、一日三〇〇文程度稼いだとすれば、三八文は、それ程高くはない。ちなみにそば一杯が一六文であった。

農民の食　最近、各地域に残された家文書の研究が進み、厳しい制限のもとに雑穀を中心とした食生活を強いられた貧しい農民のイメージが必ずしも実態を示すものではないことが主張され、農民と百姓とは同義ではないと説明されている（網野　一九九六）。農民にもいわゆる豪農といわれる名主クラスもあれば、水呑といわれた土地を持たない農民もあるが、水呑百姓と位置づけられた階層も必ずしも貧しいとはいえず、廻船商人として金融業を営むなど、多角的経営を行う者もあった。

前述した長岡藩（新潟県）の庄屋大平家「農家年中行事記」（一八三九）には、日々の出来事、小作人に対する振舞も記されている。一月二日の夜は、「謡いぞめ」「節饗《せちぎょう》」として、小作人に土地の野菜料理で酒食をふるまう。二日から十二日頃までは、互いに親類友人を招き合い、酒、餅、そばが振舞われている。同七日は七草で餅入り雑炊を食べて仕事休み、同十一日は「大寄合」で各家の戸主が庄屋の家に集まり、宗門帳を書き、一年の農民心得を聞く。この日仕事休み。また、同日は、「蔵開き」「船祝い」として蔵持や船持ちは祝い酒を出し、郷中の庄屋、組頭が長岡城に招かれ能見物、冷酒、赤飯などが与えられた。これらから、船を持ち商売をしていた百姓たちの存在がうかがえる。さらに同十五日には富裕な家の門前に貧しい人が押しかけ、切餅や米と銭が与えられ、朝は小豆粥、夜は野菜料理と塩鮭か鱒の焼物が供され、これを「節」と称した。翌十六日には「鍋釜休み」と称し、老若男女が集まり、くじ引きやかるた合わせなどをしている。

図54　農家の食事

このように一月だけでもしばしば行事が催され、それに合わせて食物や酒がふるまわれている。夏は「土用振舞」に、切麦、そば切がつくられ、親類知己と土用鯨、土用鰯なども食べ、「暑気見舞い」には、百姓からひやむぎ、そうめんが贈られる。これらの記述を見ると、小作人を含めて比較的自由に食を楽しんでいた様子がうかがえる。

しかし、同じ長岡藩の武士による報告書とされる『粒々辛苦録』（著者不詳　一八〇五）は様子が全く異なる。女は雑炊に入れる菜や大根をきざみゆでてあくを除き、稗、麦の粉を石臼で挽き団子とする、鍋の周辺に小切り大根を二升敷き、ひえの粉とそばの芽や花を入れ、夕食とすると、きわめて厳しい食生活を描いている。

前者が行事食であり後者を日常食と考えることも可能であるが、前者の記述に悲惨さが感じられないのは、前者が農民側からの記述であるのに対し、後者が武士により記述されたもので、凡例に「皆見聞所なれハ、事たかえるも多かるへし」と断っているところからも見方の違いが感じられる。

また、飛騨国（岐阜県）の地誌『斐太後風土記』は、知事の命を受けて地役人富田礼彦により明治六年（一八七三）に編纂された各地の生産物を書き上げさせたもので、江戸末期のくらしをみることができる。山間地の村々の暮らしは地域によりバラエティに富んでいる。全部で四一五村の一戸あたり年間の主食料の生産量は、米約四石、稗三石一斗、粟三斗七升、そば五斗五升と算出されている（小山　一九八一）。しかし、村により生産量は大きく異なり、益田川沿いの平野部では平均を上回るが、高地に位置する村では稗の生産が平均を上回り、米、稗など穀類、雑穀類の生産量がみられない村もある。多くの村では、暮らしをたてるために晒布、木材の川流し、鮎獲り、茶・炭の生産などの「余業」が行われている。

なかでも、わらび粉の製造は自然条件を利用した村人の生活の知恵といえる。益田郡阿多野郷の奥山の村々は、米の生産には不適で、稗やそば、大豆の生産もわずかしか栽培できない。そこで、春・秋の農閑期の二、三ヵ月間、婦女、娘たちが奥山の小屋に住み、わらび根を岩上で打ち砕き、何度も水にさらしてあくをとり、乾燥してわらび粉を生産し、男たちはわらびの屑で縄をない、これを高山で売り、米、塩、魚を購入している。当時、わらび粉は食用ともされたが、傘ののりとして高く売れたようで、生産された年間七石八斗は三九両となり（明治三年調べ）、米なら六石六斗三升、雑穀では一一石七斗購入できたほどの商品となり得たのである（江原　一九八九）。

このように、農民の食生活やその暮らしぶりは、きわめて多様であり、身分制度や多くの規制にもかかわらず、たくましく生きる姿を感じ取ることができる。

飢饉と救荒食　飢饉とは、日常の食が欠乏し、飢餓のために死者が出るような非常な事態をいう。近世以前にも旱魃による飢饉があったが、日本各地、とりわけ東北地方などでも水田を開き米を中心とした暮らしが推進されるようになっていった近世では、冷害の凶作による飢饉が増加するようになった。稲はもともと南方系の作物で盛夏時には、平均気温が二〇度以上必要とされるために、東北地方などでは、冷害による飢饉が起こりやすかった。

江戸時代の寛永、享保、天明、天保の飢饉は四大飢饉として知られているが、そのうち害虫のウンカの異常発生による享保の飢饉を除けば、いずれも冷害による飢饉である（荒川　一九六七）。とくに奥羽、北陸地方では、寛永十七年（一六四〇）より毎年冷害により凶作が続き、幕府は仮小屋を設けて飢民を収容し、酒造による穀類の消耗を禁止した（西村・吉川　一九八三）。また、享保の飢饉は、享保十七年（一七三二）、西国に異常発生したウンカにより、稲の茎を食い荒らしたことにはじまるもので、『除蝗録』には、「諸国一統凶作して飢饉に至るところ多く、身うすき農民は、うえしにするものすくなからず」と述べている。石見（島根県）の代官井戸平左衛門は、西国の大飢饉に際し、私財をなげうって代官所の倉を開き、保管年貢米を配分するなど、幕府の命を受けない行為を行い人民を救ったが、その責任をとり自害した。平左衛門は、甘藷の種を薩摩よりとりよせ、栽培したことでも知られ芋代官とも呼ばれた。飢饉のあるたびにこのような話は、あちらこちらに残されている。

天明の飢饉は、天明二年（一七八二）から夏の冷害による不作が続いたが、翌三年は、六月も寒冷で、京、畿内でも冬服を着るほどであったが、七月に有史以来の浅間山の大噴火により、泥流被害があり、その後も寒冷な日々が続き、未曾有の大凶荒となった。とりわけ弘前、八戸、盛岡などの諸藩は、凄惨をきわめ、『津軽奮起類』には津軽一郡のみで、天明三年九月から四年六月までに八万一七〇二人の餓死者を出したと記録している（西村・吉川　一九八三）。

弘前藩の記録『天明年度凶歳日記』では、最初は菜、大根、蕪、なだれ落大豆の葉などで朝夕の飯料とし、その後は根山に上り、九月まで籠もり、その後山を下り、昼顔の根、山大根、川骨の根、茅むぐりなど草の根を集めて命をつなぎ、十一月になって貯えある者、または中国より買越米を少しずつ売り出したという。しかし、価格が高く多くの人は購入できず、非人小屋を建てて、はじめは一人に一合ばかりの粥を炊き出したが、一〇〇〇人ともなると次第に水に等しい粥となり命を繋ぎ難いと、その惨状を述べている（西村・吉川　一九八三）。このような報告は枚挙にいとまがない。しかし、東北地域にありながら餓死者を出さなかったところもある。

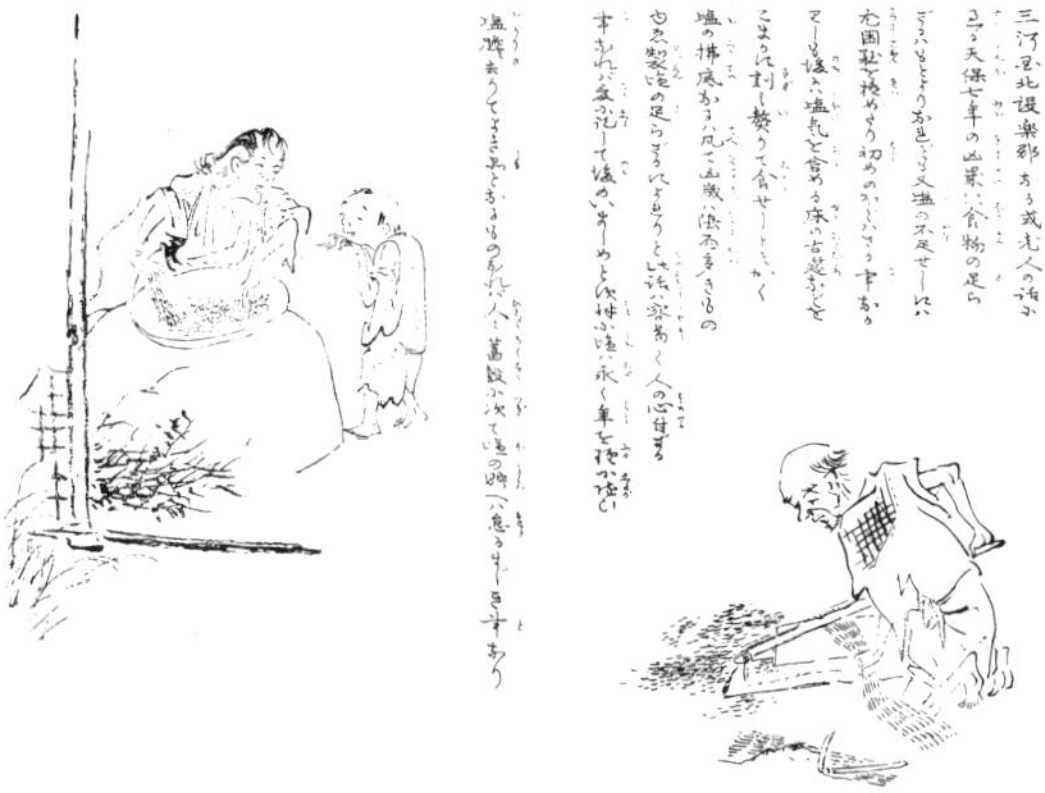

図55　古むしろの塩分を食べる

『鷹山公世紀』によると、米沢藩主上杉鷹山（一七五一〜一八二二）は、天明三年九月、凶作の兆候に対し、他国も凶作のようなので、油断なく、粥を用いること、飯料の助けとなるものの用意をするように命じている。また、仙台、秋田、最上、白石などから御払い米の請求があったが、ここでも不足しているためにすべて謝絶し、酒造用糀、その他穀造の菓子類、豆腐、納豆の製造を停止し、貯蔵米を家々に日々二〇〇俵与えた。また、諸役人を呼び、ゆとりある者でも三度の食事を粥とすることを申し合わせるよう、何とか当年、来年を凌げるよう訓示している。また、新潟より米を購入し、男子三合、女子二合五勺の割合で御救米を与え、味噌蔵からは一人味噌一〇匁を与えている（西村・吉川　一九八三）。このような政策を実施することで、「一人も餓死、離散する者はなかりしなり」と述べている。いくらか誇張があるかもしれないが、救恤に用いた米穀の詳細な内訳などもあり、政策によっては、凶作であっても飢饉に至らなかったことを物語るものであろう。米沢藩では、天明の飢饉を切り抜けた経験から、享和二年（一八〇二）、『かてもの』を出版した。これは野草の下処理、食べ方を中心に述べた救荒書である。一つの藩が、こうした書物を編纂したことは注目される。発行は、一五七五冊で、その大部分が藩主の命により領民に配布され、とくに農民は五〇人に一冊配布されたという（高垣　一九九九）。

その後、天保の飢饉の際には、多様な救荒書が出版されることになり、飢饉への備えが重視されるようになる。

四　近代の食生活――西洋文化の受容と折衷化

1　西洋文化との接触と受容

幕末の外国人の饗応　近代の食生活の画期をどこに置くかについては議論がわかれるであろうが、本書では、開港にともなって外国人を饗応する機会が増加し、居留地の設置により、西洋文化に接触する経験を一般の人々も少しずつ持つことになる幕末期の食に関する出来事を近代に含めて考えることにしたい。

嘉永六年（一八五三）は、アメリカとロシアが日本の開港を要求して修好条約への一歩を踏み出した時であるともいえる。ペリー提督が率いる四隻の軍艦が外交交渉のために浦賀湾に近づいたのは、嘉永六年六月のことである。

ペリーは、その後の一連の交渉を『ペリー提督日本遠征記』に記しており、そのなかに、饗応の様子が記されている。ペリーは一度日本を離れ、琉球に向かうものの嘉永七年、再来日し、江戸湾に進入してきたために、幕府はペリーとの応接所を横浜に決定した。同年、日本側の横浜での饗応についてペリーは次のように述べている。汁物については、薄いシチューというべきもので、汁の実はほとんど新鮮な魚である。料理は、次から次に小さな器に盛って出され、それに醤油その他の調味料がついてくる。また、料理はコースごとに一四インチ（約三六センチ）四方、高さは一〇インチ（約二五センチ）の小さな漆塗りの台に一人ずつ出てきて、いつもほとんど同じような料理である。この膳は、色つきの縮緬のクロスがかけられた、ベンチのようなテーブルに載せてあるという。また、食事の終わり近くになって、ゆでた伊勢海老、揚げ魚一切れ、ゆでた海老二、三尾、ブラマンジェくらいの小さな四角のプディングを盛った皿が各人の前に出され、後で艦に届けられたと記している。おそらく引き出物の類であろう。

嘉永七年二月十日と記された横浜応接所の献立は、「武州横浜於応接所饗応之図」（図56）として、瓦版に掲載された。鯛の尾頭付きと思われる膳を含む足つき膳が、テーブルの上に置かれ、ペリー一行は、椅子で食事をし、給仕方の日本側は、正座しており、彼らの前には、大皿、丼などに大盛りにされた酒肴の数々が用意されている。図56の上に献立の説明があるが、同じ献立は『藤岡屋日記』に詳しく記され、瓦版とはやや異なっているので、後者を中心に献立を見てみよう。

最初に長熨斗《ながのし》、盃、銚子、吸物（鯛鰭肉）、干肴（松葉するめ、結び昆布）、中皿肴（はまち魚肉、煮山椒）、猪口《ちょこ》（唐草かれい、□防風、わさびせん）が供されており、これらを酒肴として儀礼的な酒礼が行われたと考えられる。次に、吸物（花子巻鯉、□大こん、粉山椒）、さしみ（平目生作身、めじ大作り、鯛小川巻、若紫蘇、花山葵《わさび》、生のり）、硯蓋（紅袍輪蒲鉾、伊達巻すし、鶏羽盛、花形長芋、九年母、河茸せん、緑昆布）、猪口（土佐醤油、いり酒、芥子味噌）、吸物（栄螺《さざえ》、鞍かけ平貝、ふきのとふ）、丼（車えび、鶏卵、肉寄串子、押銀杏、葛煮、白魚小菜、粒松露、生椎茸、目打白魚、しのうど）、大平（細川にんじん、□□根芋、露山葵）、鉢肴（鯛筏、友身二色むし、風干ほうぼう、土筆からし漬、自然薯蕷《じねんじょ》七代煮、はな菜、酢本せうが）、茶碗（鴫大身、竹之子、茗荷茸せん）と、酒と酒肴が供される酒宴が行われている。このあとに、二の膳つきの二汁五菜の本膳料理が供されている。

図 56　武州横浜於応接所饗応之図

本膳には、飯、汁に鱠、猪口、煮物（平）、香の物があり、二の膳には、二の汁、中皿、焼物が供され、さらに酒肴として吸物も供されている。この料理は、江戸本町三丁目の料理屋、百川茂右衛門が金二〇〇〇両でつくったものとの説明がある。この料理形式は、はじめに酒宴の酒肴が供される料理屋の会席料理形式の流れをとっているといえよう。

このように、日本側としては、かなりの費用を投じた饗応であったが、ペリーには不評で、料理が貧弱であり、はるかに琉球の料理の方がよかったと述べている。

また、嘉永六年、ロシアのプチャーチンが軍艦を率いて長崎で会見した際の饗応では、三汁七菜の本膳料理が供されている。まず、茶と菓子が出されたあと、長熨斗で酒の儀礼が執り行われ、その後、本膳には、飯、汁（かぶ、榎茸）、鱠（薄づくり鯛など）、坪（ぷりぷり鴨など）、煎物（そぞろ麩・ごぼう）、香の物（瓜・茄子）、二の膳には、二の汁、杉箱、大猪口、三の膳には、三の汁、杉箱、茶碗、向詰などが並び、さらに酒宴の酒肴として、吸物、中皿（かまぼこ、細引きすなど）と続いて出されている。これは、ペリーの饗応の形式とは異なり、本膳料理形式をとっているといえよう。また、客の身分により献立を変えていることもうかがえる。ゴンチャロフは、黒い濃いスープ（おそらく味噌汁）はおいしかったと評価しているものの、魚のすまし汁は、ただの熱湯のようでおいしいとは思わなかったと述べている点はペリーと類似した反応で、薄味の汁物などは外国人には、好まれなかったといえよう（ゴンチャロフ　一九四一）。

ところで、横浜応接所の饗応から一ヵ月半後の三月二十七日には、ペリー側の饗応がポーハタン号で開かれた。林大学頭ら七〇人の日本人側に供したものは、牛や羊、各種の鳥を生きたまま飼ってき、さらにハム、舌肉、大量の魚、野菜、果物を用いて、山のようなご馳走をつくり、ワイン、シャンペンも惜しみなく出された。日本人たちはおおいに酔い、食べきれなかった料理を懐紙に包んで持ち帰ったとややあきれた風に記している。

ペリーは、交渉が成立したら豪華な饗宴を開きたいと計画していたという。しかし、「彼らの出した魚のスープと比べて、アメリカの歓迎とはどんなものか教えてやりたいと思った」と記しているように、日本料理になじみのない外国人にとっては、本膳料理形式の料理はなかなか受け入れ難いものであったようで、明治時代になると、外国人への饗応の主体はフランス料理にかわっていった。

慶応三年（一八六七）三月二十五日から四月一日にかけて、将軍徳川慶喜は、大坂城でイギリス、フランス、オランダ公使と、それぞれ会見した。その折の饗応食は、フランス料理であった。慶喜の曾孫による記述から、その折の饗応料理を概観したい（徳川　二〇〇六）。料理を請け負ったのは、フランス人エフ・ワッソールとA・ラプラスという人物であったという。メニューは、鶏の汁物、フーセーアラベシャメル（ベシャメルソース一口パイ詰）、ブヒレードボフ（フィレステーキ）、シュプレームドフレートボライ（若鶏ささみのクリーム仕上げ）など、一三種の料理が続き、さらにデザートが続く。

また、明治七年（一八七五）九月、宮中に外国の使臣を招いてはじめての宴が催された。イギリス、アメリカ、フランス、ドイツ、イタリアなどの公使が招かれた午餐は、フランス料理のコースで、前菜（アンチョビ、野菜の塩漬けなど）、魚料理（鮭の冷製マヨネーズ）、アントレ（ルーアン地方産の子鴨、子牛の心髄肉ゼリーかけ）野菜料理、焼き肉料理、雉、羊の鞍下肉、セロリーのサラダ、アントルメ（チョコレートのババロア、バニラ　アイスクリームなど）、コーヒーとリキュールなどが供され、次第に外国の饗応食は、西洋料理が中心となった（秋山　一九七六）。

図57　横浜異人館

居留地の食　安政五年（一八五八）日本は、日米修好通商条約、続いてオランダ、ロシア、イギリス、フランスと修好通商条約を調印した。開港の基本的あり方を規制したのは、安政の五ヵ国条約で、港と市街をひらく開港場として、箱館（函館）、神奈川、長崎、新潟、兵庫を市街のみを開く開市場として江戸、大坂が列挙され、各地に外国人の居住区である居留地が定められることとなったが、実際には、実施されなかった地域もある（斎藤　一九九六）。居留地の制度は、五ヵ国条約が締結されてから明治三十二年（一八九九）の改正条約によりその制度が撤廃されるまで続き、居留地は、日本国内に「西欧文化」を発信する場ともなった。

開港場であった神奈川の対岸の横浜に居留地が整備された文久元年（一八六一）には、わずか五四人であった欧米人の大半は、独身の若い男性であった（斎藤　一九八九）。居留民は、中国人が六～七割近くと最も多いが、欧米人の中ではイギリス人が最も多く、次にアメリカ、ドイツ、フランス、オランダ人と続く。明治十一年には、欧米人は一三七〇人、三

○年には二〇九六人となった（石塚　一九九六）。居留民の職業は、貿易商、小売商、食料品供給業のほか、宣教師、医師などであった。食料品供給業者のうちでは、最も多いのが食肉業者であったという（斎藤　一九八九）。

お雇い外国人の一人でもあったロシア人革命家メーチニコフは、明治七年から一年半、日本に滞在し回想録に横浜居留地のようすを『回想の明治維新』のなかで綴っている。門前に、美しいヨーロッパ人街が広がり、それに張りつく格好で無数の商店が軒をつらねる大きな日本人街が、驚異的なはやさで造られていったとし、「この日本人街ではありとあらゆる日本製のガラクタが法外な値で新来の訪問者に売られ、ブローカー、手代、仲買人といった雑多な住民が住みつくようになる。」という記述から、船頭、沖仲仕、職人、給仕、料理人などが欧米人相手に盛んに商売をはじめた様子がうかがえる。横浜居留地は、文久三年で総坪数九万四〇〇〇坪（約三一〇〇〇アール）あまりで、高台の見晴らしのよい土地に洋館が建てられ、道路、街燈、下水道も整備され、教会、公園、競馬場、屠牛場なども建設された（伊藤記念財団　一九九一）。横浜が居留地となる前、神奈川（金河）が貿易港として発達し、文久元年以降イギリス船を中心とした船が一年に一〇〇隻ほど出入りしたという。輸出貿易の中心は、中国への茶など食料品であった（オールコック　一九六二）。

篠田鉱三の聞き取り『明治百話』によると、英一番館シャーデンマゼソン商会は、居留地第一の商館で、各西洋人の日用品を本国より取り寄せていたが、この中に「黄瓜ラムネ」があり、ガラス瓶の形が変わっており、瓶と瓶を打ちつけたところ爆音がしてガラスが粉砕した様子から「船来の地雷」

として、誰も手をつけるものがなかったという。このほか電話線、ズボン、靴、風船などはじめてみたものへの興味とおそれが交錯した様子をうかがうことができる。

このような居留地では、まちづくりに近代の最新技術も使われた。日本で最初の下水道は、明治四年に設置された神戸居留地であったが、横浜居留地も同年に続いて整備された。

横浜居留地では、マイスラー・マディンデル商会が万延元年（一八六〇）頃に食肉業を始めたという。慶応元年（一八六五）には、横浜山手屠牛場が設立され、食肉業が少しずつ盛んになる。横浜元町に住む中川屋嘉兵衛は、横浜居留地の外国人の牛肉商売の経験から、日本人としての牛肉商を手がけるようになり、外国公使館の御用達を通し、パン、牛乳の販売も行うようになった（伊藤記念財団一九九一）。

また、安政六年（一八五九）、駐日総領事としてイギリスから来日したオールコックは、横浜で栽培されていた多種類の野菜をあげたうえで、良質のチシャ、キクヂシャ、パセリ、数種類のキャベツとともに、ハナキャベツ、芽キャベツ、キクイモを導入することに成功したと記している（オールコック　一九六二）。その後、居留地の菜園に野菜栽培や牛や豚の飼育などの記述がみられるので、西洋野菜類が居留地をはじめとして広がっていったことをうかがうことができる（横浜開港資料館　一九八八）。

肉食解禁と牛鍋屋　江戸時代にけがれがあるとして、とくに公的には忌避されてきた獣肉食は、開港以降、西洋文化を受容しはじめることになると、積極的に摂取する対象となった。

先に述べたように徳川慶喜が饗応したフランス料理には、牛肉のフィレステーキが出されているし、ハムや羊のもも肉も食べている。それ以降の欧米人などの饗応にはフランス料理が用いられたこともあり、上流階層が肉食をとり入れたことが、一般への肉食を促進することにもなった。

また、江戸時代から猪、鹿などの獣肉食は、薬食いとして食べられていたこともあり、西洋料理に使われる肉を食べることへの抵抗感は少なかったのかもしれない。しかし、一般には、ステーキのようなバターを多く使用する料理は、すぐには受け入れがたかったようで、調味料になじみのある醤油やみそを用いた獣肉食料理が工夫された。それが牛鍋である。

図58　牛鍋屋の流行

平出鏗二郎『東京風俗志』（一八九九～一九〇二）、服部誠一『東京新繁昌記』（一八七四～八一）などによれば、牛鍋一鍋で気力を発し良薬となると説明しており、養生のために役立つとされ、飯を食べなくとも一〇〇年まで生きられるとさえ述べている。東京四谷の三河屋、浅草の平野、京橋の河合、芝の黄川田等の店があり、「肉鍋」だけでなく、オムレツ、カツレツ、ビフテキなども供されたが、「高尚ならざる」店なので、広い座敷に衝立もなく群れをなして飲食する様子が描かれている。

牛鍋あるいは肉鍋は生肉、葱に醬油、みりんの割り下を入れて加熱したようで、葱を和して煮るのを並鍋と称し、三銭半、脂で炒めて煮るものを焼鍋といい、五銭とある。一人一つの鍋でコンロもそれぞれにあった。酒を注文するものもあり、飯を注文するものもあったという。加熱して肉が収縮し、沸騰して煮えてくれば食べ、次々肉を加えて食べるとあるから、今日のすき焼きのように、複数の人々で一つの鍋を囲む形ではない。また、牛鍋店よりさらに質の落ちる露天の肉売りもあり、大鍋で屠場から廃肉を譲り受けてそれを煮て、竹串にさして一串ずつ売った。車夫などが鍋を囲みこれを食べたというが、古くなって犬や馬の肉も混入し臭気が鼻を突くこともあり、文明開化とはいえないので注意すべしとも述べている。流行の陰に問題もあった様子がうかがえる。

『明治百話』によると、牛鍋店のはじまりは、新橋界隈が一番早く、明治九年（一八七六）に牛鍋を三茂という店ではじめて食べた様子が記されている。新橋界隈に店が多かったのは、東京の入り口で横浜の人々もここで昼飯・夜食を食べるからだろうと述べ、前述の黄川田や河合もあったと記している。横浜開港以来、牛鍋が流行りはじめたという。肉は一切れずつ皿に並べてあり、コンロが素焼きで、鍋は鉄鍋・真鍮鍋など贅沢なものではなく、台所にもおかれないような薄汚い、「憐れむべき器物」で炭火で煮て食べたものだという（篠田　一九九六）。文明開化の象徴のような牛肉食も他の高級料理などに比べ、それほど高級な食物としては扱われなかったようである。

いっぽう、富国強兵を掲げた明治政府は、兵食に牛肉を採用することになり、とくに海軍は自ら屠牛して明治初期からこれを用い、陸軍も明治十年には兵食として牛肉を採用した。同四十一年に発行された『海軍割烹術参考書』には、ビーフステーキ、ローストビーフなど牛肉を用いた西洋料理が数多く掲載されているが、牛肉のみそ漬け、牛肉佃煮など折衷料理も紹介されている（伊藤　二〇〇七）。とくに牛肉の軍用缶詰が増加した。しかし、未熟な獣医技術や獣医師の不足のために、畜産業は需要

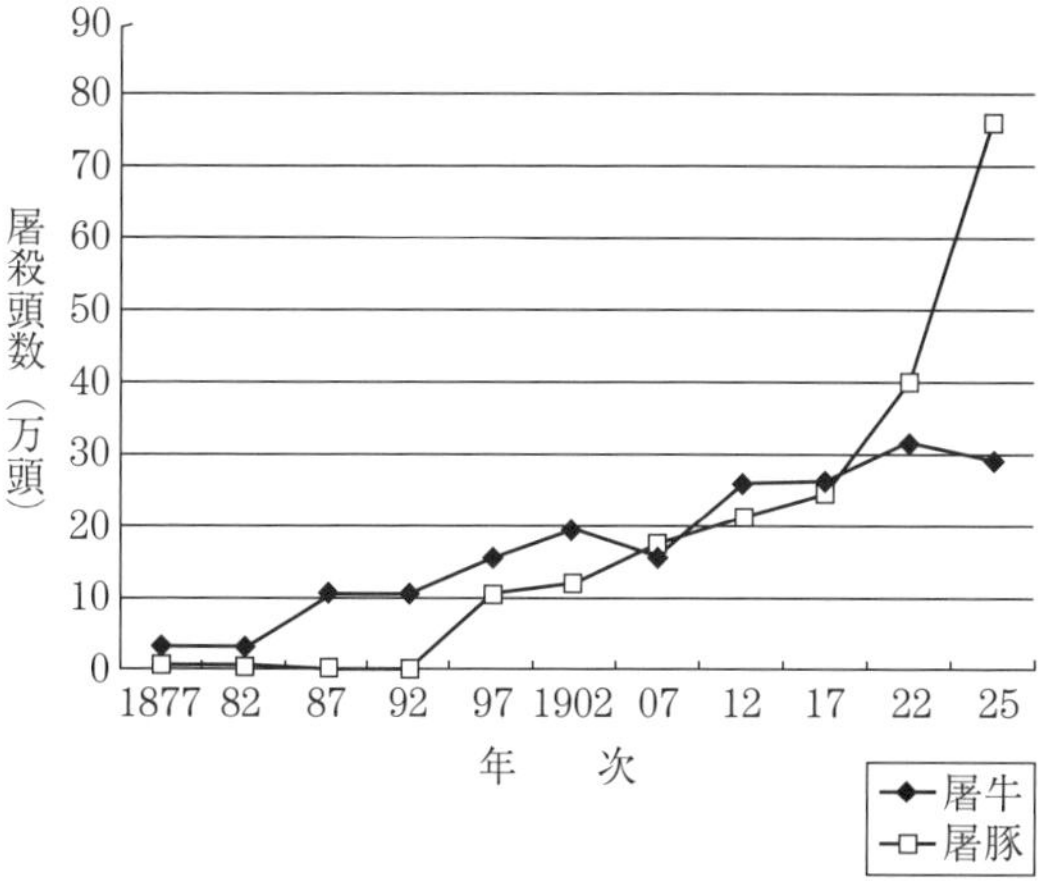

図59　屠殺頭数累年比較　石川・江原　2002より

に追いつかず、日露戦争時には、軍需の拡大により牛肉の価格が高騰した。これに代わって多用されるようになるのが豚肉である。豚は牛と異なり、飼育しやすいために、各地に広まった。豚肉料理の普及をはかるために、雑誌、料理書に豚肉料理が積極的に掲載されるようになるのは、明治後期以降のことである。たとえば東京帝国大学教授田中宏による『田中式豚肉調理法』（一九一六）は、和風調味を中心としたもので、版を重ねた（江原・東四柳　二〇〇八）。

増える西洋料理店　明治の西洋料理店について詳細に調査した前坊洋『明治西洋料理起源』によると、西洋料理屋として、函館（箱館）の料理人重三郎が安政六年（一八五九）外国人向けの料理屋の営業許可を願い出たのがはじめとされる。また、草野丈吉が長崎に

西洋料理屋を開いたのは、文久年中(一八六一〜六三)のことであった(前坊　二〇〇〇)。さらに、『武江年表』慶応二年(一八六六)の項には、西洋料理と称する料理屋がところどころにできて、西洋風を模した家作であると述べている(今井　二〇〇四)。幕末には、少しずつ西洋料理店を標榜する店が出てきたことがうかがえるが、各地域の西洋料理店の開店についてみると(前坊　二〇〇〇)、明治四、五年と比較的早い開業もあるが、多くは明治十年(一八七七)以降に盛んになっていくと考えられる。

『東京新繁昌記』には、牛肉、豚肉、パン、カステラ、葡萄酒、ビールなどがあちこちで販売され、外国人ばかりでなく、役人、華族など上流階層、農工商などさまざまな階層に、西洋料理が求められ、西洋料理店が繁盛していると述べられている。そのメニューはコーヒー(滑比《コッヒー》)、汁(蘇伯《ソップ》)、油煎《てんぷら》(細底幼《シチュー》)、炮肉(撰斯鐡《ビーステキ》)などとあり、訳語に苦心した様子がうかがえる。コースの価格は、料理の内容により異なり、五十銭より三円、五円までで、精養軒(築地入船坊)、萬国亭(尾張坊)、三河亭(神田三河坊)、萬林楼(日本橋品川坊)を紹介している。客は部屋の中央の大きなテーブルクロスのある食卓を囲み、椅子(胡床)に座る。フォーク、ナイフ、スプーンは用意されている。まずパンが供され、次にスープ、肉、魚料理と順に供されるとし、その食事マナーなどが記されている。

このような西洋料理の流行には、早くから翻訳西洋料理書が刊行されたことからもうかがえる。仮名垣魯文『西洋料理通』、敬学堂主人『西洋料理指南』上・下は、いずれも明治五年に刊行された翻訳料理書である。両書とも日常のものとはいえず、どちらにも食卓を囲む人々の絵が描かれており、饗応料理である。後者の序文には、日本では植物性食品が中心の食生活であったが、動物性食品への知識を深める必要があると説明しており、外国の食事に倣って「滋養分」の多い食事が必要だと説いている。このような考え方は、その後、富国強兵策とつながり、料理書の序文の代表的な刊行目的となった。

翌六年に刊行された須藤時一郎編『万宝珍書　食料之部』はフランス料理を紹介したもので、その序には、強壮な身体のためには、獣肉、乳・乳製品が重要であることを説いている。須藤は、江戸幕府が横浜港の鎖港交渉のためにフランスに派遣した遣欧使節に加わった一人である（江原・東四柳二〇〇八）。

さらに、吉田正太郎編『日本支那西洋料理独案内』、『日本西洋支那素人料理案内』（一八八四）は、西洋料理店として明治十五年に東京京橋区に開業した青陽楼の主人が校閲している。前者の序には、日本料理の八百善、西洋料理の青陽楼の料理法を「独案内」するとし、凡例には、自宅で作るのは手数がかかるからと八百善や青陽楼に出かけて食事をする人もあるが、その食事作法を知る人が少なく恥をかくことになるので、いっそ行かないとしている人のためにも食卓作法を紹介したとしている。これらからみると、西洋料理のコースは、人々にとってはまだ特別なものであったといえる。そのほか、丹羽庫太郎著『西洋料理精通』（一九〇二）の肩書きは「横浜クラブホテル」となっている。これは、明治十七年、横浜居留地に開業したクラブ・ホテルで、ボーリングアレー、ビリヤード、レストランがあり、ホテル機能も持っていた。料理の味がすばらしく、食事の間に音楽のバンドが入ることで評判を呼んだという（澤　二〇〇二）。そのほか服部国太郎編『西洋料理厨の友』（一九〇二）は、精養軒主人口述とあり、聞き取りをもとにした料理書である。このように、明治時代の西洋料理書には西洋料理店の関係者によるものがみられる。

日露戦争が終わる頃には、各地に広がるコース料理を中心とした西洋料理店だけでなく、アラカルト料理を提供するところ、和洋折衷の洋風料理を提供するところなどが増加することになる。

ホテルの誕生とメニュー　江戸時代、オランダ使節が江戸参府の際に滞在する「客館」として建設されたものに、江戸長崎屋があり、江戸時代初期から存在していたといわれるが、開港後の日本に建設された欧風ホテルとしては、幕府が建設した「ホテル館」がある。『武江年表』慶応三年（一八六七）の項には、築地船松町の軍艦操練所の跡に「築地ホテル館」を建設したとある。このホテルは一〇二室ある大規模なホテルであったが、次第に営業不振に陥り、明治五年（一八七三）に焼失した。この火事で、同年開業を迎えていた精養軒ホテルも焼失した。

北村重威は、焼失した精養軒ホテルを、翌年再建した。現在の東京銀座五丁目で、築地精養軒と呼ばれた。客室は一二室であったが、フランス人二人を料理師範として招き、料理の指導をさせ、後に活躍する名西洋料理人を生み出した。西尾益吉は、明治末期にフランスに渡り、パリのホテル・リッツで料理を学び、築地精養軒の四代目料理長に迎えられ、秋山徳蔵は、西尾の弟子として精養軒で学び、その後天皇の料理長を五八年間つとめた。築地精養軒は、ホテルとしての営業のほか、各諸官省主催の宴会、華族、政・財界人の屋敷のパーティー、宮中の観桜会などへの仕出しも行なった。この

図60　築地ホテル館

ホテルは、関東大震災（一九二三）により焼失する。その献立をみると、スープ、魚料理、肉料理、野菜料理、甘味、コーヒーと、西洋料理のコースが供されていたことがうかがえる（中村　一九八五）。また、明治初めに延遼館が建設され、鹿鳴館が建設されるまで外国人の接待所となった。明治十四年、東京府知事主催の新年の宴の記録を東京都公文書館に所蔵されている「延遼館夜会記録」（一八八一）からみると、有栖川宮、岩倉具視、大隈重信、伊藤博文、ドイツ・アメリカ・フランス・ロシアの各公使に供された饗応食は、古典的フランス料理のメニューで、二種類のスープから始まり、鯛料理、フォアグラ冷製、羊、牛肉の料理、雉子・山鴫の蒸焼など料理の種類も多く、デザートも数種あり、その豪華さが想像できる。

　このほか、居留地であった横浜には、横浜ホテルと呼ばれたホテルが万延元年（一八六〇）に開業し、グランドホテルが明治六年に横浜居留地に開業した。神戸の居留地には、明治四年に兵庫ホテルが開業している（木村　二〇〇六）。

さらに、明治二十年には、創設発案者となった外務大臣井上馨、第一国立銀行頭取で創設推進役となった渋沢栄一、大倉喜八郎、益田孝などが会合して、帝国ホテル会社を設立した。帝国ホテルは、大倉喜八郎が社長となり、明治二十三年に開業した、会社組織でははじめてのホテルで、寝室六〇室の外国賓客を接遇する「迎賓館ホテル」を目指したものであった（木村 二〇〇六）。渋沢栄一の娘で帝国大学法学者穂積陳重《ほづみのぶしげ》の妻歌子の日記『穂積歌子日記』によると、明治二十三年以降、家族の食事や夫陳重と交際のあった学校関係者の夫人たちとの会食、客の招待などしばしば帝国ホテルを利用している。客の接待には、夫妻で出席し、五時半頃控え室で話をした後、貸し切りの食堂へ案内し、にぎやかに食事をした後は、七宝焼き陳列所に案内し、休息所で落語を聴き、十一時頃退出している。また、明治三十三年の日記には、「渋沢大人授爵祝賀会に招待を受け、子供六人召し連れ帝国ホテルに行く。余興は大相撲あり」とあり、帝国ホテルは、上流階層の夫人たちの交流の場や時には子どもを加えた食事の場ともなっていたことがうかがえる。

お雇い外国人と北海道開拓　近代国家の建設を目指した明治政府は、西欧から新しい文化を取り入れるために、積極的に欧米への留学生を派遣し、欧米各国からお雇い外国人と総称された専門家・技術者を招いた。その分野は、教育・法律・医学・薬学・美術・音楽など広範囲にわたった。その中に食品加工技術の指導者もある。

お雇い外国人の雇用先は、中央政府の省庁（官）、地方府県行政庁（公）、一般企業、個人（私）などで、イギリス、アメリカ、フランス、ドイツ、オランダ、オーストリア、ロシアなど欧米諸国と中国から、幕末・明治期を通じて雇用された。明治元年（一八六八）から明治二十二年に至る官・公・私をあわせたお雇い外国人の資料だけでも二〇〇〇人以上が記録されているが、数千人はいたといわれている（札幌市教育委員会、一九八一）。

食品加工に関わる開発、とくに西洋料理に用いるハム、ソーセージ、乳・乳製品、ぶどう酒、ビール、ケチャップなどの洋風調味料は、彼らの指導により急速に発展した。とくに、肉類とその加工品、乳・乳製品についての本格的製造は、明治六年、北海道開拓使庁が官営工場を設けて以降発達した。

維新後、定職を失った人々は、さまざまな生活の手段を求めて、移民として海外に出かける者、明治初年には秘境の地でもあった北海道開拓地に移住する者などがみられた。明治三年、樺太を視察した開拓使次官黒田清隆は、政府に樺太放棄論を建言し、北海道内国に国費を使うべきだと主張した。黒田の北海道開拓計画のなかに、開拓経験豊かな外国人を招聘し、工業、農業を興そうとする計画があった。黒田は、アメリカからホーレス・ケプロンほか、技師たちを招聘し、開拓に取り組ませた。

明治四年、政府は、ケプロンの献策を受け入れて、東京府下の旧大名敷地三ヵ所に官園を設置し外国からの家畜、作物などを試験的に飼育・育成し、北海道移植への中継地とした。明治八年から翌年にかけての試験作物としては、穀類・雑穀では米、小麦、大麦、燕麦、豆類、とうもろこし、稗、蔬菜類ではアスパラガス、人参（胡蘿蔔）、西瓜、馬鈴薯、落花生など三七種あり、果実としては、葡萄、林檎、梨、桜桃、マルメロ、グーツベリーなどがある。これらのうち、米などわずかなものが国内産であったが、ほとんどがアメリカ産であった。ほかには、和、洋種の牛、馬、羊、豚などが飼育され

図61　開拓使のお雇い外国人

た（札幌教育委員会　一九八一）。

開拓使官園において官吏や生徒を指導したのは、アメリカ人エドウィン・ダン（一八四八～一九三一）である。ダンは、オハイオ州で生まれ、明治六年、農業・畜産担当のお雇い外国人教師として来日した。その契約書には、農業師として開拓使に奉職し、給与年額は日本円三〇〇〇円（田辺　一九九九）一ヵ月二五〇円とある。明治十九年の小学校教員の初任給が五円、公務員の初任給が五〇円の頃である。

ダンは、アメリカから牛、羊などを買い入れ、最初は東京の開拓使官園で飼育指導を行なったが、明治九年、札幌官園にわたり、函館において畜産をはじめ、翌年、北海道真駒内牧場を整備した。ダンは、牛の飼育・牧場の整備だけでなく、乳・肉の加工なども行い、バター、チーズ、練乳の製造、ハム、ソーセージの加工にまで及んだ。ダンの到着後まもなくルイス・ボーマーが札幌に赴任し、二人は生涯親交を結ぶ。ボーマーは、果樹・蔬菜・穀類など農作物全般を掌握し、林檎の移植と育成、ビールの原料のホップ栽培にも業績がある（札幌市教育委員会　一九八一）。

札幌農学校初代教頭となったウイリアム・スミス・クラーク（一八二六～八六）は、アメリカマサチューセッツに生まれ、後にドイツに留学し、化学成分に関する論文で博士号を取得した。一八六七年、マサチューセッツ州立農科大学学長に就任、園芸学、植物学を教えた。一八七六年来日し、札幌農学校初代教頭に就任し、植物学を教えるかたわらキリスト教の信仰を伝えた。札幌農学園を創設し、経営の基礎を作った。農学校の卒業生には、クラークの「少年よ大志を抱け」を世に伝えた大島正健が教え子であり、二期生に内村鑑三、新渡戸稲造がいる。

また、同じく北海道に招聘されたドイツ人マックス・ポールマンは、明治二十一年に来日し、北海道開拓使管轄の官営札幌麦酒醸造所に着任する。冷却や殺菌に関する最新技術を携えて来日したポールマンは、それまで殺菌汚染を防止できなかったために製造できなかった日本のビール製造にドイツの新式醸造機、製氷器械を導入し、良質な製品を製造した（河野　一九七九）。

食品分析と保健食料　西洋近代科学を積極的に取り入れようとした明治政府のもとで、日本人の食糧調査やその摂取栄養量などについての研究が進む。日本人の適正な食物摂取量を算出するには、まず、食物摂取の実態調査が必要であった。明治十二年（一八七九）、十三年、内務省勧農局によって実施された「人民常食種類調査」は、日本ではじめての全国的調査とされている。穀類、蔬菜、芋類などの摂取割合を七八の国別、一四の都市別に図示したものである。羽後、羽前、陸奥、伊賀、近江などが米の比率が高く琉球、対馬、壱岐などは米の割合はきわめて少ないなど地域による常食の割合を見るには興味深い調査といえる（豊川・金子　一九八八）。

また、『食饌調査』は、明治十九年、内務省衛生試験所が発表したもので、お雇い教師のオランダ人エーキマン（Eijkman）や田原良純が関わっている。結果は、『衛生試験彙報』第一・二号に掲載された。第一号は明治十五年、監獄囚徒の食料分析、第二号は高等師範学校など学校の生徒、越後屋店員の食事を調査している（豊川・金子　一九八八）。それを見ると、前者は一回の食事の飯が四五〇〜五〇〇グラムあり、あとはたくあんが毎回ついているが、みそ汁は朝食のみ、おかずは、豆、切り干し大根、コンニャク、いもなどが一品つくときとそうでない時とがあり、飯とたくあんが食事の中心であるといえる。

学校の生徒の調査では、飯（平均五八〇グラム）に野菜類、芋、豆腐、牛肉、かつお、まぐろなど使用食品は多様であるが、飯の量から見て、飯に偏重した食生活がうかがえる。これらの食事を試料にして乾燥し、たんぱく質、脂肪などを測定したとある。さらにこれを、保健食料と比較するなど、新しい分析方法を駆使しながら日本人の食事の栄養調査を実施する動きが盛んになっていく。

保健食料は、保健食糧、食量とも称し、健康を維持するために必要な一日の必要食料とその分量を例示したもので、算出方法により多少の違いが見られた。多く用いられたのは、ドイツ人フォイトの保健食料をもとにしたものである。これは一日の労働が八〜一〇時間の男子で、たんぱく質一一八グラム、脂肪五六グラム、炭水化物五〇〇グラム、総熱量三〇五五カロリーを標準とした（高木　一九三二）。

明治二十年、東京衛生試験所長、田原良純は、フォイトの算出方法をもとに日本人に合うよう保健食料を算出した。中等の労働で、男子はたんぱく質九五グラム、脂肪二〇グラム、炭水化物四五〇グラムとした。これは同年発表した食品分析とともに、その後、家事教科書などにも掲載されて広く使われた。明治三十五年の高等女学校用家事教科書には、フォイト、田原のほか、森、中浜、ケンネルの保健食料を紹介している（後閑・佐方　一九〇二）。

このように、西洋の生理学・栄養学などの知識を取り入れ、食事と健康の関係を科学的に解明しようとする動きは、お雇い外国人の指導からはじまってはいるが、田原など日本人の活躍が注目される。田原良純は、東大製薬学科を卒業し、明治二十年に東京衛生試験所長となり、その後ドイツに留学し薬学・化学を研究し、欧州各国の衛生事業を巡視した。ふぐ毒のテトロドトキシンを抽出したことでも知られる（江原　二〇〇六）。

鉄道建設と食堂車・駅弁　日本の鉄道建設は、明治二年（一八六九）に決定され、明治五年九月、新橋・横浜間の鉄道が開通した。新橋・品川間の運賃は、上等一五銭、中等一〇銭、下等五銭、品川・横浜間は、上等一円、中等六〇銭、下等三〇銭であった（日本国有鉄道　一九七四）。また、京都・神戸間の鉄道は明治七年五月に完成したが、京都・大阪間は財政的な理由からやや遅れ、明治十年に完成した（日本国有鉄道　一九七二）。東京・京都を結ぶ東海道線が竣工したのは、明治十九年のことであった（藤井　一九八〇）。

列車を待つ間の喫茶室の類も誕生し発展した。明治五年八月三十日、「停車場」内の「食物茶店」の営業が許可されている（日本国有鉄道　一九七四）。また、別に「明治五年六月晦日、京橋上田虎之助に、新橋停車場構内において、西洋食物店を営業することを許可した」とある（雪廼家閑人　一九七八）。駅構内の飲食店が、鉄道開設にともなって発展していったといえよう。

食堂車の登場は、明治三十二年、当時の民間鉄道ではもっとも規模の大きい山陽鉄道で設置したのがはじめとされる。食堂の営業を担ったのは、自由亭ホテルと称し、のちにみかどホテルと称した。みかどホテルは、創業明治二十二年で、日本で初めて列車食堂営業をはじめ、駅構内食堂営業を行い、最大の経営規模の企業に発展した（木村　二〇〇六）。

みかどホテルの明治四十三年の営業内容を見ると、定食料理は、朝食、昼食、夕食があり、朝食は、料理二品にパンとコーヒー、昼食は、スープと二品に、菓子、果物、パン、コーヒーが供され、夕食も品数が三品となるほかは、昼食と同様のコース料理である。二ランクあり、朝食が五〇銭と七〇銭、昼食が八〇銭と一円、夕食は、一円と一円二〇銭である。一品料理もあり、スープ（二〇銭）、フライドフィッシュ（二〇銭）、オムレット（一八銭）、ビーフステーキ（三〇銭）、カレーエンドライス（二〇銭）紅茶または珈琲（一〇銭）アイスクリーム（一二銭）、チーズ（一〇銭）など多彩である（かわぐち　二〇〇二）。その後、飲料として、日本酒にビール、平野水、ラムネなどが加わった。

また、明治三十四年、官設鉄道の新橋・神戸間の急行列車に食堂車が連結され、西洋料理メニューによる営業がはじまった（日本国有鉄道　一九七二）。官設鉄道の食堂の営業は、指名入札の結果、精養軒が落札した。肉類一品一五銭、野菜類一品一二銭とアラカルトであった。明治三十九年には、急行列車三等客のサービスのために、和食専門の食堂車をスタートさせ、琵琶湖産の瀬田しじみのみそ汁が好評だったという。そして大正期には、刺身・丼物を扱う和食堂も人気を博し、大衆化していく（かわぐち　二〇〇二）。また翌年、関西鉄道は、名古屋・大阪間の運賃を官設鉄道より引き下げ、弁当のサービスを行うなどサービス競争に駅弁も登場した（日本国有鉄道　一九七二）。

駅弁については、明治十八年七月、上野・宇都宮間開業により、宇都宮駅で弁当、お茶の立ち売り営業が開始され、これが駅弁の嚆矢といわれる。当時、宇都宮伝馬町で旅館を経営していた白木屋嘉平が宿泊客であった日本鉄道株式会社の重役に勧められてはじめたとされる。弁当の内容は、黒ごまをまぶした梅干し入りの握り飯二個にたくあんを添え、竹の皮に包み、価格は五銭であったというが、確認できる確かな史料はないという。そのほか、あんパン、カタパン、花カステラなどのほかにお茶も販売した。その後、明治二十一年、姫路駅で経木折に入った幕の内弁当が売られ、一ノ関駅では明治二十三年、すしが発売されるなど全国で駅弁が売られるようになった。そして、大正十二年（一九二三）には、年間一億個にものぼる弁当の空き箱処理に悩むこととなり、すし、サンドウィッチに紙箱を使用するようになった（小田　二〇〇五）。

2　産業革命と食生活の変化

穀物消費の変化　日清・日露の両戦争間に日本社会は大きな転換期を迎える。とくに両戦争による軍備の増強、製糸・紡績業の発達は産業化の進展や資本主義社会の形成を促し、日本の産業革命ともいえる新しい社会変革をもたらした。こうした転機は国民の食生活にも大きな影響を与えた。なかでも、米食率の向上と雑穀食の減少といった国民の穀物消費内容の変化がみられたことは、この時期の

表1　8月の行事献立

8月14日	宵盆	朝食	(記載なし)
		昼食	(記載なし)
		夕食	飯　汁　漬鰊
8月15日	盆	朝食	赤飯　汁　油揚
		昼食	飯　汁
		夕食	飯　汁　油揚
8月16日	盆	朝食	飯　汁　塩鱈
		昼食	飯　汁
		夕食	飯　汁　塩鱈　酒　素麺
8月17日	盆	朝食	飯　汁　塩鱈
		昼食	飯　汁
		夕食	飯　汁　塩鱈

註　石川県石川郡役所（1959）より作成

一つの特徴である。

江戸時代の農民にとって、米は年貢として幕府に納める作物であったため、一般には常食できる食材ではなかった。また、田中丘隅『民間省要』（一七二一）や西川如見『百姓嚢』（一七二一）などの記録によれば、地方の農村での米食は稀で、さつまいもや麦、雑穀の常食が一般的であったことがわかる。さらに江戸後期の紀伊、信濃、安芸などの地方豪農たちの日常食でさえも、米の混合率は四～六割とされ、雑穀などとの混食が常であった（有薗　二〇〇七）。

明治時代より以前から、都市での米の常食は一般的であったが、日本海側の東北地方・北陸地方でも、七〇～八〇％といった高い米食率を示すようになる。たとえば、「石川県石川郡安原村村是」（一八八八）にみる行事献立（表1）では、飯と汁を用い、朝食と夕食に塩鱈や漬鰊、油揚などのおかずを伴う食事内容となっており、米食が普及している様子がわかる。また、常食に関しても、「資産に富めるもの」は、維新前は「麦飯」であったが、今では「米飯のみ」を食するとある。しかし、「中等のもの」は米飯と麦粉（オチラシ）を混ぜたもの、「貧なるもの」は米にカテを加えて炊いたものを食するとあり、身分により、米の食べ方に違いもみえる。同時期の岐阜県安八郡でも、「最上等」は米のみ（もしくは米八〜九分・麦一〜二分）、「中等以上」は米五分・麦五分、「下等」は米一〜二分・麦八〜九分（もしくは芋の葉、大根の葉などを刻み混ぜる）、「最下等」は麦や稗に「少許ノ米」（もしくは芋の葉、大根の葉などで雑炊とする）などと身分差による常食の米の混合比の違いが明示されている（『興業意見』、一八八五）。また、「下等」以下に関しては、このほかに麦や稗の粥、雑穀で作った団子なども用いるとある。さらに、B・H・チェンバレン『日本事物誌』（一九三九）にも、一八八〇年代の様子として、「基本的な食物は米である」としながら、「貧困な田舎では、米の代りに大麦、黍やその他の安価な穀物である―米には魚と卵、新鮮なものを漬物にした野菜が少量つく。大豆は特に重要とされている」とあり、米の常食化が進むいっぽうで、依然として雑穀を用いる地域が並存していたことを示している。

こうした米食率向上の背景について、大豆生田稔は、「地租金納により米が手許に残ったこと」「西南戦争以降生活程度が向上したこと」「米作改良の結果増産がすすんだこと」をあげ、さらに産業革命期（一八九〇〜一九〇〇年代）の東京や大阪などの大都市、地方都市において加速した都市化が米の消費を増加させたと指摘する。また明治二十三年（一八九〇）に、前年の凶作の影響で米価が暴騰すると、市場に出回る商品米が急増し、農村でも収入高による生活水準の向上がみられるようになり、全国的な米の消費量の増加を促した（大豆生田　二〇〇一・二〇〇六・二〇〇七）。

いっぽうで、この時期の養蚕業の発達が、粟や稗などの雑穀畑を桑畑へと転換させ、同時に養蚕業から得られる現金収入で米を購入する農家を増大させたという見方もある（江原　一九九八、大豆生田二〇〇六など）。養蚕業は、近世においても農村の副業であったが、近代以降蚕糸業が海外市場に参入し、より一層の隆盛を迎えた。というのも、明治初期の日本は大幅な輸入超過に陥っていたことから、政府が貿易収支改善を目指し、輸出品の中心であった生糸、蚕種、製茶などの生産力増強に力を注いだためである。とくに生糸は江戸時代の重要な商品作物の一つであったこともあり、明治時代以後も主要な輸出品とされた（古島　一九六六）。一八七〇年代には、群馬県富岡に官営の「富岡製糸場」（一八七〇年に設立を企画、七二年に操業開始）が設立され、やがて全国でフランスやイタリアから導入した技術を下に大規模な工場経営が行われるようになった。そして一八八〇年代前半には、生糸と鉱産物の輸出増大、松方正義大蔵卿による財政緊縮政策などの影響で、貿易収支は輸出超過に転じることとなる。

いっぽう、明治二十四年に起こった清での凶作で、明治初期から始まった米の輸出は一層盛んになり（渡辺　一九六四）、その結果、主要輸出品目のトップも米穀が占めるようになった。一九〇〇年前後には、国産米の不足を朝鮮や台湾、東南アジアからの外来米で補うようになり、国産米と混食させた米食の普及も進んだ。とくに台湾米や朝鮮米は、当時の植民地からの輸入だったこともあり、外米輸入額の節約に繋がるとして重宝された（大豆生田　二〇〇七）。

しかし、明治中葉以降の養蚕業の発達による雑穀食の減少や国産米の不足分を補う外米依存があったとしても、農村における米の常食化には限界があった。たとえば、明治四十年代の福島県田村郡の周辺では、米と麦を混合し、中以下の者は馬鈴薯、大根を入れていたとある（田村郡農会、一九〇七）。また『道府県に於ける主要食糧の消費状況の変遷』（一九三九）によると、米の増産や粟、稗、黍などの雑穀栽培の減少は、地方においても半白米（麦五分米五分）にまで米の消費量を増加させたと記されているが、未だ混食が続いていたことを示している。さらに西南日本では麦や甘藷、東日本では粟やそば、稗、さらに山間部では栃や栗の実などを常食としていたとされ（森末・寶月・小西 一九六九）、米食が未だ及ばなかった地域もあった。地域差は未だ顕在であったといえる。

都市の家族と食生活 産業革命の進行で、都市に人口が集中しはじめると、そこに住む家族の食生活にも変化が見られるようになる。たとえば、西洋料理を楽しむ習慣の波及も、この時期の特徴の一つといえよう。

都市での西洋料理受容の様子を伝えてくれる史料の一つとして、中川愛氷『四季の台所』（いろは書房、一九一〇）が挙げられる。当史料には、統計学者であった柳澤保恵《やなぎさわやすとし》（一八六〇〜一九三六）家における一年間の献立記録（朝・昼・茶・夕・食後）が収載されており、東京の華族の食生活を知る上で有効な情報を与えてくれる（江原・東四柳 二〇〇八）。柳澤家の朝食は、飯、汁物一種、菜（煮豆、佃煮、海苔、大根のふろふき、きんぴら牛蒡など）一〜三種という組み合わせとなっており、和食献立形式が基本となっている。また柳澤家では、毎朝卵を食べるのが日課であったらしく、「五分玉子、オ（ヲ）ムレット、すり玉子巻、玉子の半熟、ゆで玉子の煮付」などの卵料理が供されるか、もしくは卵料理のない日は「生玉子」を食していたとある。さらに、「ぱん」と「牛乳」といった洋風朝食

図62　新しい食品と家庭生活

も一日だけ含まれているのも興味深い。

また、「茶」と分類されている項目は、ティータイムの内容であると思われる。たとえば、「クリームケーク、クリームチヨコレツト、ゼラチンヨセモノ、チヨコレツトケーク、デセール、ドロツプ、ビスケツト、焼パン、ワツプル《ママ》」などの洋菓子から、「あべ川、うぐひす餅、甘納豆、田舎しるこ、おはぎ、かき餅、きりざんしよ、きんつば、葛餅、さくら餅」などの和菓子、さらには「釜揚うどん、赤飯、雑煮、素麺、蕎麦、茶そば、ちらしずし、握鮓、松茸飯」などの軽食が登場する。「夕食」には、週に一～二回は外で「洋食」を楽しんでいたこと、また普段の家庭料理にも「チキンライス、コロツケ、兎のあぶり物、カツレツ、海老フライ、ライスカレー、ビステキ《ママ》、牛肉のフライ、スープ、ロースビーフ、スチウ」などの「洋食」が供されていたことがわかる。また「食後」には必ず「林檎、蜜柑、いちご」などの季節の果物も一～二種出されている。

いっぽう、同じ頃に京都で書かれた中野万亀子の日記にも、柳澤家ほどの頻度ではないが、「洋食」を楽しむ家族の様子が記されている（中野　一九八一）。執筆者の万亀子は、明治二十三年（一八九〇）七月五日に、京都二条で「薬屋」という屋号の「薬種卸小売商兼薬舗（現在の薬局）」を営んでいた中尾万七の長女として生まれ、明治四十年に、京都五条で同業種を営む大和屋中野忠八へ嫁いだ。なお、嫁ぎ先は、薬のほかにも、砂糖、食料品、化粧品などの販売を行う京都でもよく知られた薬局である。

この日記は、執筆者の万亀子が結婚三年目の明治四十三年正月から十二月までの毎日の生活について記録したもので、食に関する記述にも多数出会える貴重な史料である（櫻井　二〇〇七）。たとえば、万亀子が時折楽しむ外食には、日本料理のみならず、東屋《あずまや》、五条《ごじよう》倶楽部《くらぶ》といった西洋料理を提供する料理屋なども登場している。五月五日の東屋での記述によると、「ソップ、エビのフライ、チキンチャップ、パンケーキ、紅茶」の食事をしたとある。さらに、万亀子は義妹の国子と、「西洋料理のおけいこ」に通い、「スープ」や「シチュー」「カステーラ」なども習っており、四月三日に行なったひな祭りでは、白菜を使用して「キャベツロール」を作ったり、毎月第一土曜日には「ビーフの会」と称して、すき焼きを楽しんだりもしている。また、日記のなかには、「バナナ、セリー酒、サラダ油、アイスクリーム、ミュンヘンビール」などの新しい言葉が登場するのも興味深い。万亀子の生活様式そのものは旧来からの町屋暮らしを踏襲していたが、都市の町民生活のなかに少しずつ西洋からの食材や食品が入り込んできている様子を示唆してくれる事例といえよう。

以上のことから、都市の上流・中流階級の生活のなかには、明治も終わりになると、西洋料理に親しむ機会が増えつつあったこと、また外食に出かける習慣も浸透しつつあった様子が読みとれる。

また、明治三十六年には、白木屋にて日本で初めてのデパート食堂が開設され、家族が外食を楽しむ場所としてのさきがけ的な展開をみせる（初田　一九九九）。さらに、大正・昭和初期になると、デパートなどの食堂で、お子様ランチや手軽な「洋食」メニューなどが数多く考案され、都市の家族たちの新しい食習慣として定着していくこととなった。しかし、これはあくまで都市の上層部の生活風景であって、階級や地域による格差は顕著であった。

学校と食教育　日本の学校教育のなかで、食物に関する内容が取り込まれるようになるのは、明治五年（一八七二）の学制発布以降になる。当時、小学校向けの食に関する教科書には「読本読方」の科目に『西洋衣食住』、「養生口授」に生理学の翻訳書『健全学』があげられる程度で、食物教育が独立した教科として扱われていたわけではなかった（江原　一九九一）。しかし、明治十四年に高等小学校の女子の科目に加えられた「家事経済ノ大意」のなかの「割烹」の項目では、使用人まかせの料理のあり方が非難され、調理実践の大切さが明示される（江原　二〇〇二）。

いっぽう、明治七年には、女子教員養成のため東京女子師範学校（現在のお茶の水女子大学）が創設され、以後全国に師範学校、女子師範学校の開設が相次いだ。日本で最初の学校用割烹教科書『くりやのこころえ　全』（一八八〇）が石川県金沢で刊行されたのも、この時期である。本書は、石川県第一師範学校（一八七五年設立）が同県の学校用教科書として編纂したもので、江戸時代の装丁を引き継ぐ和綴じ本となっている。同校に設置された石川県女子師範学校は府県立としては初めての女子師範学校であった。本書が実際に使用されていたかどうかについては定かではないが、炊飯法、大根や茄子などの漬け方、酢や味噌、みりんなどの醸造法といった江戸時代の料理書から引き継がれたと思われる内容から、牛乳や牛酪（バター）の臭みを消す方法、麦酒（ビール）の苦みを取り去る方法など、近代以降に普及した新しい食品に関する知識に至るまでの幅広い内容が盛り込まれている。

『文部省年報』（一八七八）の中にみる石川県師範学校の報告によると、女子師範学校ではもともと男子と同じ教則であったが、改正に伴い、「容儀習礼」の一科が加えられ、「配膳方ノ事、本膳並二三ノ膳置方、飯ノ継方、盃並銚子ノ扱ヒ方、茶ノ出シ方、菓子ノ出シ方、飲食ノ次第、箸ノ取収メ方並楊枝ノ遣ヒヤウ膳降ノ時礼儀ノ心得、婚礼ノ次第、配膳、膳部方ノ事、献立荒増、庖厨ノ荒増」などの食に関する内容が含まれることになったとある。実際、明治十年以降に、女子師範学校の教科に、「家事」と「裁縫」が加えられたことから、本書はこうした状況に呼応して刊行されたものと考えられる（江原・東四柳　二〇〇八）。

図63　日本で最初の学校用割烹教科書『くりやのこころえ　全』

明治三十二年には、高等女学校令の公布とともに、高等女学校が整備される。高等女学校における食物教育の展開については、『高等女学校における食物教育の形成と展開』（江原一九九七）に詳しい。それに基づき、概況を追ってみよう。高等女学校は、明治二十四年に改正された中学校令のなかで学校体系に位置づけられた四年制、五年制の女子中等教育機関である。さらに女子固有の教科として、「家事」と「裁縫」が盛り込まれ、食物に関する内容は「家事」の中で教授された。しかし、「家事」の割合は「裁縫」に比べ少なく、食物の内容の詳細が示されたのは、明治三十六年に制定された高等女学校教授要目（文部省訓令第二号）からであった。それによると、食物は第三学年の家事の一部に含まれ、その内容は「成分、性質、常用食品（米、麦、粟、麦、麺麭《パン》、麺類、麩、大豆、豆腐、みそ、醤油、小豆、菓子、果実、野菜、魚、鳥、卵、牛豚肉、乳、食塩等）、嗜好品、飲料水、浄水法、水ニ依ル病毒伝播、献立、食器、庖厨具、割烹、其ノ実習（煮物、焼物、蒸物、汁物、漬物、生物）、貯蔵」となっている。

また調理（割烹）実習は、第三または四学年で約一〇回行うのが基本とされ、一九〇〇年代以降には、神戸第一高等女学校、前橋市立高等女学校、宇都宮高等女学校、沼田高等女学校などの地方でも、割烹実習室が設置され、給湯、給水、ガス、電気などが整備された。さらに、調理実習の教科書には家事教科書とは別に割烹教科書が発行されたが、『割烹教科書　全』心得の部・実習の部（一九〇七）以外は検定教科書とはなっていなかったことからも、参考書であり、多くは教師の板書などによっていた。調理実習の内容は、各地域の食生活の内容とはかけ離れた西洋料理との折衷料理や客膳料理が多かったため、生徒たちにとっては珍しい料理として受けとめられたが、地域の生活習慣には合わず、女学校の食教育は役に立たないとの批判を受けることとなった（江原　一九九八）。

家庭向け料理書の増加　江戸時代までの料理書は、男性読者を対象としたものが多く、日常食を扱うというより、饗応料理を著す傾向が強かった。しかし近代になると、日常食の調理に焦点をあてた家庭向け料理書という新しいジャンルが確立されるようになる（東四柳・江原　二〇〇三）。そして、これらは主に家庭内で家事を担当した女性に向けて著されたものだった。

家庭向け料理書が発達をみせた一因には、近代以降におこった家族構造の変化が挙げられる。落合恵美子が提起した「近代家族」の成立には、家庭内における「家内領域と公共領域の分離」や「男は公共領域・女は家内領域という性別分業」が条件の一部とされた（落合　一九八九）。これにより、家庭内の職務を一任された女性たちには、一家の主婦として、家事や育児に従事する責任が生じることとなり、女性の裁量による家内領域の管理が求められることとなった（小山　一九九九）。とくに、日清・日露両戦争から第一次世界大戦間にかけての時期には、興隆した産業革命の影響で都市への人口集中がはじまり、新中間層と呼ばれる一つの社会層が誕生する。この層に属する夫たちは、官公吏、学校教員、会社員、銀行員などの俸給労働者となり、一方でその妻たちは時として「女中」を雇いながら、夫の俸給内での家事のやりくりに従事していくことが求められた。

そして、料理もまた、女性にとって、日々考えていかなければならない重要な家事の一種となる。この時期の主婦の煩悶は、同じ頃に刊行された料理書のなかにおいても反映されている。たとえば、『家庭実用献立と料理法』（一九一五）の序には、「新たに、家庭を持ちたる婦人の自白を聞くと、日々日々、最も心配な事は、明日の献立を如何にしやうかといふことである、即ち、若し経済を構はずして庖丁を採れば、月末が来て主人に申訳がなからう、さりとてあまりまづきものを食卓にのせるとせば、又主人が何と思ふかもしれんと恐らくかかる煩悶は、強ち新しき家庭を持ちたる婦人に限るまい、一般に一家の主婦となるものは、たとひ頭に雪を頂くやうになつても、之をとり去ることが困難であらう」とあり、年齢に関係なく、女性たちが夫の俸給内で食事を準備することの難しさに悩まされている様子がうかがえる。また、十分な経験のない若い「女中」を雇った場合、自らが模範を示すべく、主婦として家事に着手する必要が生じる場合もあったため、「女中」を雇用できる女性であっても、食事作りに関わる知識の習得は必要とされた（江原　一九九八）。

家庭向け料理書の刊行数は、この新中間層の隆盛とともに大きな伸びを見せていく。実際、料理書の刊行数は、明治三十八年（一九〇五）以降、急激な増加をみせ、また料理書の書名にも「家庭」「手軽」「簡易」「実用」「経済」などといった用語が含まれるようになり、そのほとんどが専門料理人向けの内容ではなく、家庭内を取り仕切る主婦向けの料理書として刊行された（江原・東四柳　二〇〇八）。なかには、嘉悦孝子『惣菜料理のおけいこ』のように、使用人でも読みやすいように平仮名を多用したものも著されている（嘉悦　一九〇七）。また、家庭向け料理書のなかには、主婦の料理上手が一家の平和や団欒に結びつくというものや、夫の料理屋遊びや外食を遠ざけると説明しているものもみえる（江原・東四柳　二〇〇八）。

これらの家庭向け料理書には、高価な西洋の食材ではなく、日本の食材や調味料でアレンジした西洋料理や、西洋の食材や調味料の使用を試みた和風惣菜など、和洋折衷料理が多く登場する（後述の「**和洋折衷料理の工夫**」を参照）。

また、家庭向け料理書には、一日三食の献立表などが紹介されるようになるのも特徴として挙げられる。一日三食の計画を立てるという考え方は、同時期のイギリスやアメリカの料理書にも見られる特徴で、日本もまた開国により交流が始まったのを機に学んだものと思われるが、明治三十三年以降には飯と汁を基本に菜(おかず)を組み合わせた日本型の献立内容で考案されるようになる(東四柳二〇〇五)。たとえば、横山順『料理の枝折』には、栄養と経済を考慮した三つの三食献立が紹介されている(横山 一九〇二)。内容はそれぞれ、米飯(一日一人約四合)と沢庵漬(もしくは菜漬)を常食とし、朝は汁物と菜一品、昼は菜一品、晩は菜が二品、もしくは汁物と菜一品といった組み合わせとなっている。菜には、牛肉と葱を使用した「鋤焼」や「馬鈴薯の蒸煮」など西洋からの食材を使用した和洋折衷料理も含まれている。また、こうした三食献立を扱った他の料理書に、安西古満子『四季毎日三食料理法(春~冬の巻)』(一九〇九)、西野みよし『家庭実用献立と料理法』(一九一五)、秋穂益実『家庭和洋保健食料三食献立及料理法』(一九一五)などが挙げられる。いずれも、家庭での調理の便宜を意識し、身近な食材での調理を目指した和洋折衷料理の内容で展開させている様子が特徴といえる。

図64　家庭向け料理書にみる主婦と使用人

雑誌と料理　日本で最初に発行された雑誌は、柳河春三が主宰した『西洋雑誌』（一八六七）であるが、女性読者を対象とした婦人雑誌（啓蒙誌、商業誌、機関誌、講義録も含める）もまた、『子育の草子』（一八七七）を先駆けとして、明治時代だけで一六〇種の発行が確認されている（三鬼　一九八九）。特に、一九〇〇年代には、女子の初等・中等教育の普及に伴う識字率の増大に期待し、『女学世界』『婦人界』『婦人画報』『婦人世界』『婦人くらぶ』『婦女界』などの商業婦人雑誌、さらには日清・日露戦争に際し、非戦論や社会主義を唱え結成された平民社をとりまく婦人たちによる『家庭雑誌』や『青鞜』など、新しい特徴をもつ婦人雑誌が次々と発刊された。また、この時期の家庭改良論の盛行は、以前にも増して顕著になり、明治三十六年（一九〇三）から大正元年（一九一二）までの間には、『家庭之友』や『家庭の新趣味』など二六種の「家庭」という名を冠した雑誌も発行された（三鬼　一九八九）。しかし、中嶌邦が「婦人雑誌の読者は、何よりも文字を読む識字率をもつことと、買うことができる経済的余裕、雑誌への関心があることが必要で、中産階層以上の家庭がその基盤であった。」と指摘するように、婦人雑誌は、必ずしも全ての女子を対象に刊行されたものではなかった（中嶌　一九八九）。

こうした初期婦人雑誌の料理に関する記事を挙げると、一八八〇年代には、「女子の学科の中に割烹を（後略）」（『女学雑誌』第二号・第三号、一八八五）、「横須賀囚人食を麦六、米四に切り替え」（『女学雑誌』第七一号、一八八五）、「洋食の食様」（『女学叢書』第一一号、一八八六）、「菓子の普及（一般化）に警告」（『女学雑誌』第一九四号、一八八九）、「鶏卵の新鮮度」（『婦女雑誌』第一巻九号、一八九一）、

「英国人クラークによる割烹法練習学校開校」（『女学雑誌』第三二五号、一八九二）など、調理法と言うより、料理に関する近況を伝えているといった印象を受ける。しかし、一八九〇年代前半あたりから、『家庭雑誌』に「松葉うどの調理法、仏蘭西田舎料理法、じやが芋料理、梅干のジヤム製法、手軽西洋料理　パンのフライ」、『婦女雑誌』に「和洋折衷料理の紹介（牛肉のかまぼこ、牛肉の茶碗蒸し、牡蠣の天ぷらなど）」などの調理法が掲載されるようになる。また、明治二十六年九月より『時事新報』ではじまった「何にしようね」という家庭の惣菜を伝える料理記事が、同年の『婦女雑誌』の中で「日々のそうざい」として転載されており、各メディアの中で、少しずつ啓発的な内容のみでなく、実践的な内容として扱われるようになる。

なお、日本における料理雑誌の先駆けは、『庖丁塩梅』（一八八六年十二月～一八八九年十二月、一八九一年二月）と『月刊　食道楽』（一九〇五年五月～一九〇七年八月、一九二八年四月～一九三〇年十二月）である。今井美樹の研究によると、『庖丁塩梅』はほぼ月刊誌として発行された料理雑誌で、売捌所も東京、横浜、名古屋、大阪、金沢、長崎、京都、函館など全国に及んでいたとされる（今井二〇〇二）。また、読者対象を「中流婦人」や「割烹専業者」とし、発行人であった藤松種十と石井治兵衛が創設した料理研究会での料理の品評や料理に関する注意点、「下婢」（使用人）への注意事項なども紹介されている。いっぽう、『月刊　食道楽』は、村井弦齋の『食道楽』（一九〇三）の人気がきっかけで生まれた。本誌もまた前掲の『庖丁塩梅』同様、中流以上の婦人と料理人を読者対象としていたとされ、その内容は東京や地方で開かれた「食道楽会」の活動報告や料理屋の紹介、料理に関

図65　大正時代の月刊料理雑誌『料理の友』

する諸注意などで構成されている。しかし、『庖丁塩梅』にはみられない特徴として、読者（主婦）が使用人任せにせず、自ら率先して食事の準備に関わることの重要性が説かれ、さらに新しい調理器具や食材に関する情報伝達を果たす役割も目指していた（今井　二〇〇二）。

大正二年には、大日本料理研究会が『料理の友』という中流階層向けの料理雑誌を創刊する。本誌は約一二〇頁前後の月刊雑誌である。ほとんどの表紙に女性の姿が描かれたモダンな装丁で、会員制をとって全国に読者を広げていた。「会員募集」の欄をみると、「家庭料理の改善」のため、日常の料理に関する実用的な内容を展開しようとした意図がみえる。本誌には、旬の食材を考慮し、和洋折衷料理を中心とした料理法の紹介のほかに、医学博士、農学博士、法学博士などの肩書きをもつ執筆者たちによる食物の栄養、衛生、台所改善など様々な食教育に関する記事、さらには、醤油、胡麻油、国産練乳、三ツ矢サイダー・平野水、葡萄酒、アイスクリーム製造器などの多くの広告が掲載されている。また、フライパン、テンピ、菓子型、ナイフ類などの調理道具類や食器類、バター、ラード、カレー粉、メリケン粉、ベーキングパウダーなどの通信販売欄もみられる。

一九一〇年代になると、女子の初等・中等教育の普及による識字層の増大にともない、大量読者層の獲得を目指して、一層実用的な商業婦人雑誌の多様化が進む。そのなかでも、代表的なものが、大正六年（一九一七）発行の『主婦之友』であろう。本誌は、創刊の三年後には、早くも雑誌の発行部数第一位を記録し、昭和初期には百数十万部の部数を誇ったとされる（木村　一九九八）。また、大正九年には、先発の『主婦之友』を意識して、講談社から『婦人倶楽部』なども発行された。これらの雑誌は、家庭内の管理を任された主婦に、具体的な方法を教授するうえで影響を与えた。とくに、『主婦之友』には経済的な家庭運営にさいして、「女中」廃止の必要を説く記事のみならず、廃止による主婦の体験記事などもふくまれ、主婦みずからが食事づくりにかかわっていく経緯も示されている（江原　二〇〇二）。

和洋折衷料理の工夫　日本の外来文化受容の特徴に、折衷・融合を繰り返しながら、自国特有の文化を創造し、馴化させてきた経緯がある。たとえば、古くは奈良時代の大仏製造技術にはじまり、安土桃山時代の鉄砲製造技術、近代以降の製紙・綿紡技術などの伝来技術を単なる模倣にとどめず、国内において改良を加え、自国の文化へと転換させてきた。そして、食文化の面においても、古代に受容した大陸の喫茶習慣を茶道へと大成させ、さらには江戸時代に中国から受容した卓袱料理や普茶料理を、日本風にアレンジしながら受け入れていった様子からも同じような傾向が指摘できる（東四柳　二〇〇五）。

そして開国により、新たに受容された西洋諸国の食文化との折衷の萌芽も、明治初期にすぐにみてとれる。たとえば、明治四年（一八七一）、五年頃に東京浅草の会円亭恭次郎が、「御膳付御壱人前六匁五分、オームレットは玉子焼、ビフパンは日本牛鍋」という引札を掲げ、「西洋茶漬」というものを売っている。卵と牛肉を使用した料理であったと推察されるのみで、具体的な料理の中身はみえてこないが、「茶漬」というネーミングが使用されているのは興味深い。なお、石井研堂は、「西洋茶漬」を「後年のいはゆる合ノ子弁当などいふ合ノ子茶漬の先なるべし」として説明している（石井一九九七）

また、明治十八年（一八八五）から翌十九年にかけて、東京において「手軽さ」や「即席」を売りにした「即席日本料理店」や「和洋折衷料理屋」というものが流行した。たとえば、明治十九年、東京新橋に開業した大衆食堂「新富楼」では、パンと日本酒一本、さしみにスープなどといった、和洋折衷メニューが一人前二五銭で提供されている。また、明治三十六年には、「日本的簡易西洋料理店」という形態が流行して、「和洋あいのこ料理」という名の和洋折衷料理もあったようである（下川　二〇〇〇）。

そして、近代以降に刊行された料理書の中においても、内容の多くに和洋折衷料理が紹介された。そのほとんどが、西洋料理と日本料理の融合を試みたものであり、大きく分けて、二つの折衷様式が挙げられる。

まず一つ目の折衷様式が、高価な西洋の食材や調味料の代わりに、日本の食材や調味料で補うといったものである。たとえば、西洋料理の調味料の代用として、リュシー・スチーブン口述・篠野乙次郎編『洋食独案内　附料理法玉突指南』（一八八六）では「醤油」、パイン・ペリジ口伝・松村新太郎編『洋食料理法独案内』（一八八六）では「日本の甘味噌」の使用がすすめられていた。さらに、村井弦斎『食道楽』秋の巻（一九〇三）には、「昆布スープ」という和洋折衷料理が登場する。登場人物の一人、中川の説明によると、これはアメリカ公使館に七年間勤めていた「家庭料理の老練家」加藤弁次郎が考案したもので、「昆布の極く濃い煎汁を七分」と「上等の牛スープを三分」の割合で作る料理となっている。また中川は昆布の栄養価も評価し、いずれは昆布の味を知らない西洋諸国にこのスープを広めたいとの意欲もみせている。もう一つの折衷様式は、前近代からあった日本料理に西洋の食材を組み合わせた和洋折衷料理である。「牛肉と葱の清汁」（奥村繁次郎『家庭和洋料理法』〈一九〇五〉）や「牛肉白胡麻和え」（秋穂　一九一五）などがそれにあたるといえよう。

さらに、献立形式にも和洋折衷の様子はみえる。たとえば、安西古満子『四季毎日三食料理法』（安西　一九〇九）には、一年分の三食献立が掲載されている。ほとんどの内容が、飯と汁、漬物を基本とした和食献立形式に、和風惣菜を加えているが、なかには「オムレツ、金平牛蒡」「鮮魚《あたらしいうを》フライ、小かぶからしあへ」「ビーフボール、ほうれん草ひたし」「牛肉《うしのにく》のカツレツ、鶯菜《うぐひすな》からしあへ」といった「洋食」のおかずを組み合わせた和洋折衷献立も示されている。いっぽう、笹木幸子『年中行事家庭儀式料理』にみる「家庭の新年宴会西洋料理献立」には、「水引かまぼこスープ」「鎌倉海老　グリーンピース」「竹型昆布巻　松茸　梅じゃが芋　トマトソース煮込」「田作り　家富サラダ」など日本の食材を西洋料理に用いた和洋折衷料理と「家鴨ロースト」という西洋料理の組み合わせがみられる（笹木　一九一一）。この献立もまた、西洋の献立形式ではあるが、その内容は和洋折衷の献立内容となっている。

やがて、明治時代末期から大正時代にかけて、和洋折衷料理の完成形が「洋食」として定着する。とくに大正時代には、三大洋食として、コロッケー、カツレツ、カレーライスが、庶民の間で大流行して、洋食店やカフェーなどで提供された。なお、明治二十八年には、木田吉太郎が東京銀座に「煉瓦亭」を開業する。「煉瓦亭」は現存する、もっとも古い洋食店であり、今も当時の味を伝えてくれている。

食生活の格差　日清・日露の両戦争間に、日本の資本主義は急激な勢いで進行した。そして、この資本主義の基盤を支えたのが、工場制工業の勃興に伴い、低賃金で雇われた労働者階級であった。なかでも、その労働力のほとんどを担ったのが、貧しい農村から出稼ぎで上京し、紡績工場や製糸工場での労働に従事した「女工」と呼ばれる女子労働者であった。

彼女たちの苛酷な生活の中での食事の様子をうかがってみよう。模範とされた東京の鐘ヶ淵紡績会社のルポルタージュ「現世地獄（鐘ヶ淵紡績会社の醜態）」では、その窮状が以下のように記述されている（岡　一九〇六）。

食物　〝米は南京お菜《かず》は鹿尾菜《ひじき》……〟と女工の歌の通り、米は蘭貢米を蒸汽《ママ》にてふかし献立を記すと、朝は塩の辛い味噌汁が、ゲンバ（火事場で水汲むもの）に入れ、杓酙で酌み、それに古沢庵、正午は野菜の煮た、重《おも》に切干、芋殻などで、ダシには油揚やジャコを使って鰹節などは薬にしたくても使はない。一週間二度の約束の魚類は目刺なれば三尾、其他は干物で生魚などは東京と云ふ処ではあるのかどうかと不審を起す位なもので、取合せに馬肉があるのは尤も上等の馳走である。

また政府の調査報告『職工事情』（一九〇三）にも、以下のような記述がみえる（土屋他　一九七六）。

飯ハ南京米ノミニテ近頃ハ麦ヲ混ゼズ。飯櫃ニテ勝手ニ食ヒテ差支ナキモ南京米ハトテモ食ヘズ。副食物ハ朝汁、昼漬物（沢庵ラッキョ位）夕ハ汁又ハ野菜煮物ヲ普通トス。夕ノ汁ノ残リハ朝ノ汁ニ出スコトアリ。肴ハ一週間ニ一回（日曜日）ニ添ヘルモ臭キ香ヲナシ田舎ニ居テモ斯ルモノモ食シタルコトナク食フコト能ハズ。故ニ金銭ヲ有スル者ハ飯場ニテ売ル種々ノ食物ヲ買ヒテ喰フモ、彼等ハ金銭ナケレバ買ヒテ食フコトモ出来ズ。眼ヲ「ツブリ」テ食スルト云フ。

以上の記述からは、粗末な食事内容と不衛生なさまが明示されており、前述した料理書の中の内容とは極端にかけ離れたものであったことがわかる。

また、大正時代に刊行された『女工哀史』（一九二五）にみる「工場の賄」の一部を取り上げてみても、「工場の食物は不味いといふ以上まずい。そしてまた不潔なのである」「漬物も煮たものもゴッちゃくたにして一つの皿に盛るのだ。しかも午のおかずといへば九時前からちゃんとよそって置かねば間に合はぬから、一皿中腐敗した漬物の臭ひが移って嘔吐を催すほどに不味い」「お副食は凡て盛り切りだが、極めてその量がすくなく、普通家庭の三分の一しかない」（細井　一九二五）などといっ

図66　残飯屋の様子

た劣悪な状況が続いていたことがうかがえる。

また、いっぽうで、資本主義経済の発達は、「女工」や「職工」などといった下層労働者のみならず、都市に貧民窟を生み出すことにもなった。特に、横山源之助は日清戦争後の状況について、「あ、戦争は職工に仕事を与へたり。賃金を上げたり。即ち労働者の為には万歳なりしが如し。しかも当時物価の騰貴せる有様を見るに、賃金の昂りたるよりも、ひどく昂りたりしなり」（横山　一八九九）と記しているように、増税による物価高騰のため民衆の生活は逼迫した。実際、日清戦争後には、酒税、醬油税、ビール税、砂糖税などの間接消費税の賦課、さらに日露戦争前後には多額の戦費の財源として、大幅な増税計画が実施されたことで（古島　一九六六）、米、小麦、大豆、醬油、味噌、清酒、牛肉、鶏卵などの価格が高騰し、下層民の食生活を一層困窮させることとなった（東京百年史編集委員会　一九七二）。

さらに貧民窟では、残飯屋に頼るという現象もみられ、たとえ、残飯が黄色く腐敗していたとしても、購入をめぐる喧嘩がおこるなど、その売り上げは盛況であったという（大豆生田　二〇〇七）。なお、斎藤兼次郎は下谷区万年町（台東区）の貧民窟の悲惨な食事の様子について、『直言』（一九〇五）のなかで「食料といへは皆々残飯。残飯といふても兵隊屋敷の残飯などは万年町へは来ない。造兵の職工の残飯とか、市中の飯屋、料理屋の残飯とか、是等は極上等の分で、此のことを〝白〟といふ。麦の入って居ない故にかく名けたのであらう。一升入り位の器に一杯が三銭である。予の意外といふのは此残飯の事では無い。一杯二銭の麦飯である。此の麦飯は実に監獄の囚人が食ひ余した南京米と麦との混合飯で犬も食はない様な食物なのだ」と記述している（森末・宝月・小西　一九六九）。また、下層民の間では、残飯とは別に甘藷（さつまいも）を用いる者も多く、甘藷屋（焼き芋屋）も新しく生まれ、明治三十八年には東京市中におよそ一三〇〇軒ほどの店があったとされている（大豆生田　二〇〇七）。

このように、日清・日露戦争前後には、上流・中流階級向けの家庭向け料理書の華やかな発達と並行して、下層労働者たちや貧民窟の困窮した食生活の実情があった。とくに資本主義経済の発達や諸物価の高騰は貧富の差を増大させるとともに、食生活の格差を生み出す要因となった。

3　栄養学の発展と食生活の合理化

栄養と営養　栄養という言葉は、現在では人口に膾炙《かいしゃ》した言葉であるが、江戸時代の本草学にかわり、西洋の近代科学の一つとして登場した学問上の専門用語として誕生した。栄養という言葉は少なくともオランダ医学を受け入れた江戸時代後期には使われている。たとえば、三浦安貞『梅園拾葉』（一七八一）あるいは杉田玄白『形影夜話』（一八〇二）にも、ふれられており、いずれも同様の意味に使われている。その解説をまとめてみると、栄養（または営養）は、提燈にろうそくの火をつけるようなものであり、飲食を消化し、その「気液・精液」が血となり骨・肉となり、滓は腸を経て排出されると説明している。さらに、高野長英『医学枢要』（一八三二）においても飲食消化、養液吸収などに続いて、「諸部栄養」という言葉を用いている。いずれも西洋医学を取り入れようとした医師によって著されたものであり、栄養の用語は、専門的な用語として比較的早くから訳出されて使われていたことがうかがえる（江原　一九九二）。幕末の医師松本良順の著『養生法』（一八六四）には、「鶏卵水五分、蛋質十二分」など、食品の栄養素を示す具体的な記述があり、「栄養」は次第に西洋医学、とりわけ生理学分野の専門用語として定着するようになる。

明治以降の和訳辞書を調査すると、現在「栄養」の訳語をあてている nutrition は、「滋養、食物、養生法」と訳されており、「栄養」の訳語は見あたらない。しかし、同時期の医学関係の辞書、たとえば『袖珍医学辞彙』（一八八六）、『英和生理学語彙』（一八九一）などでは、nutrition に、滋養と和訳されたものと栄養（営養）の両方が見られる。いずれにしても「栄養」は、医学専門用語であったといえる。

明治二十二年（一八八九）から二十四年にかけて四分冊で刊行された大槻文彦による辞書『言海』には「栄養」はみられず、まだ一般化された言葉ではなかったといえる。しかし、その改訂版である『新編大言海』（一九三二〜三五年成立）には、「英語 feeding ノ訳語ナリ、営養ト書クハ誤リナリ」（大槻　一九五六）とあることから、「栄養」の用語がやや一般化したことを示すとともに、「営養」の表記も使われていたことがうかがえる。

医学関係書や学校の教科書などにおける栄養の表記についてみると、医学関係の書物には、江戸時代から両方の表記が用いられ、明治以降も続いて用いられている（江原　一九九二）。高等女学校の家事教科書に関する調査によれば、明治初期の教科書には、どちらかといえば「栄養」の表記が用いられているが、高等女学校令が公布された明治三十二年以降の教科書には、「営養」の表記が用いられている（江原　一九九二）。後述するように、国立栄養研究所の設置など栄養学が独立した学問として発展するなかで、教科書の「営養」の表記は、「栄養」の表記へと変化していくことになり、大正十年（一九二一）以降のすべての家事教科書は、「栄養」表記に変わっている。しかし、家事教科書の「栄養」（または「営養」）の用語のほかに「滋養」が継続して用いられている。おなじ本のなかでも両方用いられるものもあり、教科書の著者も「営養」と「滋養」を混同して用いていただけでなく、「栄養」の定義についても明確にしたものがすくなく、用語の意味はまだ十分に把握されていたとはいいがたい。

白米志向と脚気論争　江戸時代後期に西洋医学の一部としてもたらされた栄養学に関する知識は、明治時代から大正時代にかけて急速に発展することになる。

食物の栄養成分が脂肪、たんぱく質、炭水化物に分類されたのは、一八二〇年代のイギリスであり、さらにフランスの化学者ラボアジェ（一七四三〜九四）により、動物の呼吸実験から、呼吸が燃焼であることが明らかにされ、一八〇〇年代半ばから終わりにかけて、エネルギーの必要量を算定する基準が決められた。また、ミネラルに関する研究も十九世紀になり盛んになったが、ビタミンについての研究は、それより遅れて二十世紀に入ってからのことである（島薗　一九七八）。

東南アジアのように米を主食とする国に多発したのは脚気である。古くは、平安時代の字書『和名類聚抄』の疾病部に、「脚気」の文字があり、「俗云阿之乃介」と、俗に「あしのけ」というと述べている。脚の末梢性神経炎であり、炎症が心臓に及ぶと致死率は高くなる（新村　二〇〇六）。脚気の原因がビタミンB_1の欠乏症であることは、現在では一般化しているが、明治半ばまでは原因が明らかにされなかった。

江戸時代には、米を精白して食べる習慣が、とくに江戸など都市部で盛んになる。当時の食生活は、文字通り主食から必要なエネルギーのほとんどを摂取しており、都市部でも一日四合（約五六〇グラム）の米を食べていたことは、近世の項で述べたとおりである。その米が精白されると、胚芽の部分に豊富に含まれるビタミンB_1が取り去られるためにB_1の含有量はきわめて少なくなる。一〇〇グラム当たりの精白米のB_1は半つき米の三分の一、玄米の五分の一となる。おかずにB_1の豊富なものをとっていれば避けられることでもあったが、B_1の豊富な豚肉などの食習慣はなく、うなぎのかば焼きなども日常のものではなかったし、飯の占める割合から見ればおかずの占める比率はきわめて低かった。江戸に出て、白米の生活が続くとこの病にかかることから江戸《えど》煩《わずら》いと呼ばれた。これが中国の脚気と同一のものとされたのは、宝暦年間（一七五一〜六四）で、医師山脇東洋、望月三英による（島薗　一九八七）。

明治以降には、精白米の摂取が増加することにより、脚気の罹患者はさらに増加し社会問題ともなった。明治以降になっても、主食に偏した食生活は基本的にはあまり変化しなかったためでもある。内務省は、明治十一年、脚気病院を設置し、漢方医の遠田澄庵、今村了庵、洋方医の佐々木東洋、小林恒とで、それぞれ療法を試みたが、よい結果は得られず、明治十五年に閉鎖され、その後は東京大学医学部に脚気病室が設置された。

海軍の軍医大監であった高木兼寛は、軍艦の乗組員を対象とした脚気患者の観察を行い、食事をパンなどの洋食にし、たんぱく質と野菜を多くしたものに改めたところ、脚気患者を減少させることに成功した。明治十二年には、兵員五〇〇〇人に対して、四割近い兵員が脚気にかかり、そのうち五七人が死亡したが、食事を改めた明治十七年には死亡者は七人となり、その後は患者の発生もほとんどみられなくなった。しかし、高木はその原因をたんぱく質におき、まだビタミンの存在には気づいていなかった（島薗　一九八七）。また、陸軍の軍医であった森林太郎（鴎外）は、明治四十二年に陸軍

図 67　高木兼寛

図 68　森林太郎

に編成された「脚気予防調査会」(以下、調査会とする)の会長となり研究を続けたが、その原因をめぐり、中毒説、細菌説などさまざまな説が出され、論争となった。

これらの内容については、従来定説とされてきたものを見直す、きわめて詳細な研究が板倉聖宣『模倣の時代』上・下にまとめられている。それによると、麦飯などが脚気に有効であることを見いだしたのは、高木兼寛だけではなかったこと、海軍がその後、脚気患者をほとんど出さなかったのに対し、陸軍は、日露戦争で大量の脚気患者と死者を出したことをその背景とともに論じている。また、麦飯の効用に最後まで反対して細菌説を支持し、ビタミンB_1が発見された後にもなおこれを十分には認めなかった森林太郎をはじめ、「調査会」の立場について述べ、糠の中から脚気の有効成分を発見した鈴木梅太郎、これにビタミンと命名したポーランドのフンクもビタミンB_1の結晶化には成功しなかったことについても述べている。

糠の効用を見いだした「調査会」の委員の一人、都築甚之助の依頼により糠を用いた治療薬の開発をめざした大隈重信の従兄弟である養鶏場主人尾崎靄吉《あいきち》は、このことを靄吉の妹多嘉子に相談した。多嘉子の夫は、村井弦齋である。彼は、編集顧問をしていた雑誌『婦人世界』でこれを取り上げ、「脚気病の特効薬発見さる」という記事を掲載したのである。糠と砂糖を炒り、これをみそ汁等に入れるという単純なものであったが、当時ベストセラー小説『食道楽』で有名になっていた弦齋による記事は反響を呼び、一時的ではあるがこの年の脚気罹患者は減少したという。しかし、この記事が問題となり、都築は責任を取らされ、委員を罷免された(板倉　一九八八)。

大正十五年（一九二六）、オランダのヤンセンとドナースが世界ではじめてビタミンB_1の血漿分離に成功したが、森林太郎は、すでに大正十一年に六十一歳で逝去しており、遂にビタミン欠乏説を確信することはなかった。日本でビタミンB_1の合成に成功し発売を始めるのは、昭和十三年（一九三八）のことである。

栄養教育 栄養に関わる教育は、前述したように学校、とくに中等教育の女子に行われたほか、明治新政府のもとに組織された帝国陸海軍では、「西洋風」をとりいれた教育が行われ、衣食だけでなく軍楽隊の音楽などについても洋楽普及に影響を与えた（渋沢 一九七九）。集団給食である兵食についても最先端の理論や技術を用いて研究が進められ、牛肉缶詰、瓶詰めなどの技術は一般にも影響を与えた。また、軍医学校や軍経理学校などでは調理に関する教育を行う必要から、教科書を作成している。

海軍では『海軍割烹術参考書』（一九〇八）が舞鶴海兵団において発行され、陸軍では『軍隊料理法』（一九一〇）が刊行されている。その後も、『海軍主計兵調理術教科書』（一九一八）、『軍隊調理参考書』（一九二四）、『炊事専務卒教育参考書――調理の部』（一九二八）、『海軍研究調理献立集』（一九三二）などが刊行され、健康を保持するために、栄養や衛生に関する教育が求められた。軍隊内務書第二四七条には、「軍隊ノ食事ハ栄養ヲ主トシ簡易ヲ旨トスベシ」（糧友会 一九二八）と記され、栄養的な充足が求められていたことがうかがえる。そのため、参考書には、米の栄養分を流出しないようにゴミを取り除く程度で、洗いすぎないよう注意しつつも夏場は腐敗しやすいので、糠が付着しないようにと具体的な注意を与えている。また、献立作成上使用すべき諸統計として、いくつか挙げられているなかで、食品栄養比較表、各食品給養分量標準表、食品栄養価計算早見表などは、栄養に関する統計表として重視されていたことがうかがえる。カード式献立予定表には材料、分量、価格のほか、たんぱく質、カロリーの項目がある（糧友会　一九二八）。

大正時代に栄養学が独立した学問として発展するのは、大正十年（一九二一）、初代所長に佐伯矩《さいきただす》を任命し、国立栄養研究所が設立された後のことである。佐伯は、アメリカにおいて生理学、生理化学を修め、大正三年、私立栄養研究所を設置、一般への栄養教育を行なっていた。国立栄養研究所では基礎研究部と応用研究部、調査部に分けられ、ビタミンの研究、新陳代謝研究、小児栄養に関することなどの研究に加え、一般に対しての栄養教育を実施し、栄養に関する普及活動につとめた。

東京朝日新聞社主催の栄養料理講習会は、大正十一年八月の三日間、府立第五中学校で行われた一般婦人を対象とした講習会で、佐伯矩をはじめとし、国立栄養研究所関係者が講師となった。一日目は、佐伯による栄養についての話で、かなり専門的であったが、次の時間は献立のつくり方の講義があり、栄養的充足と価格を考慮した献立の必要性が話された。また、実習の部では、栄養的にも経済的にも優れた食品や堅い肉を柔らかく食べる方法などを説明し、実習を見学させている（東京朝日新聞社　一九二二）。

また、栄養研究所では、同年五月二十九日から毎日、具体的な「栄養経済献立」を提示し、翌日各新聞に発表した。はじめて発表された献立は、朝食（甘藍の味噌汁、貝柱の佃煮）、昼食（塩鮭の刺身、

表2　栄養研究所発表の経済栄養献立例（1922・5・29）

	献立	食品	分量 3人分	量(g) 1人分	エネルギー kcal	たんぱく質(g) 動物性	たんぱく質(g) 植物性
	米飯	米	1升5勺	490	1744		32
朝	甘藍の味噌汁	甘藍	20匁	25	6		0.3
		味噌	30	38	73		4.8
	貝柱の佃煮	貝柱	20	25	24	4.5	
		砂糖	5	6	23		
		醤油	3勺				
昼	塩鮭の刺身	塩鮭	60匁	75	149	16.8	
		大根	40	50	9		0.3
		酢	5勺				
		醤油	2勺				
		砂糖	3匁	4	15		
	筍のすり揚げ	筍	30	38	11		1.2
		ごま油					
		小麦粉	10	13	48		1.0
夕食	豚肉と野菜のカレー	豚肉	50匁	63	162	10.9	
		人参	15	11	4		0.1
		馬鈴薯	30	38	29		0.6
		小麦粉	10	13	48		1.0
	筍のアラチャ漬け	わかめ	5	6	1		0.1
		筍	50	62	19		2.3
		ヘッド					
		酢	5勺				
		砂糖	3匁	4	15		
		紅唐辛子	2本				0
合計		1人分の栄養量			2380	32.2	43.7

註　『営養経済的家庭料理日々の献立』『日本栄養学史』より作成
　　1人分の栄養量は筆者算出（現在の食品成分表による）

筍のすり揚げ）、夕食（豚肉と野菜のカレー、筍のアラチャ漬）で、当時としては、バラエティーに富んだおかずである。材料だけでなく分量が明示され、豚肉、さつまいも、じゃがいも、いわし、缶詰の鮭、ニシンなど安価な材料が多く用いられている点で経済性と栄養価を考慮した献立である（江原・東四柳　二〇〇八）。

このように、大正期以降、栄養教育が盛んになり、一般の人々の食生活にも栄養への関心が少しずつ広がっていった。

物価高騰と代用食　第一次世界大戦（一九一四～一八）がもたらした好景気により、企業の利益が増大し、給与所得者の給与も増した。しかし、物価はそれ以上の勢いで上昇していた。大正三年（一九一四）の生計費指数を一〇〇とすれば、大正八年は二一六・九となり、実質賃金指数は、大正八年で一〇二・三となるため、実質賃金は下がることになる（森末・宝月・小西　一九六九）。いっぽうで農村から都市へ人口が流出し、都市の人口が増大し農村労働力が不足しただけでなく、農村部でも養蚕などによる収入増加により米食が増加した。さらに、大戦により外国米の輸入が減少し、大正四年には内地米の輸出も行われた。さらに、大正六年、七年には米の収穫高が減少し、その結果、米価の急激な暴騰を招いた。

大正五年の米価は、東京における標準価格米一〇キロ当たり一円二〇銭であったのが、大正八年は、三円八六銭と三倍以上にも達している（週刊朝日　一九八七）。そのため、大正七年には、富山で米騒動が起こり、富山からの米の移出を阻止するために主婦達が米商人や資産家を襲った。この騒動は、全国に広がり、和歌山、名古屋、広島、京都、東京などに波及し、警察はもとより軍隊が出動する騒ぎとなるなど、不安定な状況が続いた（森末・宝月・小西　一九六九）。このような中で、米に変わる代用食の研究と奨励が行われるようになり、経済的生活についての議論、そのための生活改善の提唱などが相次いだ。森本厚吉は、『消費経済論』（一九二一）のなかで食物の消費について、次のように述べている。近年には、経済事情が異なり、食物の欠乏を感じるようになったために、国民全体に通じる食物消費状態を知る必要がある。穀類は、一人一日約四合（そのうち米二合六勺）を消費し、価格は一五銭九厘で、これは一日の食費二五銭七厘の六割一分にあたる。蔬菜の六割三分は、甘藷と人参で価格は二銭一厘、豆類六厘、さらに肉、魚介類は二銭程度、ほかに調味料が一銭四厘、酒など嗜好品二銭五厘と配分している。そのなかで、必要栄養量を摂取するための保健食料についても解説し、米食のほか、パン食を奨励し、保健食料の献立例にも食パン、うどんを主食例とした献立を示している。

また、額田豊『安価生活法』（一九一五）では、栄養価を中心とし、安価で経済的に暮らす方法を述べている。各種の食品の栄養素量の解説から、同じエネルギーを安価に摂取できる甘藷、馬鈴薯などの芋類を肉類と比較し、芋類の摂取を奨励している。また、牛乳に代わる豆乳が栄養価、経済性の上からも優れていること、飯は、エネルギーに対してその価格は高くはないと、洋風の食生活より和風の食生活を勧めている。ただ、この本の出版がまだ値上がり前の米の値段であることに注意する必要がある。一〇銭で買える食品の滋養価比較図を円で示し、カロリーの多いものほど円の外側にある。

それでみると、そば粉、うどん粉、大豆、黒豆がもっとも外側にあり、次が外国米、挽き割り麦などとなっているなど、経済性を栄養価との関係で論じたものが多くなる。

パンの奨励は、陸軍糧秣本庁長宮里熊五郎により、一般をも対象とする『最新麺麭製造法』（一九一七）の刊行などパンに関する本の刊行が相ついだことからもうかがえる。その序には米の供給には限りがあるために、今や「麺麭《パン》」の研究は、軍用としても携帯にも便利で、パン食の習慣を養成するためにも平時の時にも実践することが必要と述べている。さらに、馬鈴薯の代用食の研究なども盛んになり、これらは料理書として出版されるようになる。

また、大正八年から翌年にかけて、文部省主催の生活改善展覧会が開かれ、これをきっかけとして文部省の外郭団体として生活改善同盟会が結成された。文部省督学官であり東京博物館館長（一九一七～二四）を勤めた棚橋源太郎が、生活改善同盟会長となり、科学的視点から無駄を省き生活改善を行う必要を説いた。報知新聞家庭欄に棚橋をはじめ、

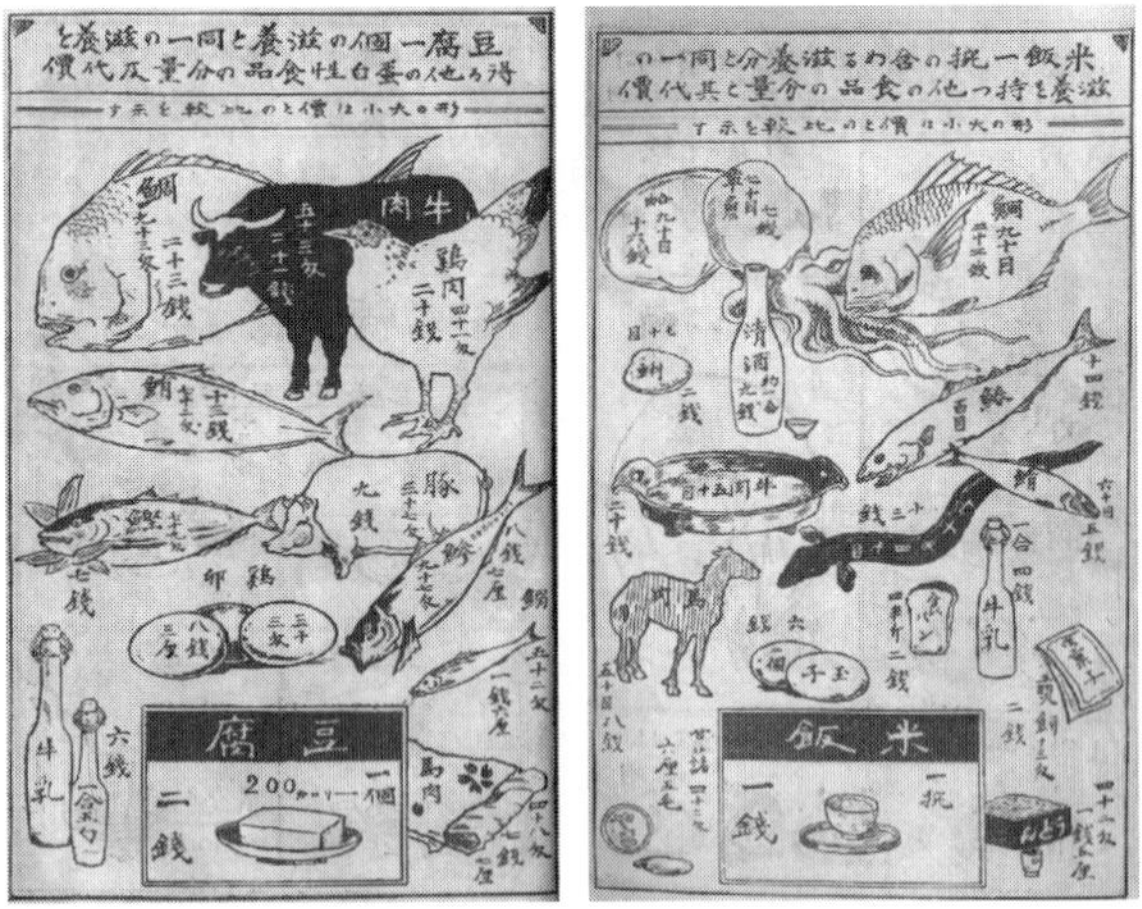

図 69　米・豆腐の費用とその他の食品のエネルギー比較

各専門家が三年にわたり連載した生活改善の記事は、『生活改善これからの家庭と主婦』（一九二四）にまとめられた。これらの執筆者には、国立栄養研究所の佐伯矩・村井政善、東京割烹女学校長秋穂敬子、櫻井女塾長櫻井ちか子、医師博士富士川遊、日本女子大学校教授井上秀子、東京女子高等師範学校教授一戸伊勢子など各方面で活躍している人々であった。

また、内務省、農商務省では生活改善に向けて、展覧会や講習会を開催した。大正八年七月には、内務、大蔵、農商務省の次官が地方長官に対し、米国消費節約に関する通牒を発し、節米運動へと発展した（小山　一九九六）。そして、十月には、米不足に対応するために、節米奨励、馬鈴薯米の普及活動、燃料・炊事器具の改良などのため、一八四名の家事科教員を対象とした混食代用実地講習会が開催された。この講習会講師は、女性ではじめて内務省嘱託に起用された馬鈴薯米の研究家林末子などであった（小山　一九九六）。林末子は馬鈴薯を細かく砕き、ゆでて米に見立てた馬鈴薯米をつくり、特許を得ている（江原・東四柳　二〇〇八）。

経済重視の料理書　第一次世界大戦後の物価の高騰、米不足により、政府は、節米奨励、馬鈴薯米の普及活動などの代用食を奨励した。そうした厳しい社会状況の前後には、経済を重視した料理書が盛んに出版されるようになる。

大正五年（一九一六）から大正九年頃までに刊行された料理書を見てみると、毎年経済・栄養を中心とした種々の料理書が刊行されていることがわかる。その著者を見ると、櫻井ちか子、嘉悦孝子などのように女子教育者で学校創設者もあり、秋穂益実のように料理学校創立者によるものもある。

表3　経済重視の料理書

料理書名	著　者	出版社	出版年
一品五銭今日の料理	櫻井ちか子	実業之日本社	1916
どなたにも向く安価お料理	嘉悦孝子	恋人社	1916
美味衛生安価料理五百種	久萬盛幸(編)	大日本料理研究会	1916
安価生活三百六十五日料理法	河合亀(編)	カワイヤ	1917
安価生活割烹法	岩井縣	食物療養院	1917
一品三銭で出来るおいしい料理	東京割烹実践会	天才社書店	1917
衛生経済家庭実用料理	稲垣美津	明治出版社	1917
最新麵麭製造法	田邊玄平	東京割烹講習会	1917
三品十銭今日の御料理		大文館	1917
美味くて徳用御飯の炊き方百種	食養研究会(編)	食養研究会	1918
実験外国米の炊き方	食養研究会(編)	食養研究会	1918
滋養経済お手軽料理	秋穂益実	博文館	1918
脱脂豆飯と玄米麵麭	田邊玄平	精禾堂書店	1918
廃地利用菊芋の栽培及調理法	山本久助	日本種苗書籍部	1918
簡易百珍御飯のたき方	秋穂益実	博文館	1919
経済生活代用食調理法　全	日本食料研究会(編)(石渡萩枝)	天下堂書房	1919
馬鈴薯調理法	林末子（講述）国食改良研究会(編)	国食改良研究会	1919
家庭経済米の調理法百種　全　一名節米の仕方	食料研究会(編)	協文社出版部	1919
カルシュム飯の炊き方　一名安価保健法	林四郎	林四郎	1920
最新経済滋養料理	日本女子大学校家政館(編)	大倉書店	1920
代用食の研究	伊藤尚賢	東亜堂書房	1920
手軽甘藷の料理	有馬勝男	有馬勝男	1920
馬鈴薯と甘藷の作り方と食べ方	岐阜県立農事試験場(編)	岐阜県立農事試験場	1920
馬鈴薯のお料理	東京割烹講習会(編)	東京割烹講習会	1920

註　江原・東四柳　2008より作成

『一品五銭今日の料理』は、本そのものもハードカバーではなく、雑誌のような本で、大正五年から大正八年まで四二版も出版していることから、かなり普及したと思われる。四人前一五銭の甘煮、五銭の甘煮、一五銭のスープ、一〇銭の吸物、一〇銭以下のお総菜の汁、手軽な西洋料理などと続いている。正月料理の用意には、来客時に蓄えておくべきものとして、青豆、松茸、スープ、ソーセージ、鮭の缶詰など缶詰が多い（櫻井　一九一六）。

また、『経済生活　代用食調理法』（一九一九）は、代用食として玄米、麦、餅、パン食をすすめ、「手軽に出来るパンの色々」では、「フレーマフイン、ライフマフイン、蕎麦のビスケット、玉蜀黍の麺麭、パンケーキ、生姜ブレッド」などを挙げている。また、「気の利いた代用食物の調理」では、「芋パン、ジャガ芋パン、手打饂飩の味噌煮、甘藷入り蕎麦練り、甘藷パン、南瓜豚肉パン、脱脂豆パン、馬鈴薯うどん」などのほか、「新しい外米の炊き方」や「外米の臭味を取る炊き方」をみると、中国などからの外国米の品質に問題があったことがうかがえる（日本食料研究会〈石渡〉一九一九）。

『美味衛生安価料理五百種』は、大正二年に創刊された婦人向け料理雑誌『料理の友』（大日本料理研究会）の誌上に掲載した内容を編集して出版したもので、当時大日本料理研究会の実習部主任であった赤堀峯吉を中心に、日本女子大学校割烹科講師笹木幸子など何人かが料理記事を担当している。「廃物で出来る気の利いたお料理」「残った御飯で出来る御料理」「残ったパンで出来る御料理」などは、この時代らしい内容といえる（久萬　一九一六）。鯛のあら・皮を利用したけんちん蒸し、ビフテキなどの切れ端を利用したオムレツなどが掲載されているが、材料そのものが鯛やビフテキという点からみると、かなり恵まれたなかでの安価料理といえる。

4 都市と地域の食生活

食生活の地域性 明治維新以降、西洋文化の移入による食生活の変化がみられたことは前述したとおりであるが、明治、大正、昭和戦前期を通して、日常の食生活がどのように変化したのかを一言で論じることは困難である。それは、地域差が大きく、とりわけ都市部と農漁村部とでは、その食生活はかなり異なり、また山間部と海岸部、北部と南部、階層差により異なっていたためである。

日清・日露戦争期以降の食生活の変化と地域性については、すでに述べたとおりであるが、その後都市部では、生産手段を持たず学力により生活を切り開く、新中間層と呼ばれる俸給生活者が形成され、職住分離、性別役割分業の家族が生まれる（沢山 一九九〇）。彼らは、新しい文化を比較的受け入れやすい立場にあり、学校教育、雑誌、外食の影響などから、新しい食生活を日常に取り入れることに比較的熱心であったが、農村部、山間部では、簡単にそれまでの食習慣を変えることは難しい状況もあった。

大正時代の全国の穀物消費量を算出した森本厚吉によれば、明治四十年（一九〇八）～大正四年（一九一五）の平均で見ると、一人一日当たりの飯米用穀物は、約三合五勺、その他の穀類を含めて四合であるとし、年々米の比率が上がっていると述べている。この値は、江戸時代の項で見た食生活と類似しており、栄養学の発展はみられたものの、日常は、依然として穀類に偏重した食生活が続いていたことを示している（江原　一九九六）。

大正・昭和初期（一九二〇～三〇）に主婦であった人への聞き取りをまとめた資料である農山漁村文化協会編『日本の食生活全集』（一九八四～九三）により、地域による食生活の特徴をみてみよう。民俗学者宮本常一は、明治十一年には、日本海沿岸の秋田から石川県にかけて米を常食していたと述べているので（開国記念文化事業会　一九七九）、各地域の日常食の主食について見ると、朝、昼、夕食では異なっており、また季節でも異なる。そこで、材料が比較的豊富な秋の朝食と夕食を調査したところ、朝食、夕食ともに白米飯のところが多い。明治後期でも日本海側の東北・北陸地方の米食率が高いことは、前述したが、調査地域八ヵ所中、六ヵ所で白米飯を常食としている（江原　一九九八）。しかし、秋田県の二例では、二番米を用いている。調査家では小作料を納めている家で検査の対象にならない二番米が常食となっている。また、麦飯を常食としている山形庄内平野の地主の家では、「下男・下女」の給与は米で支払われている。春の重労働の時期は、腹持ちのよい二番米飯が食べられているが、五月上旬を過ぎると麦飯となる。また、新潟頸城海岸の家では、漁村のために外米を購入しているが、不足しているためにかて飯・雑炊を常食としている。このように、家の生活状況により、比較的類似した地域でもその日常食は同じとはいえない。

水田を開きにくい山間部の食生活は、さらに異なっている。青森から宮崎までの山間部の一四ヵ所の調査家の食生活をみると、主食に白米が食べられていたところは、福島（南郷）、広島（三次）の二

表4　朝食の地域差（1930年頃）

	県名(地域)	食事内容	
日本海側	秋田(県央)	二番米飯	味噌汁・玉菜浸し・漬物
	山形(庄内平野)	麦　飯	味噌汁・佃煮・浸し・漬物
	新潟(頸城海岸)	ぞうすい	漬　物
	富山(富山周辺)	白米飯	浸し，漬物
	石川(加賀平野)	白米飯	なすびのおらんだ煮・なす漬物
山間部	青森(七戸)	粟　飯	干し菜汁・なす炒め，漬物
	岩手(沢内・湯田)	かて飯	味噌汁，漬物
	福島(只見)	かぼちゃ飯	味噌汁，煮物あぶら味噌，漬物
	山梨(桐原)	前日の煮込みうどんと麦飯，さといも煮・漬物	
	長野(開田)	稗粉飯	味噌汁・あぶら味噌
	三重(紀和)	里芋茶粥	漬　物
	広島(君田)	白米飯	味噌汁・漬物
	高知(檮原)	こうせん	甘藷・麦飯・味噌汁・漬物
	宮崎(高千穂)	からいも飯	味噌汁・漬物

註『聞き書　日本の食生活全集』より作成

ヵ所で、あとは稗、粟、芋などを加えた飯の朝食、夕食は、麦飯、屑米を団子にした団子汁、うどん、いもやカボチャの入った粥、雑炊というところが多く、粉食が常食となっている地域が多く見られる（表4）。

いっぽう、都市部についてみると、同じ商家でも地域差が見られる。鹿児島の商家では年間を通して、押し麦、さつまいもを加えた飯が常食であり、大阪では、前日の冷飯に熱い番茶と、塩、あられをいれた「ぶぶ漬」を朝食にしている。また、東京の商家では、朝食に一日分の白米飯を炊き、みそ汁、納豆、佃煮などの朝ご飯が年間を通して出され、夕食にはシチュー、コロッケなども食べられている。しかし、同じ東京でも大崎、大森、練馬などの農業地域では、いずれも日常の朝食に麦飯を食べている。

また、都市部では一般化していたカレーライス、すきやきなどの肉料理は、農村部や地方都市ではまだ珍しいものであった。とくに、肉料理の調理は、家庭に受け入れられるまでにはかなりの時間が必要であった。新しい洋風料理を家庭に取り入れる情報源を調査してみると、学校の調理実習、『主婦之友』や『婦女界』などの婦人雑誌、宣教師の影響、料理学校などから、ライスカレー、コロッケ、シチュー、オムレツ、ハンバーグなどを家庭に取り入れている（石川・江原　二〇〇二）。しかし、日常食は、飯（米・麦など）を主食とし、野菜・いも・豆類、時に魚介類を加えたおかず（汁を含む）に漬物を加えた形の食事が中心となり、時々その一品に新しい料理が含まれることはあっても、食事の基本形が大きく変わることはなかった。

肉食受容の地域差　開港以降、西洋文化を受容した日本では、それまでの肉食禁忌を急速に解き、牛肉食をはじめ獣肉食を公的にも摂取するようになる過程についてはすでに述べたとおりである。それらの食習慣は、急速に受け入れられたようにみえるが、日本の地域全体の、各家庭に受け入れられることは、それほど簡単なことではなかった。外国客への公式の饗応に西洋料理が用いられたことから、肉料理は、上流階層、知識人から受容されたともいえようが、それまで「けがれ」があるとされた肉食への忌避の気持ちは、それほど簡単に払拭されたとはいえず、外食はともかく家庭で自ら調理するまでには時間のかかったところもある。前述した各県ごとの聞き取りをまとめた資料から具体的な事例をみてみよう。

『聞き書　愛知の食事』（一九八九）にみる例では、大正頃の名古屋の豪商の家で、高等女学校に通

図70　大阪すき焼き　復元

う娘がおり「女中」も三人いる家の例である。牛乳屋が毎日病弱なおばあさんのために一合ビンで配達するというくらい新しい食品も入れている家庭で、おやつにパンも食べている。食事は男衆一人と三人の「女中」で作り、時々娘が、高等女学校で教わったハヤシライス、ライスカレーなどを作るのだが、「女中」たちは、牛肉を買いに行くことをいやがっている様子がみられる。また、『聞き書　北海道の食事』（一九八六）では昭和にはいるころの北海道の例を挙げ、学校や料理書から学んだ洋風料理を娘が作る時、その母親は、肉を切ったまな板をたわしでこすって洗い、調理に手を出さないばかりかほとんど食べなかったという。娘たちは、近所の外国人宣教師の影響も受け、次第に家庭に、カツレツ、ライスカレー、コロッケ、シチューなどが取り入れられるようになったというが、新しい文化を取り入れることに世代の違いがあることもうかがえる。

それまでに受容していた食習慣の中に肉料理を取り入れるため、身近な調味料を使うことは牛鍋の流行などからもうかがうことができる。大正末期から昭和初期の各地のすき焼きの摂取について調査してみると、東京山の手の公務員の家庭では、「少しごちそうと思う冬の夕食」としてすき焼きを作っている。牛肉、糸こんにゃく、焼き豆腐、ねぎが材料である。また、大阪の問屋の家でも冬の夕食に牛肉のすき焼きを食べている。さらに、『聞き書　宮城の食事』（一九九〇）では獣肉類はほとんど食べないが、たまに牛肉ですき焼きを食べるとし、鹿児島の例でもめったに牛肉をたべることはなく、すき焼き風煮物をつくっている。ただ、興味深いことは、この時期には「すき焼き」という料理名は全国に普及しており、各地ですき焼き料理が食べられていることである。しかし、食材が必ずしも牛肉ではなく、鶏肉が使われていることも多い。それだけではなく、ウサギ、馬肉、鯨のほか、はも、さば、ぶりなどのすき焼きもみられる。しかし、うさぎなどのすき焼きは、「大ごちそう」でたびたびはたべないと、どの地域でも日常食とはいえないものであった。

また、都市部では比較的早く浸透し、洋風料理の一つとして家庭に取り入れ、大正期には総菜の代表にもなったコロッケは、東京、大阪などの都市部では、「コロッケは女、子どもの食うもの」と評され、父親にはカツレツを購入しているなど評価は低い。埼玉の鋳物工場では、共同給食所ですでに成形して揚げるだけのコロッケを肉屋からとりよせ、一〇日に一度は揚げていたという。これらからみると、コロッケは現在の「中食《なかしょく》」に近いものであったことがうかがえる。

このように、肉食を家庭の日常食に取り入れるには時間が必要だったといえるが、もう少し後の調査でその様子をみてみよう。この資料は、昭和十六年秋から翌年の春にかけて大政翼賛会の委託によって柳田國男を中心とした「民間伝承の会」のメンバーが全国五八地域に行なった食事調査である。この中で獣肉食の各地域について整理すると次の通りになる。これは、獣肉食の摂取状況をたずねたものである。

北海道　豚肉一人一年に五〇〇匁。兎一〇〇匁。
岩　手　鯨、兎、豚。一年に三、四回食べる。
宮　城　漁業従事者は獣肉食をしない。最近豚を飼育する者もあるが屠殺して食べることは滅多にない。
栃　木　来客のとき、豚肉は肉屋で一ヵ月数回、兎一年に二、三匹つぶす、牛肉はない。
東京多摩　主として豚肉。近隣で屠殺し分ける。一年一度くらい。
新　潟　牛・豚肉・馬肉。肉屋から。犬、むじな、きつね、野ウサギは捕れた時。
長　野　馬肉、牛肉、豚肉は二〇年前は食べなかった。
静　岡　馬、牛、鹿、ししは食べることが禁じられていたが、今は一人一年二〇〇匁程度。
愛　知　祭礼にわずかに食べるほかほとんど食べない。
滋　賀　牛・馬・豚肉。味噌つきの日は獣肉食をしない。
京　都　牛肉　年に一〇〇匁から二貫目。
和歌山　兎、猪、鹿。食べる人と食べない人がある。
島　根　ほとんど食べない。兎は人により食べる。
岡　山　牛肉はほとんど食べない。病家、良家などに一年に約三、四〇〇匁入る。兎は一年二匹位。
香　川　牛肉はあまり購入しない。兎肉が主。
長　崎　来客などに牛肉、年二、三回。

以上のように、調査時点以前も含めて、獣肉は一般的ではなかったことがうかがえ、料理書に紹介される肉料理の多くは都市部を除いてまだ日常化していなかったといえよう。（成城大学　一九九〇）

変化する昼食の形態　明治後期以降、給与を支給されて工場などで働く家族が増加すると、とくに都市部では、弁当を職場に持っていく機会が増加するとともに、仕出し弁当屋の登場、集団給食としての昼食の提供などの形態も盛んになる。このような生活様式の変化による昼食の形態についてみてみよう。

携帯食の歴史は、きわめて古く、古代から糒、焼米などが用いられた。糒《ほしいい》は、糯米を蒸してこれを乾燥させたもの、焼米は、未熟な米を水に浸した後、籾殻のまま焼き、箕などで風撰したもので、これも水分が少なく保存性のあるもので、いずれも水か湯にいれて柔らかくして食べる。

携帯に便利な食物の工夫は、とくに兵食において必要とされた。前述の携帯食に加えて、屯食《とんじき》と呼ばれるにぎりめしがつくられ、武士の携帯食とした。はじめは玄米を蒸した強飯であったというから、かなり固いものであったと思われる。梅干し、味噌、塩なども必需品として携行したという（渡辺一九六四）。

江戸時代には、にぎりめしは、兵食ばかりではなく、行楽や一般の人々の旅の昼飯に重要なものとなり、精白米を用いた白米のにぎりめしも食べられるようになった。『守貞謾稿』によると、観劇の幕の内弁当には、小さいにぎりめしを焼き、一〇個に卵焼き、蒲鉾、こんにゃく、焼き豆腐などを加えて、重箱に入れ客席に運ぶとあり、料理書『料理早指南』にも旅迎えに胡麻むすびを重詰めにしているほか、「銘々弁当」として割籠《わりご》に入れた弁当を紹介している。大名が登城する場合にも弁当を持参しており、「弁当箱」に「かまぼこ、かんぴょう、御飯、香の物」など素朴な弁当であったことがうかがえる（木津　一九二八）。

集団給食の歴史も古くからあったが、栄養・衛生学など近代的な知識・技術を取り入れた集団給食は、明治時代には「給養」、大正以降は「団体炊事」とも呼ばれ、軍隊食を中心に発展した。。また、工場の職工への給食も近代以降の特徴であろう。職場によっても異なるが、朝食は、外国米と麦の飯にみそ汁にたくあん、昼は煮染めや煮豆、夕は汁とたくあんだけという粗末な食事で、休業日には、塩引きが出る程度であったという（土屋　一九七六）。

また、学校給食は、明治二十二年（一八八九）、山形県鶴岡町の私立忠愛小学校において貧困家庭を対象とした昼食がはじめての給食といわれ、白米、漬物、みそが支給されたという。大正九年（一九二〇）以降、国立栄養研究所の初代所長となった佐伯矩らが中心となり、栄養改善を目的とした給食の必要が提示された。昭和七年（一九三二）に文部省訓令「学校給食臨時施設方法」によりはじまった貧困児童や虚弱児に対する給食は、国の助成による給食であり、昭和九年（一九三四）には、約六〇万人の児童が給食を受けている。しかし、当時の小学校尋常科の在籍は九〇〇万人以上であったから、給食を受けている児童は、まだ七％に満たないほどで、ほとんどは弁当を持参していた（江原二〇〇三）。

図71　女学校のお弁当　復元

明治二十年、三十年代の小学校では、昼になると学校に近くの児童は帰宅し、遠くの児童のみが弁当持参のことが多かったようであるが、子どもたちは「もっと家が遠くならよかった」と回想しており、弁当は子どもにとって楽しみの一つであったことがうかがえる。当時の聞き取り調査では、弁当のおかずはめざしが多く、少しゆとりのある家庭では、卵焼きが入っていたという（藤本　一九八六）。しかし、大正時代以降の学校では弁当の持参が一般的になった。東京、神奈川、埼玉などでは、海苔にしょうゆをつけてご飯の間にはさみ、二段、三段と重ねた弁当が流行し、多くの人が好みの弁当としてあげている。おかずは塩鮭か卵焼きが好まれた。また、高等女学校に通う女学校生徒に好まれた弁当には、近所で買うあんパン、ジャムパン、クリームパンやハムサンドで、学校に来るパン屋から買うこともあったという（江原　二〇〇三）。

弁当持参が日常化すると、雑誌、新聞、料理書などに弁当のヒントが掲載されるようになる。当時三輪田高等女学校教授で後に東京女子高等師範学校の教授になる西野みよしは、『和洋四季弁当料理のかず〳〵』（一九一六）という小冊子を刊行している。その序には一般家庭における弁当の参考としてだけでなく、「女学生諸子の実習用に便せり」とあり、学校においても弁当の実習をしようとしていた意図をみることが出来る。弁当の内容の多くが和風であるが、なかにはサンドイッチ食パンとポークカツレツなどの弁当もある。もっと後の昭和十四年の雑誌『家庭と料理』は、学童弁当を特集している。表紙に日の丸弁当が描かれているのは、戦時を意識させる意図もあったようであるが、「栄養本意の学童献立」として蒲鉾、卵とほうれん草、牛肉油焼きと野菜のマッシュ、イワシと絹さやのサンドイッチなどが紹介され、たんぱく質、熱量が算出され、栄養への関心の高さがうかがえる。

五　戦中・戦後の食生活——飢餓の体験

1　食料難と国家体制

十五年戦争と食生活　大正十二年（一九二三）の関東大震災は首都圏に壊滅的な大打撃を与えたが、この災害は従来のライフスタイルを変化させるきっかけとなった。元号が改まった昭和元年（一九二六）、同潤会《どうじゅんかい》によって、向島に中ノ郷アパート、表参道に青山アパートが建設されたのも「モダン化」現象の一つであったし、文化住宅の流行も台所改善に一定の役割を果たした。また、昭和二年（一九二七）にはアメリカから一万体以上の「青い目の人形」が贈られ、日本からも市松人形を返礼するなど、両国の関係はまだ良好であった。

昭和二年発行の雑誌には「牛乳のすすめ」の記事がみられ、牛乳の栄養、牛乳の飲み方、牛乳の用い方注意などを掲載して、牛乳がいかに優れた栄養食品であるかを述べている。ちなみに、裏表紙に書かれた「牛乳の徳」には「①母乳の代用品として牛乳は工業品ではなく、神の与えた自然の賜品で有ります、②牛乳を飲用すれば、第一に体格が太く、体長が伸長します、③牛乳飲用を持続した小学児童は頭脳明晰《ずのうめいせき》になり、諸学科が上達します、④牛乳を飲用する婦人は一般に産児数は少ないが常に健全なる嬰児を分娩します、⑤牛乳を飲用する国民には結核患者が少ない、一般に健全で、病気に冒されず長寿を保ちます」と、小児・学童、女性、病人などに牛乳を推奨している（育児の友社　一九二七）。

同じ頃、高等女学校で使用されていた教科書『割烹《かっぽう》』の凡例には「一、凡ソ現代ニ於テハ、食物調理ニ国境ナク、何国ノ調理法モ吾人身体ニ肯適スル限リハ、広クコレヲ採リ入レ、以テ吾人ノ健康ヲ向上セシムルニ躊躇《ちゅうちょ》スル時デナイト信ズルガ故ニ、本書ハ特ニ其点ニ留意シテ教材ヲ選択シタ」（京都府立京都第二高等女学校　一九二八）とあり、食物調理に国境はないとして、和風料理、西洋料理、中国料理が多数記載されている。昭和初期はまだまだ平和で、物資も豊かであったといえよう。

しかし、昭和六年には満洲事変が勃発、翌七年には満洲国が建国されて、日本がアジアへ進出する足がかりがつくられた。国内では五・一五事件（一九三二）、二・二六事件（一九三六）が続き、日本の軍国主義はエスカレートしていく。満洲事変からはじまり、日中戦争、太平洋戦争を経て、敗戦を迎えるまでの「十五年戦争」時代は、戦争遂行がすべてに優先し、国民生活はあらゆる面で国家に生《せい》殺与奪《さつよだつ》を握られた。

食生活においても同様であり、牛乳の推奨や外国料理どころではなく、国民すべてが次第に飢餓状態に陥っていったこと、全国津々浦々に国家統制が行きわたったことで、この時代は他とは異なる食生活が展開された。

政治的な流れにそって、国民の側も戦時体制に協力の姿勢をみせるようになり、昭和七年には、大阪の主婦たちが献金運動や出征兵士の見送りを開始し、その動きは大日本国防婦人会に結集されて、またたく間に全国に広がった。大日本国防婦人会のモットーは「国防は台所から」であったが、主婦の立場から食を通して国防に参加しようとする姿勢を明確にしている。大日本国防婦人会は、昭和九年には二〇〇万人の会員を擁するほどに成長し、大日本婦人会として、愛国婦人会、大日本連合婦人会とともに、再結成される昭和十七年には一〇〇〇万人に達している（加納　一九八七）。割烹着姿の主婦たちは、台所だけでなく、戸外でも大活躍したが、戦争遂行の協力者であった点において、戦中の象徴的存在となった。

昭和十七年の本土初空襲、十八年の学徒出陣、十九年の神風特攻隊初出動と、次第に敗色は濃厚になった。食の面でも、昭和十九年、スイカやメロンの作付禁止、同年には、帝国ホテル・精養軒・星ケ岡茶寮の閉鎖（石川他　一九八九）があり、「贅沢」を排除しつつ、一般庶民の食生活はますます厳しいものになっていった。

矢継ぎばやの食糧政策　米および穀類に関する食糧政策がめまぐるしく変貌する昭和十四年（一九三九）から、昭和二十年までの法令の制定や改定などについて述べる。

昭和十四年三月三十日には「砂糖・清酒の公定価格」決定、四月十二日には主食統制のさきがけとなる「米穀配給統制法」公布、そして、十二月一日には「白米禁止令」が出されて、日常食ばかりでなく、正月用餅の精米さえ制限された。十一月二十二日『東京日々新聞』には「黒い餅でお正月」の見出しで、白米禁止令の徹底が呼びかけられている。

昭和十五年八月二十日の「臨時米穀配給統制規則」は、農林大臣・地方長官が必要と認めれば、生産された米穀の出荷、買受、販売に関する命令を出せるようにした規則である。

同年発行された「週報第二〇五号」には「米穀の配給統制について」と題する記事が掲載されているが、副題は「臨時米穀配給統制規則の解説」であり、情報提供者は農林省であった。同書の前書きには「この規則は、過般決定を見た農林商工両省事務調整方針に附帯して決定された、米穀の集荷・配給についての差当りの具体的運営方法を基礎とし、それに、将来米穀の政府買入等の国家管理的な操作のために必要な事項を織込んで、制定されたものである」（内閣情報部　一九四〇）とあって、米穀統制の必要性や統制の方法などが述べられている。きたるべき本格的な米穀統制に対する予行演習的な意味合いと国民への周知徹底が記事の目的であった。同書が述べる米穀統制の必要性は、「①従来のように、米穀の集荷と配給を無統制に放任しては、米穀の偏在も起こり、闇取引、買溜《かいだめ》等の不正行為が行われる。②政府が買い入れようとしても、消費規制を行おうとしても、配給機構が乱雑になっていては実行することができない」の二点である。

米穀の買占め・売り惜しみを防止するため、昭和十六年（一九四一）四月から、東京はじめ六大都市で、米穀割当配給制が実施され、成人一人一日当たりの配給量は、当初二合三勺（三三〇グラム）に定められた。ついで同年六月九日には「麦類配給統制規則」が出された。同規則が対象とする麦類とは、大麦、裸麦、小麦および燕麦《えんばく》である。

諸食料の統制が進むなか、最終段階として登場したのが、昭和十七年二月二十一日公布の「食糧管理法」であった。食糧管理法の目的は「①主要食糧の国家管理体制の強化、②主要食糧配給機構の整備、③非常時用食糧の貯蔵」であり、ここに、需要と供給すべてを国家が管理する体制が確立したといえる。食糧管理法がスムースに実行されるよう、食糧営団が設けられて、配給機構を一元化し、対象となる食糧の需給および価格の調整ならびに流通の規制が行われた。「食糧管理法」は戦後も続き、「新食糧法」が施行される平成七年（一九九五）まで、米は国家が全部を買い入れ、売り渡しする特別な食料として性格づけられた。昭和十七年九月一日に中央食糧営団が設けられ、各地に食糧営団が設立された。米穀配給の詳細については、切符制のところで述べる。

動物性食品に関する法令・省令・閣議決定等については、昭和十五年六月「農産缶詰販売制限規則」「水産物缶詰販売制限規則」が農林省から出されている。缶詰類は貴重な兵食であったから、軍部に提供するため、一般国民へ回す分は制限せざるを得なかったからと思われる。また、公定価格を設定して価格の高騰を防ぐための措置も多くみられた。ついで、昭和十五年十年十日「牛乳及乳製品配給統制規則」、十月二十五日「鶏卵配給統制規則」、昭和十六年四月一日「鮮魚介配給統制規則」、十月二十五日「食肉配給統制規則」、昭和十七年一月七日「水産物配給統制規則」と、多くの動物性食品が配給に組み込まれていった。

日常の食生活に必須とはいえない嗜好食品は最初に切り捨てられた。砂糖は昭和十五年から価格と購入制限が開始されている。三月十九日「砂糖配給統制要綱」が発表され、五月三十一日「砂糖購入制限令」施行、越境買いが禁止された。六月には六大都市で砂糖の切符制がはじまり、一日からは京都・横浜・名古屋・神戸が、五日からは大阪・東京が対象となった。十一月一日以降、砂糖切符制は全国に拡大した。昭和十九年二月には、業務用の配給が停止となり、菓子製造は事実上不可能となる(石川他　一九八九)。

家庭用の砂糖配給も十九年八月一日には停止され、甘味はほとんど家庭から姿を消した。生活史研究家の三輪野は戦時下の茶道について「十六年四月一日以降、一日一人二合三勺のお米の配給では、お茶につきものの乾菓子、餅菓子等があるはずもなく、干柿やうの花(豆腐のおからの煮付)があればよい方で、娘さん達は皆もんぺ姿であった」(毎日新聞社　一九八〇)と語っており、米の配給量制限や砂糖配給停止は、日本文化の一つ、茶道の存続にも打撃を与えた。

酒類についても同様であり、唯一飲酒ができるのは、昭和十九年五月五日に開設された「国民酒場」だけになった。国民酒場は、「ふつう午後五時開店で、コップかジョッキに盛りきり一杯の日本酒、またはビールを、あらかじめ配った整理券と引き替えに売る。つまみはそれこそひとつまみの塩またはミソ」(毎日新聞社　一九八〇)というものであった。

蔬菜や調味料については、食料切符制度のところで述べる。

食料切符制度　戦争は莫大な戦費を必要とし、人もモノもすべてを供出してはじめてなりたつ。そのための法律が昭和十三年(一九三八)施行の「国家総動員法」であり、その趣旨は「国の産業経済から国民生活のすべてにわたって、戦争に必要なものを動員できる権限を政府に与える」というものであった。

　戦争は多くの成人男子を徴兵する。そのため、食料生産活動は極端に停滞した。しかも、戦争遂行には増産をはからなければならない。食料増産の任務は農村女性の肩に重くのしかかったが、人手も牛馬も肥料も農機具も不足し、充分な収穫をあげることはできなかった。人手確保のため、農村各地には女子青年団員などの奉仕隊が駆り出されて、慣れない農作業に従事した。

図72　切符制度の実施経過

　こうした状況のなかで、物資の偏在と価格の高騰を防ぐために取り入れられたのが切符制度である。切符制度は、点数の範囲内で物資を購入するように定められ、ほとんどすべての食料が対象となった。衣料なども含めた切符制度の実施経緯は図72のとおりである。

　最初に切符制が取り入れられたのは、昭和十五年六月からはじまる砂糖とマッチである。砂糖は家族一五人までは一人に付き、〇・六斤（約三〇〇グラム）、家族一五人を超える場合は超過一人に付き、〇・三五斤とされた。マッチは二ヵ月当たり、一〜六人は小型一個、七人以上は大型一個である。砂糖は前線優先であり、マッチは火薬と材料が競合するため、最初に切符制が採用されたと考えられる。燃料である木炭も、同年十月、切符制になっている。育児用乳製品や飲用牛乳の配給量は、次のとおりである。

育児用乳製品
一ヵ月未満の乳児、粉乳三缶・練乳一二缶
一ヵ月〜二ヵ月の乳児、粉乳四缶・練乳一六缶
二ヵ月〜六ヵ月の乳児、粉乳五缶・練乳二〇缶

飲用牛乳　一日当たり
二ヵ月以内の乳児、三合以内
四ヵ月以内の乳児、四合以内
八ヵ月以内の乳児、五合
九ヵ月以内の乳児、四合
一年以内の乳児、三合

戦前はあれほど牛乳を推奨していたのに、乳児以外の配給はなくなった。

昭和十六年四月、米の配給制が実施されたが、配給量の詳細は後述する。米と同じく四月に切符制となった小麦粉は一人（自炊者）、五〇匁（一八七・五グラム）、二〜三人一〇〇匁（三七五グラム）、四〜七人一五〇匁（五六二・五グラム）、八〜一五人二〇〇匁（七五〇グラム）、一五人以上は超過一人に付き一五匁（五六・三グラム）増とされ、五月実施の酒は一世帯四合、ビールは一世帯二本ないし四本と割り当てられた。

図72には示していないが六月には、家庭用食用油が三ヵ月当たり一人（自炊者）二合、二〜三人三合、四〜七人五合の配給となった。翌月七月には、じゃがいものほか豆・特殊需用者用パン小麦の配給制がはじまり、十月には卵が二人当たり一個、十一月には魚が一人一日当たり丸三〇匁（一一二・五グラム）、切身二〇匁（七五グラム）と定められている。十二月になると、さつまいもおよび菓子が対象となり、菓子については一ヵ月当たり、二歳以下乳児菓子二袋三〇銭、三〜一五歳および六〇歳以上は一人三〇〜六〇銭となっている。

昭和十七年の年明け早々、塩・醤油・味噌などの調味料が切符制となった。塩は一ヵ月当たり、家族二〇人まで一人に付き二〇〇グラム、二〇人以上の場合は、超過一人に付き一五〇グラム、醤油は一ヵ月当たり一人三合七勺、味噌は一ヵ月当たり一人一八三匁（一日当たり六匁＝二二・五グラム）である。

塩の切符制については、政府広報誌の告知板に「塩の割当制が実施されました」との記事が掲載されている。そのなかで「この聖戦下に大切な塩について不安の生ずることのないように、確実に、公平に、必要なだけの塩が手に入るようにしたいと考えまして、この一月一日から割当制を実施することにした次第です」（内閣情報部　一九四二）と、塩の配給制に踏み切った理由をあげているが、「確実」「必要なだけ」は次第に守られなくなっていった。

調味料の次にはパンが対象となり、昭和十七年五月、妊産婦・幼児に一ヵ月当たり、一食（菓子パン三個）の配給となった。同年十一月には、青果が配給制となり、一人当たり、六〇～七五匁（二二五～二八一グラム）の分量が定められた。

こうした切符制は、一般の人びとに少なからぬ動揺や不満を抱かせたが、婦人雑誌には、「配給率は、塩が一人あて一日に茶匙二杯半、醤油食匙二杯半、味噌が中位の梅干し大二個にあたりますから、その範囲を越えないように、今日少し醤油を使いすぎたと思ったら、翌日は煮物の分量を減らすとか、お惣菜の取合せに工夫して、一日々々の分量を守ってゆくことが肝要でしょう」（『婦人倶楽部一七年三月号』一九四二）と、配給制を維持する心構えが載っている。「足らぬ足らぬは工夫が足らぬ」とばかり、やりくりを前提とした配給制度の実態は、こうしたPR記事からも読み取れよう。

配給制は隣組の輪番制によって支えられた。昭和十五年発行の『隣組読本』によって、隣組発足の経緯と役割をみてみる。大政翼賛運動の細胞とするため、内務省が「部落会町内会等整備要綱」を作成して全国道府県につくらせた下部組織が、部落会（村落）・町内会（都市）という新組織であった。部落会・町内会は一〇戸を単位とし、部落では「隣保班」、都市では「隣組」と呼ばれた。部落会・町内会には上位組織があり、「市町村の常会の決議実行事項が下級の常会に伝達され、部落・町内会の意見が上級の常会に反映されることが大切なのであって、ここに始めて上位下達・下位上達の道が拓かれるのではないか」との期待もあったが、隣組は上位下達が優先して、国民はいやおうなく戦時体制に組み込まれていった。

『隣組読本』はさらに、「昭和十二年に法制的でなく、自然発生的に東京市では隣組制をみるに至りました。名称は違っても今や六大都市を初め、切符制の実施は隣組制によって行われ、新体制にも隣組は極めて重々しい役割を帯びることになったのです」（片岡　一九四〇）と述べており、実際、配給制度に果たした隣組の役割は大きい。

図73　隣組食料配給所

興味ある事例として同書の「隣組と婦人」の項目から、「婦人の仕事」について書かれた部分を抜粋して要約する。「①これまでは個々別々だった私経済本位の家庭生活から、国家隆盛を目標とする公経済本位の国民生活へ推進させる力となること、②ただ一家の家計をやりくりするだけでなく、一家の生活資料の中から軍事物資と輸出可能品を取除くこと、輸入品を買入れないこと、時局によって激増した物品を働き出す生活を案出すること、③時間利用法を巧みに工夫して一家の計理を短時間で片付け、外の奉仕の時間を上手に生み出すこと、④自分の家からも隣組からも病人を出さないこと、これは火の用心と共に大切な用心である、⑤子供の教育を高めること、母たるべき婦人がしっかりするのは当然だが、隣組常会のような常例会で計画的・組織的に、全国の行事として励行すること」と、重大な役割を女性たちに課している。乏しい物資をやりくりしながら、奉仕の時間を確保し、病人を出さない心がけまで求められて、当時の女性たちの日々は過酷であったといってよい。実際、配給所の行列には女性と子どもの姿が多くみられた（図73、「子どもたちの昭和史」編集委員会　一九八四）。

多様化する食情報　食料の国家統制が徹底してくるにつれて、政府や軍は政策推進に都合のよい情報のみを提供するようになる。いっぽう、一般庶民もさまざまな知恵を働かせ、メディア媒体から情報を得たり、口こみで情報交換したりしながら、この難局を乗り切ろうとした。政府の、そして、一般庶民のこうした食料難に対する取り組み事例を、食情報の視点からいくつか取り上げてみよう。

一つは、国策推進のための、講演会・展覧会・国民運動などである。国民すべてに「贅沢は敵だ」（一九四〇年、国民精神総動員本部）、「欲しがりません勝つまでは」（一九四二年、国民決意の標語入選作）と、忍耐を呼びかけていた政府は、大政翼賛会などとともに、精神主義をさらに強固にするためさまざまな啓発・実践活動を行い、広報につとめた。

たとえば、昭和十五年（一九四〇）頃からはじまる国民食運動は、節米運動・代用食奨励運動と連動させながら、栄養を考慮した食物摂取の普及・啓発をめざしたものである。

昭和十六年三月、香川学園は国民食展覧会を主催した。展示内容の一つ「国民食とは何か」について、「国民の身体は国家のためにあるので、飽食して病気になったり、無計画に食べて栄養不良になるのは不忠である」として、次のような具体的方策を提示している。

「①国民食は自給自足の方針により、外国には頼らない、②国民食の分量は年齢や働く程度に応じて定められる、③国民食はカロリー・たんぱく質・ビタミン・塩類およびたんぱく質の種類も考慮され、魚・豆・野菜の量が示されている。足りないカロリーは米で補う、④国民食は全国民の食事で、米はなくとも雑穀や芋で立派な国民食ができる、⑤季節の材料で日常食と晴の食とを区別し、年中行事を楽しく行なう、⑥国民食は食糧の完全利用を目指す。調理はきれいにおいしく作って生理的にも効果を高める」（石川他　一九八九）。

つまり、国民食とは食糧政策と自給自足を前提にし、性別、年齢、働く程度、妊娠・授乳時などを考慮して定められたものである。しかし、前述の「国民食とは何か」に「米はなくとも雑穀や芋で立派な国民食が出来ます」と述べられているように、国民食運動の目的は節米であった。入手した食材の完全利用をはかって無駄を出さず、地域食材の活用や自家生産を奨励することが、あらゆる機会をとらえてＰＲされている。

さらに、昭和十七年には大政翼賛会を中心に、「玄米食奨励運動」が展開された。玄米食を国の方針とすることに対応した官民あげての運動であった。当時、玄米食に疑問を呈する人もいたが（白井二〇〇六）、学者の多くは栄養豊富を理由に玄米食を奨励した。また、昭和十八年の郷土食普及運動、いもの大増産運動、共同炊事の奨励など、食料事情の悪化とともに、各種の運動が展開されている。

二つめは、新聞・雑誌などのメディアによる情報提供である。

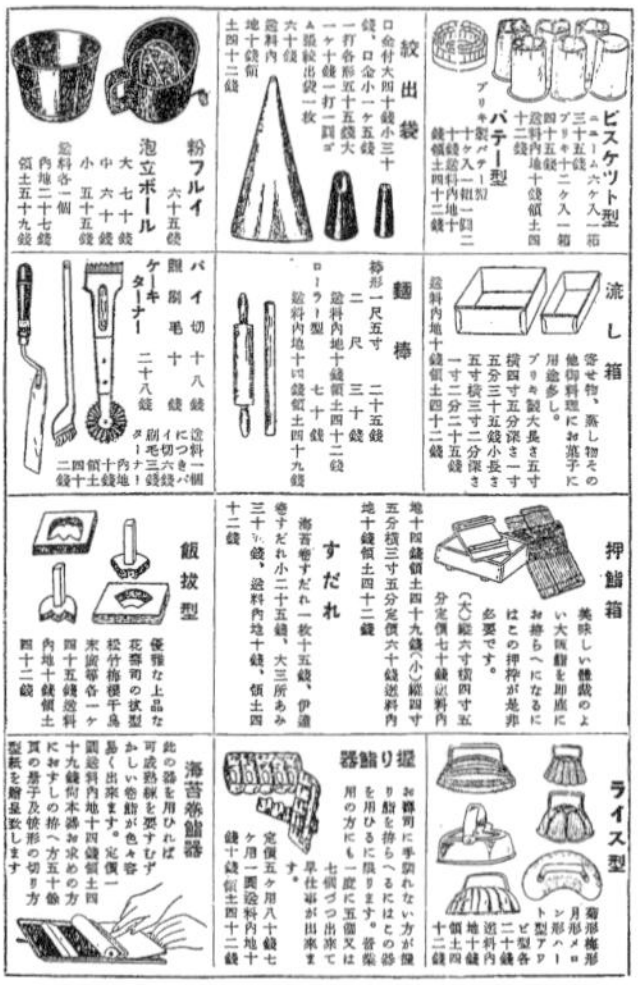

図74　『料理の友』の表紙と末尾通信販売のカタログ

太平洋戦争に突入する以前の雑誌は、比較的余裕のある内容となっていた。たとえば、昭和十一年の『料理の友』六月号は、冷肉冷菜（日本、支那、西洋、家庭）料理を特集しており、「消化の良い家庭洋食」「特選凍魚料理」「御子様連れにいい婦人向客膳」「世界喰べ歩き」「肥り過ぎを防ぐ日用食餌《しょくじ》」など、肉食、洋食、美食、健康、栄養、饗応食に関する記事で満ちている。しかも、末尾の割烹用品の通信販売カタログでは、西洋料理や菓子づくりに必要な道具類が数多く紹介されており、食料事情が逼迫している様子はみられない（図74）。

ところが、女性向け雑誌も次第に変化していき、表紙も内容も戦時色を強めていった。昭和十九年八月号の雑誌『婦人之友』には「有事即応の台所」として、移動台所、非常用保存品のイラストが掲載されており、空襲への準備が急務であったことがうかがえる。
新聞もまた翼賛体制に組み入れられ、食糧政策広報の役割を担う存在となっていた。昭和二十年七月五日の朝日新聞は、米配給の一割削減を受けた「一割減と食生活新設計」、農作業を手伝う大学生を取り上げた「学生さんに尻叩かれて」、米不足を補う食材の工夫をPRする「芋蔓《いものつる》や桑葉《くわのは》等で食用粉」などを載せ、政府広報的な記事のオンパレードであった。

米穀配給と家庭　米不足を受けて政府が注目したのは、農山村の食生活であった。さかんに郷土食の研究や宣伝をはじめたのも、米に頼らない地方の知恵を借りようとしたからである。

昭和十六年（一九四一）秋から十七年春にかけて、日本全国五八地区を抽出して行われた「食習調査」の内容は、成城大学民俗学研究所編『日本の食文化』に詳しいが、ここでは、岐阜県のある地区での日常食事概要一覧を紹介する（表5）。

当該地区の主食は正月三ヵ日を除いて、米麦混合、粟黍《あわきび》混入、甘藷、里芋、麺類、雑炊、とうもろこし、そばなどであったが、これは農山村の一般的な食生活の実態であった。この食習調査は大政翼賛会の委託を受け、当時の食料難を救うのに役立つとして行われたものである。結果的には、白米食に慣れた都市住民が米の食いのばしのために農山村の主食を取り入れるきっかけとなった。いっぽう、「食習調査」には「米の配給によってはじめて米が食べられることになった地域があった」との報告（田中　一九九五）もある。米穀配給が米常食の経験がなかった地域や家庭に、米常食の習慣をもたらした点では、戦後食生活の大変革の要因となった。

表5　岐阜県武儀郡下牧村蕨生の食事

季節		1月 1日～ 1月 3日	1月 4日～ 2月30日	3月 1日～ 8月30日	9月 1日～ 12月31日
時間	食名	品名－概量	品名－概量	品名－概量	品名－概量
午前6時～7時	茶の子	雑　煮 餅　－5～10切	米麦混合－1合強 粟黍混入の 餅　粥	米麦混合－1合強	米麦混合－1合強 甘　藷 里　芋 粥
午前11時～正午	昼飯《めし》	米　飯－少量	米麦混合－1合強	米麦混合－1合強 とうもろこし	米麦混合－1合強
午後3時	コビル	米　飯－少量	米麦混合－1合 または甘藷 里芋	米麦混合－1合強	米麦混合－1合
午後7時～8時	夕飯《はん》	米　飯－1合	米麦混合－1合強 麺　類 雑　炊　等	米麦混合－1合強 麺　類	米麦混合－1合強 麺　類 雑　炊 そ　ば

註　成城大学民俗学研究所　1990より

その後も大々的な郷土食研究が行われ、昭和十九年、中央食糧協力会編著の『本邦郷土食の研究』が東洋書館より刊行された。当時の全国各地の食生活実態を知る上では、貴重な資料である。

米穀配給の目的や経緯については先に述べたが、成人男子一人一日当たり二合三勺の配給量は満足できる分量ではなかった。それは、当時の日本人の米摂取量はかなり多かったからである。昭和十五年の米年間消費量は一二〇〇〇トン。その量を平均すると、一人一日約三合（四五〇グラム）という水準だったという（斎藤　二〇〇二）。

その後、配給米には、次第に米以外のものが混入されはじめ、しかも当初七分づきであった米が、やがて五分づき、二分づきへ変化し、さらなる節米のために玄米が配給されるようになった。さらに、昭和二十年は冷害・風水害による大凶作で、配給量は一割削減、質も極端に低下した。こうした米穀配給量の変化を表6に示す。

米穀配給に関して、各家庭に配布された「お米の通帳制家庭心得」に、次のような記述がある。「我々は割り当てられた量に慣れると同時に、代用食や副食物の調合で節米を徹底的にやりましょう。お宅の一ヵ月分の割当量を計算してみて下さい。これまでに比べて「困る」というほど少なくはありません。聖戦五年なおかつ、これだけのお米が一人残らずに公平に行き渡る。有難いことです。多少の不自由はお互いに我慢し合いましょう」と。

玄米の配給は都市住民の不評をかった。モソモソしてまずい上に、下痢患者が続出したためである。一升瓶に玄米を入れて気長に棒でつき、白くして食べたという証言は多い（永井　一九四七など）。玄

表6　米穀配給基準量の推移

昭和16.　4月以降…初めて食糧の規制が行われた際のもの.
6大都市のみ2合3勺（330 g），ただし米のみ.

1～5歳	120 g		
6～10歳	200 g		
		普通増量を受ける者	特別増量を受ける者
11～60歳	330 g	男　390 g	男　570 g
		女　350 g	女　420 g
61歳以上	300 g	男　350 g	男　480 g
		女　320 g	女　380 g

昭和17.　3月以降…下の者に1日60 gずつの加配
7～20歳までの青少年，5ヵ月以上の妊婦，炭練夫，伐木夫，漁撈夫，魚介養殖夫

昭和17.　8月以降…麦類とその加工品が主食のわくの中へ組み入れられる.
例えば，米660 gと差し引きで，乾めん2わ（750 g）
ひきわりとうもろこし132kgを米1石に換算

昭和17.　11月以降…6大都市のみならず，全域に2合3勺

昭和18.　7月………米660 g差し引きで，小麦粉700 g代替
米150 g差し引きで，乾パン60匁代替

昭和20.　5月以降…家庭配給量を全国的に統一

1～2歳	120 g（8匁）	16～60歳		
			一般	330 g（2合3勺）
			重労男子	400 g（2合8勺）
3～5歳	170 g（1合2勺）			
6～10歳	250 g（1合8勺）	61歳以上		300 g（2合1勺）
11～15歳	360 g（2合5勺）			

昭和20.　5月…主食への混入率　13%　　6月…49%

昭和20.　7月～10月まで　主食配給　1割減　300 g（2合1勺）

註　石川他　1989より

米配給は節米のための苦肉の策であり、政府にとってのみ都合のよい施策であった。いよいよ米不足が深刻化し、一割削減された昭和二十年七月以降は、遅配・欠配が日常化していく。

集団生活の食事も、二十年八月の日本女子大学寮では、「朝（すいとん）、昼（ふかし芋二〇〇グラム）、夜（米半分の雑炊）、大豆煮豆」であり、敗戦直後の二十年九月の学童疎開（豊島区長崎第五国民学校）でも、「朝（すいとん）、昼（すいとん）、夜（すいとん）、おやつ（じゃが芋、枝豆）」という状況にあった。家庭でも集団生活の場においても、戦中戦後は極端に米が不足していたことがうかがえる。

代用食と日の丸弁当　戦時の象徴的な食物は代用食と日の丸弁当である。代用食については、主食・副食の工夫のところで取り上げるが、ここでは昭和十五年発行の『代用食読本』によって、その概要をみてみよう。

同書には「節米報国」のサブタイトルがついている。著者である東京府日本調理師協会理事獅子倉重治は、「序」に「聖戦完遂に国民こぞって節米にあたりたい。代用食の重要なことを深く認識して（中略）食物調理に万全を期し、何時でもお役に立つ体を養い、銃後の食糧を忠実に護って行く心掛けが必要」（獅子倉　一九四〇）と述べ、「代用食の部」二六種、「代用食弁当の部」八種、「節米混ぜ飯の部」三〇種、「御子様の喜ぶお三時（オヤツ）」一〇種、「家庭料理の奥伝公開」三〇種について、材料や作り方を紹介している。

とくに「代用食の部」の「国民丼、興亜丼《こうあどん》、栄養丼、興亜天丼、大陸丼、厚生焼」などは、戦時色を反映したネーミングである。また、「祝　出征勇士の歓送会に手料理の宴」という武運長久献立が掲載されている。出征兵士を送り出すために、乏しい食料を何とかそろえて祝いの膳を整え、出征後は陰膳《かげぜん》を据える。これは戦時の一つの食風俗であった。

武運長久献立

吸　物	（弾丸鳥、三葉、椎茸）
お刺身	（鯉あらい、紅白のケン、酢味噌添え）
口　取	（するめいか、勝栗塩茹、かずの子）
中　皿	お赤飯
焼　肴	頭付魚塩焼（鰯でも鯖でも、鯛でも何の物にても良い）
煮　物	お煮しめ（里芋、蓮根、こんにゃく、人参、昆布、外色々）
すのもの	ぬた（魚肉、若め《わかめ》、葱、大根、うど）

日の丸弁当はごはんの真ん中に梅干を一つ入れただけの弁当で、国旗のイメージと重なり、愛国弁当としても意味づけられた。国民に戦争協力を促す目的で毎月一日、質素倹約を推進し、さまざまな行事や儀礼が行われる「興亜奉公日《こうあほうこうび》」の制定は、昭和十四年（一九三九）六月一日であったが、当日は、神社参拝、勤労奉仕、勤倹節約、禁酒禁煙などが強制され、酒の不売で飲食店は休業した。興亜奉公日には質素倹約の象徴として、日の丸弁当を持参することが流行したが、梅干し一つだけの日の丸弁当は、精神主義だけが前面に出て、栄養面への配慮のないものであった。

代用品は食料だけでなく、さまざまな家庭用品にも登場した。昭和十六年「金属回収令」が出され、金属供出が義務づけられた影響で、竹製のスプーン、木製のバケツ、陶器の鍋やコンロなどが、金属の代用品として台所に取り入れられている（昭和館　二〇〇〇）。

戦地の食　本土では大変な食料難に悩まされていたが、前線の兵士はどうだったのであろうか。帝国ホテル料理長村上信夫は、山東省の南皮《なんぴ》における昭和十七年（一九四二）秋の「東臨作戦」前日の夕方、上官から「うまいもんを作ってくれ」と命令された。フライパンと牛刀と材料さえあれば何でも作れるのだが、カレーの希望が多かった。先輩がカレー粉を一ポンド《ポンド》（約四五〇グラム《グラム》）持っていたので、鶏五、六羽を調達し、ニンジンと日本ネギを入れて、南京豆の油で炒め、戦地では最高のカレーを作った。腹ぺこの約六〇〇人の兵隊はみな笑顔だったという。村上はその時のエピソードを次のように語っている。

そこへ本隊から部隊長代理の少佐が馬でやってきて「カレーなんか作りやがったのはだれだ」と軍刀を抜いて怒鳴った。「自分であります」「貴様か」。馬を下りた少佐が抜刀したまま近づいてくる。一巻の終わりを覚悟して目をつぶったが、少佐は耳元で「後でおれにも食わせろな」とささやき、少し離れた所で「この次こんなことをしたら死刑だ」と叫んで馬にまたがり戻っていった。翌朝、敵陣はシーンと静まり返っていた。カレーのにおいで危急を察知して音も立てずに退却したのだろう。敵の指揮官は名将だった。

（『日本経済新聞』二〇〇一年八月十二日）

この部隊に名料理人がいたおかげで最期の晩餐のカレーが食べられたわけだが、中国本土に、満洲に、そして南方の島々に進軍した兵士たちの食生活は決して豊かなものばかりではなかった。とくに悲惨だったのは、孤立した戦場で糧食《りょうしょく》の補給もなく、現地で調達することもできなくて、餓死したり、栄養失調で戦病死した兵士たちであったろう。ガダルカナル島、ポートモレスビー、ニューギニア、インパール、フィリピン、中国戦線などでの餓死の実相は、『餓死した英霊たち』に詳しい（藤原　二〇〇一）。

「ブーゲンビル島の作戦失敗で、何とか生き帰った兵士たちは、体力が消耗しているのに食べるものは何もなかった。そこで、銃を捨て、鍬をとって、荒れ果てた耕地や密林の開墾につとめた。その間、補給された食料は、四月に米一〇〇瓦《グラム》、五月に六〇瓦《グラム》、六月以降は皆無で、他は一切現地物資を利用するしかなかったという。兵士たちの中には、住民がわずかに所有している食物を、半ば強制的に取り上げるものも出てきた。そして、「木の芽、草の根、食べられるものはすべて食した。海の魚はとりたくても敵機が絶えず哨戒《しょうかい》するし、爆薬は将来の作戦を考えればこんなことに供用は出来なかった。小川の魚はすぐにとりつくされた。蛋白質の給源は「トカゲ」であり、蛇であり、鼠《ねずみ》、「バッタ」の類に及ばざるを得なかった。調味料として、塩を夜間、海水を煮て作った。（中略）率直にいうならば死ぬ前に一度、たった一度だけでも良いから腹一杯食べたいと思ったのは、あながち死んでいった戦友だけではなかった」（藤原　二〇〇一）が、実態である。

無謀な作戦と食料補給がなかったことで、実に多くの兵士を餓死や栄養失調に陥らせた太平洋戦争。

ガダルカナル島は餓島《がとう》と呼ばれた。本土の食生活も悲惨だったが、前線の兵士たちにとって、戦場は飢餓地獄さながらであり、大本営と作戦責任者の罪は大きい。

学童集団疎開　昭和十六年（一九四一）四月には尋常小学校が国民学校と改称され、戦争遂行を目的とした皇国民養成教育が強化された。いっぽう、大本営は連戦連勝を宣伝していたが、昭和十九年六月のサイパン陥落以降、大都市各地には容赦ない空襲が襲いかかるようになる。縁故疎開が不可能な国民学校学童の生命を危惧した東京都は、政府に先駆けて戦時疎開学園を開設し、地方の寮などに子どもたちを疎開させる措置を講じはじめていた。

本土空襲の危険が現実のものとなった昭和十九年、学童集団疎開が閣議決定され、「学童疎開促進要綱」（六月三十日）「帝都学童集団疎開実施要領」（七月七日）および「帝都学童集団疎開実施細目」（七月十日）にもとづいて、学童集団疎開が開始された。疎開対象となった都市は、東京都、川崎市、横浜市、横須賀市、名古屋市、大阪市、神戸市・尼崎市、沖縄県であったが、ここではとくに、東京都の学童集団疎開について述べる。

疎開の対象となったのは当初、国民学校三年生から六年生であった。疎開先は、東京都郡部、埼玉県、群馬県、千葉県、茨城県、栃木県、山梨県、新潟県、宮城県、静岡県、長野県、福島県、山形県、富山県と広範囲にわたり、学童数は二〇万人におよんだといわれている（雑誌『のびの び』、一九七五）。

食費は二〇円とされ、保護者は一〇円を負担した。慌しい準備のあと、八月四日、第一陣一九八人が出発した。敗戦後も疎開地での生活はしばらく続いたが、最後に帰京したのは昭和二十四年五月二

図75　学童集団疎開「何と言っても楽しいのは朝食である」

十八日、東京都光明国民学校である（光明学校の学童疎開を記録する会　一九九三）。

疎開の記録は学校側の諸文書、学童たちの日記、受入れ側の諸帳簿、回顧録などにかなり多く残されているが、それらには家庭団欒の食卓から切り離された子どもたちが、飢えに悩みながらも、健気に耐えた様子が記されている。訓導（引率教師）たちの苦労も並大抵ではなかった。疎開校の一事例として、東京第一師範学校男子部附属国民学校の戦時集団疎開学園の様子をみてみよう（『歴史読本　臨時増刊　一九八〇年九月』新人物往来社、一九八〇）。

同校は昭和十九年八月十三日、長野県松本市浅間温泉に疎開し、昭和二十年六月三日、下伊那郡に再疎開、同年十一月六日に帰京した。図75の舞台は下伊那郡上久堅村（飯田市）興禅寺である。訓導、寮母とともに学童たちが机に向かい、どんぶりに入った主食とみそ汁だけの食事をしている。「何と言っても楽しいのは朝食である。いただくものが皆この上なくうまい」というコメントがいたたいしい。

絵と文は引率教員の山崎幸一郎が書いた「疎開学園素描」の一部である。

疎開先での食料の入手については、「主要食糧、調味食品は集団疎開学童用として東京都から受入県へ割り当てるが、蔬菜、生鮮魚介類などの副食物は極力、地元で調達すること、疎開学童に食糧・燃料の自給・生産を行なわせること」（帝都学童集団疎開実施細目、一九四四）のように、地元の協力を前提にし、子どもたちの労働をもあてにするなど、杜撰《ずさん》な面もあった（石川　二〇〇六）。

学童集団疎開先での食事献立がどのようなものであったのか、地域や学寮によって違いはあったのか、昭和十九年十二月十八日から十二月二十四日までの地域の異なる四学寮での献立を比較してみる（表7、藤原書店　二〇〇四）。

朝食は麦や豆かす・高粱《こうりやん》などを入れたカテ飯・みそ汁・漬物、昼食には一品程度のおかずがつき、夕食は雑炊・すいとんというのが、学童集団疎開の基本的な献立であった。地域により、支援体制の濃淡により、季節により、いくらか内容は変化するが、毎日・毎食同じ食材が使用される点はどこも同様である（石川　二〇〇六）。

「よくも斯《こ》う茄子と胡瓜で生きしものと彼の日の献立を皺のばして凝視《みつ》む」（立教女学院　一九七四）という回想は、疎開学童が置かれた現実の深刻さをよく表現したものといえるであろう。

国民の健康と栄養　戦争遂行のために兵士も銃後の人びとも、実態はどうあれ、栄養や健康に留意するよう求められた。政策的にも、「産めよ増やせよ」と、妊娠・出産を期待された女性や将来の日本を託す乳幼児・学童については、配給量などで特別な配慮が払われている。

表7 疎開先での食事献立

静岡県伊東町馬込第三国民学校山田学寮献立

月日	朝 食	昼 食	夕 食	間 食	備 考
12.18	高梁飯，味噌汁(かぶ)，大根新香，紫蘇菜漬	高梁飯，煮付(ひじき，にんじん)，たくあん新香	雑炊(粉だんご，さつまいも，かじき)	なし	昨日のみかんありたるため，みかん配給8貫
12.19	高梁飯，味噌汁(しなちく，大根)，たくあん新香	高梁飯，魚(さばの味噌煮)，たくあん新香	高梁飯，野菜煮付(じゃがいも，大根)	みかん5ケ	
12.20	高梁飯，味噌汁(小松菜)，のりつくだに	雑炊，(粉だんご，さつまいも)，大根新香	高梁飯，煮付(大根，いか)，大根新香	みか3ケ乾燥いも3ケ	薪拾ひ15時(乾燥いも若干，賞として)
12.21	高梁飯，味噌汁(大根)，大根新香	高梁飯，煮付(大根，しなちく)(油いため)，大根新香	雑炊(粉だんご，大根)	みかん5ケ	みかん配給11貫求職調査に来寮
12.22	高梁飯，味噌汁(大根)，大根新香	高梁飯，くぢら肉・しな竹の煮付，大根新香	雑炊(粉だんご，大根)	みかん5ケ	茶配給1人80匁(静岡県茶業組合寄贈)
12.23	高梁飯，味噌汁(大根)，大根新香	高梁飯，煮付(くぢら肉，人参，大根)大根新香	雑炊(粉だんご，大根，さつまいも)	みかん5ケ	
12.24	高梁飯，味噌汁(つけな)，大根新香	高梁飯，魚煮付(しまかつを，さつまいも)	雑炊(粉だんご，大根)，味噌漬	みかん3ケ	寄贈 ハチミツ4ダース，味噌漬

東京都下南多摩郡浅川町浜川国民学校高乗寺学寮献立

月日	朝 食	昼 食	夕 食	おやつ	備 考
12.18	味噌汁，オ新香	ナッパトニンジン煮付，オ新香	カボチャノ煮付，オ新香	ミツマメ	
12.19	味噌汁，オ新香	キンピラ，オ新香	オゾウ水，オ新香		
12.20	味噌汁，オ新香	オサカナ(イワシ)，オ新香	サツマイモ，オ新香	マメ	
12.21	味噌汁，オ新香	大根・ニンジン煮付，オ新香	カレーライス，オ新香		
12.22	味噌汁，オ新香，カレーライス	カボチャノ煮付，オ新香	水トン，オ新香		毎日新聞取材，夕食のスイトン両氏にご馳走
12.23	味噌汁，オ新香	サケノカンヅメ，ナッパノ煮付，オ新香	オカユ，フリカケ，オ新香	アンミツ	毎日新聞，食糧は十分，三合四勺の配給.
12.24	味噌汁，オ新香	ニンジン，ゴバウノアブラ煮，オ新香	ニンジン・大根ノオツユ，オ新香		

宮城県鳴子町小石川区窪町国民学校いくよ学寮献立

月日	朝　食	昼　食	夕　食	その他
12.18	味噌汁，香物(白菜)	味噌汁，香物(白菜)	塩鰊汁	
12.19	味噌汁，香物(白菜)	塩鰊汁	味噌汁，香物(白菜)	僕の小包がついた．全部ドーナツ．九十個ほど皆んなわける．
12.20	味噌汁，香物(白菜)	代用食すいとん，バターを配給	味噌汁，香物(白菜)	床屋でむすび二個もらったので七人でわける．
12.21	味噌汁，香物(白菜)	白菜の油いため煮	味噌汁，香物(白菜)	あめ四個づつ配給，午後リンゴ一個づつ配給．
12.22	味噌汁，香物(白菜)	味噌汁，香物(白菜)大根下し，バター配給	代用食牛肉入り　カレー入りすいとん，味噌づけ配給	二班の者は駅へ味噌づけを取りに行く．三時甘藷一本．
12.23	味噌汁，香物(白菜)味噌漬け配給	塩鰊の煮物	味噌汁，香物(白菜)味噌づけ配給	
12.24	味噌汁，香物(白菜)味噌づけ	白菜の煮物，香物(味噌づけ)	味噌汁，香物(味噌づけ)	高倉村の愛国婦人から正月用の餅．

山形県上山町東京第二師範学校附属国民学校月岡ホテル学寮献立

月日	朝　食	昼　食	夕　食	おやつ	備　考
12.8	味噌汁，漬物	納豆，漬物	野菜サラダ	蜜柑	丘氏より，乾燥野菜四十八袋，ウドン粉．
12.19	味噌汁，漬物	野菜サラダ	カボチャ，漬物，味噌汁	干柿(父)	
12.20	味噌汁，漬物	大根・ジャガ芋の煮付	味噌汁，漬物		男子昼食は全員揃って行う事とす．
12.21	味噌汁，漬物	カボチャ	いわし煮付，味噌汁，漬物	蜜柑(配)，ビスケット(父)	ビスケット(正谷氏)
12.22	味噌汁，漬物	豆フ(ゆどうふ)，漬物	漬物，味噌汁		干柿(町)
12.23	味噌汁，漬物	カボチャ	イワシ煮物，味噌汁，漬物(武田氏)	餅入汁粉	漬物白菜(武田氏)，納豆，武田氏に交渉．
12.24	味噌汁，漬物	納豆，漬物	ライスカレー，漬物	蜜柑	揚げもち，バター(渡辺)，大豆他

註　藤原書店　2004より

国民の健康と栄養に関して、当時、実践的な栄養摂取方法を提案していたのは、栄養学者の香川綾である。昭和十六年（一九四二）十一月十四日の新聞に、香川は「現在の配給米による主食のカロリーは一五五五ですから、基準の二〇〇〇《カロリー》に対して、残り全部を副食物でとることは、現在一日分二五銭であげている栄養食材料では無理です。したがって主食のほかにうどん、雑穀などを七〇《グラム》ぐらいとってほしい。栄養献立はカロリーの細かい数字にたよっては一般には無理でしょうから、魚一〇〇《グラム》、豆類蛋白一〇〇《グラム》、野菜四〇〇《グラム》、いも類二〇〇《グラム》を見当にして頂きたい。魚は骨、皮、内臓ごと全身食べるようにすれば、ビタミンA・D・燐酸カルシウムをとることができます」（『東朝』〈一九四二〉）と述べている。

香川は、配給量だけでは足りないカロリーや栄養素を、「摂取量のめやす」を利用してカバーしようと訴えている。配給食品の量と質が低下していくにつれて、実施不可能になるが、健康と栄養についての関心を喚起しようとした興味深い啓発事例の一つである。

また、雑誌『家の光』昭和十八年二月号には「栄養いろはうた」が掲載されている。栄養の摂り方を具体的に示しているので、そのなかのいくつかを紹介する。

栄養いろはうた

い　今からいよいよ食料戦
ろ　論より包丁　わが家の栄養
は　母の栄養　胎児に響く

に　煮干し　鰊《にしん》は　安価な栄養
ほ　骨も頭も　捨てない工夫
へ　減らそう御飯　おかずで補へ
と　年寄は　なまぐさ　さけて　長生奉公
ち　力の泉は　あぶらげ　第一
り　量より質が　勘どころ
ぬ　ぬかるな　節米　一億こぞって

国民とくに子どもたちの健康と栄養の実態はどのようなものであったろうか。

昭和六年の東北・北海道における冷害・凶作を受けて、翌七年七月二十七日に、文部省は農漁村の欠食児童を二〇万人と推定し、九月七日に「学校給食臨時施設方法」を制定、給食実施のための助成金支給を決定した（石川他　一九八九）。各県では不足分を補い、児童一人当たり約四銭の給食を開始している。

栄養の改善や身長・体重の増加など給食の成果はあったが、全国全児童が対象ではなかったので、文部省は、昭和十六年「学校給食奨励規程」を定めて、全国的に学校給食を奨励した。しかし、食料難のあおりを受け、完全給食の実施は難しくなっていく。

昭和十八年の雑誌『糧友』に、有本邦太郎の「弁当から見た児童の栄養現状」と題する論文が掲載された。東京市内の国民学校二校（A校・B校）の五〜六年約四〇〇名の弁当調査の結果、弁当持参

表8　弁当の栄養量

校別		主食米飯量	蛋白質	脂肪	糖質	熱量	A	B	C
		瓦	瓦	瓦	瓦	cal	%	%	%
A校	5年	309	17.3	4.0	94.3	482	94.8	28.3	14.3
	6年	349	19.2	3.8	144.9	690	74.7	29.1	11.1
	平均	329	18.3	3.9	119.6	589	84.7	28.1	12.7
B校	5年	342	15.6	3.1	106.8	517	97.8	25.0	12.0
	6年	328	18.6	3.5	103.1	518	93.6	28.4	14.3
	平均	335	17.1	3.3	105.0	517	95.7	25.7	13.1
全平均		332	17.7	3.6	112.3	551	90.2	27.2	12.9

註　陸軍糧株本廠内食糧協会　1943より　　A：総熱量に占める主食熱量の比　B：総たんぱく質に占める動物性蛋白質の比　　C：総熱量に占めるたんぱく質熱量の比

者は、A校五九・八八％　B校八〇・七五％、弁当不持参者は、A校四〇・一四％　B校一九・二五％であった。不持参の理由は、おかずがないから（三二％）、米が足りないから（九％）、弁当箱がないから（九％）などであった（陸軍糧秣本廠内食糧協会　一九四三）という。ここに示されている調査対象国民学校の弁当の栄養量は表8のとおりである。

調査の総括として、「①副食物の分量が少ない、②総熱量に占める主食熱量の比率が大きい、③総蛋白質に占める動物性蛋白質の比率も比較的小さい、④発育期の栄養として考慮すべきものが多い、⑤学校給食による学童の栄養確保が喫緊の課題」と有本は述べている。

国民の多くは栄養が健康に不可欠であることは知っていても、栄養が充足される環境にはなく、具体的な実践方法も周知されていなかった。そこで、不足する栄養を補うため、手っ取り早く栄養薬品などが用いられており、図76はその広告例である。

戦中の食教育　戦中の食教育として特筆される事例に、女子栄養学園の「国民食配給所」がある。昭和十五年（一九四〇）、十六年頃になると、食料不足は顕著となり、女子栄養学園で行う調理実習の材料調達も難しくなってきた。この状態を乗り越えるため国民食配給所が考案された。設立の目的と経緯は「国民食が制定されようとする時、我々はぜいたくな食物は遠慮しなければならなくなったが、できるだけ合理的に栄養価と物資を損失しない調理法を改善してゆかねばならない。一人も飢えさせず、一人の飽食も許さず、人間の生命を支えるに足るだけの栄養食には、貧富の別なく遂行する機会が与えられ、厚生省労働局指導課のご指示と巣鴨商業組合のご協力によって、この事業が実現したのである」（香川学園　一九四〇）と述べられている。

図 76 「決戦下で勝ち抜くために栄養増強」

　配給所の本部は女子栄養学園に置かれ、献立作成や栄養指導、調理指導などにあたった。食料の購入は学園が荷受人となり、地区の商人が複数の市場から入荷した。こうして入手した食料をもとに、朝・昼・夕三食の献立をたて、そのなかのいくつかをデモンストレーションする形で、学生たちの学習にも役立てたのである。配給を受ける主婦たちは、このデモンストレーションを見学することで、栄養知識と食料の有効活用を学んだ。

配給される食料の価格は三食一人分二五銭であった。主婦たちが「本当に無駄がなくなって、何ひとつ厨芥缶に捨てるものがない」というのを聞いた学園長の香川は、「食糧の節約がこの人たちの家で実行されているのですから、実験をしている時のたのしさと同じ気持ちです」と語っている。

栄養や調理の知識・技術を一般家庭の主婦たちに啓発し、あわせて学生たち、卒業生たちに実際的な教育を施そうとした女子栄養学園の試みは、当時の国民食運動、共同調理の推奨という国策にそう形の実践であったが、現実をプラス志向で乗り切ろうとした興味深い戦事食教育の一つといえる。しかしながら、食料事情が深刻化してくる昭和十八年頃には、この事業も行き詰まり「国民食配給所」は相ついで閉鎖していった。「一人も飢えさせず」の理念が、厳しい現実の前で崩れていく象徴的な出来事と位置づけられよう。

そのほかにも戦時食教育の事例として、高等女学校の食物教育（江原　一九九八）などもあるが、ここでは割愛する。

食料確保と食事の工夫　不足する食料を確保する方法には、自給自足、買出し、これまで食べなかったものの食用化の三つがある。南瓜やさつまいもの栽培がさかんに推奨されると同時に、ドングリやイナゴの食用化がすすめられた。代用食品採取のために図77のようなポスターも作られている（「子どもたちの昭和史」編集委員会　一九八四）。

このポスターには「とち、かし、なら、くぬぎは皆さんのおなかを一杯にさせる乾パンやあめやパンになります。ウント拾って沢山食べましょう。また、アルコールや牛の皮をなめすタンニンになります。学校の先生の指導の下に、大いに拾って下さい。農林省・日本林業会」という文言がみえる。子どもたちの力も徹底的に借りようという作戦であった。

一般庶民も空腹をなだめるためにさまざまな工夫を行なった。

主食についてみると、医学博士佐伯矩《ただす》の「代用食製作の三法」の図（図78）には、三種の代用食の説明が掲載されている（石川他　一九八九）。

精米一合の米飯に匹敵する代用主食および混主食の例が示され、栄養分も精米に遜色《そんしょく》がないことが強調されている。また、代用全食についても、モデルとして「すいとん・おろしあえ」の献立を載せ、「蛋白質二三・五グラム、温量七三二カロリー、ビタミンB一一四国際単位」が摂取できるとしている。

図77　代用食品採取のポスター

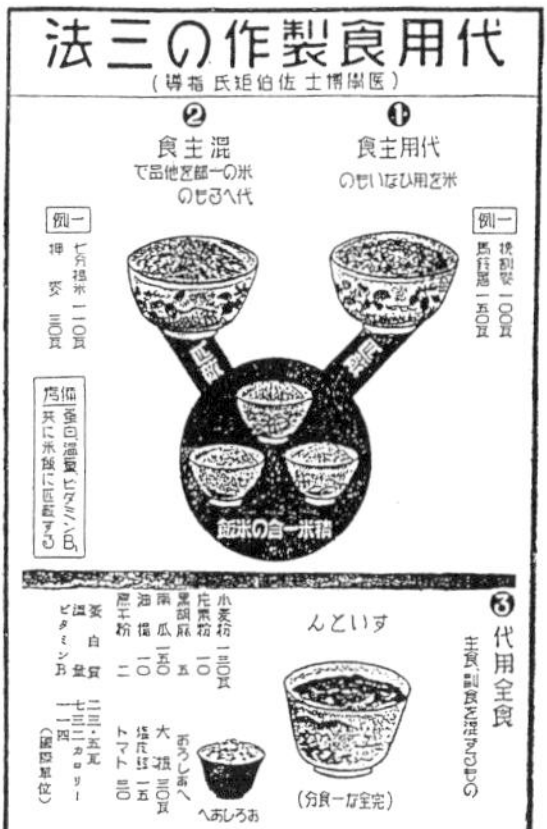

図78　代用食製作の三法の図

混主食はいわゆるカテ飯で、増量のためにさまざまなものを混ぜて炊いた。たとえば、油の絞りかす入りの「豆粕飯」、干しうどん入りの「干しうどん入り飯」、茶がらを入れた「茶がら入り飯」などは節米のための苦肉の策であった。一方、代用全食には、雑炊、粥、すいとんなどがあり、代用主食には、どんぐり麺、ふすま入りパン、ぬか入りパン、うの花入りパン、ぬかだんご、ふすま入りだんご、そば芋餅、はとむぎ餅、どんぐり餅のようなものまで登場している。

そのなかのレシピを数例紹介すると、「干しうどん入り飯（二日一人分）」は、「①干しうどん一二〇グラムは短く折って置き、七分づき胚芽米二合五勺（三八〇グラム）は、ざるに入れてさっと水をかけて洗う。②釜に干しうどんと米と三合五勺の水とを入れてかきまわし、普通に炊く。③青菜を入れる場合はふき上がってから手早く加えて炊き、ひつに移す時に混ぜる」（大村　一九四三）とある。米の代わりに干しうどんが配給され、やむなく工夫した混主食であった。また、「うの花すいとん」は、「①うの花七〇グラムと小麦粉一一〇グラムを混ぜ合わせ、水を入れてかきまわす。②鍋に湯を沸かし、大根葉を細く切って入れ、白魚干を入れ、すいとんをすくって入れ、味噌仕立てにする」（大村　一九四三）とあり、ここではおからを増量材として用いている。

多くの女性向け雑誌にも節米料理・代用食が掲載されるようになり、『婦人公論　一九四一』には、炊き込み御飯一〇種、雑炊五種、粥三種が紹介されている（近代女性文化史研究会　二〇〇一）。また、先に述べたように玄米食も奨励された。雑誌『家の光』昭和十八年四月号には、「玄米食で体作って米英撃滅」と、昭和十七年からはじまった大政翼賛会の「玄米食奨励運動」に連動する記事を掲載している。

副食に関しても、さまざまな工夫が講じられた。一つは平時であれば廃棄していた部分を食用化したことである。たとえば、蓮の葉、南瓜の茎や葉、大根の葉、人参の葉、蕗《ふき》の葉、蕪《かぶ》の葉、里芋の茎、葱の青葉、キャベツの芯、蓮根の皮、大根の皮、甘藷の皮、馬鈴薯の皮、瓜の皮、茄子の皮、蜜柑の皮、くわいの皮、大和芋の皮、ほうれん草の根、みつ葉の根、南瓜の種、甘藷のつる、しいの種子、桜の種子、桑の種子、鮭鱒の頭、魚の骨、茶がら、ぬか、ふすま、豆粕などである。また、食べていなかったものの食用化の例としては、各種の野草、いなご、はちのこ、さなぎ、かえる、へび、すずめ、どんぐり粉、柿の皮の粉、干馬鈴薯などがあげられる。

それらの食品は地方では常食であったものが多い。縁故疎開・集団疎開などで地方の食材や料理を体験した人びとのなかには、「草を食べさせられた」「いなごの顔がこわい」「あのつけものは二度と食べたくない」などの感想を持ったものもあり（石川　二〇〇六）、異文化理解の困難さを示している。

暖房や加熱調理に不可欠な燃料も配給制に組み込まれていった。沼畑金四郎著『家庭燃料の科学』（一九四三）、国民生活科学化協会編『燃料』（一九四四）など、燃料をテーマにした書籍や一章全体を燃料にあてた出版物が相ついだ。雑誌の特集などでも、燃料を取り上げた記事が多くみられるようになる。その内容をみると、『家庭燃料の科学』は、「一．ガス使用の知識、二．木炭使用の知識、三．薪使用の知識、四．練炭と炭団《たどん》使用の知識、五．その他の燃料使用の知識、六．余熱利用の知識、七．風呂と暖房の知識」（沼畑　一九四三）から構成されており、当時の燃料は、ガス、木炭、薪、練炭、炭団が中心であったことがうかがえる。

『燃料』は、「ガスの利用法（一．割当て量の意味、二．割当て分量、三．一日量の使用予定、四．共同炊事に就いて、五．合理的な炊き方　煮方、六．メーター活用の効果、七．ガス用蒸しがま」（国民生活科学化協会　一九四四）から構成され、かなり実用的、実際的な内容になっている。同書掲載の「決戦火焚き唄」には、「一つとやあ、火を焚く稽古もご奉公。上手に焚きませう　国の為」「二つとやあ、ふうふう蒸気が吹き出した。急いで火を引け　蓋《ふた》取るな」「三つとやあ、水気は燃料の損になる。乾いた燃料使いませう」（国民生活科学化協会　一九四四）などがあり、これらは、戦意高揚と愛国心を盛り込みつつ、燃料節約を具体的に示した実際的な教育法であった。

2　たけのこ生活からの脱却

「米よこせ」デモ　昭和六年（一九三一）の満洲事変からはじまった十五年戦争は、昭和二十年八月十五日正午の「玉音放送」によって国民に終結が知らされ、非戦闘員をも巻き込んであまたの生命をうばい、国土を荒廃に至らしめた過酷な戦争は、これでようやく幕を閉じた。この戦争によって、多くの都市は徹底的に破壊され、その焼け跡のバラックでは食料不足にあえぎつつも、新しい生活がはじまった。図79の写真には「バラックの前で食事の仕度をする少女」というタイトルがついている。戸外にかまどを据え付けて煮炊きをしている少女の笑顔は、空襲の心配をせず、家族そろって食事ができる喜びを全身で表しているようにみえる。

しかし、あらゆる生活物資はまだまだ不足しており、食料事情も一向に好転しなかった。国家統制が崩れたためにむしろ厳しくなったとさえいえる。しかも、外地から大勢の復員兵や開拓団員などが帰国し、食料不足はいっそう深刻になった。引揚げの様子について、「数カ年はかかると行末を案ぜられていた六百五十万にものぼる在外邦人の引揚げも、米軍の好意で三百六十一隻の引揚船が就役し、この分で行けば、どうやら本年中には完了できる見込みがたってきた。永年の海外生活で築きあげた地盤と財産を失い、全くの裸一貫で還ってきたこれらの人たちに対し、敗戦の母国はどんな援護の手をさしのべようとしているのか」と、昭和二十一年七月時点での引揚げの実態が語られている（朝日新聞社　一九八九）。

図79　バラックの前で食事の仕度をする少女

配給制度がゆらぎ、人びとは買出しやヤミ物資の購入でようやく糊口《ここう》をしのいだ。日々の食事は雑炊が続き、「米よこせ」運動が各地で勃発した。敗戦間もない昭和二十年十一月一日には、「餓死対策国民大会」が日比谷公園で開催されている。みな生きるか死ぬかの瀬戸際にいたといえよう。

図80は昭和二十一年四月の世田谷区民デモの様子である。「働けるダケ喰《く》わせろ」の蓆旗《むしろばた》をたて、食料を求めて区民が大勢

図80　世田谷区民デモ

参加した。つづく、五月十二日の区民大会には、二〇〇〇人もの人びとが皇居に向かってデモ行進を行なったという。また、五月十九日の食糧メーデーには、二五万人もの労働者らが集まって、「飯米獲得人民大会」を開催した（石毛　一九八三）。

昭和二十一年四月〜五月にかけて、米よこせ運動が拡大し、人びとの困窮がピークに達していたことがうかがえる。

買出しとヤミ市　料理研究家飯田深雪は、「田舎でお米を分けていただくときは、外国から持ち帰った木綿の大きなシーツが、ほんとうに役に立ちました。農家では現金でものを売ってくれません。たいていが着物と交換するタケノコ生活と称されるものでしたが、それでも絹のいい着物などでは、たいして喜ばれないのです。それよりなにより木綿。大きなシーツ一枚で、お米を二升も三升も分けてもらえました」（飯田　一九八五）と書いている。絹の着物よりも大きなシーツが喜ばれたというエピソードは、買出し体験者の興味深い証言である。

敗戦五日目の昭和二十年（一九四五）八月二十日、新宿東口に開店した露店市が、ヤミ市の第一号となった。その後、雨後のタケノコのように各地にヤミ市ができていく。

東京北区を例にすると、赤羽・十条・王子など強制疎開で空地になった駅前広場にヤミ市が立った。その様子を地元の主婦は次のように回想している。「闇市っていっても、最初から店があったわけじゃあなくって、当初はザルに野菜をのっけたり、船橋の方から持ってきた魚を石油缶に入れて売ってたんだよ。膝つきあわせて、かたまって、物々交換みたいなさ、そのうちみかん箱を置いて、雨戸をのっけて台にして、二メートル四方くらいかな、場所作って、バザー、生活活用市みたいになったんだよ。そのうちにさ、一間（一・八メートル）四方の店になって、うどんやカストリ、おでんなんかを売るようになったんだよ」（北区総務部女性政策課　一九九七）。

そうしていったん市ができると、どこからともなく、さまざまな品物が集まってきた。食物屋《くいものや》がその大半を占めていたが、軍の隠匿物資《いんとくぶっし》や連合軍からの放出物、あるいは残飯なども上手に繰り回しされて、なんでもかんでも飛ぶように売れたそうである。その一端を獅子文六の『自由学校』から引用する。


肉ウドンとキツネウドンの店、蒸しパン屋、ダンゴとマンジュウ屋、シチュー屋、ヤキトリ屋、ヤキソバ屋—店々の品物を爺さんはいちいち覗き込むが、容易に店内へは入らなかった。（中略）豚の肉塊らしきもの、明らかなコン・ビーフ、鶏骨、ジャガ芋、人参、セロリの根等がサジにかかってくる。材料としては戦前の安洋食のシチューより、ずっと上等である。それに肉の分量がすこぶる多い。その他、缶詰品らしいトーモロコシの粒、グリーン・ピース、銀紙のハリついた

欠けチーズ、マッシュルームらしききのこまで入っているのだから、いよいよシャレている。（獅子 一九六八）

そのシチューは、ネットリと甘く、油濃く、動物性のシルコのようで、戦前には絶対なかった実質的で、体裁をかまわぬ料理だと主人公はいうが、材料は進駐軍宿舎や外人ホテルの残物であった。

しかし、「食糧管理法」はまだ生きていたから、配給以外で入手した食料は当局によって没収された。昭和二十二年十月十一日、ヤミを一切拒否した山口良忠判事が栄養失調死したニュースは人びとに大きな衝撃を与えたが、国民とくに都市住民にとって買出しとヤミ市の利用は、命を守るためにやめるわけにはいかなかった。都内の主要ヤミ市と道路上の常設露店五九三四が消滅したのは、昭和二十五年のことである（松平 一九九五）。

図81 ヤミ市風景（1946年4月 新橋駅前青空市場）

栄養教育と学校給食 学校給食は欠食児童、貧困児童のための慈善的性格をもつものとして、明治二十二年（一八八九）、山形県鶴岡町の私立忠愛小学校ではじまった。当時の献立は「おにぎり・塩鮭・菜の漬物」(独立行政法人日本スポーツ振興センター資料)であり、昼食持参の子どもたちより豪華であったような印象を受ける。明治・大正期にも各地で小学校児童に対する学校給食や文部省による学校給食奨励の動きはあったが、昭和七年(一九三二)、文部省訓令「学校給食臨時施設方法」によって、全国規模での欠食児童救済の学校給食が国庫補助を受けて実施された。それは、昭和六年の東北・北海道を襲った冷害による農村部の困窮(無明舎出版　一九九二)、昭和七年八月の都市部における「政府米払い下げ」闘争など、全国的に食料事情が悪化し、欠食児童が激増していたからである。

戦争が泥沼状態に入った昭和十五年、文部省は「学校給食奨励規程」によって、従来の欠食児童のみならず、栄養不良児、身体虚弱児をも含めた学校給食の実施に踏み切った。全国的に食料事情はますます逼迫し、子どもたちの栄養状態が低下していたためである。その後、戦禍は拡大し、昭和十八年、学校給食はいったん休止になった。

しかし、大都市児童の栄養状態は極端に低下していたため、昭和十九年三月三日の閣議決定により、「決戦非常措置要綱ニ依ル大都市国民学校児童学校給食ニ関スル件」が発せられ、六大都市の国民学校の児童に米(一〇〇グラム)と味噌(一五グラム)などが特別配給されて、四月一日から学校給食が再開された(文部省日本学校給食会　一九七六)。

ところが、都市への空襲激化を理由に昭和十九年八月から学童集団疎開が開始され、六大都市での学校給食は再び中止となった。学童疎開は戦力保持が第一の理由であったが、学校給食を含む都市部での食料難がその背景にあったのではないかとも考えられる(石川　二〇〇六)。

図82　昭和22年（上）、昭和27年（下）の学校給食献立例

終戦後、子どもたちの体位低下が緊急の課題となった。昭和二十一年十二月十一日、文部省・厚生省・農林省三省の次官通達「学校給食実施の普及奨励について」には、次のような学校給食の方針が示されている。「①貧困児童、虚弱児童だけでなく全児童を対象としたこと、②摂取栄養量を明示したこと、③学校給食費について規定したこと、④実施機構を整備したこと、⑤国庫補助の方途を講ずることにしたこと、⑥教育的効果を明らかにしたこと」である。同年十二月二十四日、東京・神奈川・千葉の三都県の児童二五万人に対して、試験的に学校給食が行われたが、この日を記念して、十二月二十四日は学校給食記念日となっている（文部省学校給食会　一九七六）。昭和二十三年には、全国六〇〇万人に対して、週二回以上、三〇〇キロカロリーの学校給食が実現した（天野他　二〇〇七）。

当時のメニューは、ミルク（脱脂粉乳）・トマトシチューなどであったが（独立行政法人日本スポーツ振興センター資料）、学校給食実現には、ララ物資、ガリオア資金、ユニセフなどが大きく貢献した。昭和二十七年、前年のガリオア資金打ち切りを受けて、小麦粉に対する国庫半額補助が始まり、四月からは全国すべての小学校で「パン・ミルク・副食」からなる完全給食が実施されるようになった。図82は昭和二十二年、昭和二十七年の学校給食献立例である。

昭和二十七年の献立は「コッペパン、ミルク（脱脂粉乳）、鯨肉の竜田揚げ、せんキャベツ、ジャム」である。捕鯨については、昭和二十年、小笠原近海での捕鯨許可、昭和二十一年、南氷洋での捕鯨再開、昭和二十七年、北洋母船式捕鯨の再開と、順調に捕獲量をふやしていった。昭和二十二年の政府配給学校給食用物資のなかにも「鯨肉一人三〇グラム」（文部省学校給食会、一九七六）があるし、捕鯨の回復によって鯨肉を安価に大量に入手できたことからも、「鯨肉の竜田揚げ」は学校給食の定番となった。鯨肉の竜田揚げとともに話題を呼んだのは、カレーシチュー、揚げパンなどである。いずれも、油脂の補給に加えて、エネルギー、たんぱく質の確保をめざしたメニューであった（味の素食の文化センター　二〇〇三）。

昭和二十九年、「学校給食法」が制定され、法的にも学校給食制度が整備された。同法に明記された学校給食の目的には、「①日常生活における食事について、正しい理解と望ましい習慣を養うこと、②学校生活を豊かにし、明るい社交性を養うこと、③食生活の合理化、栄養の改善及び健康の増進を図ること、④食糧の生産、配分及び消費について、正しい理解に導くこと」があげられている。「もはや戦後ではない」と謳われた同じ時代に、学校給食が法的に整備されたのは、戦後の混乱期の終焉を象徴している。

先に述べた戦中の「学校給食奨励規程」には、「栄養のバランスはもとより、偏食に陥らぬよう注意すること」（学校給食奨励規程、一九四〇）とあったが、三省次官通達の冒頭には「学童の体位向上並に栄養教育の見地から、ひろく学校において、適切な栄養給食を行うことは、まことに望ましいことである」（三省次官通達、一九四六）と記されている。また、昭和二十三年三月の体育局長通達では「学校給食は教育の一かんとして実施し、直接には学童の体位向上を計り、間接には栄養学的知識の普及により、家庭における食生活の改善を計るにあるところの教育事業である」（体育局長通達、一九四八）と述べられていた。さらに、「学校給食法」の目的をみても、栄養教育、健康教育が重視されていることがうかがえ、戦中戦後を通して、学校給食には体位の向上とともに栄養教育的な側面が強い。とくに「学校給食法」の根底には、学校給食をモデルにして、家庭の食生活の改善を促し、栄養教育、健康教育の一端を担わせようとした意図が読み取れる。

学校給食実現に功績のあったＧＨＱ（連合国軍総指令部）サムス大佐は「米食偏重の食生活を改め、栄養改善を図る」と述べており、学校給食には粉食奨励の意味もあった。アメリカの余剰小麦を基本とする「パン・ミルク・副食」の給食は、昭和五十一年の米飯給食導入まで、三〇年以上にわたって継続している。また、定められた栄養量をみたすために、「パン・ミルク・うどん」や「パン・ミルク・いためそば」（江原　二〇〇一）のような奇妙な組み合わせの献立があらわれたのも学校給食の特色といえる。栄養充足に視点が偏るあまり、日本の食文化がないがしろにされた点が戦後の学校給食の課題の一つとなった。

栄養教育の重要性を認識して栄養士養成に奔走した先駆者は佐伯矩である。佐伯は大正四年（一九一五）、私立栄養研究所を設立し、大正十四年には佐伯栄養学校を開校した。栄養学校や家政系の専門学校などの卒業生たちは、戦中戦後の栄養教育に大きな役割を果たしている（白井　二〇〇六）。戦後の栄養教育は昭和二十二年に栄養士法が公布されて以来、栄養士がその中核になるとともに、学校教育の一教科となった家庭科においても、栄養教育は行われた。また、平成十七年（二〇〇五）に実現した栄養教諭制度も、学校給食はじめ、教科その他で食育を行うことを目的に導入されている。

戦後のさまざまな社会教育、情報媒体、生活改善運動のなかでも、過剰栄養素を削減し、不足栄養素を補充する指導がなされた。キッチンカーによる実地指導、油脂を摂取するための「フライパン運動」、「たんぱく質が足りないヨ」のコマーシャルなどが、その例といえる。フライパン運動とは、昭和三十六年厚生省が提唱した「一日一回、フライパンで油料理をしよう」という運動である。日本人に不足していた油脂類と動物性たんぱく質を増やし、米食から小麦粉の粉食への転換をはかろうとした栄養指導の結果、洋風化と栄養重視志向がすすんだ。食事構成や食材選択など、伝承されてきた日本型食生活が崩れるなかで、次第に次章で触れるような健康上、食文化上の問題点が浮上してきた。

食料危機からの脱却　極端な食料難に陥っていた日本へ、昭和二十一年（一九四六）一月二十六日、小麦粉一〇〇〇トンがマニラから到着した。同年二月、東京でGHQの措置により、輸入食料の配給が開始され、十一月一日には主食の配給が成人一人に付き、二合五勺（三六〇グラム）に引き上げられた。

昭和二十二年一月、東京都などでララ物資による学校給食が再開され、十月二十七日には、果物など一三二品目の公定価格が廃止となった。徐々に食料を自由に売買できる戦前の市民生活が戻りつつあったといえよう。

昭和二十三年、主婦連合会が発足する。主婦たちは台所仕事の象徴「しゃもじ」を旗印とし、まず、食料不足の解消を訴える活動を展開した。

昭和二十三年、東京などでは主食の代用品として、キューバ糖が大量に配給された。甘味に飢えていた人々は「カルメ焼き」などをつくって主食がわりにする。『美しい暮しの手帖』第一号に栄養学者の川島四郎は、砂糖の大量配給について、次のようなエッセイを寄せている。

「随分いろいろと変わりに変る世の中で、つい先頃までお砂糖といへば、粉薬見たいに小さい四角い紙に包んだのを開いて、指先で押しつけて、ついたのをチビチビ嘗めるのが関の山だったが、近頃は配給所からバケツに山盛りにして貰って来るという始末、配給所から自分の家まで提げたお砂糖が重くて、重くて」(『美しい暮しの手帖』、一九四八)と、戦中では考えられない贅沢を述べているが、砂糖は米の代わりにはならなかった。

同年十一月一日から主食配給は、二合七勺(三八〇《グラム》)に増配され、人びとの食生活は落ち着きを取り戻していった。昭和二十四年四月一日には、野菜の統制が撤廃され、六月一日には、ビヤホールが正午より午後九時まで開店となった。都内一八ヵ所のビヤホールではジョッキ一杯が一〇〇円から三〇〇円だったという。また、東京の料理飲食店も再開され、十二月一日、農林省はいも類の供出後

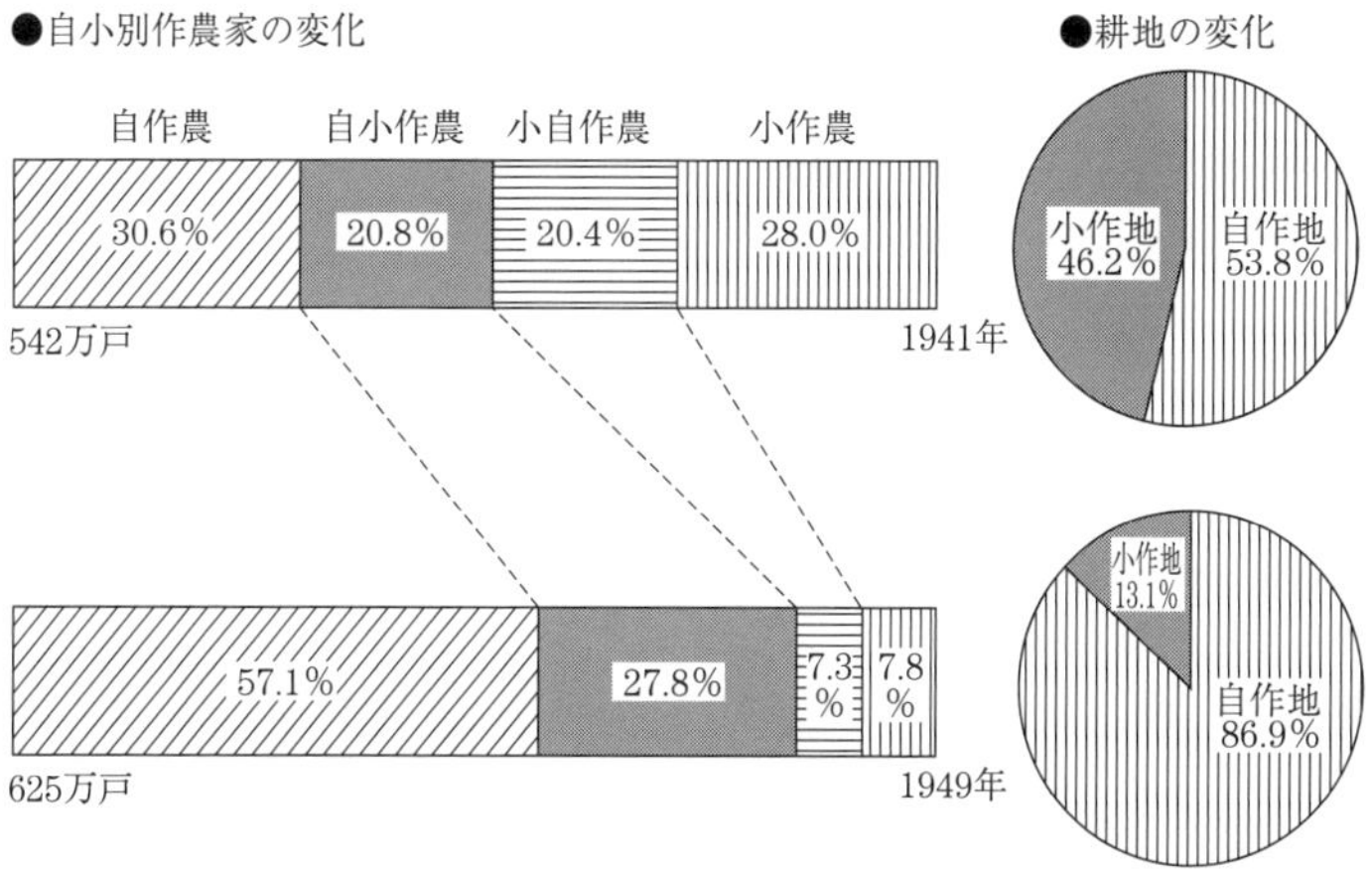

図83　農家と耕地の変化　中川　1995より

の自由販売を許可している。

米の生産も徐々に回復していった。農村に働き手が戻ったこともあるが、戦後の「農地改革」によって、自作農が増えたことも大きな要因であった。自作地は一九四一年の五三・八%から一九四九年の八六・九%に上昇した（図83、GHQ〈連合国軍総指令部〉、中川　一九九五）。

米の配給が増加し、食料難が解消する背景には、こうした自作農を中心とした農業生産の回復と発展をあげることができる。

昭和二十五年四月一日、水産物の統制が廃止された。その年の十二月一日、池田蔵相は議会の答弁で、「貧乏人は麦を食え」と発言し、国民の怒りをかった。まだ、白米の飯を食べられる層は少なかったからである。昭和二十六年十二月、東京都内の常設露店は廃止となり、いわゆるヤミ市は姿を消した。昭和二十七年一月十三日、農林省神戸検疫所で輸入ビルマ米から黄変米が発見され、大問題になる。六月一日には麦の統制が撤廃され、これで米以外の食糧統制は全廃となった。昭和二十八年十二月、初のスーパーマーケット・紀ノ国屋が東京青山に開店し、新しい小売り形態が消費者の関心を呼んだが、詳細は第六章で述べる。

昭和二十九年十二月七日、主婦連合会は東京都世田谷区内で有馬ミルクと協定して、「十円牛乳」（市販一五円）の販売をはじめ、都内で普及運動を拡大する。牛乳を推奨できる時代に、やっと戻ったといえるであろう。

この年は国民の実質所得が戦前の水準に回復し、電気冷蔵庫、洗濯機、掃除機が三種の神器としてもてはやされた。食料供給がようやく回復し、「もはや戦後ではない」と経済白書が宣言したのは、昭和三十年度のことであった。

六　現代の食生活――飽食と食スタイルの多様化

1　飽食時代と食の国際化

食の欧米化　敗戦後、混迷を続けていた日本経済は、昭和二十五年（一九五〇）の朝鮮戦争による特需によって息を吹き返し、食生活も好転しはじめた。困窮の極みにあった敗戦直後の食生活を建て直し、改善に向けた一歩を提供してくれたのは、欧米諸国とくにアメリカからの救援物資としての食料支援である。とくに体位低下が著しかった子どもたちの栄養確保のため、アメリカ側の働きかけによって、学校給食に消極的だった日本政府も昭和二十一年十一月、「学校給食実施の普及奨励について」の次官通達を出して、全国の児童を対象にした学校給食実施の方針を打ち出した（天野他　二〇〇七）。時を同じくして、昭和二十一年十一月、ララからの脱脂粉乳を主とする救援物資が横浜港に到着した。ララとは、Licensed Agencies for Relief of Asia の頭文字をとって名づけられた「アジア救済連盟」と呼ばれる組織である。十二月、試みとして、都内の国民学校の子どもたちに「大根・人参・鮭・マカロニの入ったクリームスープ」の給食が実施された。使用されたミルクは脱脂粉乳を溶かしたものである。神奈川・千葉でも同様の戦後初の学校給食が試験的に開始された。翌二十二年一月、ララ物資による学校給食が全国主要都市の約三〇〇万人の児童を対象に実施され、ララによる援助は昭和二十七年まで継続された。昭和二十二年には、ユニセフ（国際連合児童基金）から脱脂粉乳が送られ、ガリオア資金からも、米、小麦、塩、砂糖、缶詰などが提供された。ガリオアとは、Goverment and Relief in Occupied Areas の頭文字をとって名づけられた「占領地域救済基金」のことで、アメリカにおける占領地域の飢餓救済、社会安定のための物資援助を担当した。この援助も昭和二十六年には打ち切られている。こうした食料援助による学校給食により、児童の体位は向上した。昭和二十九年「学校給食法」が公布されたが、パン・ミルクを基本とした給食の影響を受けて、家庭においても食の欧米化が進んだ。昭和三十一年、学校給食法が改正され、中学校にも給食が取り入れられたが、学校給食が戦後の食生活に及ぼした影響は大きい。

戦中戦後の食料難、栄養失調の苦い経験をバネに、栄養改善運動もさかんに行われたが、牛乳については、昭和二十九年に開かれた主婦連の「牛乳値下げ懇談会」をきっかけに、生産者と消費者が手を結んだ「十円牛乳運動」がはじまった。「栄養によい」と推奨された牛乳であるが、昭和二十四年には一合一一円、翌年は一二円、昭和二十八年にいたっては一五円に値上がりしている（石毛　一九八三）。

昭和三十三年には米軍向けだった西洋野菜のレタス、セロリ、カリフラワーなどが普及した。同年にはフレンチドレッシングも発売され、マヨネーズソースなどの普及とともに、サラダが食卓にのぼ

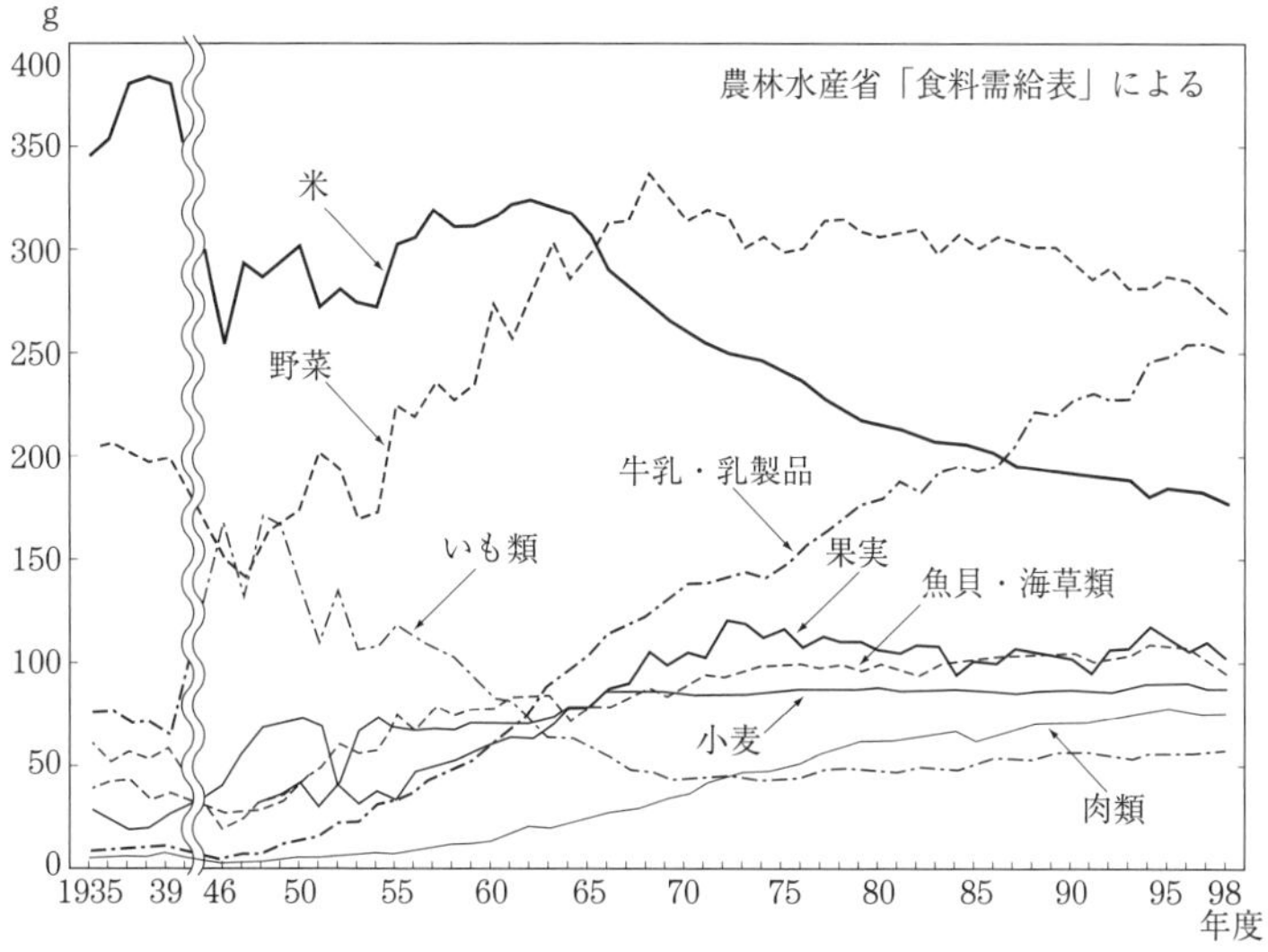

図84　食生活の変化(1人1日あたり供給純食料)　矢野恒太記念会　2000より

るようになった。国民の目に触れる米軍家庭の生活ぶりも戦後の日本人にとっては羨望の的であり、欧米化を促進した要因の一つになったと思われる。

食料の国家統制が徐々に解除され、食料輸入の自由化も進められた。なかなか統制がとかれなかった砂糖も、昭和二十七年四月には統制撤廃され、昭和三十八年八月三十一日には輸入自由化が決定した。砂糖の代用としてサッカリン　ズルチンを使用せざるを得なかった国民も、砂糖の統制撤廃、輸入自由化によって、甘味への飢えと戦後の食料統制からの脱却を実感した。

昭和三十五年、安保改定で大きく揺らいだ政治状況のなかで、「国民所得倍増計画」が答申され、閣議決定をみて、「高度経済成長政策」が進められた。その結果、日本のGN

P（Gross National Product 国民総生産）は毎年一〇％も拡大し、しかも二〇年以上にわたって成長が継続するという驚異的な経済成長をなしとげ、日本人の食料摂取状況、栄養摂取状況は大きく変化した。昭和十年から平成十年（一九九八）までの食生活の変化をみてみよう（図84）。

植物性食品では米の減少が著しい。戦中戦後の米不足を受けて、戦後は急激に生産量・摂取量ともに増加するが、昭和三十五年をピークに激減している。それに反して小麦類は増加傾向にあり、主食が多様化してきたことがうかがえる。いっぽう、動物性食品は、昭和五十年頃までは急速に供給量が増加し、牛乳・乳製品にいたっては急カーブを描いて伸びている。図84には示されていないが、嗜好性食品のデータをみると、油脂類は一貫して増加傾向を示し、昭和三十年頃までの砂糖の増加は著しいものがあった。酒類・嗜好飲料の増加は日本酒以外の酒類および新しい嗜好飲料が飲まれるようになったからと思われる。コカ・コーラの輸入自由化は昭和三十六年である。

こうした食料供給量の推移から、主食としての米の摂取が減って、副食としての肉・乳・卵が多食されるようになったこと、油脂類が調理に使用され、甘味類や嗜好飲料が増加したことが読み取れる。昭和三十五年の『国民生活白書』には団地居住者の食生活について、「肉・乳・卵等への支出が多く、副食が高級化している。穀類の消費形態も一般にくらべて粉食とりわけ、パン食の普及率がきわめて高い」と記載しており、石毛直道らは、こうした戦後の食生活を「米偏重・主食偏重の食生活から「おかず食い」の食生活に変化した。副食の比重増加に伴って、新しい食品と料理法が採用され食生活が多様化した。つまり、肉・卵・乳製品の動物性食品と油脂の摂取量が増大し、洋風料理・中国料理が日常の献立に採用されるようになった」と分析している（石毛他　一九八九）。

一般庶民の受け取り方はどうであったろうか。父が設計して東京大田区に建てた住宅を「昭和のくらし博物館」として平成十一年に一般公開した小泉和子は、昭和二十六年からそこに住まい始めた。「はじめてラーメンを食べたのは昭和二十六年、昭和も終わったいま、日本は一億総グルメとか飽食の時代となり、材料も自由に手に入るし、冷凍食品、レトルト食品、インスタント食品が発達し、テイクアウトもさかん、電気冷蔵庫と電子レンジによって調理自体の観念も大きく変わり、私たちは歴史上、他に例を見ないような大変化を経験した珍しい世代の人間だ」と、大きく変わった日本人の食事について語っている（小泉　二〇〇〇）。

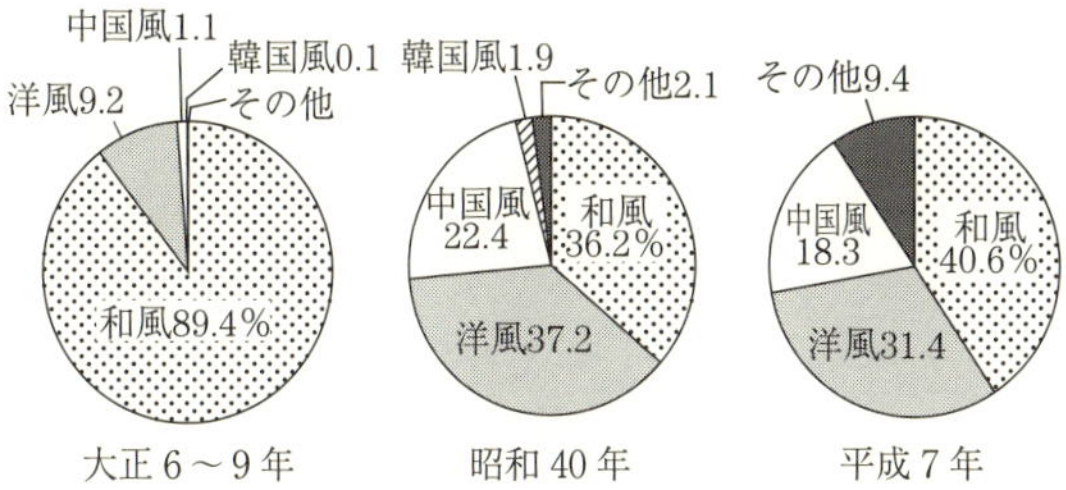

図85　時代による様式別調理の割合
日本家政学会　1998収載の下村論文より作成

こうした食生活の変化は、家庭料理に反映され、婦人雑誌の記事も影響を受けた。参考までに図85戦前との比較を含めて、昭和四十年および平成七年の婦人雑誌における様式別調理の割合を示す。それによると、大正六年（一九一七）～九年には九割を占めていた和風料理が著しく減少し、昭和四十年には洋風料理が上位にたった。そして、平成七年には、その他の料理が増加して、洋風化および多様化が進展していることがうかがえよう。つまり、この時期は、食事量の変化ならびに食料構成の変化のみならず、料理の変化、ひいては、食卓全体の変化をもたらすような食生活の大変革期であったといえる。

生産・加工技術と流通の革新　高度経済成長の特色は、大量生産・大量流通・大量消費にある。「消費者は王さま」という言葉が生まれ、いかに買ってもらうか、いかに使ってもらうか、いかに利益をあげるかが生産者・流通業者の最大関心事になった。食生活においても、消費者の目をひくパッケージ、便利さ第一の商品開発、リピーターを増やすための嗜好調査、全国どこへでも流通させ、長期間ストックできる保存性の向上、価格の安さ、消費者の購買意欲をかきたてるコマーシャルなど、食品は自然の恵みの位置から、工場で生産される商品の位置へと変化した。熾烈な競争と多様な消費者ニーズへの対応を可能にしたのは、生産・加工の技術革新である。

生産の面では化学肥料や農薬の開発で、収穫量の増大や品種の改良がはかられた。また、季節を問わず出荷可能な周年栽培、収穫や流通に便利で市場や消費者から高評価が得られるような食品開発、ひいてはバイオテクノロジーの駆使など、新技術がもたらした食品も多い。こうした流通の利便性や消費者ニーズに左右されて、とくに、農村においては、高度の設備投資による経済破綻や農薬などによる健康被害などによる、零細農家の農業離れを促した。土壌汚染や水質汚染も深刻な問題を提起している。漁業に関しては、沿岸の汚染と二〇〇カイリ問題で沿岸漁業が衰退し、養殖と遠洋漁業中心へと変化していった。

加工技術革新の一つは、急速冷凍および解凍技術の向上である。コールドチェーンとよばれる低温流通機構の整備によって、調理済み冷凍食品が急速に普及したが、これは冷凍庫つき冷蔵庫の家庭へ

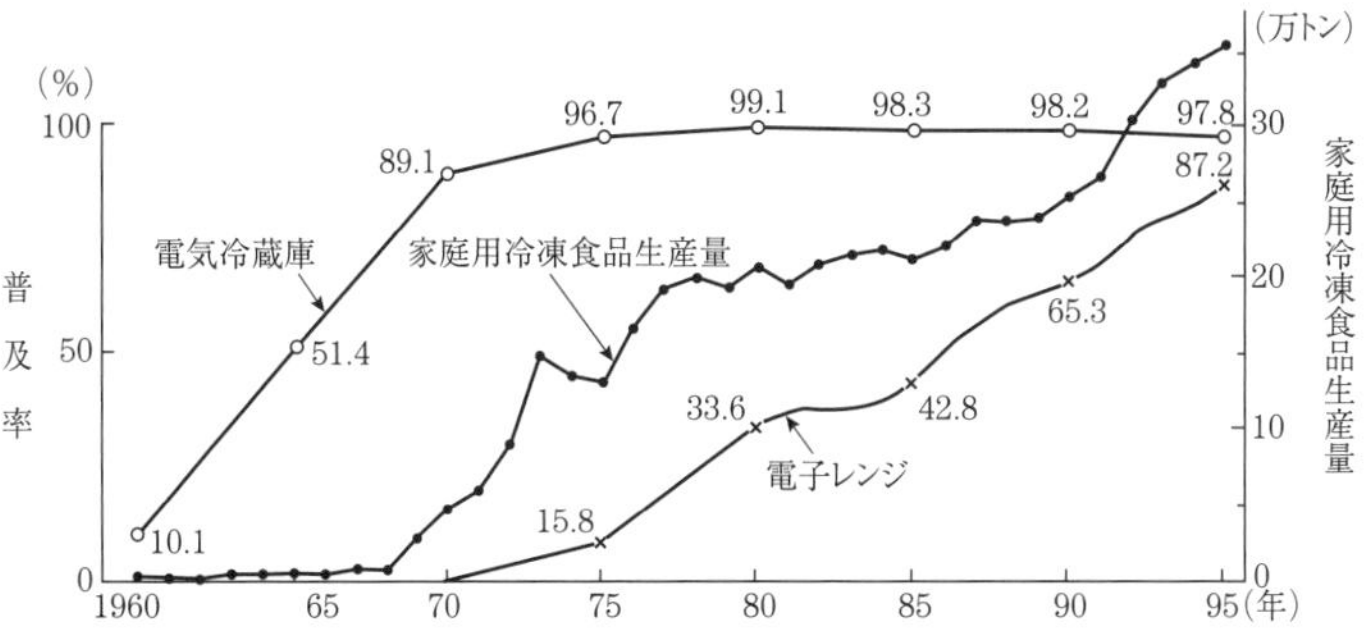

図86　電気冷蔵庫と電子レンジの家庭への普及率と，家庭用冷凍食品生産量の推移　食糧栄養調査会　1999より

の普及と連動している。調理済み冷凍食品としては、エビフライ、コロッケ、ハンバーグ、シュウマイ、ギョーザなどが人気商品であったが、昭和四十年代後半からは、主食の冷凍食品が増え、参入業者も商品も多様化している。また、海外に加工工場をもつ業者も増加していった（小塚　一九九九）。

さらに、凍結乾燥技術の向上によって、多くのインスタント食品が誕生した。手抜きイメージのインスタント食品であったが、次第に内容を豊かにしていく。たとえば、昭和三十九年（一九六四）、味の素株式会社から粉末のインスタントスープ「クノールスープ」が発売されている。お湯を注ぐだけで手軽に飲める上、スイス・クノール社との提携というイメージアップで売り上げを伸ばした。また、昭和四十六年には、日清食品から、エビ、豚肉、卵、野菜などが彩りよく入っているカップヌードルが売り出された。容器を別にすることなく、高級ラーメンが食べられるとあって、消費者ニーズにマッチし、好評を博した。

こうした状況を小塚は「電気冷蔵庫が普及すると、要冷蔵の加工食品の市場が広がり、電子レンジが普及すると、短時間で、でき立て感を再現できる調理食品が増加して、主婦のライフスタイルも、家庭生活関連のインフラ整備も、食のあり方も、食品メーカーのマーケティングも変わった」（小塚　一九九九）と分析している。

いっぽう、昭和四十三年、大塚食品の「ボンカレー」「ボンシチュー」発売に端を発したレトルト食品は、「一流レストランの味を家庭に届ける」とのキャッチフレーズで消費者にアピールし、またたく間に家庭に浸透していった。昭和三十九年、カルビー食品より「やめられない、とまらない」のキャッチフレーズで発売された「かっぱえびせん」、昭和四十一年、グリコから発売された「ポッキー」、昭和四十三年、明治製菓から発売された「明治カール」などは、スナック食品という新しいジャンルを生み出し、スナック食品はその後も続々と誕生していった。

図87　ボンカレー

生産・加工の現場で一円のコストダウンをはかるのは並大抵のことではない。大量生産・大量流通・大量消費時代に突入した高度経済成長時代には、一円でも安く消費者に商品を提供できることが重要な課題となった。生産者から消費者へ至る道のりが近ければ近いほどコストはダウンするし、人手をなるべくかけなければ廉価で販売できる。こうして、従来の商取引とは異なる小売形態が開拓されていった。

　一つは産直（産地直送）形式であり、一つは大量仕入れ・大量販売で利ザヤを稼ぐディスカウントショップ形式である。スーパーマーケット（スーパー）はディスカウントショップの一形態として、昭和二十八年、第一号店が東京青山にオープンした。また、神戸の三宮に「主婦の店ダイエー」が開店したのは昭和三十三年のことである。チェーン化第一号となったダイエー三宮店は、五〇坪の狭い売り場ながら、一日二〇〇〇人の買物客がつめかけ、連日大賑わいであったという（講談社b　一九九七）。

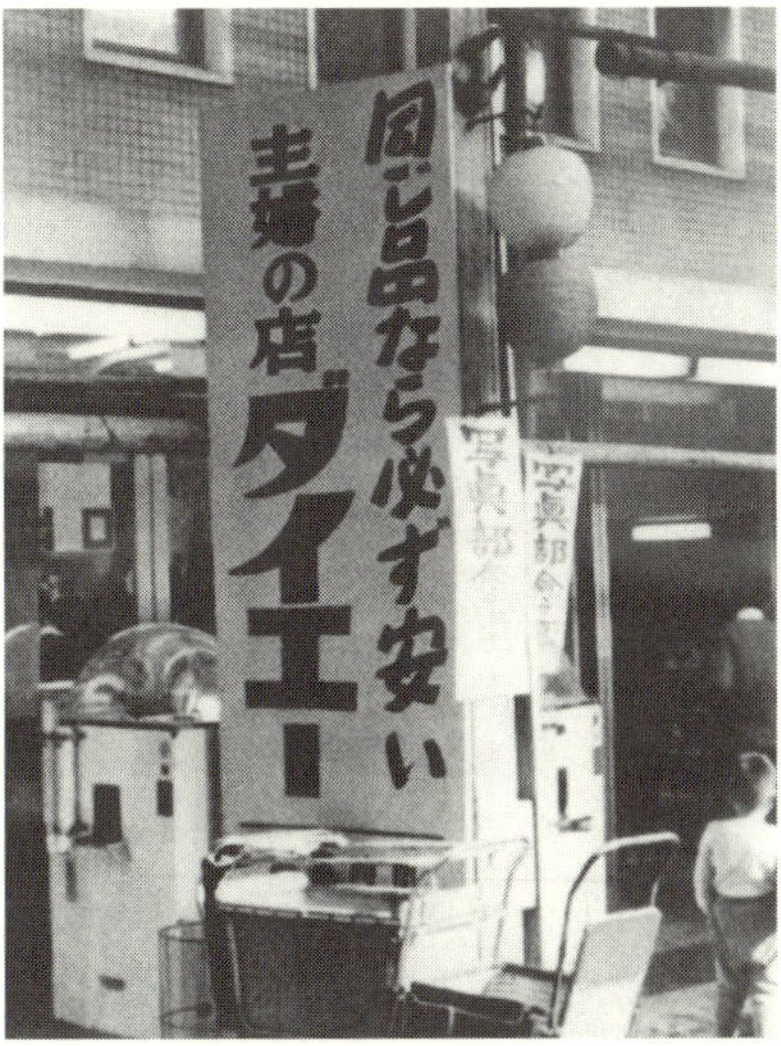

図88　神戸・三宮に「主婦の店ダイエー」開店

　ダイエーは、従来の流通機構や大手メーカーとの軋轢を乗り越えて、自社ブランド商品を製造・販売するという新しい小売方式を開拓し、安さと品揃え、買いやすさが受けて店舗数を増やしていった。こうした新しい小売り形式のスーパーは全国に拡大し、昭和三十八年には、五〇〇〇店を数えるまでに増加している（日本生活学会　二〇〇一）。

　スーパーの特徴は、セルフサービス、セントラルチェックアウト、ワンストップショッピングという一つの店で必要な商品がすべて揃う便利さにあった。また、食材についても、利便性を考慮したさまざまな工夫とサービス、すなわち、小人数家族にあわせたパック売り、調理するだけにカットされ、下ごしらえされた魚・肉・野菜類、店員と口をきかずに買い物できる気軽さ、そして何よりも価格の安さが受けて、スーパーは「家庭の台所の肩がわり」的存在となった。ちなみに、後述するコンビニは「家庭の冷蔵庫がわり」、ファミレスなどの外食産業は「家庭の食卓がわり」(茂木　一九九三)という状況がつくり出されていく。

こうした流通革命のなかで、従来、中小小売店の保護を一つの目的に制定されていた「百貨店法」(第一次は昭和十二年、第二次は昭和三十一年)は、「大規模小売店舗法制定」(昭和四十八年)、「大規模小売店舗法改正」「小売商業調整特別措置法改正」(昭和五十三年)と改正が続き、ついで、規制緩和政策の一環として、平成三年(一九九一)には再度改正されている。大型店と地元小売業との軋轢を示す事例として、平成七年の調布ショッピングセンター事件がある。このケースでは、中小小売業者の事業機会確保の観点から、大型店に事業縮小の裁定がくだされた。しかし、全国展開された小売業の大型化・郊外化、そして「安ければよい」という消費者の心理と行動は、いっぽうでは、地域の零細な食品製造業者を締め出し、他方では、地域の商店に打撃を与えて、駅前の繁華街までをもシャッター通りにしてしまう事例が相ついだ。個人商店や商店街の活性化は、今やまちづくりの大きな課題となっている。

食と健康被害　高度経済成長を推し進めるなかで、経済優先の姿勢が安全性を置き去りにした事件が多発している。この時代は技術革新に基づいた新製品が次々に開発され、大量生産・大量消費の体制が定着した。大量消費を促すため仕かけられたテレビ・新聞・雑誌などのマスメディアを使った大々的な宣伝は、消費者に大きな影響を与えた。こうして大衆消費社会に子どももおとなも高齢者も巻き込まれていく。そして生活内容が多様化し、豊かになると同時に、欠陥商品による生命・安全の被害、不当表示による消費者の不利益被害、何よりも環境汚染によるさまざまな食品公害が発生し、消費者問題が社会問題としてクローズアップされるようになった（経済企画庁国民生活局　一九八六）。

図89　水産物公害一掃全国決起大会

食品公害の代表的な例としては、昭和三十年（一九五五）発生の森永砒素《ひそ》ミルク事件、同年発生のイタイイタイ病（問題化したのは昭和四十二年頃）、昭和三十一年に公認された水俣病（表面化したのは昭和二十八年）、昭和四十年（一九六五）に発見・表面化した第二水俣病、昭和四十三年のカネミ油症（米ぬか油中毒事件）などがある。砒素ミルク事件は、粉ミルクの製造工程で砒素が混入したことによる中毒事件であり、西日本を中心に乳幼児の患者は、一万二一三一人にのぼり、死者は一三〇人を数えた。その他、人工甘味料チクロの発がん性問題（昭和四十四年）、カドミウム汚染米問題（昭和四十六年）、ＰＣＢ（ポリ塩化ビフェニール）・水銀汚染魚問題（昭和四十八年）、輸入農産物のポストハーベスト（収穫後農薬）問題（昭和五十五年）、狂牛病発生（平成十三年〈二〇〇一〉）など、安全性への不安を与える事件が矢継ぎばやに起こり、風評被害などによって生産者への打撃も大きかった。狂牛病はＢＳＥ（牛海綿状脳症）といわれ、昭和六十一年にイギリスではじめて発生した。感染源は飼料として与えた汚染肉骨粉とされる。

食品公害を題材にした有吉佐和子の『複合汚染』は、昭和五十年に刊行され、ベストセラーになったが、こうした時代背景を写したものといえよう。

図89は、昭和四十八年七月四日、ＰＣＢや水銀による魚介類汚染で、深刻な打撃を受けた鮮魚商ら一万二〇〇〇人が立ち上がった「水産物公害一掃全国総決起大会」の様子である。「食卓に魚をかえせ」のプラカードが参加者たちの怒りを伝えている。

子どもの健康と食事についても、高度経済成長を契機にさまざまな問題が噴出した。一つは、生活習慣病（成人病）の低年齢化と食物アレルギーの猛威である。また、「背中ぐにゃ」や「ちょっとしたことで骨折」など、子どものからだの変調が小学校の養護教諭たちから相ついで報告されている。表9は昭和五十四年に全国保育協議会が行った「乳幼児のからだ調査」の一部である。

さらに、高血圧、糖尿病、高脂血症（高コレステロール症）などの生活習慣病は、かつて成人に特有な病気であったが、近年その低年齢化が社会問題となっている。これらの病気は肥満の合併症であることが多い。文部省（現文部科学省）が毎年五月に実施している保健調査からは、年次が推移するにつれて子どもの肥満状況が確実に増加している様子がうかがえる。

表9　からだの“おかしさ”ワースト20

順位	項　　目	% n=1031	順位	項　　目	% n=1031
1	指吸い	95	11	保育時間中目がトロン	77
2	虫　歯	95	12	肥　満	77
3	鼻　血	92	13	休み時間ボーッ	75
4	朝からあくび	88	14	ヌルヌルいやがる	73
5	すぐ「疲れた」という	85	15	奇声を発する	73
6	アレルギー性疾患	83	16	ゼンソク	70
7	背中ぐにゃ	82	17	腹の出っぱり	66
8	転んでとっさに手がでない	81	18	まっすぐ走れない	64
9	つまずいてよく転ぶ	81	19	ブランコすぐ落ちる	54
10	皮膚がかさかさ	78	20	ちょっとしたことで骨折	53
			〃	ぞうきんしぼれない	53

註　全国保育協議会　1980より

子どもの肥満傾向に関し、昭和四十年十月十四日の『東京新聞』は、「目立つふとり過ぎのこども」と題して、太り過ぎは市部より都心に多く、高学年になるほど数は増え、比較的女子が多いという記事を載せている。その原因は「都心は交通ラッシュで、建物が密集し、遊び場が少ない。しかも最近は栄養のあるものを多く食べ、お菓子の種類も多く、勢いエネルギーの消費量より、よけいに食べることになる。」としており、食料難時代のガリガリやせて、目ばかり大きかった子どもとは異なる「肥満児」問題が深刻であることを報道している。

こうした肥満の誘発要因として、「①食生活が洋風化し、ハンバーグ、スパゲティ、肉類の揚げ物等の動物性脂肪の多い献立を好むようになった、②塾通いやテレビゲームなど、身体を動かすことが少なく、遊び場や遊び友達もなくて運動不足となっている、③生活が不規則となり、夜型の生活リズムのため、間食や夜食が多くなり、エネルギー過剰となっている、④スケジュールに追われ、早食いが習慣化している」（福田　一九九四）などが指摘されている。やはり食の問題が大きい。

ついで、食物アレルギーについてみてみる。食物アレルギーとは、米・小麦・卵・大豆・牛乳、そして、キャベツ・スイカ・トマト・チョコレートにいたるまで、ごく当たり前に摂取してきた食べ物に過敏に反応して、アトピー性皮膚炎、ぜんそく、アレルギー性鼻炎などを起こし、重症の場合は死にいたる健康被害のことである。平成三年に厚生省（現厚生労働省）が行なった調査では、調査対象者四万五〇〇〇人のうち、アレルギーとみられる症状は三四・九％もあった。このうち、四歳以下の乳幼児が四割を占めている。

アレルゲンも多岐にわたっており、家庭はもちろん学校給食などでも対応に苦慮しているのが現状である。実際、昭和六十三年に、そばアレルギーをもつ小学六年生が学校給食のそばを食べて、ぜんそく発作をおこし、異物誤飲で死亡する事件が発生した。食物アレルギーの深刻さが表面化したのであるが、学校給食現場では、アレルギー症状をもつ子どもたちのために真剣な取組みがなされている。たとえば、埼玉県では、学校栄養士が食物アレルギーとアトピーの学習会をもち、昭和五十七年から除去食を開始している。その体験から担当栄養士は、「①直営自校調理方式をとっていること、②献立を学校独自に決められること、給食内容はなるべく手作り中心で加工食品は使わず、添加物の少ないものを使用する努力をしていること、③栄養士が学校に配置されていること、④教員や調理員の理解を得られること」の四点を、学校給食現場でアトピー対策ができる条件としてあげている（学校給食研究会　一九八九）。また、東京都品川区では、アレルギーの児童・生徒に応じて、原因となる食品を除いた給食を出しており、他区から家族ぐるみで引っ越してくる例もあるという（下村　二〇〇一）。保育所の事例としては、愛知県小規模保育所連合会給食部会によって「卵・牛乳・小麦を使わないアレルギーの献立」が検討され、実践研究の成果が出版されている（愛知県　二〇〇七）。

食料自給率の低下と国際化　二〇〇八年、バイオ燃料の影響で穀物価格が高騰し、輸入に頼っている日本の食生活は危機に瀕した。食料自給率が世界各国のなかでも極端に低い日本の食糧政策は、国内農業の振興と輸入自由化のはざまで揺れ動いてきた。

日本型食生活の根幹をなす米の生産・流通は、昭和十七年（一九四二）に制定された「食糧管理法」によって戦後も生き続け、高度経済成長期においても、生産者からは高く買う生産者米価と消費者には安く売る消費者米価の逆ザヤによって、大幅な赤字を生んできた。しかし、食生活が向上するにつれて、丹精込めてつくった良質の米を自由に売りたい生産者と、おいしい米を自由に買いたい消費者ニーズに後押しされて、昭和四十四年には自主流通米制度を閣議決定している。

その頃から米過剰問題が生じ、生産調整いわゆる減反政策が始まったのは昭和四十五年のことであった。同年、米飯給食が取り入れられたが、米離れ現象を少しでも食い止めようとした苦肉の策だったといえよう。一部改正されたとはいえ、「食糧管理法」は平成七年に「新食糧法」が施行されるまで、半世紀にわたって機能し続けたことになる。

食料自給率の低下も著しいものがあった。主要食料自給率の推移を表10によってみてみよう。減反政策によって、米の生産は急速に落ち込んだが、摂取量の減少によって自給率は低下していな

表10　主要食料の自給率の推移

	戦前(参考)		第二次世界大戦後				
	1911〜15	21〜25	1955	65	75	85	95
	%	%	%	%	%	%	%
米	94	89	110	95	110	107	103
小麦	89	62	41	28	4	14	7
豆類	68	58	51	25	9	8	5
うち大豆	59	47	41	11	4	5	2
野菜	100	100	100	100	99	95	85
果物	103	102	104	90	84	77	49
肉類	100	88	100	90	77	81	57
うち牛肉				95	81	72	39
鶏卵			100	100	97	98	96
牛乳・乳製品	85	81	90	86	81	85	72
魚介類	144	110	107	109	102	96	74
砂糖類			7	31	15	33	35
供給熱量自給率				73	54	52	42
主食用穀物自給率				80	69	69	64
穀物(食用＋飼料用)				62	40	31	30

註　日本家政学会　1998より　空欄は，数値不祥，または算出困難

い。しかし、小麦、豆類とくに大豆の落ち込みは大きく伝統的な日本の食生活の根底をゆるがしている。食料自給および食料輸入は食糧政策に大きく影響されている。いっぽう、食糧政策の結果、生産が減少した事例もある。「野菜生産出荷安定法」は、都市住民に食料を安定供給する目的で昭和四十一年に制定された。結果的には、広域流通システムが主流になり、トマトを例にあげれば、完熟三〜四日前に収穫され、輸送中に赤くなる品種だけが栽培されるようになった。また、「大規模指定産地制度」の指定産地では、連作障害を防ぐため、土壌改良剤、化学肥料、農薬が多量に投与され、土壌の劣化を招いた。指定産地を離脱したある農民は「最初は収入が増え価格補償もある

から頑張ったが、これは土を殺す農法だ。商品化という流通の論理に振りまわされて大切な農地を荒廃させてしまった」（結城　二〇〇三）と、後悔している。そして、昭和四十年に六〇〇万戸あった農家は、平成十四年には三〇〇万戸に減り、昭和四十五年には一〇〇〇万人以上いた就農者は、三分の一にまで落ち込んでいる。

コーヒー豆、ココア豆、大豆、油脂などは、昭和三十七年以前から自由化されていたが、次第に多くの農産物が自由化され、とくに、平成三年の牛肉・オレンジの輸入自由化は酪農家、みかん農家に打撃を与えた。

伝統食の崩壊と見直し　都市生活という消費型の暮らしが一般化する以前は、全国各地に風土に根ざした食文化があり、保存法を工夫し、味を向上させ、季節感を大切にする食習慣を継承させてきた。洋風化や食料輸入を促進した高度経済成長期には、こうした伝統食や郷土食は、価値が認識されず、経済成長のなかで埋没していった。しかし、急速な洋風化や栄養摂取の偏りなどが問題となるにつれ、見直しがはかられるようになった。一例として、昭和五十六年（一九八一）大阪に誕生した「日本の伝統食を考える会」の活動を紹介する。会を立ち上げた宮本智恵子は、下町の元気な高齢者たちが「しょうもないもんばっかり食べてます」と一様にいうのでその食事の中身を聞くと、「ごぼう、れんこん、茎わかめ、めざし、豆腐、そして三食ともごはん」と答える。実際に試食すると、その腕のたしかさとおいしさに驚き、「この味を伝えながら健康・長寿の生き証人として伝統食のすばらしさを広げていこう」と伝統食を伝える活動を開始した（宮本　一九九四）。

同じく五十年代、家庭の食卓における「子どもの好きなメニュー」が話題となった。「オムレツ、カレーライス、アイスクリーム、サンドウイッチ、ヤキメシ・ヤキソバ、スパゲティ、メダマヤキ、ハンバーグ、ハムエッグ、キ（ギ）ョウザ、トースト、クリームスープ」が子どもの好きな、母親たちがよくつくる料理としてあげられたが、いずれも動物性たんぱく質や脂質が多く、柔らかくて噛まなくてもよい、エネルギーの高い食べ物のオンパレードである。頭文字を集めて「オカアサンヤスメハハキトク」と警鐘がならされた。いっぽう、これに対抗して「おから煮、かば焼き、あずきごはん、さんま塩焼、だし巻卵、いもぼう、すし、きんぴらごぼう、マツタケご飯、マル干しいわし、すきやき、てんぷら、きり干し大根」をリストアップし、「おかあさんだいすき　ママすてき」を標語に、伝統食復活の運動を推進している（日本の子どもを守る会　一九八四）。

出版界において、伝統食・郷土料理の掘り起こし・保存に功績があったのは、昭和五十年代に刊行された『聞き書　日本の食生活全集』（農文協）であろう。同書は全国四七都道府県およびアイヌの食生活に、二巻の索引をつけた全五〇巻の大作である。高度経済成長のなかで失われようとしている地域の食文化に着目し、大正末期から昭和初期の食の総体を、正確・忠実に再現し、記録に残そうとして企画された。内容は、Ⅰ　食の地域性、食生活（基本食、季節材料、味覚、ハレ食）、Ⅱ　基本食の加工と調理、Ⅲ　季節素材の利用法、Ⅳ　伝承される味覚、Ⅴ　その地域の食・自然・農業（漁業）で構成されている。調理・加工場面の写真やレシピも豊富に掲載され、食生活形成の背景・要因などにも触れられている。高度経済成長期以前の食生活の実態把握、食文化研究上の資料としても、まことにタイムリーな企画であった。

日本の食の特質とは何か、宮本たちの「日本の伝統食を考える会」では、次のように定義づけている。「①米（および雑穀）が主食となった。②日本の自然環境を生かした食材料（魚・豆・野菜・海藻類）で、旬を尊び、新鮮さを身上とする副食を多くつくり出した。③世界有数の発酵利用食である（味噌・しょうゆ・酒・みりん・なっとう・塩辛・たくあん漬など）。④米食と外来の食文化を融合させる形で料理の種類と幅を広げ、食卓を豊かにしてきた」

図90　宮城県宮崎町食の文化祭

各地の伝統食・郷土食は、いったんは衰退しかけたが、地域の町まちおこし・村おこしと結びついて、見直しがはかられている。たとえば、岩手県では、平成十三年（二〇〇一）、「いわて地産地消推進機構」を設置し、毎月三日間を「いわて食材の日」とした。人口六〇〇〇人の宮崎町での取組みは「食の文化祭」。自家製の食材を使ったきんぴらごぼう、菊なめこ、かきもち、柿なます、パウンドケーキ、スパゲティなどの料理が各家庭から運ばれて、みなで試食する。第二回目の平成十三年には一五〇〇世帯の町で一三〇〇の料理が集まり、町の外へ出て行った若者たちも文化祭をもり立てている。当日ギリギリまで参加申し込みが集まらないのだが、それは、「畑の大根に都合を聞かなくちゃね」という作

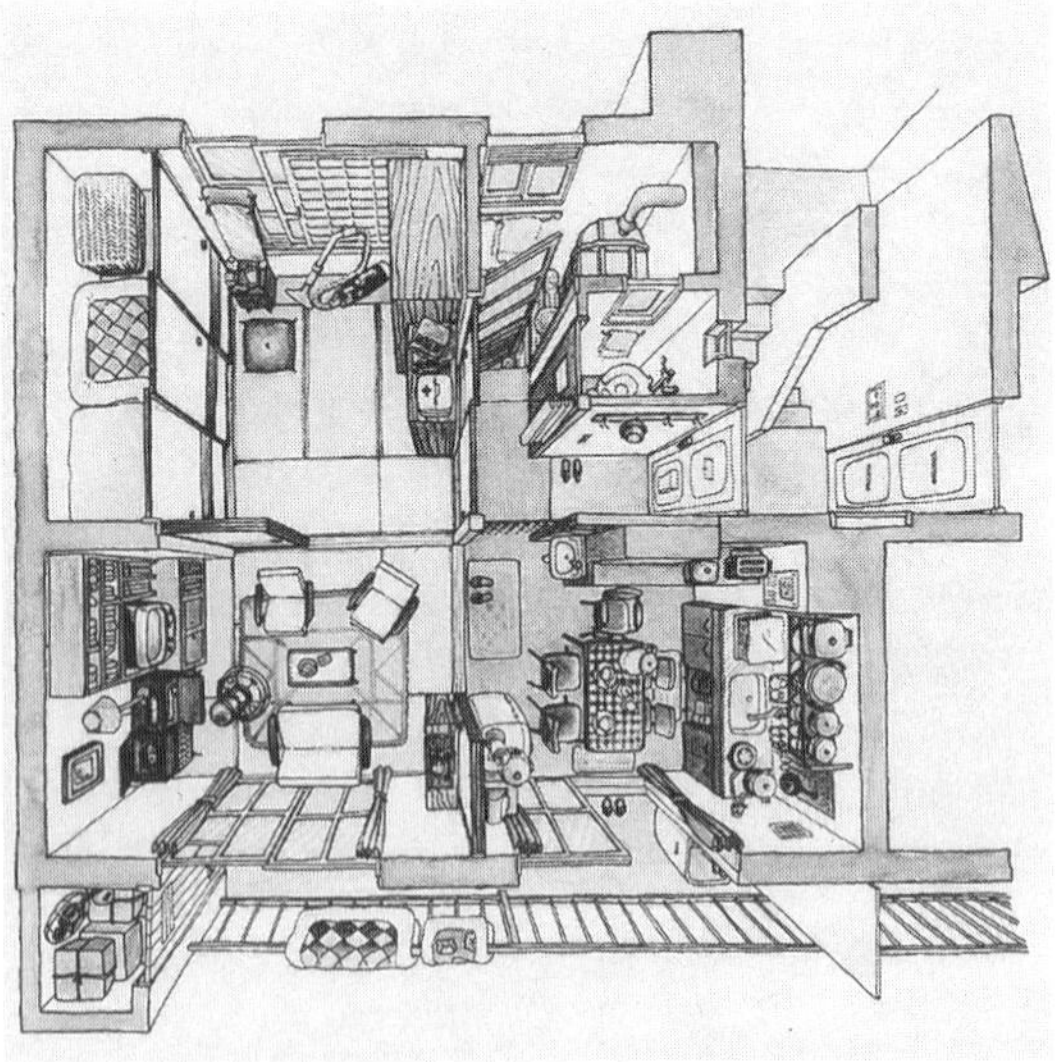

図91　二ＤＫ団地間取り俯瞰図

物次第のせいなのだそうである（島村菜津二〇〇六）。スローフード活動とも連動する伝統食復活の試みといえるであろう。

台所からキッチンへ　空襲によって大量の住宅を失った人々の住宅難解消は、戦後の大きな課題であったが、昭和二十二年（一九四七）、東京・高輪に団地一号が建設された。家庭の台所にいち早く冷蔵庫を取り入れたのは団地族であったが、一般家庭用の小型冷蔵庫が発売されたのは昭和二十七年で、価格はサラリーマンの平均給与の約一〇倍もする八万円程度であった。昭和三十年には日本住宅公団（現在の都市基盤整備公団）が設立され、ステンレス製のキッチンセットが評判を呼んだ。

　日本住宅公団は昭和三十一年三月十九日、大阪や千葉で入居者の募集を開始したが、昭和三十五年三月までに二五七団地、約一四万戸を建設して居住者は五〇万人にものぼっている。昭和三十一年七月に募集された三鷹市牟礼住宅には、応募戸数四〇五戸に対して、申し込み者は五八一五人におよび、実に一四・四倍という超人気ぶりであった（講談社a　一九九七）という。

昭和三十五年版『国民生活白書』には「世帯主の年齢が若く、小家族で共稼ぎの世帯もかなりあり、年齢の割に所得水準が高く、一流の大企業、公官庁に勤めるインテリ、サラリーマン世帯」と団地族を位置づけている。団地族が発信したものの一つにダイニングキッチンがある。千葉県松戸市の「松戸市立博物館」は、昭和三十七年当時の公団住宅の暮らしぶりを復元・展示しているが、椅子式、パン食の食生活は、当時の先端をいくライフスタイルであった。二DK団地の間取りを俯瞰図（図91）でみてみよう。

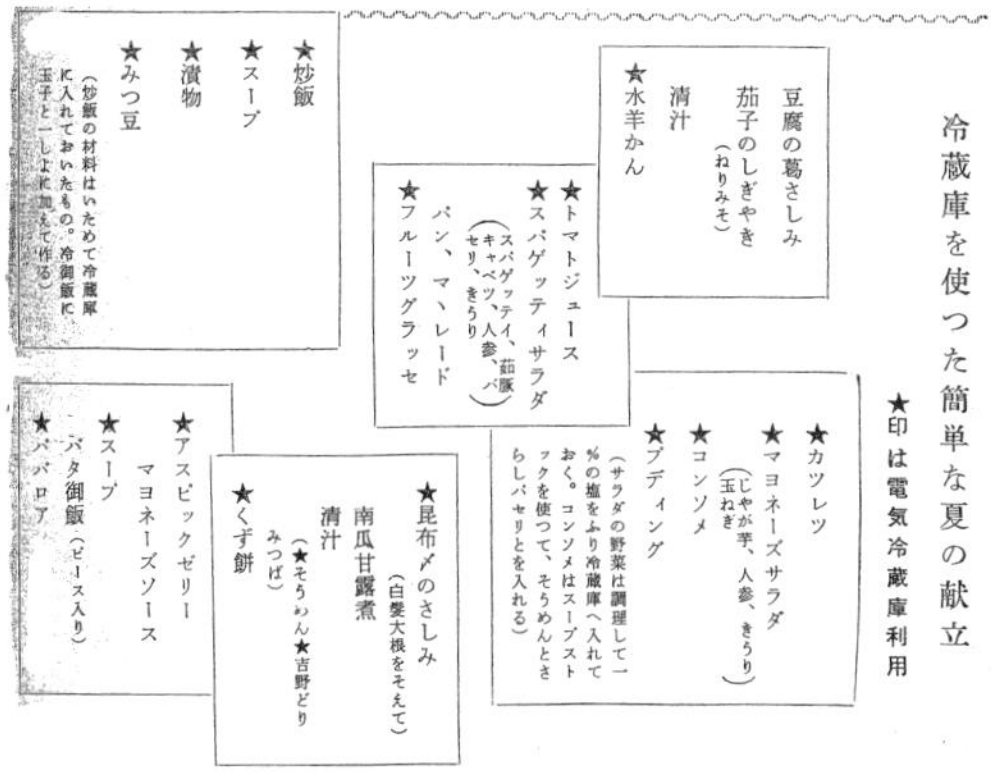

図92　冷蔵庫を使った簡単な夏の献立

　六畳と四畳半の和室二つとダイニングキッチンからなる典型的な二DK団地のダイニングキッチンには、ステンレス製のシンクが据えつけられ、二口のガスコンロのほか、電気釜、電気冷蔵庫、ミキサー、トースターなどの電化製品が並んでいる。電気自動炊飯器の第一号機が登場したのは昭和三十年であったが、二年後には販売台数が一〇〇万台を突破し、ダイニングテーブルでの食事スタイルが都市部を中心に定着していった。しかし、昭和四十年代に入ると、地価の高騰および住ニーズの多様化・高級化によって、公団住宅は「狭・遠・高」として、人気が急速に衰えていく。

いっぽう、電気冷蔵庫の普及も台所の変化を促した。昭和三十二年七月号の『婦人雑誌』には、「電気冷蔵庫を百%利用しましょう」との記事が掲載されており、冷蔵庫が食品保存とともに冷やす料理にも活用されてきている。

ここに掲載された六つの献立それぞれには、★がついた冷蔵庫利用の料理が示されているが、西洋料理が多い。冷蔵庫の普及はこうした料理の変化を促した。

昭和四十一年、家庭用電子レンジがお目見えした。昭和五十四年には、家庭への普及率が三〇%、昭和六十二年には五〇%を超える浸透ぶりをみせ、「チンする」という言葉が料理用語になるなど、電子レンジもまた、家庭料理を大きく変える要因となった。

2 食事スタイルの変化

社会と家庭の変化　高度経済成長期の経済優先の政治的・経済的状況は人びとの価値観を大きく変え、健康と文化を支えてきた日本の食生活の根幹が揺らいでいった。人間の動物としての本能が壊れてしまったのではないかと思われる現象に、摂食障害（拒食症、過食症、会食不能症、味覚異常）がある。拒食症とは、医学的には「神経性無食欲症」といい、やせ願望や肥満恐怖から食物を食べなくなり、無月経などをともなう症状を呈する。過食症は医学的には「神経性大食症」といい、短時間のうちに多量の食べ物を詰め込むむちゃ食いのあと、自ら嘔吐したり、下剤や利尿剤などを使って出そうとしたり、激しい運動を行ったりする（加藤　二〇〇四）。いずれも自然に備わっている生きる力をコントロールできない点で、精神的要因が大きいといわれている。

高度経済成長期の食の特徴は社会化・外部化にあろう。図93に示したように経済の発展が一億の国民すべてに中流意識をもたせ、お金があれば何でもできるという価値観を植えつけた。必要な物資やサービスを購入するために、多くの女性は子育てが一段落するとパート労働に就くようになり、女性の生き方が多様化して、家族形態も変化してくる。有職主婦と専業主婦の割合が拮抗し、有職女性の割合が高くなるのは、平成八年（一九九六）のことであった。経済的に余裕が生じて、エンゲル係数が低下し、簡便志向、グルメ志向、健康志向、安全性志向、娯楽性志向など、食志向も多様化する。

図93のＭＳは、Meal Solution（食事の解決法）、ＨＭＲはHome Meal Replacement（家庭料理の代行）のことであり、いずれも家庭の食卓に直行する中食《なかしょく》の一つである。

「孤食」は、昭和五十七年（一九八二）ＮＨＫ特集での放映および翌年出版された『なぜひとりで食べるの?』（足立己幸　一九八三）によってクローズアップされた。スケッチに描かれたひとりぼっちの食卓、子どもだけの食卓、表情の乏しさ、小さく描かれた人物や食べ物など、食卓が楽しい団らんの場ではないこと、孤食がかなり一般化していることに衝撃を受けた人は多い。その後、家族バラバラに別々のものを食べる「個食」、子どもだけで食べる「子食」、少ししか食べない「小食」、パンやめんなどのような粉ものが多い「粉食」、戸外での外食を意味する「戸食」など、「こ食」にさまざ

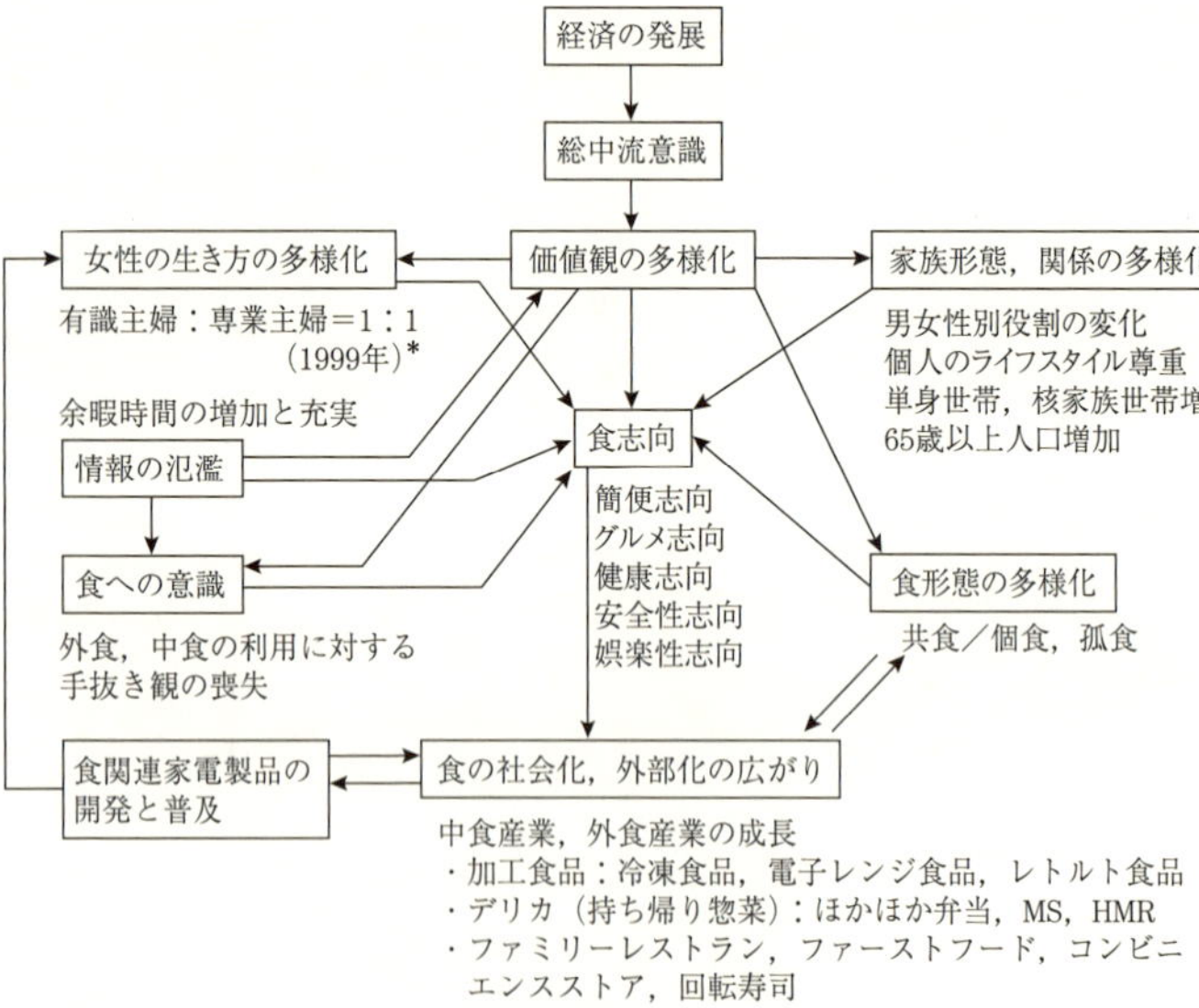

図93　食の社会化と生活の変化　福田　2000より

まな漢字を当てはめて、現代の食が論じられるようになった。

ついで、反響をよんだのは、岩村暢子が平成十五年（二〇〇三）に出版した『変わる家族　変わる食卓』である。首都圏在住の子どもをもつ昭和三十五年以降生まれの主婦を対象に、平成十年八月、十一年十一月、十三年十一月、十四年六月、同年十一月、十五年九月に、アンケートおよび食卓写真撮影を実施して、現代の都会の食の実態を分析したものである。岩村は「あたかも社会全体が、そうなるべくしていまの食卓の変容を生み出し、推し進めているかのようにさえ見える。」「現代主婦のこれまで培われた価値観や感覚が、アイデンティティが、いまの親子のありようが、教育観が、夫の日常生活や夫の考え方が、夫婦の関係が、そしてその親世代の育て方や実家の親の姿が、そして彼女たちが受けた教育や「正しい」と言われてきたことさえもが、何もかもが絡み合って「家庭の食卓の激変」に至っているのだと見える。」と、変容するべくして変容したのだと、食の変化の社会的・総合的な背景に言及している（岩村　二〇〇三）。

食の簡便化　経済の発展による収入の増加、人口の都市集中、核家族化などにより、家庭をめぐる環境も大きく変化した。昭和四十五年（一九七〇）から、昭和五十八年まで、全国各地で公衆栄養学の地域実態調査を行なった森は、家庭料理の全国画一化の背景として、「①食品産業の急速な発展とそれに伴う全国各地への浸透の影響、②伝統的な家庭料理が、核家族化によって伝承されにくくなったこと、③若い主婦たちの現代気質」の三点をあげている（石毛　一九八三）。

食品産業の発展と経済力の向上、家事軽減の考え方によって、便利な加工食品は積極的に家庭に取り入れられた。比較的食に関心のある生活協同組合員の調査でも、だしの素、麺つゆ、コンソメ、だし入り味噌、煮物用調味料、デミグラスソースなどの簡易調味料、カレールー、シチュールー、唐揚げ粉、焼き肉のたれ、ドレッシング、漬物の素などの特定メニュー用調味料、冷凍肉、真空パック肉などの素材、焼きおにぎり、ピラフ類、焼きグラタン、ピザ、肉まん、とり唐揚げ、サクサクコロッケ、焼きギョーザなどのレンジなどで加熱して食べられるものが、便利な加工食品として上位にランクされている。「調味料型、素材型、加工度の高いものの順で幅広く使いこなされている」（『ヴェスタ』二九、藤木　一九九七）という実態であった。

森が指摘する家庭料理の全国画一化の背景は現在も生きていて、ますますその傾向を強めている。前述の『変わる家族　変わる食卓』に登場する首都圏主婦の食卓は、「私の気分が乗らなかったので、夕食はレトルトカレー。そういうときのためにレトルトカレーは買っておく」「洗い物を出したくないので、鮭フレークもタラコもパックのまま出した（ごはんと味噌汁はつくる）」「昼に子ども二人がスパゲティを食べたいと言った。長女のリクエストでトマト味、長男のリクエストでタラコ味を用意した（冷凍食品をストックしてある）」「お父さんの誕生日。せっかくのハレの日は自分で作らずに、テイクアウトとでき合いで楽しむ。」「私と夫の両親に交互にスポンサーになってもらい、月四回くらい外食に行く。」「長女の朝食はおでん。味噌汁、ジャムトースト、ミルク」「レトルトうどんと野菜ジュースのブランチ」など、外食、レトルト、テイクアウト、コンビニ弁当、冷凍食品などを駆使して、食の簡便化がはかられている（岩村　二〇〇三）。

高度経済成長期における簡便化の象徴的な出来事は、昭和三十年前半に開発・販売された自動炊飯器（電気釜）とインスタントラーメンであろう。電気釜は、経験に頼り、時間と労力と煙の苦労に悩まされてきた人びとに、喝采をもって迎え入れられた。面倒な炊飯作業から開放され、スマートな生活が保証されると感じたからである。昭和三十年、東芝から五〇〇台発売されたが、「寝ていて炊ける」便利さから、たちまち売り切れ、二年間で一〇〇万台の売り上げを記録した（石毛　一九八三）。

インスタント食品が画期的な食べ物として多くの人に受容されるきっかけは、昭和三十三年のインスタントラーメン発売である。熱湯をかけただけで、おいしいラーメンができるというので、簡便化

表11　ヒット商品50年の歩み

昭和20年代 明治キャラメル, バヤリースオレンジジュース, トリスウイスキー, カゴメトマトジュース, ミルキー(不二家), お茶漬けのり(永谷園), ネオソフトマーガリン(雪印) 昭和30年代 マ・マスパゲッティ(日清粉), テトラパック牛乳, ロッテグリーンガム, チキンラーメン, グリコアーモンドチョコ, のり玉(丸美屋), ハウス印度カレー, クリープ(森乳), ネスカフェエクセル(ネッスル), マルシンハンバーグ 明星ラーメン, コカコーラ, バーモントカレー(ハウス), プリッツ(グリコ), びん生ビール(サントリー), かっぱえびせん(カルビー), 味ぽん(中埜酢店) 昭和40年代 ポッキー(グリコ), シーチキン(はごろも), エバラ焼肉のタレ, ボンカレー, ボンシチュー(大塚食品), UCC缶コーヒー, ほん出し(味の素), カップヌードル(日清食), レディーボーデン, マーボドーフの素(丸美屋), クノールカップスープ ブルガリアヨーグルト, 小梅キャンディ(ロッテ),	ロバートブラウン 昭和50年代 フルーチェ(ハウス), スジャータ(名酪), 純(宝酒造), エバラ黄金の味, いいちこ(三和酒類), ポカリスエット(大塚製薬), 雪見だいふく(ロッテ), ウーロン茶(サントリー，伊藤園), 豆乳(紀文), 六甲のおいしい水, カロリーメイト, ハーゲンダッツ, ピュアモルト 昭和60年代 シャウエッセン(日ハム), レンジグルメ(ハウス), スーパードライ, ファイブミニ, はちみつレモン, シンビーノ, ジャワティストレート, 一番しぼり, 鉄骨飲料, ミネラルウォーター, カルピスウォーター, ラ王, 咖哩工房, 牛もつ鍋, キャロット100, 杜仲茶, ナタデココ, 浅漬けの素, アイスボックス(森永菓), 地域限定ビール, ショコラクール(明治菓), SPA王, アロエヨーグルト(森乳), 太陽と風のビール

註　小塚　1999より

を求めていた消費者のニーズに合致し、食品加工上、二十世紀最大の発明として全世界を席巻。平成二年（一九九〇）、世界で一五二億食が消費されているが、開発したのは日清食品。「チキンラーメン」という商品名をつけ、当初一袋八五グラム、三五円の価格で売り出された（小塚　一九九九）。

その他、昭和三十五年には国産初のインスタントコーヒーが、翌年には「クリープを入れないコーヒーなんて」のコマーシャルとともにクリープが発売された。その後、カレールー、シチュウの素、ケーキミックス、インスタントみそ汁などが次々に発売されて、食の簡便化はさらに促進された。

表11に、戦後五〇年間のヒット商品を示すが、簡便化が急激であったことが読み取れる。

食のブランド化とマスコミ　所得が増え、ゆとりが生じてくると、人びとは量より質を求めるようになる。グルメ志向の一端を担ったのがテレビの料理番組であった。昭和三十一年（一九五六）、日本テレビによる「奥様お料理メモ」が月曜日から土曜日までの午前一一時四五分から一二時まで、一五分間放送された。講師として名を馳せたのは、江上トミである。

江上は、明治三十二年（一八九九）熊本県に生まれ、母の生家江上家を継いだ。わずか八歳で「マナ板始めの儀式」を受け、母親に料理を仕込まれたが、昭和二年、夫とともにフランスにわたって、三年間、フランスの料理学校で本格的なフランス料理を学んだ。昭和二十一年、福岡に江上料理高等学院を開校し、たちまち、有名になる。当時、テレビ台数の普及は少なかったが、「奥様お料理メモ」の視聴率は、三〇％もあった（山尾　二〇〇四）という。

講師の江上は女性たちの料理熱に火をつけ、「台所は、女の仕事場」をモットーに、家庭料理の普及に尽力した一人である。同じく昭和三十一年、KRテレビ（現TBS）が「今晩の家庭料理」を、大阪のOTV（現朝日放送）が「料理手帳」を、翌年にはNHKが「きょうの料理」を、昭和三十四年には日本テレビが放送時間帯午前九時の「クッキングスクール」を開始した。同年、フジテレビでは、午前の「たのしいお料理」と午後の「料理の窓」の二本立てで料理番組を制作し、日本教育テレビ（NET）も「お料理学校」を開始している。この頃までは比較的余裕のある主婦向けだった料理番組が、次第に一般主婦向けに変貌していったが、その背景には、テレビ普及率の上昇（約五〇％）とスーパーマーケットの普及があったと考えられる。また、消費社会の到来により、働く女性向けの料理番組として、昭和三十七年、中部日本放送（CBC）は「三分クッキング」を開始した。つまり、働く女性は短時間でできる実用的な料理情報を求めていたのである。

こうして、料理上手であることが花嫁修業の必須条件となり、料理学校が繁盛するようになった。また、昭和四十年代には家庭料理に関する出版物が増え、新婚の新婦に「きょうの料理」一年分をプレゼントすることなどが、斬新なアイディアとして歓迎された。昭和四十六年、日本テレビ系の「ごちそうさま」が、昭和五十年にはTBS系の「料理天国」がはじまった。平成五年（一九九三）、フジテレビ系で「料理の鉄人」がスタートし、旅番組やグルメ漫画などともあいまって、グルメ化をいっそう推し進めている。旅行ブームやご当地情報などによって、魚沼産コシヒカリ、関サバ、関アジ、下関フグ、明石の鯛など、食のブランド化も顕著になっていった。

一方、マスコミが火を付けて、異常なブームを呼ぶ現象も多発した。たとえば、昭和五十年三月三日に、TBS系ワイドショー「三時に会いましょう」で取り上げられた「紅茶きのこ」は、またたく間に全国的な話題となった。菌を無料提供すると放送したTBSには、一〇万通のハガキが殺到して担当者を仰天させた（講談社e　一九九七）。「紅茶きのこ」の効用は、高血圧、子宮ガン、胃潰瘍、胆石、アレルギー、前立腺肥大、糖尿病、リウマチにまでおよぶと噂され、いかに日本人が「一億総半病人」であったか、健康に関心があったかを物語っている。「紅茶きのこ」ブームはほどなくおさまったが、甘茶蔓、クロレラ、酢大豆、ココア、ザクロなど、食品・飲料の一過性ブームが次々に起こり、消えていった。しかし、健康食品の隆盛など、異常なブームは現在も頻発している。

内食・中食・外食　かつては必要な食材を入手し、家庭内で調理・加工することが一般的な食べ方であったが、都市生活と外食は密接に結びつき、江戸時代の大都市では庶民の外食文化が花開いていた。高度経済成長以前の日本の家庭では、「食事は家庭で、家族でとるもの」という食事観があたり前と思われており、客の饗応の準備も主婦の甲斐性であり、技量とされていた。個人または家族で外出して食事をとったり、来客に出前で供することなどは、特別の日の、または特別なこと」（石川他　一九八八）だったのである。

経済構造の大変革によって、第一次産業人口が減少し、女性の社会進出が顕著になると、食の社会化・外部化は急激に拡大する。お金はあるけれど、調理に時間をかけられない人びとが増加したからである。図94に示した食料費の内訳をみると、家庭で購入した食料のうち、昭和四十年（一九六五）には非加工食品は四八・七％と半数近くあったが、次第に減少して、平成八年（一九九六）には、三

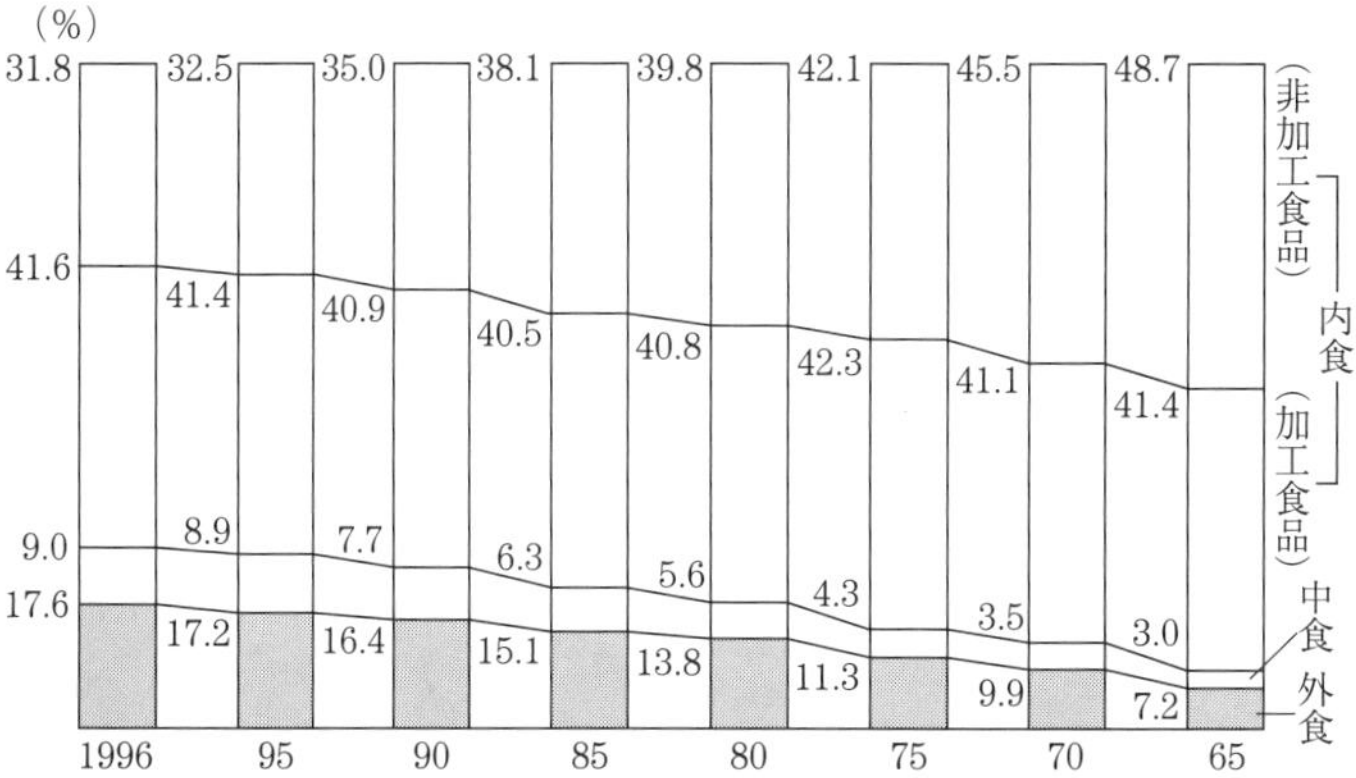

図 94　食料費の内訳の推移　福田　2000 より

一・八％になっている。非加工食品と加工食品の割合が逆転するのは、昭和五十年のことである。当時はファミリーレストランが相ついで開店し、便利な加工食品が家庭に浸透していく時期であった。中食・外食も急激に増加している。食材を購入して家庭内で調理して食べるのは内食《うちしょく》、調理ずみ食品などを購入して家庭内で食べるのは中食、家庭外の食事は外食と呼ばれるようになった。内食・中食・外食が明確に区分され、食事の形態がますます複雑になってきている。

平成四年七月四日、朝日新聞夕刊の中食を取り上げた記事は、「景気後退の中、衣料、家庭用品、雑貨などは売れないのに、食品は伸びている。しかし、その中身は変化し「外食化」と「中食化」が進行中で、家計に余裕がなくなると、手頃な調理食品に切り替え、余裕が出てくると、外食へ戻る。中食マーケットの商品開発、ビジネス開発も盛んで、食の外部化はますます進む」と記事は結んでいる。

ついで、同紙の同年七月一五日には「シルバー世代は外食好き」という記事が掲載された。それによると、外食については、「農水省が全国主要都市の主婦一〇〇〇人を対象として、平成三年に実施した調査によれば、外食の頻度は「月に一〜二回程度」が三六・五％、「二〜三ヵ月に一回程度」が三二・三％、「週に一回以上」は一二・五％であった。「週に一回以上」の回答者を年齢別にみると、二〇代が三一％、三〇代が一六・八％、四〇代が五・九％、五〇代以上は一二・三％となっている。世帯別では、「夫婦」が二一・二％、「夫婦と子供」が九・五％、「三世代」が一〇・七％で、こうした傾向について農水省は、「調査からは読み取れないが、外食産業の話では、二人きりになった夫婦が家で寂しく食べるより、人の多い外食店に出かけるケースが少なくない」と分析している。孫と一緒の食事がしたくて、娘夫婦と週末にファミリーレストランで待ち合わせをする老夫婦のエピソードも実話である。ひとり暮らしの孤独をファミリーレストランで解消する常連や子どもの誕生パーティをファミレスで行うことも一時流行した。かつての外食は、ハレ食的な側面と本来なら家庭で食べるのを外で代替するといった側面が大きかったが、今日では、家族の日常的な食形態としての側面が強まっている。

ファミレスとコンビニ　現代の食の特徴の一つは流通機構の合理化と外食産業の隆盛である。流通革命の旗手として開店が比較的はやかったのは、神戸の三宮にオープンした「主婦の店ダイエー」であった。また、昭和四十年七月五日には、東京八重洲ビル街にオール自販機食堂が開業し、生産者も流通業者も消費者も人手をかけないことをよしとする価値観をもつようになっていった。

いっぽう、外国資本と提携したファミリーレストラン（ファミレス）の進出は一九七〇年代に集中した。その背景には昭和四十四年二月に第二次資本自由化が実施され、飲食業における外資との合併が可能になったことがあげられる。東京・国立市の郊外に「すかいらーく一号店」が開店したのは昭和四十五年であり、ほぼ同時期にケンタッキーフライドチキンが設立され、一号店が名古屋市郊外にオープンしている。

ついで、昭和四十六年には大阪府箕面市にミスタードーナツ一号店が開店し、東京銀座にマクドナルドが誕生した。こうした外食産業は、昭和四十八年の第一次オイルショックを契機に大発展を遂げ、その後の外食ブームを牽引することになった。ちなみに「すかいらーく」は昭和五十年には二〇店、五十七年には三二三店へ増加している（山口　一九八三）。

コンビニエンスストアについては、午前七時〜午後一一時まで一六時間営業の店舗として、東京・豊洲に第一号店が開店した「セブンイレブン」が、その後二四時間営業のコンビニとして全国展開され、ひいては海外まで進出して事業拡大をはかっている。コンビニはその品揃えと二四時間営業、家庭の冷蔵庫替わりの役割などによって、都市生活においても、地方生活においても、不可欠の存在となっていく。いちはやくＰＯＳ（Point Of Sales system）を導入して、販売状況を瞬時に把握する方法を採用した結果、必要な品揃えをすることができ、徹底した合理化がはかられている。店員もほとんどがアルバイトで、人件費をギリギリに抑える経営によって、平成二十年（二〇〇八）には「名ばかり管理職」という時間外賃金がつかない店長の存在がクローズアップされた。

外食産業総合調査研究センターなどで、外食などの調査・研究に携わった茂木は、昭和六十三年に発生した「西巣鴨三児置き去り事件」を通して、都市における消費者側の食生活を、「自分たちの食の調達を、スーパーマーケットや外食産業やコンビニエンスストアなどの外部機構に依存し、金銭と引き換えにこれを自分のものとすることができるという形式である」（茂木　一九九三）と述べている。

ファストフードとスローフード　ファストフードとは、短時間でつくれる、短時間で食べられる手軽な食べ物を指しており、今日、世界的に認知されているファストフードとは「アメリカ資本の、フードチェーンが作り出した、安価な、手軽に食べられる、高カロリー食品・食事」とされている。

アメリカ資本のファストフードが初登場するのは、昭和四十五年（一九七〇）のケンタッキーフライドチキン、ドムドムハンバーガーであり、最大手の日本マクドナルドが第一号店をオープンしたのは、昭和四十六年であった（図95）。もりそばが一〇〇円の当時、ハンバーガーは一個八〇円で売り出されたが、三越・銀座店には連日二〇〇〇人もの客が訪れるなど、大好評であったという。日本マクドナルドのその後の発展はめざましく、五年後には一〇〇店舗を達成、平成八年（一九九六）には二一〇四店舗に達している（講談社e　一九九七）。

昭和四十七年、東京・成増にモスバーガー第一号店、同年、東京日本橋高島屋にロッテリアが開店している。このように、ハンバーガーをはじめファストフードは、その手軽さ、安さ、かっこよさで、店舗を全国展開して急速に拡大していった。

ファストフード定番のハンバーガー、フライドポテト、フライドチキン、ホットドック、ピザなどは、高エネルギー、高脂質であり、栄養素に著しい偏りがあったが、安く気軽に利用できること、徹底してマーケティングを行なったことなどにより、たくさん食べ、いつも食べるという若者や子どもを生み出した。エネルギー源のみで他の栄養素が偏る食べ物を「ジャンクフード」「エンプティ食品」というが、これらの食品は肥満や生活習慣病を引き起こしやすい。そこで、ファストフードを「死に至らしめるのが早い（fast）食べ物」と、とらえる考え方もある。

ファストフード流行に異議を唱えて誕生したのがスローフード運動である。ローマ・スペイン広場への「マクドナルド」進出を契機とするスローフード協会発足（一九八九）が発端となった。結成当初六〇人だった会員は、今日、世界の四五ヵ国・八万人強に成長しており、日本各地に四〇もの会が誕生している（島村　二〇〇六）。

図95　マクドナルド1号店の開店

スローフード運動の趣旨は、①地域に根ざした伝統的な食材や食を見直し、家族や親しい友人とゆったり食事を楽しみ、②小規模でも質のよい素材を提供する生産者を守り、③子どもたちを含めた消費者に味の教育を行おう、というものである。平成元年国際スローフード協会設立大会がパリで行われ、日本でも平成十六年、スローフード・ジャパンが設立された。

日本での取組みのひとつは、各地の伝統的な食材や料理を守ろうとする運動である。その事例として、先にも紹介した宮城県宮崎町の「食の文化祭」（一九九九〜）や大分県竹田市の「家庭料理大集合！」（二〇〇二年〜）などを紹介する。

竹田市の場合は、「子や孫に、ふるさと竹田の味を伝えていくためにも、また私たちが日ごろ食べている食事を通じて、地元の食の豊かさ、大切さを知るためにも、普段着の味を一堂に集めたいのです」と呼びかけると、各家庭の自慢料理、市内加工所の加工食品、菓子組合の和菓子、給食センターの「地元素材を生かした給食料理」など、数多くの料理が集まってきたという。具体的には、特産品のサフランを炊き込んだごはん、竹田田楽、みそ玉、カボスを使ったデザート、シイタケのオーブン焼き、地鶏を使ったポッポ焼きなどであり、学校給食でも、サフランライスや竹田田楽など、郷土料理や地場産品を取り入れた献立を考案して、子どもたちの食育にも一役買っている（農文協　二〇〇三）。

こうした運動は地域の人びとのふるさとへの愛着や誇り・自信を呼び覚ました。竹田市では、奈良時代から京都に納められていた紫草が見直され、栽培を開始した。「こんな金にならんもん、植えてどうなる」という人もいたが、「紫草は土を選び、環境を選ぶ。絶滅寸前の紫草が根づくこの地に住むわしらが守らねば誰が守る。紫草は環境のリトマス試験紙なんじゃ。」との声も出はじめ、次第に多くの人が竹田の素晴らしさに気づいてきているという（農文協　二〇〇二）。

地域における食の見直しは、地元の食材や料理の復活というばかりでなく、人と人、人とモノ、人と環境を結ぶきっかけにもなる。まさにスローフード運動のかなめ、「関係性の修復」をめざして、今日では、全国各地で展開されるようになってきている。

3 食文化再考

地産地消運動 地産地消とは、地域で生産された食材を、地域で消費するという意味をもつ。全世界から多種類の食料を大量に輸入するようになり、ライフスタイルの変化もあって、地方独特の伝統食・郷土食や家庭の味は失われていった。こうした風潮の見直しがはかられ、たとえば、千葉県では、平成十四年（二〇〇二）から、千葉で生産されたものを千葉で消費する「千産千消」運動が開始された。千葉県は全国有数の生産県でもあり、多くの大都市をかかえる消費県でもあることから、知事が先頭に立ち、地元を県単位でとらえてすすめている運動である（千葉県農林水産部生産販売振興課）。

地産地消をすすめるメリットには、地域の農業振興と農業を通じた地域産業の振興をあげることができる。生産者と消費者が地元の農業を通して交流を深めたり、学校給食の食材を地元の農産物でまかなう活動なども実践されている。さらに、輸送のためのエネルギーを削減して、地球温暖化にブレーキをかけるメリットもあり、こうした考え方は「フードマイレージ」（松原 二〇〇三）として、環境教育、消費者教育、食農教育、そして広く食育にも取り入れられている。

地産地消運動は、食の安全や地球の環境保全、自給率の向上にも役立つとして、農水省はじめ各省庁、地方自治体、生産者団体・消費者団体・環境団体などの市民グループ、企業の社会貢献などでも

図96　県産農畜産物を取り入れた学校給食商品開発（埼玉県の例）

取り組まれており、今後の食のあり方を示す方向の一つといえよう。

具体的な地産地消運動の事例をいくつかあげてみると、平成十二年、広島県ＪＡ三次《みよし》は農村地域ではなく、広島市に拠点を置いた都市型農産物直売所を設けた。アンテナショップとしての「双三　三次きん菜館」とインショップ一一ヵ所の常設である。都市住民との交流を深めながら、農業振興、行政とも連携した福祉事業、次世代育成事業を行なっている。生産物販売では、「地産地消」を前面に掲げ、「大量生産・大量販売」から「多品目少量生産・販売」に方向を転換した。この試みは、生産者と消費者を結ぶ「食の道づくり」として脚光を浴び、業績を伸ばしている。

ついで、埼玉県学校給食の事例をみる。

埼玉県では昭和三十一年（一九五六）、食材確保を事業目標とする（財）「学校給食会」が設立された。地場産の食材を採用するきっかけは、米への国庫補助金が減少するのを見越して、県庁、農協、農水省の県の出先機関などが協議し、平成十年度には県産米への切り替えを行ったことにある。また、平成十一年度には県産小麦一〇〇％の地粉うどんが、平成十二年四月からは県産小麦一〇〇％のロールパン「さきたまロール」が献立に登場する。さらには、県産大豆による醤油・味噌、納豆、豆腐などが開発され、埼玉県の学校給食は地産地消の実現をめざし、食育にも力を入れて展開されている。

食育活動の取組み　明治のベストセラー『食道楽』（一九〇三）のなかで、作者の村井弦斎は「体育の根源も食物にあるし、智育の根源も食物にある。して見ると体育よりも智育よりも食育が大切ではないか」と書いている。しかし、戦中戦後の食糧難時代も、その後の高度経済成長時代の飽食も、食べることを大切にせずに、食育をおろそかにしてきた。大量生産・大量輸入・大量流通・大量消費・大量廃棄の現代、さまざまな食をめぐる問題が噴出して、食育の必要性が論じられるようになってきた。

平成十四年（二〇〇二）、自由民主党内に「食育調査会」が発足し、平成十六年に「食育基本法大綱」をまとめた。そして、平成十七年には「食育基本法」が大変なスピードで成立した。その背景には、国民の健康増進をはかって医療費削減をめざす財政上の意図があったし、食料自給率の向上をめざした食糧政策的な目的もあった。つまり、非常に政治的な背景をもった法案成立だったわけである。「食育基本法」の前文には、豊かな人間性をはぐくみ、生きる力をつけるには、何よりも「食」が重要であることが述べられている。一方、栄養の偏り、不規則な食事、肥満や生活習慣病の増加、過度の痩身志向、「食」の安全上の問題、「食」の海外への依存、「食」に関する情報の氾濫など、多くの課題も指摘されている。「食育基本法」前文は、食の問題点の指摘に続いてつぎのように述べている。

食生活の改善の面からも、「食」の安全確保の面からも、自ら「食」のあり方を学ぶことが求められている。また、豊かな緑と水に恵まれた自然の下で、先人からはぐくまれてきた地域の多様性と豊かな味覚や文化の香りあふれる日本の「食」が失われる危機にある。（中略）ここに、食育について基本理念を明らかにしてその方向性を示し、国、地方公共団体及び国民の食育の推進に関する取組みを総合的かつ計画的に推進するため、この法律を制定する。

「食育基本法」制定によって、「国、地方自治体、関係者・団体等が体制を組み、家庭、学校、地域の協働によって」国民運動としての食育が求められることになった。

具体的な例をあげれば、保育園・幼稚園、小中高等学校での教育、企業の社会貢献としての食育活動、国レベルでの取組み、都道府県が行う取組み、マスコミやミニコミなどのメディアが提供する食情報、各種民間団体の取組みなど多種多様である。とくに、新しい分野として、親子教室、栄養の歌、食育かるた、植物の生育状況観察など、幼児への食育の取組みが各方面から報告されており、保育者、保護者、栄養士などの協働事業として行われることが多い。企業などでも独自の食育が取り組まれはじめている（『食育白書』〈二〇〇八〉）。

しかし、食育推進に問題はないであろうか。「食育基本法」の問題点として、家庭科教育研究者の鶴田は、「①食生活をめぐる問題の起因が明らかにされていないこと。②これまで行なわれてきた食に関する教育を全く踏まえていないこと。③食育の内容・方法までも条文化されていること。④行政の役割より保護者・教育関係者等の役割が強調されていること」の四点をあげている（『家庭科研究』二五八、二〇〇六〉）。

図 97　食育活動への取組み

「栄養バランスガイド」による栄養教育、「早寝早起き朝ごはん」運動の全国展開、地産地消および郷土料理の推奨、箸の持ち方指導などのマナー教育、ひとつひとつは重要な食育であるが、その取組みは食育推進の要因となった問題点の解消に繋がるのか、むしろ問題を生み出した社会環境や生活環境の改善に目を向けるべきではないか、公教育のなかでしっかりした食育を行うべきではないかなど、「食育基本法」によって取り組まれている国民運動には、問題点も指摘されている。

日本型食生活の見直し　現代若者の食事の特徴は、「①ごはん大好き。②ごはんとおかずを別々に食べるので塩分は薄めでもよい。③デザート・果物は欲しい。④料理は簡単なものしか作れないし、切る手間を惜しむ。⑤煮物・和え物は作らない。⑥健康にいいと思う食品は、食べるし、使う。⑦情報に敏感」であるという。

どのように欧米化、国際化が進んでも、ごはんは食べる。ただし、主食・副食の区分は明確ではなくなった。こうした食生活の変化や過度の欧米化を危惧して、さまざまな試行錯誤が行われてきたが、その一つが昭和五十五年（一九八〇）の農政審議会答申「日本型食生活」の見直し提唱である。また、昭和五十八年には農水省が「食生活ガイドライン」を発表し、昭和六十年には厚生省が「健康作りのための食生活指針」を発表した。

「健康作りのための食生活指針」では、健康な食生活のために必要なこととして、「①多様な食品で栄養のバランスを、②日常の生活活動に見合ったエネルギーを、③脂肪は量と質を考えて、④食塩をとりすぎないように、⑤こころのふれ合う楽しい食生活を、をあげている。そしてさらに、①の場合は、一日三〇食品をめやすに、主食・主菜・副菜をそろえて、⑤の場合は、食卓を家族ふれあいの場に、家庭の味、手づくりのこころを大切に」を、具体的に提示している。

平成二年（一九九〇）には農水省による「日本型食生活指針」が発表され、平成十二年には、文部省・厚生省・農水省の三省共同で「食生活指針」が策定された。その内容は日本人の食生活の現状を的確にとらえ、わかりやすいものとなっており、縦割り行政のなかでの横断的なこの取組みは画期的なものであったといえる。

いっぽう、栄養的な側面からの日本型食生活の評価を、PFCエネルギーバランスで示す試みも盛んに行われている。

摂取エネルギーのなかで、P（たんぱく質）F（脂質）C（炭水化物）の割合がどれくらいあるかを示すのがPFCエネルギーバランスである。昭和三十五年は炭水化物が多く脂質が少ないアジア型の食生活であった。ところが、経済成長政策をとって所得が増加した昭和五十五年には、PFCは見事な正三角形を描き、栄養バランスが理想に近い結果になっている。その後の状況を、平成十六年の概算値でみると、炭水化物が少なく脂質が多い欧米型に近づいている。

昭和五十五年当時はまだ日本型といわれる一汁三菜の食生活が健在であったが、その後、動物性食品と脂質への傾斜は急激に進んだ。そうした食生活を改善すべく見直しをはかったのが「日本型食生活」である。伝統的な「日本型食生活」は一汁三菜を基本的な献立パターンとしている。食生活改善運動や栄養指導にはこの一汁三菜方式が用いられ、家庭科教育の食物学習や給食指導などでも、積極的に教材化して、献立作成のパターンとして活用されている。

高度経済成長以来形成されてきた食生活を全面的に変えることはもはや不可能であろう。戦後の物資不足を乗り越え手に入れた豊かな食生活は、日本人全体のQOL（生活の質）を押し上げる上で大切な役割を果たしてきた。しかし、現在は失われているが、かつては当たり前だった日本の伝統的な食文化を、今一度振り返り、少しでも取り戻す工夫を、一人ひとりが実践するなら、健康・環境・自給率低下の問題を解決し、楽しい食卓・他人まかせではない食卓を取り戻せるかもしれない。今後、どのように食生活の歴史を紡いでいくのか、個々人の行動がそれを決めることになる。

あとがき

少し以前の家庭では、ご飯を炊くときの水加減として指の関節や手の甲などまで水を入れると教えていたが、学校教育ではカップで米の二割増しの水、あるいは重量で一・五倍の水を入れるなど数値を提示して教えている。また、電気炊飯器の目盛は、米が水を吸ってちょうどよい固さのふっくらした飯になるのに必要な水の量と、蒸発によって失われる水分を計算して設定されている。米に水を加えて加熱しなければご飯とはならないため、人々は古来より炊飯の水加減の方法を工夫し、家庭などでは手ばかりや身近な道具で測定する方法を次世代に伝えてきた。しかし、数値で示す方法が近代的手法として主流になると、手ばかりは、非科学的なこととして次第に退けられていった。

筆者は、手ばかりが本当に非科学的な方法なら、なぜその方法が長く伝えられてきたのだろうかと疑問に思い、米の量を変えて、その米の一・五倍の水を入れたとき、米の上にくる水の高さがどれほどになるかを測定してみたことがあった。その結果、ある一定の範囲の米の量と容器では、米の量が変わっても必要な水の高さは、ほとんど変化がないことを確かめることができた。

このことを通し、先人たちが長い年月をかけて試行錯誤して定着させてきた生活様式には、一見非科学的と思えることであっても理にかなったものが多いことを確信した。長い体験の結果形成された方法は、現段階では簡単に説明できないことであっても、何度も繰り返された実験結果とみなすことができる。食の歴史を調査したいと思うようになったのは、このようなこともきっかけとなっている。人は食にかかわる生活様式を次世代にどのような形で引き継いでいったのか、その内容と変化は、各時代の自然・社会の環境とどうかかわってきたのかなどが筆者の関心事となった。

筆者が勤務していた東京家政学院大学では、昭和三十年代から江戸時代の料理書を蒐集していた。それらを読み進めてみると、当時の著者たちへの興味が次々と膨らんできた。日本で初めて出版された『料理物語』の著者は明らかにされていないが、その背景を訪ねて琵琶湖の魚の調査に出かけたり、土地の魚の方言を調べたりしたことがある。そして、武州狭山で著述された料理書の著者が関西で過ごしたであろう日々を想像していると、いつの間にかその著者と知り合いになっていることに気がつく。また、秀吉のために開かれた利休の茶会の食事再現のために考証を進めていくうちに、遠い時代の歴史上の人物が急に身近になる。さらに、農村の家文書の婚礼献立、そこに集う人々の名簿と祝儀帳、村の人別帳などをみると、互いのかかわりが推察され、忙しく動き回る人々の顔も生き生きとし、その声が聞こえてくるような気がする。これまで眠っていた人々が、史料を読み解くうちに目覚め、確かに語りかけてくれている。文字を残さなかった人々も使用した道具や食料の一部を今に残している。そうした資料が持つパワーによって各時代の人々は確かに私たちにメッセージを発信しているのである。

本書を通し、各時代の人々が、命を育むための食物の獲得にどのような知恵を用い、それを次世代に伝えてきたのか、人々と共食しながら豊かな食をつくりあげるためにどのような工夫をしてきたのかなど、各時代の史料が語る食物史の一端を伝えることができたなら幸いである。また、先人たちが培ってきた知恵のなかには、筆者たちもまだ気づかない、今後の食の課題解決のためのヒントが数多く隠されているにちがいない。それを一つでも見出していただけるなら望外の喜びである。

本書『日本食物史』出版の計画がもちあがったのは、二〇〇六年も終わりに近づいた頃であった。できればひとりで著述をとの話もあったが、当時大学改組と重なり、時間的問題もあり、議論できる複数の研究者がかかわるほうが充実できるとの思いも強く、筆者のほか、石川尚子・東四柳祥子の三名での執筆となった。

本書の執筆にあたり、吉川弘文館編集部の一寸木紀夫、並木隆の両氏には大変お世話になった。筆者側の諸事情のために、出版を遅らせる結果ともなり、ご迷惑をおかけしてしまった。執筆者を代表しておわびするとともに感謝を申し上げる。

二〇〇九年四月

江原絢子

参考文献

一　原始古代の食生活

飯島武次「中国」『縄文人・弥生人は何を食べたか』雄山閣出版　二〇〇〇
鋳方貞亮『日本古代穀物史の研究』吉川弘文館　一九七七
池橋　宏『稲作の起源』講談社　二〇〇五
伊佐治康成「古代における雑穀栽培とその加工」『雑穀　畑作農耕論の地平』青木書店　二〇〇三
石原道博（編訳）『魏志倭人伝・後漢書倭伝宋書倭国伝・隋書倭国伝』（岩波文庫）　岩波書店　一九八五
市毛弘子「動物性食品の文化」『食生活と文化』弘学出版　一九八八
伊藤記念財団『日本食肉文化史』伊藤記念財団　一九九一
伊庭　功「滋賀県粟津湖底遺跡第三貝塚」『季刊考古学』五五　雄山閣出版　一九九六
NHKスペシャルプロジェクト（編）『日本人はるかな旅④　イネ、知られざる1万年の旅』日本放送出版協会　二〇〇一
王　仁湘『中国飲食文化』青土社　二〇〇一
大島直行「食料の獲得と貯蔵・加工―縄文生業の地域的あり方―」『季刊考古学』六四　雄山閣出版　一九九八
太田昌子『箸の源流を探る』汲古書院　二〇〇一
岡田康博「青森県三内丸山遺跡―大規模集落の成立と生業―」『季刊考古学』五五　雄山閣出版　一九九六
小澤智生「縄文・弥生時代に豚は飼われていたか」『季刊考古学』七三　雄山閣出版　二〇〇〇
賈　思勰（撰）　西山武一・熊代幸雄（訳）『斉民要術　校訂訳註』上・下　農林省農業総合研究所　一九五七・五九

香川光夫「縄文晩期農耕論」『縄文人・弥生人は何を食べたか』雄山閣出版　二〇〇〇
加藤三千雄「石川県真脇遺跡」『季刊考古学』五五　雄山閣出版　一九九六
金箱文夫「埼玉県赤山陣屋跡遺跡」『季刊考古学』五五　雄山閣出版　一九九六
川崎純徳「製塩」『縄文人・弥生人は何を食べたか』雄山閣出版　二〇〇〇
黒尾和久・高瀬克範「縄文・弥生時代の雑穀栽培」『雑穀　畑作農耕論の地平』青木書店　二〇〇三
熊倉功夫「日本料理における献立の系譜」『論集　東アジアの食事文化』平凡社　一九八五
黒板勝美（編）『日本文徳実録』（『新訂増補国史大系』三）　吉川弘文館　一九三四
皇典講究所・全国神職会『校訂　延喜式』上・下　臨川書店　一九三一（一九九二年、臨川書店より復刻）
小林正史「煮炊き用土器のコゲとススからみた弥生時代のコメの調理方法」『北陸学院短期大学研究紀要』三三　二〇〇一
小林正史・柳瀬昭彦「コゲとススからみた弥生時代の米の調理方法」『日本考古学』一三　二〇〇二
小山修三「縄文焼畑考」『東北学』第二期（2）二〇〇五
斎藤瑠美子・勝田啓子「日本における乳製品「蘇」に関する文献的考察」『日本家政学会誌』三九—四　一九八八
坂口謹一郎『日本の酒の歴史』研成社　一九七七
阪本寧男「日本とその周辺の雑穀」『日本農耕文化の源流』日本放送出版協会　一九八三
佐々木高明『縄文文化と日本人』小学館　一九八六
佐藤由紀男「煮炊き用土器の容量からみた本州北部の縄文／弥生」『日本考古学』一三　二〇〇二
佐藤洋一郎『縄文農耕の世界　DNA分析で何がわかったか』PHP研究所　二〇〇〇
佐原　真『食の考古学』東京大学出版会　一九九六
静岡県立登呂遺跡博物館（編）『めし、むすび、もち、すしのルーツ—コメの食文化にさぐる「かたち」と「こころ」

登呂遺跡発見五〇周年記念特別展―』静岡市立登呂博物館　一九九三
菅田　薫「東西市」『平安京提要』角川書店　二〇〇四
関根真隆『奈良朝生活の研究』吉川弘文館　一九六九
宗懍他（撰）『荊蘇歳時記』平凡社　一九七八
田崎博之「弥生時代の食料」『縄文人・弥生人は何を食べたか』雄山閣出版　二〇〇〇
坪井洋文『イモと日本人―民俗文化論の課題―』未来社　一九七九
坪井洋文『稲を選んだ日本人』未来社　一九八二
寺沢　薫「畑作物」『縄文人・弥生人は何を食べたか』雄山閣出版　二〇〇〇
寺林香代「平安時代の食生活―原時代の正月行事を中心として―」『夙川学院短期大学研究紀要』八　一九八三
東京大学国語研究室『倭名類聚抄』古書院　一九八七
東野治之『木簡が語る日本の古代』岩波書店　一九八三
奈良市史編集審議会（編）『奈良市史』通史一　吉川弘文館　一九九〇
西本豊弘「縄文時代の狩猟と儀礼」『季刊考古学』五五　雄山閣出版　一九九六
塙保己一（編）『新校群書類従』四七〇　内外図書　一九三〇
塙保己一（編）『群書類従』一九　群書類従刊行会　一九五一
原田信男『和食と日本文化　日本料理の社会史』小学館　二〇〇五
樋泉岳二「東京湾周辺地域における縄文時代の漁労活動と資源の分布」『環境情報科学センター』二六―二　一九九七
広野　卓『食の万葉集』中央公論社　一九九八
広山堯道『塩の日本史』雄山閣出版　一九九〇
深根輔仁『本草和名』下（『日本古典全集』一所収）　日本古典全集刊行会　一九二六

福島県立博物館（編）『食と考古学』福島県立博物館　二〇〇一
藤村東男「注口土器」『縄文人・弥生人は何を食べてきたか』雄山閣出版　二〇〇〇
星川清親（編）『いも―見直そう土からの恵み―』女子栄養大学出版部　一九八五
松井　章「日本人と豚　文献と考古学から見た歴史」『人環フォーラム』一五　二〇〇四
松井　章ａ「縄文人の植物利用」『季刊考古学』一〇〇　雄山閣出版　二〇〇七
松井　章ｂ『東アジアにおける家畜の起源と伝播に関する動物考古学的研究』（平成十五〜十八年度科学研究費補助金基盤研究（Ａ）研究成果報告書）二〇〇七
松木武彦『列島創世記』（『全集日本の歴史』一）小学館　二〇〇七
松山利夫『木の実』（『ものと人間の文化史』四七）法政大学出版局　一九八二
宮坂光昭「縄文農耕論の再検討」『縄文人・弥生人は何を食べたか』雄山閣出版　二〇〇〇
向井由紀子・橋本慶子『箸』（『ものと人間の文化史』一〇二）法政大学出版局　二〇〇一
向林八重「日本古代社会における塩の支給―『延喜式』を中心に」『続日本紀研究』三六四　二〇〇六
柚木　学『日本酒の歴史』雄山閣出版　一九七五
渡辺　誠「採集対象植物の地域性」『縄文人・弥生人は何を食べたか』雄山閣出版　二〇〇〇
渡辺　実『日本食生活史』吉川弘文館　一九六四（二〇〇七年に復刊）
渡部忠世『稲の道』日本放送協会　一九七七
和仁皓明「酥酪考」『飲食史林』七　一九八七

二　中世の食生活

秋月龍珉「典座教訓」を読む』大法輪閣　一九八五

網野善彦・石井進・福田豊彦著『沈黙の中世』平凡社　一九九〇
有馬頼底『禅と茶の湯』春秋社　一九九九
石井　進『中世を読み解く』東京大学出版会　一九九〇
石井　進『中世のかたち』（『日本の中世』一）中央公論新社　二〇〇二
石川寛子（編著）『食生活と文化』弘学出版　一九八八
石毛直道（監修）『週刊朝日百科　世界の食べもの』日本編三七　古代・中世の食事　朝日新聞社　一九八三
入間市博物館『特別展示図録 北限の旅路』入間市博物館　一九九九
入間田宣夫『日本の歴史⑦ 武者の世に』集英社　一九九一
岩崎佳枝他（校注）『七十一番職人歌合』（『新日本古典文学大系』六一）岩波書店　一九九三
江後迪子『信長のおもてなし』吉川弘文館　二〇〇七
遠藤元男・谷口歌子『飲食』（『日本史小百科』一六）近藤出版社　一九八三
大隅和雄・中尾堯（編）『日本仏教史』中世　吉川弘文館　一九九八
榎原雅治（編）『一揆の時代』（『日本の時代史』一一）吉川弘文館　二〇〇三
神崎宣武『「うつわ」を食らう』日本放送出版協会　一九九六
神田秀夫他『方丈記　徒然草』（『完訳日本の古典』三七）一九八六
熊倉功夫『日本料理文化史』人文書院　二〇〇二
熊倉功夫『日本料理の歴史』吉川弘文館　二〇〇七
蔵持重裕『中世村落の形成と村社会』吉川弘文館　二〇〇七
五味文彦（編）『都市の中世』吉川弘文館　一九九二
五味文彦・吉田伸之（編）『都市と商人・芸能民』山川出版社　一九九三

小柳輝一『日本人の食生活』柴田書店　一九七一
近藤茂一（編）『モンゴルの襲来』（『日本の時代史』九）吉川弘文館　二〇〇三
笹川臨風「食物史概説」『資料食物史』雄山閣出版　一九四七
佐藤和彦・錦昭江（編）『図説北条時宗の時代』河出書房新社　二〇〇〇
渋沢敬三（編）『絵巻物による日本常民生活絵引』五、一九六八
清水克行『大飢饉、室町社会を襲う！』吉川弘文館　二〇〇八
大本山永平寺（監修）『永平寺の精進料理』学習研究社　二〇〇三
高木和男『食からみた日本史』上　芽ばえ社　一九八六
竹内理三（編）『日本史小辞典』角川書店　一九七八
筒井紘一『懐石の研究　わび茶の食礼』淡交社　二〇〇二
戸田芳実（編）『中世の生活空間』有斐閣　一九九三
冨澤清人『中世荘園と検注』吉川弘文館　一九九六
原田信男『歴史のなかの米と肉』平凡社　一九九三
原田信男『和食と日本文化　日本料理の社会史』小学館　二〇〇五
樋口清之『新版日本食物史』柴田書店　一九八九
福田以久生『武者の世』吉川弘文館　一九九五
藤木久志「荘園の歳時記」『週刊朝日百科　日本の歴史』別冊九　年中行事と民俗　朝日新聞社　一九八九
藤木久志『戦国の村を行く』朝日新聞社　一九九七
藤木久志『飢餓と戦争の戦国を行く』朝日新聞社　二〇〇一
松尾聡他（校注・訳）『枕草子』二（『完訳日本の古典』一三）小学館　一九八四

峰岸純夫『中世　災害・戦乱の社会史』吉川弘文館　二〇〇一
安田元久（編）『古文書の語る日本史』三　筑摩書房　一九九〇
ヤマサ醤油『しょうゆのほん』ヤマサ醤油　一九九九
山田新市『日本喫茶世界の成立』ラ・テール出版局　一九九八
山田俊雄他（校注）『庭訓往来　句双紙』（『新日本古典文学大系』五二）岩波書店　一九九六
山本武夫『気候の語る日本の歴史』そしえて　一九七六
柚木　学『日本酒の歴史』雄山閣出版　一九七五
吉田　元『日本の食と酒』人文書院　一九九一
吉田豊訳『雑兵物語他』教育社　一九八〇
吉田美夫「日本における小麦の栽培史―起源から中世までについて―」『地理』一七―六　一九七二

三　近世の食生活史

青葉　高『日本の野菜』八坂書房　一九八三
秋山照子「近世から近代の讃岐地域における葬送儀礼と供応食」『会誌　食文化研究』一　食文化研究部会　二〇〇五
浅野高造「素人庖丁」二（吉井始子編『翻刻江戸時代料理本集成』七）臨川書店　一九八〇
蘆田伊人（編集校訂）『大日本地誌大系　斐太後風土記』一・二　雄山閣出版　一九七〇
油井宏子「醤油」『講座・日本技術の社会史』一　日本評論社　一九八三
網野善彦『続日本の歴史をよみなおす』筑摩書房　一九九六
荒川秀俊『飢饉の歴史』至文堂　一九六七
石田有年（編）『都の魁』石田戈次郎　一八八三

石川松太郎（校注）『庭訓往来』平凡社　一九七三
市岡正一『徳川盛世録』平凡社　一九八九
市毛弘子「調味料・香辛料の文化」『食生活と文化』弘学出版　一九八八
伊藤記念財団『日本食肉文化史』一九九一
稲葉　修「楊枝の歴史と黒文字」『和菓子』一三　二〇〇六
井原西鶴（著）・東明雅（校訂）『日本永代蔵』岩波書店　一九五六
江国滋也『古典落語体系』六　三一書房　一九六九
江原絢子「江戸時代の食物関連書の相互関係について―「和歌食物本草」と「宜禁本草集要歌」および「庖人集要宜禁本草」との関係（一）―」『東京家政学院大学紀要』二六　東京家政学院大学　一九八六
江原絢子「『斐太後風土記』にみる飛騨のくらし」『東京家政学院大学紀要』二九　東京家政学院大学　一九八九
江原絢子「益田郡中呂の大前家の儀礼食」『山の民の民俗と文化―飛騨を中心にみた山国の変貌―』雄山閣出版　一九九一
江原絢子『食事構造の変遷と特質に関する研究』（『平成十～十二年科研費補助金研究調査報告書』）二〇〇一
大平家「農家年中行事」『日本農書全集』二五　農山漁村文化協会　一九八〇
小村　式『近世日本海海運と港町の研究』国書刊行会　一九九二
貝原益軒・石川　謙（校訂）『養生訓』岩波書店　一九六一
金森敦子『伊勢詣と江戸の旅』文藝春秋　二〇〇四
川北温山『原城紀事』一（『史籍集覧』三所収）近藤瓶城　一八八二
神崎宣武『江戸の旅文化』岩波書店　二〇〇四
神田市場協会『神田市場史』上　神田市場協会神田市場史刊行会　一九六八

菊池貴一郎『絵本風俗往来』東洋堂支店・一九〇五（復刻青蛙房　一九七五）
喜田川守貞（著）・宇佐美英機（校訂）『近世風俗志（守貞謾稿）』一・五　岩波書店　一九九六・二〇〇二
喜多村信節『瓦礫雑楽』（『日本随筆大成』一期二　所収）吉川弘文館　一九七五
木津三辰（編）『調味料理栞　六』私家版　一九二八
曲亭馬琴『料理茶話即席話』（寛政十一自序）日比谷加賀文庫蔵
近世史料研究会『江戸町触集成』一～一四・一九　塙書房　一九九四～二〇〇〇・二〇〇三
熊倉功夫・宮坂正英「シーボルトが記録した江戸の食材」『季刊ヴェスタ』二七　味の素食の文化センター　一九九七
栗原信充『柳庵雑筆』（『日本随筆大成』三期三　所収）吉川弘文館　一九七六
駒　敏郎他（編）『史料京都見聞記』法蔵館　一九九一
小山修三他「『斐太後風土記』による食糧資源の計量的研究」『国立民族学博物館研究報告』六―三　一九八一
斎藤月岑（著）・朝倉治彦（校注）『東都歳時記』一　平凡社　一九七〇
斎藤月岑（著）・今井金吾（校訂）『定本　武江年表』下　筑摩書房　二〇〇四
佐藤成裕『中陵慢録』（『日本随筆大成』三期三　所収）吉川弘文館　一九七六
山東京山『蜘蛛の糸巻』（『日本随筆大成』二期七　所収）吉川弘文館　一九七四
式亭三馬『浮世風呂』四編（神保五彌校註『新日本古典文学大系』八六所収）岩波書店　一九八九
重田定一『史説史話』弘道館　一九一六
蔀　関月画『日本山海名産図会』名著刊行会　一九七九
柴田米作『日本のパン四百年史』日本のパン四百年史刊行会　一九五六
新谷尚紀『日本人の葬儀』紀伊国屋書店　一九九二
新村　拓（編）『日本医療史』吉川弘文館　二〇〇六

関根真隆『奈良朝食生活の研究』吉川弘文館　一九六九
田　井　家「家事日録」『日本農書全集』四三　農山漁村文化協会　一九九七
高垣順子「米沢藩が遺した救荒書『かてもの』について」『非常の食』（『全集　日本の食文化』一一）雄山閣出版　一九九九
立川美彦（編）『訓読　雍州府志』臨川書店　一九九七
田中欣一（編）『塩の道・千国街道』銀河書房　一九八二
田中圭一『百姓の江戸時代』筑摩書房　二〇〇〇
茅ヶ崎市『茅ヶ崎市史』一（「伊勢参宮祝儀帳」「伊勢参宮土産物・赤飯配り覚」「伊勢参宮留守見舞控帳」「伊勢道中日記」）茅ヶ崎市　一九七七
寺門静軒（著）・朝倉治彦・安藤菊二（校注）『江戸繁盛記』上　平凡社　一九七四
塚本　学「江戸のみかん—明るい近世像—」『魚・野菜・肉』（『全集日本の食文化』四）雄山閣出版　一九九七
土居水也他（著）・徳永光俊他（解題）『日本農書全集』一〇　農山漁村文化協会　一九八〇
東京都公文書館（編）『江戸住宅事情』（都史紀要三四）東京都連絡室情報公開部情報課　一九九〇
東京都世田谷区教育委員会（編）『伊勢道中記史料』東京都世田谷区教育委員会　一九八四
東京都世田谷区教育委員会（編）『口訳　上町大場家　家例年中行事』東京都世田谷区教育委員会　一九八六
中尾太郎『諸国風俗問状答』東洋堂　一九四三
中山圭子『和菓子ものがたり』新人物往来社　一九九三
農山漁村文化協会『日本農書全集』二五　農山漁村文化協会　一九八〇
西村眞琴・吉川一郎（編）『日本凶荒史考』有明書房　一九八三（初版は丸善より一九三六年刊行）
練馬区教育委員会社会教育課郷土資料室（編）『練馬大根　その一』練馬区教育委員会　一九八四

博望子『料理珍味集』(吉井始子編『翻刻江戸時代料理本集成』四所収)臨川書店　一九七九
花咲一男編『未刊江戸職人づくし集』渡辺書店　一九七三
林　玲子(編)『商人の活動』(『日本の近世』五)中央公論社　一九九二
葉山禎作(編)『生産の技術』(『近世の日本』四)中央公論社　一九九二
速水　融『江戸農民の暮らしと人生　歴史人口学入門』麗澤大学出版会　二〇〇二
原田信男『江戸の料理史—料理本と料理文化—』中央公論社　一九八九
原田信男『江戸の食生活』岩波書店　二〇〇三
原田信男『江戸の料理と食生活』小学館　二〇〇四
東四柳祥子「江戸料理書に見る中国料理献立の受容」『風俗史学』三〇　日本風俗史学会　二〇〇五
樋口　弘『日本糖業史』内外経済社　一九五六
人見必大(著)・島田勇雄(訳注)『本朝食鑑』一～五　平凡社　一九七六～八一
深根輔仁『本草和名』下(『日本古典全集』一所収)日本古典全集刊行会　一九二六
平瀬徹斎(著)・長谷川光信(画)『日本山海名物図会』名著刊行会　一九七九
平亭銀鶏『浪華雑誌街能喰』(『浪速叢書』一六)浪速叢書刊行会　一九三〇
廣山堯道『塩の日本史』雄山閣出版　一九九〇
船越政一郎(編)『大阪商業史資料』(『浪速叢書』九)浪速叢書刊行会　一九二九
深井甚三「近世後期・城下町金沢の菓子屋と菓子について」『和菓子』八　二〇〇一
古橋家「祐岩院葬式日記」(「古橋家文書」)一八四八
増田真祐美・江原絢子「婚礼献立にみる山間地域の食事形態の変遷—江戸期から大正期の家文書の分析を通して—」『日本調理科学会誌』三八—四　日本調理科学会　二〇〇五

松崎慊堂（著）・山田琢（訳注）『慊堂日暦』四　平凡社　一九七八
松屋久政・久好・久重「松屋会記」『茶道古典全集』淡交社　一九五七
三田村鳶魚『江戸の衣食住』青蛙房　一九五七
宮崎勝美「江戸の土地」『都市の時代』（『日本の近世』九）中央公論社　一九九二
宮本常一『甘藷の歴史』未来社　一九六二
宮本常一『川の道』八坂書房　一九八七
村井政善『新らしき研究　和洋料理の仕方』石塚松雲堂　一九二二
村上直次郎（訳）・渡辺世祐（註）『耶蘇会士日本通信（異国叢書）』上・下　雄松堂書店　一九七〇
村上直次郎（訳）『長崎オランダ商館の日記』一　岩波書店　一九五六
山崎美成『赤穂義士随筆』（『日本随筆大成』二期二四所収）吉川弘文館　一九七五
吉川弘文館編集部編『誰でも読める日本近世史年表』吉川弘文館　二〇〇七
吉田　元「醤油仕込方之控」解説（『日本農書全集』五二所収）農山漁村文化協会　一九九八
柳亭種彦『柳亭記』（『日本随筆大成』一期二所収）吉川弘文館　一九七五
渡辺信一郎『江戸の庶民が拓いた食文化』三樹書房　一九九六
渡辺　実『日本食生活史』吉川弘文館　一九六四（二〇〇七年に復刊）
和田信定『臨時客応接』（吉井始子編『翻刻江戸時代料理本集成』八所収）臨川書店　一九八〇
著者不詳「りうりの書」（倉林正次編『日本料理の起源』食物・食事雑篇〈『日本料理秘伝集成』一八〉所収）同朋舎出版　一九八五
著者不詳『料理物語』（一六四三）（吉井始子編『翻刻江戸時代料理本集成』一所収）臨川書店　一九七八
著者不詳『七十五日』（天明七年、『新編稀書複製会叢書』三七　臨川書店　一九九二

著者不詳『浪華百事談』(『日本随筆大成』三期二所収) 吉川弘文館 一九七六
著者不詳『伊勢参宮献立道中記』(『日本庶民生活史料集成』二〇) 三一書房 一九七二
著者不詳『料理献立集』(吉井始子編『翻刻江戸時代料理本集成』一所収) 臨川書店 一九七八
著者不詳『粒々辛苦録』他 (『日本農書全集』二五所収) 農山漁村文化協会 一九八〇

四 近代の食生活

秋穂益実『家庭和洋保健食料三食献立及料理法』東京割烹女学校出版部 一九一五
秋山四郎(編)『秋山徳蔵メニューコレクション』秋山徳蔵偲ぶ会出版部 一九七六
秋山照子「日清・日露戦争と食生活」(石川寛子・江原絢子〈編著〉『近現代の食文化』所収) 弘学出版 二〇〇二
安西古満子『四季毎日三食料理法』博文館 一九〇九
有薗正一郎『近世庶民の日常食 百姓は米を食べられなかったか』海青社 二〇〇七
石井研堂『明治事物起源 八(ちくま学芸文庫)』筑摩書房 一九九七
石川県石川郡役所『石川県石川郡安原村村是』石川県石川郡役所 一九五九
石川県第一女子師範学校(編)『くりやのこころえ 全』益智館 一八八〇
石川寛子・江原絢子(編著)『近現代の食文化』弘学出版 二〇〇二
石塚祐道「横浜居留地像の形成」『横浜居留地と異文化交流』山川出版社 一九九六
板倉聖宣『模倣の時代』上・下 仮説社 一九八八
伊藤記念財団(編)『日本食肉文化史』伊藤記念財団 一九九一
伊藤伸恵(編)『復刻 海軍割烹術参考書』イプシロン出版 二〇〇七
今井美樹「料理雑誌からみた明治後期の食情報―『月刊 食道楽』と『庖丁塩梅』の比較を中心に―」『日本調理科学

会誌』三五―二　二〇〇四

江原絢子「教科書に見る食物教育の変遷」『家庭科教育』六五―七　一九九一
江原絢子「家事教科書にあらわれた食関係用語の変遷（第一報）―「栄養」に関する用語とその表記について―」『日本家政学会誌』四三―六　一九九二
江原絢子「大正・昭和初期の食生活―地域による日常食のちがいを中心に―」『東京家政学院大学紀要』三六　一九九六
江原絢子『高等女学校における食物教育の形成と展開』雄山閣出版　一九九八
江原絢子「女子の食教育」「家庭料理の発展」『近現代の食文化』弘学出版　二〇〇二
江原絢子「学校のお昼ごはん」『季刊ヴェスタ』五二　二〇〇三
江原絢子「栄養指導・栄養教育の歴史」『栄養教育論』Ⅰ　建帛社　二〇〇六
江原絢子・東四柳祥子『近代料理書の世界』ドメス出版　二〇〇八
大槻文彦・大槻清彦『新編大言海』富山房　一九五六
大豆生田稔「産業革命期の民衆の食生活―日清・日露戦後の米食の普及―」『歴史評論』六二〇　校倉書房　二〇〇一
大豆生田稔「米穀消費の拡大と雑穀―産業革命前後の主食の変貌―」『粉食文化論の可能性』（『雑穀』Ⅱ）青木書店　二〇〇六
大豆生田稔『お米と食の近代史』吉川弘文館　二〇〇七
オールコック『大君の都』岩波書店　一九六二
岡　起雲「現世地獄（鐘ヶ淵紡績会社の醜態）」『光』一九〇六
小田きく子「駅売弁当の変遷」『学苑近代文化研究所紀要』七七八　二〇〇五
落合恵美子『近代家族とフェミニズム』頸草書房　一九八九
開国百年記念文化事業会（編）『明治文化史』一二　原書房　一九七九

嘉悦孝子『惣菜料理のおけいこ』宝永館　一九〇七
かわぐちつとむ『食堂車の明治・大正・昭和』グランプリ出版　二〇〇二
喜多見佐喜『割烹教科書　全』心得の部・実習の部』目黒書店　一九〇七
木津三辰（編）『調味料理栞』六　木津三辰　一九二八
木村吾郎『日本のホテル産業一〇〇年史』明石書店　二〇〇六
木村涼子「近代家族が夢見た主婦と良人の［甘い生活］」（『生活科学がわかる』所収）朝日新聞社　一九九八
久萬盛幸（編）『美味衛生安価料理五百種』大日本料理研究会　一九一六
河野常吉『北海道史人名字彙』下　北海道出版企画センター　一八七九
後閑菊野・佐方鎮子『増訂家事教科書』上、目黒書房・成美堂　一九〇二
小山静子「第一次世界大戦後の生活改善問題」『立命館言語文化研究』八―二　一九九六
小山静子『家庭の生成と女性の国民化』勁草書房　一九九九
ゴンチャロフ（著）・井上満（訳）『日本渡航記』岩波書店　一九四一
財団法人国民栄養協会（編）『日本栄養学史』秀潤社　一九八一
斎藤月岑（著）・今井金吾（校訂）『武江年表』下　筑摩書房　二〇〇四
斎藤多喜夫「幕末期横浜居留地の社会構成と居留地像をめぐって」『横浜居留地の諸相』横浜開港資料館　一九八九
斎藤多喜夫「明治初期の横浜居留地―「金川港規則」から―」『横浜居留地と異文化交流』山川出版社　一九九六
櫻井ちか子『一品五銭今日の料理』実業之日本社　一九一六
櫻井美代子「明治後期京都のある商家の食生活―ある商家の若妻日記を中心に―」『東京家政学院大学紀要』四七　東京家政学院大学　二〇〇七
笹木幸子『年中行事家庭儀式料理』精美堂　一九一一

札幌教育委員会『お雇い外国人』北海道新聞社　一九八一
澤　護『横浜外国人居留地ホテル史』白桃書房　二〇〇一
沢山美果子「子育てにおける男と女」『日本女性生活史』東京大学出版会　一九九〇
篠田鉱造『明治百話』　岩波書店　一九九六
島薗順雄『栄養学史』朝倉書店　一九七八
下川耿史・家庭総合研究会（編）『明治・大正家庭史年表　一八六八—一九二五』河出書房新社　二〇〇〇
週刊朝日（編）『値段の明治大正昭和風俗史』上　朝日新聞社　一九八七
新村　拓（編）『日本医療史』吉川弘文館　二〇〇六
鈴木棠三・小池章太郎『藤岡屋日記』五　三一書房　一九八九
成城大学民俗研究所（編）『日本の食文化—昭和初期・全国食事習俗の記録—』岩崎美術社　一九九〇
大日本料理研究会編『美味衛生安価料理五百種』大日本料理研究会、一九一六
高木真一『精説栄養と食物』文光社　一九三三
田辺安一（編）『お雇い外国人　エドウィン・ダン』ダンと町村記念事業協会　一一九九
田村郡農会（編）『田村郡案内』一九〇七
土屋喬雄・農商務省商工局（編）『職工事情』新紀元社　一九七六（一九九八年に犬丸義一校訂で岩波書店より刊行）
東京朝日新聞社『栄養料理講習録』　東京朝日新聞社　一九二二
東京大学国語研究室『和名類聚抄』天文本、汲古書院　一九八七
東京百年史編集委員会『東京百年史』三　東京都　一九七二
徳川慶朝『徳川慶喜家の食卓』文藝春秋　二〇〇六
豊川祐之・金子俊『日本の食文化　日本近代の食事調査資料』第一巻　明治篇全国食糧振興会　一九八八

中嶋　邦「近代日本における婦人雑誌、その周辺」『婦人雑誌の夜明け』大空社　一九八九
中野　卓（編）『明治四三年京都　ある商家の若妻の日記』新曜社　一九八一
中村雄昂『西欧料理人物語』築地書館　一九八五
日本国有鉄道『日本国有鉄道百年写真史』日本国有鉄道　一九七二
日本国有鉄道『日本国有鉄道百年史』日本国有鉄道　一九七四
日本食料研究会（石渡萩枝）（編）『経済生活代用食調理法　全』天下堂書房　一九一九
額田　豊『安価生活法』政教社　一九一五
農山漁村文化協会編『日本の食生活全集』全五〇巻　農山漁村文化協会　一九八四～九三
初田　亨『百貨店の誕生』筑摩書房　一九九九
服部誠一『東京新繁昌記』（『近代日本地誌叢書』東京編⑯）龍渓書舎　一九九二
東四柳祥子「近代日本における日常食献立の形成と西洋文化の影響―英米料理書との関連を通して―」『会誌　食文化研究』一　食文化研究部会　二〇〇五
東四柳祥子「江戸料理書に見る中国料理献立の受容」『風俗史学』三〇　日本風俗史学会　二〇〇五
東四柳祥子・江原絢子「解題　近代日本の料理書（一八六一～一九三〇）」『東京家政学院大学紀要　人文・社会科学系』四三　二〇〇三
樋口清之『日本食物史―食生活の歴史―』柴田書店　一九六〇
平出鏗二郎『東京風俗志』筑摩書房　二〇〇〇
藤井貞文・川田貞夫校注『長崎日記・下田日記』平凡社　一九六八
藤井甚太郎『明治文化史』概説　原書房、一九八〇
藤本浩之輔『聞き書き　明治の子ども　遊びと暮らし』ＳＢＢ出版会　一九八六

古島敏雄『産業史』Ⅲ　山川出版社　一九六六
方波見勝衛（編）『生活改善これからの家庭と主婦』近代之家庭社　一九二四
細井和喜蔵『女工哀史』改造社　一九二五
穂積重行（編）『穂積歌子日記』みすず書房　一九八九
前坊　洋『明治西洋料理起源』岩波書店　二〇〇〇
マシュー・C・ペリー（著）・木原悦子（訳）『ペリー提督日本遠征日記』小学館　一九九六
三鬼浩子「明治婦人雑誌の軌跡」（『婦人雑誌の夜明け』所収）大空社　一九八九
メーチニコフ『回想の明治維新』岩波書店　一九八七
森末義彰・寶月圭吾・小西四郎（編）『生活史』Ⅲ　山川出版社　一九六九
森本厚吉『消費経済論』文化生活研究会　一九二一
雪廼家閑人『汽車弁文化史』信濃路　一九七八
横浜開港資料館『横浜もののはじめ考』横浜開港資料普及教会　一九九八
横山源之助『内地雑居後之日本』労働新聞社　一八九九
横山　順『料理の技折　全』浜本明昇堂　一九〇二
糧友会（編纂）『炊事専務卒教育参考書―調理の部―』糧友会　一九二八
渡辺　実『日本食生活史』吉川弘文館　一九六四（二〇〇七年に復刊）

五　戦中・戦後の食生活――飢餓の体験

麻布プロデュース編『資料が語る　戦時下の暮らし』麻布プロデュース　二〇〇四
朝日新聞社『週刊アサヒグラフ』昭和六十三年八月十八日号　朝日新聞社　一九八九

味の素食の文化センター『季刊ヴェスタ』五二　味の素食の文化センター　二〇〇三
天野正子他『モノと子どもの戦後史』吉川弘文館　二〇〇七
飯田深雪『飯田深雪の食卓の昭和史』講談社　一九八五
家の光協会『家の光』昭和十八年四月号　家の光協会　一九四三
育児の友社『育児の友』臨時増刊号　育児の友社　一九二七
石川寛子他『第二次世界大戦下における食生活実態に関する資料調査研究』フリオール社　一九八九
石川尚子『論集東京都における学童疎開と食の実態』東京都立短期大学　二〇〇六
石毛直道（監修）『週刊朝日百科　世界の食べもの』日本編四〇　現代の食生活　朝日新聞社　一九八三
石毛直道他『昭和の食』ドメス出版　一九八九
「女たちの昭和史」編集委員会『女たちの昭和史』大月書店　一九八六
江原絢子『高等女学校における食物教育の形成と展開』雄山閣出版　一九九八
江原絢子（編）『食と教育』ドメス出版　二〇〇一
大村キク『興亜国民保健食』厚生閣　一九四三
岡野薫子『太平洋戦争下の学校生活』新潮社　一九九〇
香川学園『栄養と料理』昭和十五年十一月号　香川学園　一九四〇
「子どもたちの昭和史」編集委員会『子どもたちの昭和史』大月書店　一九八四
片岡純治『隣組読本』東進社　一九四〇
加納実紀代『女たちの〈銃後〉』筑摩書房　一九八七
上村行世『戦前学生の食生活事情』三省堂　一九九二
北区総務部女性政策課『戦時下にくらした女性たち』ドメス出版　一九九七

京都府立京都第二高等女学校割烹研究会（編）『割烹』昭和三年訂正・再版　一九二八
近代女性文化史研究会『戦争と女性』ドメス出版　二〇〇一
光明学校の学童疎開を記録する会『信濃路はるか―光明養護学校の学童疎開―』田研出版　一九九三
国民生活科学化協会（編）『燃料』北光書房　一九四四
斎藤美奈子『戦下のレシピ』岩波書店　二〇〇二
昭和館『手記と写真が語る母と子の戦中・戦後』昭和館　二〇〇〇
獅子文六『獅子文六全集第五巻所収自由学校』朝日新聞社　一九六八
獅子倉重治『節米報国　代用食読本』憲弘社　一九四〇
白井　貞『食の昭和史』つくばね舎　二〇〇六
成城大学民俗学研究所（編）『日本の食文化―昭和初期・全国食事習俗の記録―』岩崎美術社　一九九〇
大日本雄弁会講談社『婦人倶楽部』昭和十七年三月号　講談社　一九四二
高木和男『食と栄養学の社会史』二　科学資料研究センター　一九七八
立川昭二『病気の社会史』日本放送出版協会　一九七一
田中宣一他『食の昭和文化史』おうふう　一九九五
内閣情報部『週報』二〇五　内閣印刷局　一九四〇
内閣情報部『週報』二七六　内閣印刷局　一九四二
永井荷風『断腸亭日乗』岩波書店　一九四七
長尾五一『戦争と栄養』西田書店　一九九四
中川　博『食の戦後史』明石書店　一九九五
沼畑金四郎『家庭燃料の科学』光生館　一九四三

藤原　彰『餓死した英霊たち』青木書店　二〇〇一
藤原書店『環』一六　藤原書店　二〇〇四
婦人之友社『婦人之友』昭和十九年八月号　婦人之友社　一九四四
毎日新聞社『銃後の戦史』（『別冊一億人の昭和史』）毎日新聞社　一九八〇
松平　誠『ヤミ市 幻のガイドブック』筑摩書房　一九九五
無明舎出版『新聞資料 東北大凶作』無明舎出版　一九九一
文部省日本学校給食会『学校給食の発展』文部省日本学校給食会　一九七六
立教女学院『集団疎開から三十年―懐かしの地と人とに逢えて―』立教女学院　一九七四
陸軍糧秣本廠内食糧協会『糧友』一八―四　陸軍糧秣本廠内食糧協会　一九四三
料理の友社『料理の友』第二四巻六号　料理の友社　一九三六
山下文男『昭和東北大凶作』無明舎出版　二〇〇一

六　現代の食生活

愛知県小規模保育所連合会給食部会『卵・牛乳・小麦を使わないアレルギーの献立』芽ばえ社　二〇〇七
青木俊也『再現・昭和三〇年代　団地二DKの暮らし』河出書房新社　二〇〇一
味の素食の文化センター『季刊ヴェスタ』二九　味の素食の文化センター　一九九七
足立己幸『なぜひとりで食べるの』日本放送出版協会　一九八三
足立己幸『知っていますか　子どもたちの食卓』日本放送出版協会　二〇〇〇
天野正子・石谷二郎、木村涼子『モノと子どもの戦後史』吉川弘文館　二〇〇七
石川寛子（編著）『食生活と文化 食のあゆみ』弘学出版　一九八八

石川寛子・江原絢子（編著）『近現代の食文化』弘学出版　二〇〇二
石毛直道（監修）『週刊朝日百科　世界の食べもの』日本編四〇　現代の食生活　朝日新聞社　一九八三
石毛直道他（編）『昭和の食』（『食の文化シンポジウム』八九）ドメス出版　一九八九
岩村暢子『変わる家族　変わる食卓』勁草書房　二〇〇三
OECDレポート『日本の経験，環境政策は成功したか』清文社　一九七八
家庭科教育研究者連盟『家庭科研究』二五八　芽ばえ社　二〇〇六
加藤まどか『憂い九食と過食の社会学』岩波書店　二〇〇四
経済企画庁国民生活局（編）『国民生活行政二〇年のあゆみ』大蔵省印刷局　一九八六
小泉和子『昭和のくらし博物館』河出書房新社　二〇〇〇
厚生省保健医療局健康増進栄養課『平成八年版　国民栄養の現状（平成六年国民栄養調査成績）』第一出版株式会社　一九九六
小塚善文『食の変化と食品メーカーの成長』農林統計協会　一九九九
講談社a『週刊日録二〇世紀　一九五六』講談社　一九九七
講談社b『週刊日録二〇世紀　一九五八』講談社　一九九七
講談社c『週刊日録二〇世紀　一九七二』講談社　一九九七
講談社d『週刊日録二〇世紀　一九七三』講談社　一九九七
講談社e『週刊日録二〇世紀　一九七五』講談社　一九九七
学校給食研究会『学校給食がいのちをはぐくむ』自治体研究社　一九八九
週刊朝日（編）『値段の明治・大正・昭和風俗史』朝日新聞社　一九八一
島村菜津『スローフードな日本！』新潮社　二〇〇六

下村哲夫『学校事件』ぎょうせい　二〇〇一
食糧栄養調査会『食料・栄養・健康』一九九九年版　一九九九
太陽編集部『昭和生活なつかし図鑑』平凡社　一九九九
田中宣一・松崎憲三（編著）『食の昭和史』おうふう　一九九五
日本家政学会（編）『日本人の生活―五〇年の軌跡と二一世紀への展望―』建帛社　一九九八
日本生活学会『食の一〇〇年』ドメス出版　二〇〇一
日本の子どもを守る会『子ども白書』一九八〇年版　草土文化　一九八〇
日本の子どもを守る会『子ども白書』一九八四年版　草土文化　一九八四
農文協『現代農業』一九九一年十一月増刊号　農山漁村文化協会　一九九一
農文協『現代農業』二〇〇二年十一月増刊号　農山漁村文化協会　二〇〇二
農文協『現代農業』二〇〇三年五月増刊号　農山漁村文化協会　二〇〇三
農文協『食農教育』二〇〇六年四月増刊号　農山漁村文化協会　二〇〇六
荷見武敬・根岸久子『学校給食を考える』日本経済評論社　一九九三
浜田和子他『大好き　食べ物情報図鑑②カレー』汐文社　二〇〇四
原田勝正（編著）『昭和世相史』小学館　一九八九
福田靖子（編著）『食生活論』朝倉書店　一九九四（二〇〇〇年、第二版刊行）
松原健司『からだにやさしいスローライフのすすめ』研成社　二〇〇三
宮本智恵子『伝統食列車が走る』つむぎ出版　一九九四
茂木信太郎『都市と食欲のものがたり』第一書林　一九九三
諸井　薫『昭和生活文化年代記』三　三〇年代　TOTO出版　一九九一

矢野恒太記念会『数字でみる日本の一〇〇年』改定第四版　矢野恒太記念会　二〇〇〇
山尾美香『きょうも料理　お料理番組と主婦　葛藤の歴史』原書房　二〇〇四
山口喜久男『戦後にみる食の文化史』三嶺書房　一九八三
結城登美雄「食の地方分権」「多様な食の道づくり」『現代農業』二〇〇三年五月増刊号　農山漁村文化協会　二〇〇三

日本食物史

二〇〇九年（平成二十一）七月十日　第一刷発行
二〇一九年（平成三十一）四月一日　第三刷発行

著者　江《え》原《はら》絢《あや》子《こ》
　　　石《いし》川《かわ》尚《なお》子《こ》
　　　東《ひがし》四《よつ》柳《やなぎ》祥《しょう》子《こ》

発行者　吉川道郎

発行所　株式会社 吉川弘文館
郵便番号一一三—〇〇三三
東京都文京区本郷七丁目二番八号
電話〇三—三八一三—九一五一〈代表〉
振替口座〇〇一〇〇—五—二四四番
http://www.yoshikawa-k.co.jp/

印刷＝株式会社 平文社
製本＝誠製本株式会社
装幀＝清水良洋・長谷川有香

ISBN978-4-642-08023-1

著者紹介

江原絢子（えはら　あやこ）　担当＝原始・古代、近世、近代（2を除く）

一九四三年島根県生まれ。一九六六年、お茶の水女子大学家政学部食物学科卒業。東京家政学院大学家政学部教授を経て現在、同大学名誉教授、博士（教育学）

〔主要著書〕

高等女学校における食物教育の形成と展開　おいしい江戸ごはん（共著）　日本の食文化史年表（共編）　家庭料理の近代　和食とは何か（共著）　日本の食文化（編著）

石川尚子（いしかわ　なおこ）　担当＝中世、戦中・戦後、現代

一九四二年山形県生まれ。一九六五年、お茶の水女子大学家政学部食物学科卒業。元東京都立短期大学都市生活学科助教授

〔主要著書〕

論集　日本の食文化　全一二巻（編著）　家庭科教育五〇年（編著）　論集　東京都における学童疎開と食の実態　日本の食文化—その伝承と食の教育—（編著）

東四柳祥子（ひがしよつやなぎ　しょうこ）　担当＝近代2、年表

一九七七年石川県生まれ。二〇一八年、国際基督教大学大学院アーツ・サイエンス研究科博士後期課程にて学位取得。現在、梅花女子大学准教授、博士（学術）

〔主要論著〕

近代料理書の世界（共著）　日本の食文化史年表（共編）　料理の習得（『料理すること—その変容と社会性』所収）　明治期における西洋料理書の誕生とその意義（『地域社会の文化と史料』所収）

索　　引

あ　行

か　行

さ　行

た　行

な　行

は　行

ま　行

や　行

ら　行

わ　行

図版一覧

知恩寺所蔵　*92*
図 27　寺院の台所　『慕帰絵詞』より　西本願寺所蔵　*99*
図 28　施粥の風景　『遊行上人縁起絵』より　光明寺所蔵　*108*
図 29　南蛮人慶長来朝上陸之図　長崎歴史文化博物館所蔵　*112*
図 30　山くじら店（猪店）「びくに橋雪中」『江戸百景』より　*119*
図 31　とうがらし　『農業全書』より　*120*
図 32　江戸四日市の蜜柑市　『日本山海名物図会』より　*127*
図 33　鯨 突 船　『日本山海名物図会』より　*129*
図 34　菱垣廻船と弁財船　岡山県若宮八幡宮所蔵　*131*
図 35　日本橋新場の市　『近世職人尽絵詞』より　*133*
図 36　塩づくり　『赤穂義士随筆』より　*136*
図 37　下総国醤油製造の図　『大日本物産図会』より　*139*
図 38　豆腐の田楽作り　『豆腐百珍』より　*142*
図 39　煎茶の流行　『錦葉百人一首女宝大全』より　*145*
図 40　花見の重詰め献立　『料理早指南』より　*147*
図 41　天麩羅屋の屋台　『近世職人尽絵詞』より　*150*
図 42　料理茶屋 佐野屋　『都の魁』より　*155*
図 43　膳崩し　『素人庖丁』より　*157*
図 44　虎屋伊織　『摂津名所図会』より　*162*
図 45　木 賃 宿　『木曽海道六拾九次』より　*165*
図 46　江戸のかまど　浪華雑誌『街能噂』より　*169*
図 47　大坂のかまど　浪華雑誌『街能噂』より　*169*
図 48　婚礼の図　『絵本十寸鏡』より　*173*
図 49　婚礼あたりの魚介類の使用頻度　増田真由美・江原絢子「婚礼献立にみる山間地域の食事形態の変遷」『日本調理科学会誌』38-4 より　*175*
図 50　七種の囃子　『(江戸府内) 絵本風俗往来』より　*177*
図 51　仏　　事　『犬の草子』より　*179*
図 52　町屋家族の食事　『日ごとの心得』より　*184*
図 53　長屋の食事　『竈の賑ひ』より　*188*
図 54　農家の食事　『経済をしへ草』より　*189*
図 55　古むしろの塩分を食べる　『凶荒図録』より　*193*
図 56　武州横浜於応接所饗応之図　神奈川県立歴史博物館所蔵　*197*
図 57　横浜異人館　東京家政学院大学所蔵　*200*
図 58　牛鍋屋の流行『安愚楽鍋』より　*203*
図 59　屠畜頭数累年比較　石川寛子他『近現代の食文化』弘学出版 2002 年より　*205*
図 60　築地ホテル館　印刷博物館所蔵　*209*
図 61　開拓使のお雇い外国人　日本近代史研究会提供　*212*
図 62　新しい食品と家庭生活　赤堀峯吉『欧米魚介新料理』博文館 1912 年より　*222*
図 63　日本で最初の学校用割烹教科書　石川県第一女子師範学校編『くりやのこころえ　全』益智館 1880 年より　*225*
図 64　家庭向け料理書にみる主婦と使用人　横山順『料理の枝折　全』浜本明昇堂 1902 年より　*229*
図 65　大正時代の月刊料理雑誌『料理の

友』 *232*
図 66 残飯屋の様子　松原岩五郎『最暗黒之東京』民友社 1893 年より *238*
図 67 高木兼寛 *243*
図 68 森林太郎 *243*
図 69 米・豆腐の費用とその他の食品のエネルギー比較　額田豊『安価生活法』政教社 1915 年より *250*
図 70 大阪すき焼き　復元 『ふるさとの家庭料理』10 農山漁村文化協会 2002 年より *258*
図 71 女学校のお弁当　復元 『ふるさとの家庭料理』19 農山漁村文化協会 2003 年より *263*
図 72 切符制度の実施経過 『中野区史』より *271*
図 73 隣組食料配給所 『子どもたちの昭和史』大月書店 1984 年より *275*
図 74 『料理の友』の表紙と末尾通信販売のカタログ　料理の友社『料理の友』24-6 より *278*
図 75 学童集団疎開「何と言っても楽しいのは朝食である」『歴史読本臨時増刊 '80-9』新人物往来社より *288*
図 76 「決戦下で勝ち抜くために栄養増強」『資料が語る戦時下の暮らし』麻布プロデュース 2004 年より *295*
図 77 代用食品採取のポスター 『子どもたちの昭和史』大月書店 1984 年より *297*
図 78 代用食製作の三法の図　石川寛子他『第二次世界大戦下における食料実態に関する資料調査研究』1989 年より *297*
図 79 バラックの前で食事の仕度をする少女　昭和館所蔵 *301*
図 80 世田谷区民デモ 『女たちの昭和史』大月書店 1986 年より *302*
図 81 ヤミ市風景（1946 年 4 月　新橋駅前青空市場） 毎日新聞社提供 *304*
図 82 昭和 22 年，昭和 27 年の学校給食献立例　日本体育・学校健康センター資料 *306*
図 83 農家と耕地の変化　中川博『食の戦後史』明石書店 1995 年より *311*
図 84 食生活の変化（1 日 1 人あたり供給純食料） 矢野恒太記念会『数字でみる日本の百年』2000 年より *315*
図 85 時代による様式別調理の割合　日本家政学会『日本人の生活―50 年の軌跡と 21 世紀への展望―』1998 年より *317*
図 86 電気冷蔵庫と電子レンジの家庭への普及率と家庭用冷凍食品生産量の推移 『食料・栄養・健康』1999 年版より *319*
図 87 ボンカレー 『大好き　食べ物情報図鑑②カレー』汐文社 2004 年より *320*
図 88 主婦の店ダイエー　神戸・三宮で開店 『週刊日録 20 世紀　1958 年』講談社 1997 年より *321*
図 89 水産物公害一掃全国決起大会 『週刊日録 20 世紀　1973 年』講談社 1997 年より *323*
図 90 宮城県宮崎町食の文化祭 『現代農業』2002 年 11 月号より *331*
図 91 二ＤＫ団地間取り俯瞰図　松戸市立博物館提供 *332*
図 92 冷蔵庫を使った簡単な夏の献立 『婦人の友』昭和 32 年 7 月号より *333*
図 93 食の社会化と生活の変化　福田靖子編著『食生活論』第 2 版 朝倉書店 2000 年より *336*
図 94 食料費の内訳の推移　福田靖子編著『食生活論』第 2 版　朝倉書店

2000年より　*343*
図95　マクドナルド1号店の開店　『週刊日録20世紀　1971』講談社1997年より　*347*
図96　県産農畜産物を取り入れた学校給食商品開発（埼玉県の例）　埼玉県学校給食会資料　*350*
図97　食育活動への取組み　『食育白書』平成19年版より　*353*

年　表

和　暦	西暦	事　　　　　　項
	61	垂仁天皇，非時香菓（ときじくのかぐのみ・現在の橘）を求めさせるため，常世国（とこよのくに）に田道間守（たじまもり）派遣（『日本書紀』）
	123	磐鹿六雁（いわかむつかり・膳臣（かしわでのおみ）の先祖），上総国にて，がまの葉でたすきをつくり，白蛤（うむぎ）を膾にし，景行天皇に献上．その功が認められ，膳大伴部（かしわでのおおともべ）の役を賜る（『日本書紀』）
	288	応神天皇の吉野宮行幸の際に，国樔人（くずびと）が醴（こざけ）献上（『日本書紀』）
	325	仁徳天皇，舂米部（つきしねべ）定める（『日本書紀』）
	374	額田大中彦皇子，氷室の蔵氷献上（『日本書紀』）
允恭　14	425	允恭天皇，淡路島に狩猟にでかけ，麋（おおしか），猿，猪などを狩る（『日本書紀』）
欽明　5	536	筑紫那津にて，官家設置．諸国の屯倉の穀を運搬し，非常時に備える（『日本書紀』）
28	567	全国的に大水による大飢饉．食人起こる（『日本書紀』）
推古　18	610	高句麗から来朝した僧曇徴，碾磑（みずうす，水車につけた唐臼のこと）を伝える（『日本書紀』）
19	611	推古天皇，菟田野で薬猟（くすりがり）をする（『日本書紀』）
20	612	推古天皇，羽田で薬猟（くすりがり）をする（『日本書紀』）
25	617	出雲神戸郡（かむとのこおり）にて，大きな缶（ほとき）ほどの瓜が実る（『日本書紀』）
大化　2	646	諸国にて，農月の百姓の飲酒・肉食禁止
天智　7	668	天智天皇，蒲生野で狩猟（『日本書紀』）
天武　4	675	**天武天皇，「肉食禁止令」発布．**牛・馬・犬・猿・鶏の食用禁止．後に魚類にも及ぶ（『日本書紀』）
持統　7	693	諸国にて，五穀の助けになる桑・紵・梨・栗・蕪菁の栽培奨励（『日本書紀』）
文武　元	697	播磨・備前・備中・周防・淡路・阿波・讃岐・伊予８国にて，飢饉．米穀を施す「賑給（しんきゅう）」実施（『続

和　暦	西暦	事　　　　　　項
		日本紀』）
文武　4	700	諸国に牧地が定められ，牛馬が放たれる（『続日本紀』）▽文武天皇，全国に牛乳を煮詰めた「酥」造りを命じ，毎年朝廷に一定量を貢納させる（『政事要略』）
和銅　5	712	稲・粟・小豆・麦・大豆が主要作物（五穀）とあり（『古事記』）
6	713	山背国に命じ，「乳牛戸」50戸設置（『続日本紀』）
霊亀　元	715	地方にて，五穀不足．成人男子1人に稲や麦の栽培奨励，稲の代りに粟を租税として納めさせることも許可（『続日本紀』）
養老　2	718	行基，この頃甲斐（山梨県勝沼）にて中国伝来のブドウの種を播種
5	721	元正天皇，狩猟や家畜禁止（『続日本紀』）
6	722	元正天皇，旱害対策の備荒に際し，晩稲（おくて）・蕎麦・大麦・小麦の栽培奨励（『続日本紀』）▽元正天皇，七道諸国に「酥」を籠にいれ貢納させる
神亀　2	725	播磨の直弟兄（あたいおとえ），初めて甘子（みかん）を唐より持ち帰る（『続日本紀』）
3	726	諸国の病人に医薬と籾を給う（『続日本紀』）
天平　元	729	聖武天皇，大般若会にて百僧に団茶を賜る（行茶の儀）
2	730	殺生禁断令公布▽諸国に珍奇口味物を献上させる
4	732	旱魃に際し，酒・殺生禁止（『続日本紀』）
9	737	聖武天皇，毎月六斎日の殺生禁止．また諸国の国司に，サバやアジの生ものの食用禁止
13	741	農作業に必要な牛馬の屠殺禁止．毎月六斎日の漁猟・殺生禁止（『続日本紀』）
15	743	聖武天皇，殺生禁断令の詔発布
17	745	3年間に渡る一切の天下の禽獣の殺生禁止
天平勝宝 4	752	大仏の開眼に伴い，1月3日より大晦日まで1年間に渡る天下の殺生禁止（『続日本紀』）
6	754	**唐僧鑑真和上，砂糖（黒砂糖）をもたらす**
天平宝字 2	758	飲酒闘争が流行し，民衆の飲酒禁止．殺生禁断令公布．猪や鹿の貢進を永久停止（『続日本紀』）

和　暦	西暦	事　　　　　　項
天平宝字 3	759	米価の調整を行う常平倉（じょうへいそう）設置（『続日本紀』）▽諸国の駅路にて，果樹植樹（『類聚三代格』）
8	764	鷹や犬，鵜を伴う個人の狩猟，各地からの魚・宍などの献上禁止（『続日本紀』）
天平神護 元	765	京都での米価高騰に際し，西海道諸国の私米の自由輸送が許可される．称徳天皇の大嘗会の詔に，「白酒･黒酒」の語がみえる（『続日本記』）
2	766	諸国にて，大麦・小麦の栽培奨励（『類聚三代格』）
宝亀　元	770	称徳天皇，五辛（五つの辛い食物）･肉･酒を禁じる（『続日本紀』）
延暦　9	790	蝦夷征討に際し，東海・東山両道の諸国に糒（ほしいい）の手配をさせる（『続日本紀』）
10	791	伊勢・近江・美濃・若狭・越前・紀伊・尾張にて，祭で牛を屠殺し，祀ることを禁ずる勅令発令（『続日本紀』）
13	794	平安京の東西の市にて，関市令制定．米・麦・塩・醤・索餅・心太・海藻・菓子・蒜・干魚・生魚などの専売開始（『延喜式』）▽大内裏にて，茶園・造茶所・造茶使設置．管理は典薬寮（『源高明日記』）
19	800	池を干して，魚を取ること禁止
20	801	越前国にて，神に祭るための牛の屠殺禁止（『日本紀略』）
23	804	蝦夷征討のため，武蔵など7国より，陸奥国中山柵へ糒･米を運ばせる（『日本後紀』）
24	805	**最澄，永忠らが唐から茶を持ち帰る**（『日吉社神道秘密記』）
大同　4	809	京都の二条南，朱雀西にて，穀倉院設置（『西宮記』）
弘仁　2	811	国司に，農民の魚酒の慣行禁止を命じる（『日本後紀』）
4	813	宮中にて，唐のイスを使用する立食形式が大宴会に採用（『日本紀略』）
5	814	空海の奉献書に「茶湯」の文字がみえる▽嵯峨天皇，藤原冬嗣邸にて団茶を振る舞われる（『凌雲集』）
6	815	**嵯峨天皇の近江韓崎行幸の際，永忠が唐の茶（煎茶）献上（『日本後紀』）**
14	823	京都にて，米価高騰．穀倉院の穀各1000石を貧民に売

和　暦		西暦	事　　　　　　項
			却（『日本紀略』）
天長	元	825	牛乳を重んじ，「乳師」設置
	6	829	諸国にて，灌漑用の水車を作らせる（『類聚三代格』）
	8	831	山城・河内国にて，氷室各３宇を増置（『日本紀略』）
	10	833	諸国にて，米穀の売買奨励（『続日本後紀』）
承和	5	838	京中にて，水田経営禁止（『続日本後紀』）
	6	839	畿内にて，凶荒に備えソバの栽培開始（『続日本後紀』）
	7	840	畿内にて，農業奨励．諸国に，黍・稗・麦（大麦・小麦）・豆（大豆・小豆）・胡麻の栽培奨励（『続日本後紀』）
	8	841	諸国の寺辺２里での殺生禁止（『続日本後紀』）▽収穫具（鎌・刈った稲を乾かす稲機など）の製造と普及を諸国に官符として命じる（『類聚三代格』）
嘉祥	2	849	米価急騰のため，諸国の穀価（時価）改定（『続日本後紀』）**▽３月３日に，母子草を摘み取り，蒸して餻（くさもち）を作るとあり（『日本文徳実録』）**
仁寿	3	853	穀倉院の米・塩を，京中の疱瘡患者に賑給（『日本文徳天皇実録』）
貞観	2	860	禁野での狩猟禁止（『類聚三代格』）
	8	866	新任，昇任の際の祝宴での酒宴禁止．僧侶の飲酒・贈物禁止（『日本三代実録』）
	9	867	大和国にて，焼畑禁止．飢饉による米価高騰．京都の左右京にて，常平所設置．官米販売（『日本三代実録』）
	13	871	洪水対策のため，鴨川堤周辺での水陸田耕営禁止（『日本三代実録』）
元慶	元	877	京畿にて飢饉．左右京に常平所設置．官米販売（『日本三代実録』）
	6	882	京都葛野郡嵯峨野にて，放鷹・狩猟禁止（『日本三代実録』）
寛平	5	893	群飲禁止
	6	894	遣唐使廃止により，茶の輸入が途絶える（『日本紀略』）
昌泰	3	900	諸家・諸司・諸祭使の饗宴群飲禁止（『類聚三代格』）
延喜	11	911	醍醐天皇，正月七日に草の若菜を供する（『公事根源』）▽近江国田上の網代から氷魚，山城国宇治網代・葛野川の供御所から鮎が日七次御贄（ひなみのみにえ）として

和　暦	西暦	事　　　　項
		毎日献上
延喜　13	913	諸国の不作で，重陽節会停止（『日本紀略』）
延長　5	927	殺生禁断観念が強まり，貴族の家で，日数を定めて精進することが流行（『延喜式』）
承平　元	931	大雨や地震が相次ぎ，常平倉の貯穀の売却決定（『日本紀略』）▽京都にて，群盗や飢者が多いため，施米
天暦　2	948	賑給のため，諸国の隠納米捜索（『貞信公記』）
天徳　元	957	穀価の騰貴に際し，常平倉設置（『西宮記』）
康保　3	966	宮中での放牧を厳重に取り締まる（『政事要略』）
永観　2	984	伊予三島社にて，鹿の生贄停止（『伊予三島縁起』）
天喜　5	1057	東海・東山道諸国に，兵糧を陸奥国に運ぶよう命じる（『扶桑略記』）
延久　元	1069	御厨子所，初めての「精進御菜」供進（『扶桑略記』）
永久　2	1114	賀茂の供御料所を除き，宇治田上の網代の撤去，殺生禁断を命じる（『殿暦』）
3	1115	関白右大臣，東三条へ移った際に，大饗料理でもてなしを受ける（『類聚雑要抄』）
4	1116	**藤原忠通，東山三条の藤原氏邸にて大饗開催．**赤木の台盤，銀食器でもてなす（『類聚雑要抄』）
元永　元	1118	稲を刈り取った跡に麦を播く権利で争いが起こる（『伊勢太神宮検非違使伊勢某状』）
天治　2	1125	白河法皇，諸国に殺生禁断を命じる（『百錬抄』）
大治　元	1126	殺生禁断の一環で，御所門前にて諸国の約5000の魚網を焼き壊す（『百錬抄』）
2	1127	殺生禁断に際し，動物の供犠停止（『百錬抄』）
保延　元	1135	上皇，播磨国別進の3000石をもって，京中の飢民に賑給（『百錬抄』）
6	1140	崇徳天皇が鳥羽上皇の白河御所へ行幸した際，藤原家成の見事な鯉料理の実演をみる（『古今著聞集』）
承安　元	1171	藤原光範，鹿を食べたことで，物忌を守り，参内せずとあり（『玉葉集』）
安元　元	1175	法皇，100日間に渡り，蓮華王院で窮民に毎日米30石を施す（『百錬抄』）

和暦	西暦	事項
治承 4	1180	三浦義澄，新邸落成祝いとして，源頼朝に垸飯献上
養和 元	1181	千葉介常胤，源頼朝を一酒一肴（鯉一品のみ）でもてなす（『吾妻鏡』）▽京都にて養和の飢饉
文治 4	1188	源頼朝，諸国での殺生禁止を奏進（『吾妻鏡』）
建久 元	1190	**佐々木盛綱，遠江の菊河宿にて「鮭の楚割（すわやり）」に小刀をそえた折敷を，源頼朝に提供（『吾妻鏡』）**
2	1191	**栄西，宋から茶を持ち帰り，背振山に植える．その後，明恵がその残りの茶の実を，栂尾，宇治などに植える**
建仁 元	1201	北条泰時，伊豆国の飢民に賑給（『吾妻鏡』）
3	1203	**北条政子，諸国の地頭分の狩猟停止令発布**
元久 元	1204	幕府，国司の訴えにより，山海狩漁に関する国衙の所役，国司・地頭の得分などに関する3条制定（『吾妻鏡』）
承元 元	1207	幕府,地頭北条時房に武蔵野の開墾開発命じる(『吾妻鏡』)
建暦 元	1211	**栄西，日本で初めての茶書『喫茶養生記』を著す（建保2年に修訂）**
建保 2	1214	**栄西，宿酔を患った源実朝に，良薬として茶1盞と茶の徳を賞した『喫茶養生記』献上（『吾妻鏡』）**
安貞 元	1227	**加藤四郎左衛門景正（藤四郎），この頃瀬戸にて茶器製造開始**▽道元，南宋から「精進料理」「茶礼」を持ち帰る
2	1228	**禅僧覚心，この頃宋から径山寺味噌の製法を伝える**
寛喜 2	1230	奈良興福寺内にて「魚鳥料理飲酒高会」を催した権弁（ごんのべん）為経に対し，憤慨した寺側が訴えを起こす（『明月記』）▽**大冷害による大飢饉．北条泰時，余財を得ようと一食を減じる（『明月記』）**
3	1231	寛喜の大飢饉
貞永 元	1232	朝廷，飢饉に際し，麦を牛馬の飼料にすることを禁じる（『民経記』）
嘉禎 2	1236	**洛中の六角西洞院境内にて，大勢の武士が「宍市」と称し，鹿肉を食べ，公卿の怒りに触れる（『百錬抄』）**
3	1237	**道元，『典座教訓』を著す**
仁治 2	1241	**幕府，武蔵野を開墾し，多摩川の水を用いた水田を作るよう議定．**また，酒宴などでの御家人の贅沢，酒宴の風流菓子を禁止（『吾妻鏡』）

和　暦		西暦	事　　　　項
建長	4	1252	**幕府，酒の売買停止を命じる沽酒（酒の売買）の禁制発令．**幕府，鎌倉中の一屋一壺以外の酒壺を壊し，造酒禁止（『吾妻鏡』）▽京都にて大飢饉．米価高騰（『如是院年代記』）
文応	元	1260	幕府，六斎日と彼岸の殺生禁止（『吾妻鏡』）
弘長	3	1263	幕府，鶴岡八幡宮の放生会での御家人の肉食について咎める．京都にて，鹿の肉を食べた僧侶が寺を追われる（『明月記』）
文永	元	1264	**水田裏作の麦の年貢の徴集禁止．以後，稲作と麦作の二毛作普及（『新編追加』）**
	11	1274	諸国での生魚の交易禁止（『今宮村文庫文書』）
弘安	4	1281	幕府，元寇の再来を警戒し，民風作興政策として，禁酒令発布
	6	1283	正月の酒宴禁止．来客時以外の飲食に関する規定制定（『宇都宮家式条』）
	7	1284	殺生禁断の宣旨・院宣発布（『勘仲記』）
	9	1286	西大寺の僧叡尊，鎮守の八幡社にて大衆に茶を施す（『感身学生記』）
正応	3	1290	幕府，人身売買・沽酒（酒の売買）・醸造・殺生禁止
嘉元	元	1303	鎌倉幕府，円覚寺僧に点心は一種を超えてはならないと命じる
	3	1305	洛中の沽酒停止（『興福寺略年代記』）
文保	2	1318	伊勢大神宮の物忌令成立．猪や鹿を食した場合，100日間の参拝禁止（『文保記』）
元応	元	1319	剣阿，金沢貞顕の自邸にて葉茶を磨る．抹茶法隆盛（『金沢文庫古文書』）
建武	元	1334	鴨川の「二条河原落書」に，流行物として「美物」（味のよいもの）とあり（『建武年間記』）
	3	1336	大きな賭けをする茶寄合（闘茶）禁止（『建武式目』）
応永	6	1399	「鰻かば焼」の記録あり（『鈴鹿家記』）
	10	1403	**東寺南大門前の一服一銭茶売人に商売上の定めをさせる（『東寺百合文書』）**
	11	1404	朝鮮の太宗，対馬の宗貞茂に焼酒（焼酎）献上．（『李朝

和　暦		西暦	事　　　　項
			実録』)
応永	17	1410	島津元久，後小松天皇に「沙糖（砂糖）」献上
	26	1419	関東にて飢饉．**幕府，北野麹座以外の麹作り禁止（『北野神社文書』）**
	31	1424	朝鮮の使節，大内氏に「焼酎」献上（『李朝実録』）
永享	8	1436	点心より軽く，茶請けにあたる「茶子」について記す（『看聞御記』）
嘉吉	2	1442	公家の獣肉食盛行．中原康富，布施民部大夫邸の夕食にて，狸汁を振る舞われる（『康富記』）
文安	4	1447	この頃，陸奥の馬之助，松前白符村にてニシン漁開始
宝徳	2	1450	**庶民の間に，すりばち普及．みそ汁も一般化**
康正	元	1455	幕府政所，酒屋役条々制定（『蜷川家文書』）
寛正	元	1460	**寛正の大飢饉（『大乗院日記目録』）**
文正	元	1466	幕府，五条坊門の酒屋に毎月酒を献上させる（『蔭涼院日録』）
文明	元	1469	**この頃，讃岐坂出にて塩田開始**
	8	1476	能阿弥，足利義政蒐集の茶道具目録『君台観左右帳記』書写
	12	1480	京都にて，一揆，酒屋を襲撃
	15	1483	**村田珠光，禅宗寺院の茶に沿った新しい茶法開始**
	17	1485	東山の八代将軍義政，鯉進上．庭田雅行に調理させる（『御湯殿上日記』）
明応	9	1500	幕府，洛中洛外酒屋・土倉役の法制定（『管領竝政所壁書』）
永正	8	1511	幕府，洛中の味噌役等についての条規制定（『蜷川家文書』）
	12	1515	琉球の使者，島津家へ「南蛮国酒・唐酒（中国酒）・琉球焼酎（泡盛）」献上（『上井覚兼日記』）
	17	1520	島津氏，京都へ参着した挨拶として，「南蛮酒・砂糖」などを贈る（『島津家文書』）
大永	元	1521	美濃の白山神社にて神殿の上棟に際し，餅をまき，酒を振る舞う（『長瀧寺文書』）
	2	1522	**伊勢貞頼，蒲鉾について記す（『宗五大艸紙』）**
天文	4	1535	紀州湯浅の赤桐右馬太郎，径山寺味噌から湯浅醤油醸造

和暦	西暦	事項
天文 6	1537	千宗易（後の千利休），京都にて茶会（『松屋会記』）
9	1540	大友義鑑，京都の大館晴光と伊勢貞丈に白砂糖献上（『大友史料』）
13	1544	肉食妻帯を許されていた石山本願寺の贈答品に吉野の名産つるべずし（鮎のなれずし）
14	1545	粟津座供御人の生魚商人，京都市場で生魚の専売権を独占し，巨大な利益を収める
15	1546	武田信玄，碓氷峠の闘いで功績のあった上野某に朱の膳で魚鳥を饗応させる（『甲州人将士人名考』）
永禄 4	1561	**将軍足利義輝，三好筑前守義長邸へ御成**
6	1563	松下久秀の茶会にて回し飲みの記述あり（『松屋会記』）
11	1568	織田信長，「つくも茄子・松島の壺・紹鴎茄子」などの茶道具を入手．信長の茶器蒐集（名物狩り）始まる▽今井宗久，織田信長の御前で薄茶を賜る．薄茶を点てたのは，千宗易（後の千利休）
12	1569	**ルイス・フロイス，二条城の織田信長に金平糖などを献上**
天正 元	1573	豊臣秀吉，キリシタン禁令に伴い，在来の牛馬は農耕に必要という理由で，売買・屠殺・食用を禁じる
2	1574	田中長兵衛，下総市川にて醤油製造開始▽紀伊の有田郡糸我荘の伊藤仙右衛門，肥後八代地方のみかんの苗木を移植
5	1577	**織田信長，安土城下に楽市楽座**
9	1581	越中礪波郡井波の板倉弘方，落雁製造開始
10	1582	正親町天皇，織田信長が献上した鯨肉を廷臣に配る（『御湯殿上日記』）▽千利休，二畳敷の茶室「草庵茶室」創建▽豊臣秀吉，山崎にて茶会開催
12	1584	洛中洛外にて，京都米屋以外の米商売禁止
13	1585	豊臣秀吉，大徳寺総見院にて千利休などに茶席をもたせ，**宮中茶会を開催（『天王寺屋会記宗及他会記』）**▽千利休，「利休」の号を賜わる．**豊臣秀吉，正親町天皇の御所にて正親町天皇らを迎えて茶を点じる**
14	1586	**豊臣秀吉，小御所にて茶会開催．黄金の茶室披露（『大友文書』）▽茶の湯の回し飲みを意味する「吸い茶」登場**

和暦		西暦	事項
天正	15	1587	豊臣秀吉，キリシタン禁令で牛馬の食用を禁じる▽**豊臣秀吉，京都北野の大野原にて九州征伐成功の祝賀会として，北野大茶会開催（『北野大茶湯之記』）**
	17	1589	駿河屋善右衛門，京都伏見にて豊臣秀吉の庇護の下，練羊羹を売り出す
	18	1590	江戸日本橋魚河岸起こる▽横山五郎兵衛宗信，摂津国龍野にて醤油製造開始▽高山右近，豊臣秀吉の小田原征伐の際，蒲生氏郷・細川忠興に牛肉料理を振る舞う
	19	1591	紀州湯浅の赤桐三郎五郎，醤油廻船を利用した醤油販売開始
文禄	元	1592	文禄の役と大凶作により，米価高騰
	3	1594	豊臣秀吉，茶屋四郎次郎と亀屋栄任を菓子奉行とする（『御用達町人由緒』）
慶長	元	1596	神田鎌倉町にて，白酒店「豊島屋」開店
	4	1599	島津氏，徳川家康に砂糖1000斤献上
	5	1600	讃岐の永徳屋又右衛門，長崎でオランダ人から直伝を受けた唐饅頭，マルボウロ製造開始
	6	1601	芝にて魚市場開設
	10	1605	琉球那覇の野国総官，福建から甘藷を持ち帰り，儀間真常に栽培させる（『当代記』）
	14	1609	肥前平戸へ，胡椒を船載したオランダ船が入港
	15	1610	『本草綱目』伝わる▽奄美大島にて直川智による砂糖製造
	16	1611	京都の田中勝介，メキシコより帰朝し，家康にブドウ酒など献上
	17	1612	キリシタンの禁制に伴い，牛の屠殺に関する禁令発布▽島津家久，徳川幕府に琉球酒二壺献上
元和	6	1620	幕府，浅草にて米蔵築造（『文政町方書上』）▽奥州仙台藩，江戸廻米開始
	9	1623	琉球の儀間真常，製糖法習得のため，中国の福建へ家人派遣（『球陽』）
寛永	元	1624	福砂屋，長崎にてポルトガル人直伝のカステラ製造開始
	2	1625	初代辛子屋中島徳右衛門，江戸両国薬研堀にて七色唐辛子の販売開始.「やげん堀中島」開業

和　暦		西暦	事　　　　項
寛永	3	1626	芝新網町の漁師，将軍家へ白魚献上▽仙台藩，塩の専売制開始．各藩でもはじまる
	11	1634	水菓子問屋の新山屋仁右衛門，江戸京橋にてみかん問屋開業▽江戸にて，紀州の有田みかん初入荷
	19	1642	幕府，直轄領や私領に農民の衣食住に関する制度発布▽幕府，農村の酒造・売酒を禁じる酒造禁止令発布（『徳川実紀』）▽寛永の大飢饉▽諸国の飢饉に際し，百姓の常食米の禁止．また，うどんやそば，まんじゅう，豆腐の販売禁止（『徳川禁令考』）
	20	1643	初めての出版料理書『料理物語』刊行
正保	元	1644	摂津佃村の漁師たち，江戸にて移住．佃島と称す
	2	1645	三河岡崎にて，八丁味噌（三州味噌）醸造開始
	3	1646	深川の漁師，「万歳楽」という珍魚献上▽浅草蔵奉行，城米蔵奉行に対し，蔵米の管理を定めた法令発布
	4	1647	琉球にて黒糖の専売制開始
慶安	2	1649	「慶安御触書」発布▽尾張藩士岡田半左衛門泰次，名古屋にて清酢を初めて醸造
承応	元	1652	赤穂藩の塩田開発が本格化▽尾池四郎左衛門，土佐藩にて捕鯨業開始
	2	1653	大坂にて町人の米仲買条例制定▽大坂にて天満青物市場開設（『青物市場旧記』）
明暦	3	1657	浅草金龍山にて奈良茶飯屋開店
万治	元	1658	この頃，江戸市中にて振売激増
	2	1659	50歳以上，15歳以下，または身体障害者の振売保護のため，鑑札与える▽幕府，酒造半減令発布▽江戸城大奥の台所各所にて，火の用心，倹約令が命じられる
	3	1660	幕府，大坂での米商売仕法制定．また大坂での米市，米手形売買禁止（『大坂町奉行所御触』）
寛文	元	1661	**幕府，江戸市中の茶店や煮売屋，振売などの夜間営業禁止**
	5	1665	**幕府，蔬菜魚鳥の初物出荷時期規定**
	6	1666	幕府，諸国山川掟発布．草木根の乱伐，川筋の新田・焼畑が禁止（『御当家令条』）▽幕府，凶作により，酒造量半減．新規酒造業も禁止（『徳川実紀』）

和　暦		西暦	事　　　　　　項
寛文	7	1667	幕府,諸大名に酒造制限令の無期延長通達(『徳川実紀』)
	10	1670	幕府，西国の凶作に際し，秋まで酒造，辻売り，振売りによる販売禁止▽幕府，百姓の衣食住に関する制度制定
	11	1671	町中での五味酒，ねり酒，白酒の醸造禁止
	12	1672	幕府,魚介類や野菜など36品目の売り出し限定期日制定．初物を「走り物」と称し，季節に先だって販売することを禁じた町触れも発布
延宝	元	1673	幕府，城米廻送条例制定
	2	1674	紀伊の甚太郎，土佐浦で燻乾法による鰹節製造開始
	6	1678	熊野にて捕鯨網考案．古来の突浦法から脱却
天和	元	1681	幕府，江戸市中の米・麦・大豆の在庫量調査の実施と買溜や独占販売禁止（『教令類纂』）
	3	1683	幕府の酒造半減令解除．幕府,諸藩に備荒貯穀指示（『徳川実紀』）▽桔梗屋，江戸本町にて菓子昆布の花昆布，刻昆布販売開始
貞享	2	1685	幕府，江戸城にて公家饗応以外での鳥類・貝類・海老などの調理禁止
	3	1686	幕府，江戸市中の野菜や果物の販売時期規定（『徳川実紀』）▽幕府，江戸市中のそば・うどんなどの火を使用する行商禁止
	4	1687	鳥類の献上を年に一度に限定．活魚・貝類の献上も禁止▽幕府，食用の魚・鳥類の販売禁止▽幕府，生き鳥の飼育，鶏の絞殺・売買，亀の飼育，魚の生簀禁止▽幕府，江戸城両下馬所（大手・桜田）での食物販売禁止
元禄	2	1689	幕府，猪・鹿・狼の販売と食用禁止▽「なんばんちゃ」として，コーヒー紹介（『丸山艶文』）
	3	1690	近江彦根藩にて牛肉の味噌漬け考案．後に将軍家や御三家に献上
	6	1693	幕府，魚釣り禁止
	9	1696	幕府，節酒令発布▽筑前の宮崎安貞，『農業全書』全11巻著す．翌年7月に刊行
	11	1698	日本橋瀬戸物町にて鰹節専門店「にんべん」開業
	15	1702	幕府，専業者以外の造酒厳禁▽七兵衛という飴売り，江

和　暦	西暦	事　　　　　　項
		戸にて売り歩いた千歳飴が大流行
元禄　16	1703	佃島の漁師が隅田川で捕る白魚，江戸の名物になる
宝永　元	1704	小松屋喜兵衛，江戸両国橋西詰にて幾世餅販売
4	1707	幕府，鳥類･うなぎ･泥鰌の商売禁止▽宇治山田にて「赤福餅」創製
正徳　3	1713	貝原益軒，筑前にて『養生訓』完成
5	1715	幕府，豊作のため酒造制限令発布
享保　元	1716	浜口正勝，日本橋小網町にて醤油業「広屋」開店
2	1717	幕府，日本橋小田原町の米蔵廃止．浅草米蔵に併合▽長命寺門番の山本新六，江戸向島にて桜餅販売
3	1718	幕府，鳥類減少に際し，鶴・白鳥・がん・かもなどの食用禁止．江戸の鳥問屋を10軒に制限▽江戸両国橋際にて猪料理の専門店ももんじ屋「豊田屋」開業
5	1720	高橋孫左衛門，越後高田にて粟のあめ創製
6	1721	会合の際の料理に関する質素倹約令発布
8	1723	幕府，米価の下落に際し，酒や醤油などの諸物価の値下げを命じる▽幕府，行徳領に江戸城御用として塩浜の復興・保護を命じる▽大坂・京にて米価低落．米穀の延売取締りを緩和
12	1727	徳川吉宗，インドから白牛雌雄3頭輸入．安房嶺岡牧場に放牧し，白牛酪製造▽**徳川吉宗，糖業奨励．琉球より甘蔗苗を取り寄せ，薩摩藩士の落合孫右衛門に吹上園（浜御殿の庭園）での試植命じる（『仰天録』）**
13	1728	江戸市中の隅田川や神田川などの氾濫により，大量に捕獲されたナマズが料理に用いられる▽長崎奉行三宅周防守，黒砂糖・白砂糖の製造法，甘蔗栽培法を詳録し，幕府に献上
14	1729	幕府，米価下落に際し，米商に米穀の買置き（買米）奨励▽米価引き上げのため，米延売切手売相場会所設置許可
15	1730	幕府，諸大名に米の備蓄を命じる
16	1731	幕府，桐山太右衛門に浜御殿の砂糖黍を与え，世話係に任命
17	1732	**享保の飢饉▽井戸正明（平左衛門，甘藷代官），石見数**

和　暦		西暦	事　　　　項
			郡にて甘藷栽培奨励▽全国的な飢饉．薩摩・長崎では，甘藷栽培により，餓死者が少数にとどまる
享保	18	1733	1500人におよぶ町人，米を買占めた米問屋高間伝兵衛らを襲撃（享保の打ちこわし）▽青木昆陽，江戸奉行大岡忠相に『甘藷記』献上
	20	1735	幕府，青木昆陽に小石川薬園での甘藷の試植を命じる
元文	3	1738	備前・備中・近江・石見・備後・美濃にて牛の屠殺が多いため，吟味するように指令（『徳川禁令考』）
	4	1739	幕府，蝦夷地松前藩に煎海鼠の長崎移出を命じる
	5	1740	安田長兵衛，和歌山にて甘蔗から砂糖製造
寛保	元	1741	対馬藩，播磨国赤穂の塩田技術者招聘
	2	1742	幕府，魚・鳥・野菜など食材の売り出し季月制限
延享	元	1744	30年以上勤仕した大奥の女房に生涯蔵米（恩給米）を与えることを決定
	2	1745	京都料理組合の前身ともいえる組合「魚鳥講」誕生
	4	1747	大坂にて長俵物会所設立．俵物の捺印制度開始▽江戸とその近郊にて風邪流行．煎茶と麦湯が配られる
寛延	2	1749	伊勢屋清兵衛，駿河国での黒砂糖販売許可
宝暦	3	1753	幕府，諸大名に年貢米1割の備荒貯穀を命じる▽江戸醤油酢問屋仲間成立
	4	1754	幕府，酒造制限令撤廃
	5	1755	幕府，米価高騰のため，粥食を命じる．以後，何度か実施▽奥羽地方にて冷害による大飢饉
	6	1756	幕府，米価高騰にため，米商の買占（貯米・占売）禁止（『御触書宝暦集成』）
	8	1758	江戸内湾大森村付近の海苔ひび場の範囲決められる
	9	1759	幕府，江戸城内の各部屋への飲食物持込を禁じる▽江戸浜御殿（現在の浜離宮恩賜公園）にて，製糖開始（『徳川実紀』）
	11	1761	池上幸豊，武蔵国多摩郡大師河原にて製糖開始
明和	元	1764	江戸城宿直者，集って酒食すること禁止
	2	1765	幕府，諸国浦々に清国貿易向けの海鼠・干鮑などの俵物製造奨励▽大坂にて，正米切手通用

和　暦	西暦	事　　　　　項
明和　3	1766	池上幸豊，田沼意次に製糖法披露
4	1767	幕府，江戸日本橋魚河岸にて，御用の魚類を直接買い上げる御納屋（おなや）設置
7	1770	本所回向院での嵯峨釈尊の開帳に「嵯峨おこし」発売
8	1771	升屋宗助（祝阿弥），深川州崎にて会席料理屋「望汰欄」開店
安永　元	1772	この頃，江戸市中にて，すし･そば･おでん･燗酒などの屋台見世流行▽福建人文旦，鹿児島県阿久根にて文旦をもたらす
3	1774	幕府，諸大名に対し，1万石につき籾1000俵（年貢米の10分の1）の貯穀（囲籾）を命じる
5	1776	浅草寺境内にて水茶屋，団子茶屋の営業許可
7	1778	幕府，長崎港輸出の煎海鼠，干鮑の俵物生産奨励
天明　元	1781	この頃，江戸・大坂にて天麩羅大流行
5	1785	幕府，干鮑，鱶鰭などの俵物と昆布の売買を長崎会所の直営に．廻国による買取も禁止
7	1787	日本橋の山本嘉兵衛，茶所として引き札を出す
寛政　元	1789	幕府，諸大名に対し，5年間にわたる囲米（蓄米）を命じる▽布屋太兵衛，麻布永坂町にてそば屋開店▽山路次郎兵衛，孟宗竹の栽培開始
2	1790	幕府，諸国に郷蔵を建設させ，備荒貯穀を命じる▽この頃，土佐にて，水稲二期作開始▽医家向山周慶，高松藩にて砂糖50斤の製造に成功．和三盆の基礎となる
4	1792	安房国嶺岡牧にて白牛70頭に．幕府，白牛酪（バター）製造▽幕府，上方11ヵ国以外からの江戸への下り酒の廻送禁止▽医生桃井寅，『嶺岡白牛酪考』を著す．酪の性質効能などについて言及
5	1793	この頃，江戸市中にて大福餅の行商流行
6	1794	幕府，土佐藩の蜂蜜など各地の薬種献上を命じる▽大槻玄沢，芝蘭堂のオランダ正月にて多くの蘭学者を招き，共同膳による祝宴をもてなす
7	1795	幕府，酒造と下り酒の制限解除
8	1796	幕府，白牛酪（バター）を薬種として販売する触れを出す

和　暦	西暦	事　　　　　　　項
寛政　10	1798	千島にて蝦夷地を探検した最上徳内，ロシア人からジャガいもを入手（『酔古日札』）
11	1799	出雲国松江藩にて牛畜産開始
文化　2	1805	船橋屋，亀戸天神社前にて葛餅の販売開始▽神田にて，うなぎ料理「神田川」の前身となる屋台出現
3	1806	幕府，米価下落に際し，江戸への関八州・陸奥の白米廻送禁止
5	1808	西ヶ原村日香園大野権右衛門，宇治茶の種を初植樹
6	1809	赤穂藩，大坂での塩の専売実施
7	1810	華屋与兵衛，江戸本所横綱にてすし屋開業▽銚子醤油，幕府の御膳御用命を受ける▽この頃，中野又左衛門，酒造業のかたわら，酒粕を原料とした粕酢醸造に乗り出す
8	1811	八丈島名主菊池秀右衛門，新島より赤サツマいもを移植し，八丈島5ヵ村・小島・青ヶ島の飢饉を救う
9	1812	京都洛中・洛外にて黒砂糖屋仲間以外の黒砂糖の直売禁止▽薩摩藩主，江戸大崎・大井・白金にて茶園を栽培し，煎茶創製
文政　元	1818	上野館林の大越与兵衛，「麦落雁」創製
2	1819	藤の木茶屋，江戸根岸にて「羽二重団子」販売
3	1820	信濃諏訪の海苔商森田屋彦之丞，遠江舞阪にて海苔養殖を伝える
5	1822	高級料理屋八百善の4代目主人栗山善四郎，『江戸流行料理通』初篇刊行
12	1829	この頃，江戸にて海苔の増産に伴い，海苔料理普及▽深川熊井町にて船橋屋の羊羹，熊井町の「翁そば」名物になる
天保　元	1830	アメリカ人のネーサルセーボン，小笠原諸島の父島にてパインアップルの苗を伝える▽立川源四郎，神田連雀町にてあんこう鍋店「いせ源」開業
2	1831	幕府，清国へ輸出する煎海鼠・干鮑・鱶鰭の密売禁止
5	1834	この頃，宇治で玉露誕生
6	1835	山本山の6代目山本嘉兵衛，宇治郷小倉の木下家で玉露

和　暦	西暦	事　　　　　項
		製造．江戸にて販売する
天保　7	1836	高野長英，救荒作物として，蕎麦と馬鈴薯の栽培を奨励した『勧農二物考』を著す
9	1838	槌谷右助，柿の産地美濃大垣にて干し柿で羊羹製造
14	1843	水戸藩主徳川斉昭，薬園と養牛場設置
弘化　2	1845	この頃，江戸にて油揚げを開き，飯やおからなどをつめた稲荷鮓流行
3	1846	神田明神前にて甘酒屋「天野屋」開業
4	1847	江戸日本橋にて山形屋，貯蔵海苔創製
嘉永　3	1850	幕府，清国貿易に支障をきたすとし，各藩に煎海鼠と干鮑の密売を禁じる▽弁松，江戸日本橋にて折詰弁当販売．桜煮・しのだ煮・栗きんとんなどをおかずにする▽柏屋，岩代国郡山にて薄皮饅頭創製
6	1853	この頃，江戸市中にてコハダの握り鮨を売り歩く商人現る▽油問屋の大浦お慶，アメリカやアラビアなどに肥前産の嬉野茶の見本を贈る▽麦湯店に深夜営業の禁止令
安政　元	1854	東京浅草にて汁粉屋「梅園」開店
3	1856	イギリス商人，大浦お慶の嬉野茶を大量注文▽岡山県にて下火だったきび団子の製造再開
4	1857	芝増上寺，アメリカ公使から贈られたリンゴ苗木3本を，津軽の平野清左衛門にゆだねる▽長崎にて，先得楼・迎陽亭・吉田屋などの日本料理店が西洋料理店を兼業．外人用西洋料理店として指定を受ける▽アメリカ貿易事務官ライス，函館にて乳牛1頭を飼育し，牛乳の搾り方指導．北海道の搾乳のはじめ
5	1858	榮太楼，江戸日本橋にて日本で初めての甘納豆「甘名納糖」考案
6	1859	長崎の女性実業家大浦お慶，オランダへ茶を輸出．日本で初めての茶の輸出
万延　元	1860	幕府，国内穀物不足に際し，米や麦の輸出を禁じる▽遣米使節随行員の仙台藩士玉虫左太夫，アメリカの軍艦ポーハタン号船上にて初めてのビールを飲んだと記す▽菓子屋の内海兵吉，横浜にて日本で初めての邦人パン屋開業

和　暦	西暦	事　　　　項
文久　元	1861	フランキヨとグッドマン，横浜にて異人パン屋開業
2	1862	江戸にてイノシシ・シカ・ブタの肉の煮込みと酒を提供する店増加▽鮒屋の大野佐吉，江戸日本橋室町にて「鮒佐」開店．「鮒すずめ焼き」話題に▽伊勢の大谷嘉兵衛，横浜にて製茶貿易店開業
3	1863	渋沢栄一と西郷隆盛，京都の相国寺にて豚肉を一緒に食べる▽出張営業をする天麩羅屋「大名天ぷら」できる▽草野丈吉，長崎にて五代才助にすすめられ，西洋料理店「良林亭」(後の自遊亭) 開業
慶応　元	1865	長崎の松尾清兵衛，北京にてフランス料理の技術取得．帰国後，一族の福屋長之助に伝える（『長崎市史』）▽幕府，横浜北方村字小港にて日本で初めての屠牛舎設置▽浅草光月町の「こばやし」にてさくら肉販売▽江戸の雉子橋内フランス公使館の厩舎の牛乳から，将軍家用の牛酪製造▽島津藩，西洋式の機械製白糖工場設立▽藤瀬半兵衛（半五郎)，長崎にてイギリス人からラムネ（「ポン水」）製法を学ぶ▽横浜居留地 99 番にて横浜初のビヤホール「ビア・アンド・コンサート・ホール」開業▽石川県本郷村出身の高橋音松，横浜吉田町にて牛肉の串焼きを始める▽神奈川奉行所，吉田新田にて西洋野菜を試作
2	1866	前田留吉，横浜太田町にて牧場を開設し，搾乳業開始（『横浜市史稿』）▽大野谷蔵，横浜姿見町 3 丁目に，外国人を相手とした西洋料理店開店▽鹿児島藩営の奄美大島名瀬製糖工場操業開始▽諸国での凶作のため，米価暴騰．幕府による外国米の輸入や売買許可．南京米も輸入（『嘉永年間より米相場直談』）
3	1867	中川屋嘉兵衛，堀越藤吉屋敷内にて日本で初めての屠牛場開設．牛肉店も営み，牛肉の販売も開始．イギリス公使館へ牛肉を納める▽三河屋久兵衛，江戸神田にて東京初の西洋料理店「三河屋」開店
明治　元	1868	ドイツ人アール・ガルトネル，北海道天領農場にてリンゴとサクランボ栽培▽米津松蔵，「凮月堂」開業．薩摩藩の東北征討軍の兵糧食として，黒胡麻入軍用麺麭（パ

和　暦	西暦	事　　　　　項
		ン）を5000人分製造▽石川県本郷村出身の高橋音松，ぶつ切りの牛肉を甘みそダレで煮込む牛鍋屋開業（現在の太田のなわのれん）▽中国人蓮昌泰，築地入船町軽子畔にて「ラムネ」の製造開始▽イギリス製バースビール輸入
明治　2	1869	町田房造，横浜にて「アイスクリン」を売り出す（『横浜沿革誌』）▽長崎出身の大野谷蔵，横浜にて外国人相手に西洋料理店「開陽亭」開業▽大蔵通商司由良大掾，東京築地にて築地牛馬会社設立▽日本海軍で牛肉を栄養食として採用▽中川屋嘉兵衛，東京芝露月町にて堀越藤吉と牛鍋屋「中川」開業．看板には「御養生牛肉」
3	1870	甲府の山田宥教，詫間憲久らと葡萄酒試作
4	1871	仮名垣魯文，『牛店雑談安愚楽鍋』刊行▽東京富士見町の佐野屋，乳児用のゴム吸い口付き哺乳瓶「乳母入らず」発売▽東京新宿の農事試験場にてジャムの製造・販売開始▽カルノー商会，横浜山下町22番にてビールと「猫印ウィスキー」を輸入販売
5	1872	天皇の肉食報道に反対した御岳行者による皇居乱入事件おこる▽僧侶の肉食，妻帯，蓄髪及び法要外での平服着用許可▽北村重威，築地にて西洋料理店「精養軒」開店▽片岡伊右衛門，長崎市にてアメリカ人ペンスニの伝授の下，ハム工場を建設▽群馬県の官営富岡製糸所に大食堂（請負制産業給食）開設▽木村屋の木村安兵衛，息子の英三郎とともにあんパン考案▽日本で初めての西洋料理書『西洋料理通』『西洋料理指南』刊行
6	1873	榎本武揚と大鳥圭介，東京飯田橋にて牛乳搾乳所「北辰社」開設，牛乳の生産やバターの製造開始▽前田松之助，東京神田猿楽町にて牛乳生産，搾乳，バターの製造開始また北海道七重の勧業試験場にてもバター・粉乳を製造・試作▽陸軍，主食糧に乾パン採用
7	1874	内務省勧業寮にて製茶掛設置．茶業奨励事業の一つとして，紅茶の伝習と製造，牛酪販売など行われる．『紅茶製法書』も刊行▽東京の常平社，1日3回配達する箱詰

和　暦	西暦	事　　　　　　　項
		め弁当サービス開始
明治　9	1876	北海道開拓使,「開拓使麦酒醸造所」(札幌酒公社の前身)設立．主任はドイツから帰朝した中川清兵衛
10	1877	勧農局，人工ふ化させた鮭の稚魚を多摩川上流に放流▽内藤新宿勧農局にて桃や李の国産ジャムや砂糖漬製造▽内務省，東京芝区三田四国町にて三田育種場設置．西洋種の野菜や果物の栽培，種子の配布▽関沢明清，北海道にて官営の缶詰工場設立．さけ・ます・いわし油漬・あわび・たらばがになどの缶詰製造▽発酵社，東京芝桜田本郷町にて桜田麦酒創立．桜田ビール発売▽凮月堂，ワイン付のランチサービス開始▽村上開新堂，東京にてシュークリームを販売▽山梨県令藤村紫朗の提唱で，大日本山梨葡萄酒株式会社設立
11	1878	「紅茶製造伝習規則」発布．東京・静岡・鹿児島にて伝習所開設．紅茶研究進む▽凮月堂の米津松造，東京両国にて「貯古齢糖（チョコレート)」・氷菓子製造（「郵便報知新聞」)
12	1879	益田直蔵，神奈川県川上村にてハム製造開始▽勧農局，千葉県銚子にてイワシの油漬缶詰製造開始▽服部倉次郎，東京深川の池にて鰻の養殖開始
13	1880	中川幸吉，東京銀座にてリンゴ水・ミカン水・レモン水・イチゴ水などを売り出す▽ケレー本舗の鶴岡市太郎，東京神田通新石町にて鶏肉の缶詰を売り出す
14	1881	東京浅草の平野亭,「牛肉ソップ」の販売・配達開始
16	1883	東京日本橋亀島町にて中国料理店「偕楽園」開業▽三野村利助，小野善右衛門らを発起人として，東京永田町日枝神社境内にて星ヶ岡茶寮を創設▽東京にて果実蜜（現在の人工フルーツシロップ）製造
17	1884	三菱，兵庫県平野から湧き出る炭酸水の採掘権利を買い取って，ミネラルウオーター第１号「平野水」販売▽海軍省医務局副長高木兼寛（後の海軍軍医総監)，海軍兵食を麦食（半麦）に切り替える
18	1885	農商務省内に水産局設置．麹町にて水産試験所設置，缶

和暦	西暦	事項
		詰製造開始▽大日本節酒会，第1回総会開催▽ヤマサ醤油8代目の浜口儀兵衛，ウスターソースを「ミカドソース」と名づけて発売
明治 19	1886	東京日本橋小網町にて東京で初めての喫茶店「洗愁亭」開業▽北野茶の湯300年記念の献茶行われる▽東京府の北辰社，純粋バター（純粋乳油）製造▽岩淵利助，札幌にて「乳楽軒」開業．初めての瓶詰殺菌乳発売
21	1888	中国人鄭永慶，上野西黒門町2番地にて初の本格的喫茶店「可否茶館」開業▽ジャパン・ブルワリー，横浜山手にてドイツ式ビール製法に基づく「麒麟ビール」発売
22	1889	氷砂糖屋の福田助次郎，東京銀座にて湯または温かい牛乳に入れて飲むコーヒー入り角砂糖販売▽山形県鶴岡市の私立忠愛小学校にて日本で初めての学校給食開始▽田丸屋，水戸線の開通に伴い，駅前で少年たちによる水戸納豆の販売開始▽東海道線静岡駅にて初めてのわさび漬販売開始
23	1890	日本麦酒会社，府下荏原郡三田村にてエビスビール発売▽ラムネ製造会社，東京麹町五番町にて水に溶かして飲む固形ラムネ販売▽東京日本橋のしゃも鍋屋「玉ひで」にて，親子丼考案
24	1891	大阪船場にて「バッテラ」考案
25	1892	凮月堂，ヨーロッパで流行の「真珠磨」（マシュマロ）製造販売▽東京の芥川鉄三郎，ドロップス製造▽富岡周蔵，東海道線大船駅にて大船軒開業．輸入ハムを使用したサンドウィッチ販売▽安井敬七郎，神戸にて「阪神ソース」発売
26	1893	練木商店，東京日本橋にてカツオ節削り器発売
27	1894	山口八十八，横浜にて人造バターの試作に成功▽清新堂，東京芝にて甘食パンを考案
28	1895	木田吉太郎，東京銀座にて現存する最古の洋食屋「煉瓦亭」開業
30	1897	東京神田を中心に「ミルク・ホール」開店
32	1899	明治製菓，天然オレンジジュースの缶詰発売．缶入りソ

和　暦	西暦	事　　　　　　項
		フトドリンクのはじめ▽鳥井信次郎，大阪にて鳥井商店（現在のサントリー）開業．ブドウ酒製造開始▽私鉄山陽鉄道の急行列車（京都—三田尻間）に食堂車開設▽小岩井農場，岩手県雫石にて牛乳販売▽日本麦酒会社，東京新橋にて恵比寿ビール「一杯売店（ビヤホール）」開業▽森永太一郎，森永西洋菓子製造所（森永製菓の前身）開業．キャンデーやケーキの製造に着手▽蟹江一太郎，愛知県にてトマトの栽培開始．トマトソースの製造にも着手
明治　33	1900	「飲食物その他の物品取締に関する法律」制定（現在の食品衛生法の前身）▽「牛乳営業取締規則」制定▽正田貞一郎，群馬県館林市にて館林製粉株式会社（現在の日清製粉）設立▽北海道のトラピスト修道院にてバターやチーズの製造
34	1901	相馬愛蔵・黒光夫妻，東京本郷の帝大正門前にてパンの製造販売所「中村屋」開業▽西山竜之助，東京入谷にて困窮者に軍隊の残飯を販売する残飯屋を開業
35	1902	東京瓦斯会社，ガス炊飯かまどの専売特許取得・販売開始▽資生堂主人福原有信，東京銀座にてアイスクリームとソーダ水の販売開始▽東京築地にて聖路加病院設立．直営病院給食実施▽料理学校赤堀教場にて，「割烹着」が考案される
36	1903	蟹江一太郎（現在のカゴメの創業者），日本製「トマトピュレー」開発▽白木屋にて日本で初めてのデパート食堂開設
37	1904	北海道函館の湯の川村天使園にてソフトチーズ，ゴーダチーズの民間チーズ製造開始▽相馬愛蔵（中村屋），東京にてクリームパン考案
38	1905	李入植，東京下谷上野広小路三橋側にて朝鮮料理店「韓山楼」を開業▽あんぱん（1 銭），全国の駅で販売▽三沢屋商店の小島仲三郎，ソース（現在のブルドックソース）製造開始
39	1906	帝国鉱泉会社，「三ツ矢印平野シャンペンサイダー」発売

和　暦	西暦	事　　　　項
		▽東京銀座にて「台湾喫茶店」開業．ウーロン茶が人気となる
明治　40	1907	寿屋（現在のサントリー）の鳥井信治郎，大阪にて甘味葡萄酒「赤玉ポートワイン」発売▽三越呉服店，食堂開設▽石塚左玄，食養会創設．『食養雑誌』刊行．マクロビオティックの源流▽川田龍吉男爵，北海道にてアメリカのジャガいも「アイリッシュ・コブラー」を輸入し，移植．「男爵いも」のはじめ▽丸山寅吉，東京八丁堀にてパン粉製造開始
41	1908	帝国社の山口八十八，横浜にて国産人造バター「人口牛酪」（マーガリン）製造▽蟹江一太郎，トマトケチャップとウスターソースの製造に成功▽池田菊苗，昆布のうまみ成分「グルタミン酸ソーダ」抽出．鈴木三郎助，同年12月に「味の素」の製造開始
42	1909	森永西洋菓子製造所，日本で初めての板チョコ販売
43	1910	東京浅草にて，日本で初めてのラーメン屋「来々軒」開業
44	1911	東京のカフェ第1号「カフェ・プランタン」開業▽寿屋（現在のサントリー），「ヘルメスウィスキー」発売▽本多次作（後に治作と改名），博多の「新三浦」にて水炊き料理を考案▽水野龍，京橋南鍋町にてブラジルコーヒーの「カフェ・パウリスタ」開業
大正　2	1913	照内豊，米価高騰に際し，とうもろこしから「人造米」を「滋養米」として販売開始▽陸軍の兵食の主食に麦が加えられる▽家庭向け料理雑誌『料理の友』創刊
3	1914	岡本商店，東京日本橋にて「ロンドン土産即席カレー」販売▽日系2世加藤サトリの発明したインスタントコーヒー，日本での特許が許可され，販売開始
4	1915	「米価調節令」公布▽モンゴルから帰国した三島海雲，酸乳・乳酸菌の製品化に着手．のちに，「醍醐味」（のちのカルピス）創製▽丸十パンの創始者田辺玄平，国産ドライイーストによるパン製造に成功▽長崎水産試験場にて醤油で味付けしたイワシの干物が製品化される
6	1917	和光堂，東京神田小川町にて日本で初めての育児用粉乳

和　暦	西暦	事　　　　　項
		「キノミール」販売▽千葉県野田市にて「野田醬油」(現在のキッコーマン) 設立▽栄養研究所にて，世界最初の栄養講習会開催
大正　7	1918	社会政策実行団，東京芝区烏丸町 (新橋辺) にて日本で初めての平民食堂 (簡易食堂) 開業▽漁師の妻女 40 人余，富山県下新川郡魚津市の海岸にて米価高騰に対する暴動勃発▽森永製菓，森永ミルクチョコレート発売
8	1919	寿屋洋酒店，トリスウィスキーの製造販売開始▽森永製菓，日本で初めての国産ミルクココア発売
9	1920	シベリア出兵に際し，陸軍にて 1 日 1 食のパン食実施▽国立栄養研究所設立．初代所長に佐伯矩▽葛原猪平，北海道森町にて冷凍工場設置．凍結魚の本格的な生産開始
10	1921	米価を安定させるため，「米穀法・米穀需給調整特別会計法」発布▽理化学研究所の鈴木梅太郎，米を使用しない合成酒「理研酒」(糖化澱粉とアミノ酸から製造) 製造▽二木謙三，玄米食と菜食主義提唱．人気を博す
11	1922	江崎商店 (現在のグリコ) の江崎利一，栄養菓子「グリコ」発売▽国立栄養研究所の「経済栄養献立」，全国各紙にてほぼ毎日掲載▽不景気により増加した失業者向けに，各都市に「公設食堂」開設
12	1923	佐伯矩指導の下，東京の市立小学校 8 校にて保健や体位向上を目標に給食開始▽**関東大震災**後，被災者に炊き出し (握り飯 1 個，漬物) 配布▽東京築地魚河岸の開場式開催▽東京の日比谷，九段などの 5 ヵ所にてミルクステーション開設．学生ら，罹災した乳児に牛乳配布▽日ソ漁業協約に調印
13	1924	三越デパートにて葛原冷蔵株式会社の冷凍魚が初めて販売され，好評を博す▽東京神田にて須田町食堂開業
14	1925	食品工業 (現在のキューピー) の中島董一郎，マヨネーズ製造開始▽**佐伯栄養学校開校**
昭和　元	1926	東京放送局，日本で初めてのラジオ料理番組開始
2	1927	新宿の中村屋，ラース・ビハーリー・ボース直伝の純インド式カリーを売り出す▽東京—下関間にて無停車の鮮

和　暦	西暦	事　　　　項
		魚専用急行列車が運転開始▽丸美屋食料品研究所，ふりかけの元祖「是はうまい」発売
昭和　3	1928	麒麟麦酒，「キリンレモン」発売▽崎陽軒，横浜にて折箱入「シュウマイ」販売▽北海道製酪販売組合連合会（現在の雪印），罎詰めのピメントチーズ製造販売▽浦上商店（現在のハウス食品），国産即席カレー「おいしくて滋養になる家庭ライスカレーの素」発売
4	1929	寿屋（現在のサントリー），国産ウィスキー第1号「白札サントリーウイスキー」発売▽高知県の前田洋望園にてマスクメロンが大豊作．高級贈答品としての地位を得る▽全国にて酒なしデー実施▽浅草にて「地下鉄食堂」開店▽東京駅の待合室にて「簡易食堂」開店▽清水食品，マグロ油漬缶詰製造
5	1930	陸軍糧友会，東京市内の小学校の欠食児童にパン給食開始▽イギリス留学から帰国した相馬正胤，イギリス風マーマレード創製▽キンケイ食品，カレー粉「ギンザカレー」発売▽三共イースト，パン用ドライイースト発売▽米が大豊作となり，「豊作ききん」と呼ばれる▽野菜・果実・畜肉の冷凍食品の発売開始
6	1931	**東北・北海道の冷害・凶作が深刻化．**栄養不良児も後を絶たず▽C&B（Crosse & Blackwell's）カレー事件発覚▽東京目黒の雅叙園の創業者細川力造氏ら，中国料理の回転テーブル採用
7	1932	農林省，「小麦増殖奨励規則」公布▽東京府立川町にて米よこせ会．その後，東京にて米よこせ闘争激化▽**「学校給食実施の趣旨徹底法ならびに学校給食臨時施設方法」制定**
8	1933	「特殊飲食店営業取締規則」公布▽「米穀統制法」公布（米穀法の廃止）▽愛知トマト製造株式会社（現在のカゴメ），トマトジュースの販売開始▽ブラジル政府，日本国内にブラジル・コーヒーを大々的に宣伝
9	1934	東北の冷害による凶作▽愛知県にて酒の自動販売機登場
10	1935	大阪にてふぐ料理の営業許可

和暦	西暦	事項
昭和 11	1936	米穀自治管理法公布▽群馬県高崎駅構内にて，駅蕎麦第1号店開業▽静岡県にて大井上康，ブドウ「巨峰」の育成に成功
12	1937	和光堂，離乳食（おかゆの素）「グリスメール」発売▽寿屋，特級ウィスキー「サントリー角瓶」発売▽日本婦人団体連盟，「白米食をやめましょう」をスローガンに白米食廃止運動実施委員会発足
13	1938	大阪高島屋南海店，東洋一の大食堂開設▽日中戦争1周年記念で，一菜主義・不買日（デー）・一戸一品献納などを実施▽**「国家総動員法」施行**
14	1939	**米の統制を決めた米穀配給統制法公布（米の配給制開始）**▽警視庁，待合・料理屋の営業時間を午前零時までと通牒▽鹿児島市立工業研究所，大豆の代用にそてつの実を使用した味噌発売▽北海道酪農連（現在の雪印），「雪印マーガリン」発売▽中央物価委員会，缶詰の国内消費の8割減を目指し，缶詰の使用禁止決定▽京都駅にて代用駅弁として焼き芋登場▽「米穀搗精等制限令」公布．白米が禁止され，7分搗きに▽**「白米禁止令」実施**▽百貨店の食堂のサンプル（料理見本）が本物から絵や写真に代わる▽**砂糖・清酒の公定価格決定**
15	1940	紀元2600年の正月を記念し，天皇の食卓に3食とも前線兵士と同じ内容の野戦料理を提供▽**「米穀配給統制規則」公布**▽東京府下にて牛乳の公定価格決まる▽**「砂糖配給統制要綱」発表**▽東京市にて飯米に外米を強制混入▽酒と砂糖の新公定価格決定▽全国で初の肉なしデー（毎月2回）始まる．肉屋や食堂などでの肉・肉料理の販売禁止▽**小学校児童の栄養改善・体位向上を図り，文部省訓令「学校給食奨励規程」制定**▽価格形成中央委員会，米・味噌・醤油・塩・マッチ・木炭・砂糖など10品目に切符制の採用決定▽商工省，**砂糖購入制限令施行**▽国民精神総動員連盟による節米運動・代用食奨励運動展開▽週1回の節米デーを決定▽**6大都市にて，砂糖・マッチ配給統制規則公布（砂糖とマッチの配給制開始）**

和　暦	西暦	事　　　　　項
		▽**「農産缶詰販売制限規則」「水産物缶詰販売制限規則」公布**▽農林省，食肉加工品卸売協定価格決定▽農林省，「小麦配給統制規則」公布▽「青果物配給統制規則」実施▽東京府にて食堂，料理店などでの米の使用を全面禁止▽菓子の公定価格制実施▽**農林省，「臨時米穀配給統制規則」公布**▽青果類の小売価格に最高価格制実施▽食肉の公定価格制実施▽パンの公定価格制実施▽食生活対策・値上り抑制の一環として，料理屋などに1日3食の最高価格決定▽商工省，ハム・ベーコン・ソーセージの公定価格制実施▽東京府価格形成地方委員会，青果物や鮮魚に公定価格設定▽**農林省，「牛乳及乳製品配給統制規則」公布**．母乳の少ない産婦の満1歳以下の乳児や病弱者への飲用牛乳の優先配給実施▽東京の銀座・浅草・日本橋にて代用食展開催▽**「鶏卵配給統制規則」公布**▽**商工省，「砂糖・マッチ配給統制規則」公布**▽紀元2600年祝賀行事にて，祝賀用としての赤飯用もち米特配▽食糧報国連盟，男女各年齢ごとに国民食基準制定▽**砂糖の割当配給制実施**▽正月用もち米切符制実施▽パン類販売価格指定▽肉類（牛・豚・鶏）の販売価格告示
昭和　16	1941	黒砂糖・白砂糖統制法公布▽米屋の自由営業廃止▽農林省，「食糧管理官制」公布．食糧管理局，食糧事務所設置▽ホットケーキや焼りんごが菓子扱いとなり，公定価格決定▽各地の節分，大豆不足で豆抜きとなる▽食糧報国連盟，東京日比谷の松本楼にて国民儀礼食の試食会開催▽標準国民食決定▽香川学園にて，国民食展覧会開催▽**「鮮魚介配給統制規則公布」**▽**6大都市にて，米穀配給通帳制・外食券制実施**▽肉屋で犬やタツノオトシゴ，オットセイの肉の販売開始▽厚生省，全国に大豆・馬鈴薯・人参など栄養野菜21種の空閑地栽培通牒▽**文部省，貧困児童・身体虚弱児・栄養不良児の栄養補給を目的とした「学校給食奨励規程」制定**▽東京府にて，食パン販売統制株式会社設立▽家庭用小麦粉切符を各家庭に配布▽東京にて第1回目の肉なしデー実施．その後，4回の肉

和　暦	西暦	事　　　　　項
		なし日設置▽東京市，夏の40日間に各家庭を対象にビールの配給決定▽東京市内の各工場と国民学校に，菓子代用の乾パン特別配給▽**家庭用食用油の切符配給制開始**▽**「麦類配給統制規則」公布**▽農林省，「諸類配給統制規則」公布▽東京市にて砂糖・マッチ・小麦粉・食用油の配給切符制実施▽香辛料の配給制開始▽**「食肉配給統制規則」公布**▽農林省，「農地作付統制規則」公布▽肉類や内臓類などの最高販売価格公布▽「農業生産統制令」公布▽正月用のもち米の配給決定
昭和　17	1942	**食塩の通帳配給制実施．6大都市にて，醤油・味噌の切符制実施**▽**「水産物配給統制規則」公布**▽味噌・醤油・塩の切符配給制開始▽横浜市にて，市内の神社仏閣に節分用黒豆3合を特別配給▽全国にてシンガポール陥落の祝賀会が開催され，酒・菓子・小豆などを特別配給▽**政府，独占専売制を採用し，国家管理を目的とした「食糧管理法」公布**▽東京市にて，蔬菜不足の深刻化に伴い，蔬菜の種子斡旋▽**幼児と妊産婦にパンの切符配給制実施**▽「水産統制令・同施行規則」公布▽農林省，「農業生産奨励規則」公布▽中央食糧営団設立▽全国ソース工業組合，トマトケチャップ，ウスターソース以外のマヨネーズなどの調味料製造中止▽東京府下にて鮨やうなぎ料理の公定価格決定▽「食肉配給統制規則」により，ハム・ソーセージの家庭配給開始．また「食肉加工品出荷統制規則」制定▽東京市板橋区にて，母乳不足の母親に代わり，代役を務める「お乳の隣組」開設▽**閣議にて大政翼賛会による積極的な玄米食奨励運動の展開を正式決定**▽全国の学童に新穀感謝行事用キャラメル特別配給▽理研，栄養本位のパンとして，サツマいもで作る戦時用代用食「芋パン」の研究開始▽乾燥卵・乾燥バナナ配給▽「欲しがりません勝つまでは」がスローガンとして流行▽雑穀の配給とともに，家庭用製粉機が出回る．とうもろこしやそば粉にも使用
18	1943	二木謙三，希望者への玄米配給開始▽理研，戦時用代用

和　暦	西暦	事　　　　　　項
		食「芋パン」完成▽東京にて食品ムダなし運動開始▽一般大人（16～59歳）への菓子配給停止▽ビールの配給制開始．銘柄・商標を廃止して，「麦酒」に統一▽神奈川県のゴルフ場が農園になるなど，校庭農園・路傍農園本格化▽閣議にて，「食糧増産応急対策要綱」決定．雑穀増産を目指す▽全国の大学の学生食堂閉鎖▽「サツマいもは大切な主食！」をスローガンに．農林省，全国的にいもの大増産運動の開始を決定▽うどん・そばなどの麺類に新公定価格決定▽駅弁に「日の丸弁当」登場▽「食糧管理法施行規則」改正．米麦のヤミ買いには罰金▽九州の宮崎駅にてふかしたいもに佃煮昆布，福神漬をいれた「いも駅弁」登場▽閣議，「食糧自給体制強化対策要綱」決定．自作農創設の促進決定▽中央農業会，主要食糧の増産達成と供出完遂に食糧増産供出本部設置▽作付統制令強化
昭和　19	1944	東京のビヤホールや百貨店などにて勤労者の昼食を提供する雑炊食堂開設▽内務省国土局，河川堤防に大豆やそら豆の栽培許可▽文部省，食糧増産に学童500万人の動員決定▽東京にて1戸につきカボチャ1株，また蔬菜の栽培奨励▽「決戦非常措置要綱」実施．大都市の高級料理店850店など全面閉鎖▽6大都市の国民学校の児童に学校給食開始▽『週刊朝日』にゲンゴウロウの幼虫やサナギなどの食用を奨める「食べられるものの色々」特集▽天長節に際し，全児童に菓子パン2個を無料配布▽東京にて戦時食料増産促進本部設置▽**東京にて「国民酒場」開設**▽政府，青果物・魚類配給統制会社の設立命令▽米穀管理要綱決定▽柿やりんごの皮，落花生などを用いた戦時代用パン登場▽**砂糖の家庭用配給停止**▽東京にて，雑炊食堂を都民食堂と改称▽軍需省，全国の飼い犬を強制的に供出．毛皮を飛行服，肉は食用にするため▽大阪にて，野菜の自由販売が全面禁止▽**スイカやメロンの作付禁止**
20	1945	閣議，「食糧確保緊急措置」決定▽東京湾にてイワシ90

和　暦	西暦	事　　　　　　項
		万貫（337万キロ）が水揚げされ，都民1人当たりに5尾ずつ配給▽飛行機の余剰軽金属を用いたパン焼器・せんべい焼器流行▽**日比谷公園にて米3合の配給を要求する餓死対策国民大会開催**▽GHQ，食糧の輸入を許可▽栄養士規則公布
昭和　21	1946	文部省，学校農園などによる給食の普及奨励▽「食糧緊急措置令」「隠匿物資等緊急措置令」公布▽「青果物配給統制令」公布▽**「食糧メーデー（飯米獲得人民大会）」開催**▽人工甘味料「ズルチン」の製造販売を許可▽全国の児童に，GHQ放出のメリケン粉によるコッペパン1個配給▽**「学校給食実施の普及奨励について」通達**▽**東京・神奈川・千葉の3都県にて，戦後初の学校給食が試験的に開始**▽甘味噌の代用品として，いも味噌配給
22	1947	**国民学校にて，ララ（アジア救済連盟）物資により，全国300万人対象に学校給食開始**▽公衆衛生院国民栄養部が独立して，国立栄養研究所設立▽外食券食堂・旅館・喫茶店を除き，全国の料飲店が営業停止になる▽酒類配給公団，清酒（日本酒）配給▽東京皇居前広場にて，食糧確保国民大会開催▽パンの切符配給制実施▽**果物など132品目の公定価格廃止．自由販売開始**▽**東京地裁の山口良忠判事，配給だけを守り，栄養失調で亡くなる**▽酒類の統制撤廃．自由販売開始▽食糧配給公団法成立▽食品衛生法公布▽東京都経済局，妊産婦用にソーセージを切符制で配給▽**栄養士法公布**
23	1948	メチルアルコールを多量に含むヤミウィスキー横行▽京都大学の木原均博士，本格的な種無し西瓜の栽培に成功▽東京都葛飾区の主婦約5000名，米よこせ大会開催▽カレーやコショウの公定価格廃止▽**主婦連合会発足**
24	1949	**野菜，9年ぶりに統制撤廃．自由販売開始**▽**ビヤホール復活**▽東海道線の列車に食堂車復活▽農林省，本年度の芋類供出完了後の自由販売決定▽サツマいもの統制撤廃．自由販売開始
25	1950	牛乳の統制撤廃．自由販売開始▽供出後の麦の自由販売

和　暦	西暦	事　　　　　　項
		決定▽**いも類の統制撤廃.** 自由販売開始. 石焼芋屋も復活▽水産物の統制撤廃▽東京にて外食券なくても, 米以外の主食（パン・うどん・そば）の統制撤廃▽味噌・醤油の統制撤廃. 自由販売開始▽文部省, 8大都市の小学校にてガリオア資金によるパン・ミルク・おかずの完全給食実施発表. 9月より実施▽食糧庁, 煮豆・豆腐・油揚げ・納豆・かまぼこなど, 正月用品の特配を発表
昭和　26	1951	米, 登録制となり, 民営米屋復活▽全国市制地域の小学校で完全給食開始. 翌年4月にすべての小学校へ拡大▽農林省,「食糧管理法施行規則改正」公布. 雑穀や大豆の統制撤廃・自由販売開始▽食糧品配給公団廃止▽日本航空の木星号に初めての機内食登場
27	1952	**砂糖の統制撤廃.** 自由販売開始▽**内地産麦類の統制撤廃.** 配給は米だけに. 米以外の食糧統制全廃▽東京都,「調理師条例」公布▽栄養改善法公布▽人造バターをマーガリンと名称変更▽栄養改善運動として,「三色食品群」提唱▽**小学校での完全給食実施**
28	1953	大阪・梅田の第一生命ビル屋上にて戦後初のビアガーデン「アサヒビアガーデン」開設. 経営はニュートーキョー▽東京都食肉加工業組合, ハムやソーセージの無着色運動開始▽農林省, 米不作対策に際し, 人造米奨励に着手▽**東京青山にスーパーマーケット開店**▽**熊本水俣病表面化**
29	1954	農林省, アメリカとのＭＳＡ協定に基づく余剰農産物購入協定・経済的措置協定に調印▽アメリカのビキニでの水爆実験により, 第五福竜丸被爆. 放射線マグロが問題視▽**学校給食法公布**
30	1955	食堂での米飯の自由販売開始▽**東京芝浦電気(現在の東芝), 電気自動炊飯器発売**▽**森永砒素ミルク事件**▽欧米式の飼育技術や設備を導入し, ブロイラーの大規模飼育開始
31	1956	インスタントコーヒー, 初輸入▽日ソ漁業条約調印▽**「学校給食法」改正. 中学校での給食開始.** また「夜間学校を置く高等学校における学校給食に関する法律」公布▽福井県農事試験場にて「コシヒカリ」の育成に成功

和　暦	西暦	事　　　　　　項
昭和　32	1957	**NHK，「きょうの料理」放映開始**▽「盲学校，ろう学校及び養護学校の幼稚部及び高等部における学校給食に関する法律」公布
33	1958	メリーチョコレート，東京新宿の伊勢丹にてバレンタイン用チョコを日本で初めて発売▽サンシー殖産（現在の日清食品），世界で初めてのインスタント食品「即席チキンラーメン」発売▽**キューピー食品，日本で初めてのドレッシング「フレンチ・ドレッシング」発売**▽りんごの新品種「フジ」創製▽コップ酒の自動販売機登場▽「学校給食用牛乳取扱要領」通知▽**神戸市三宮に「主婦の店ダイエー」開店**
34	1959	愛知トマト（現在のカゴメ），トマトペースト発売．缶詰のトマトジュースも製造販売▽「学校給食用牛乳供給事業実施要綱」公布▽日本で初めての素材缶詰「はごろもシーチキン」発売▽山梨県農事試験場，種無しブドウ開発▽**主婦連の「牛乳値下げ懇談会」が契機となり，生産者と消費者のよる「10円牛乳運動」開始**
35	1960	太平洋養魚，香川県高松市にて世界初めての車えびの養殖開始▽日本で初めての自動皿洗い機誕生▽**森永製菓，日本で初めてのインスタントコーヒー製造販売開始**▽日本酒の公定価格撤廃．自由販売開始▽グリコ，チョコレート型カレールウ「グリコワンタッチカレー」発売
36	1961	ヤマサ醤油と味の素，共同でイノシン酸生産開始▽**森永乳業，クリープ発売**▽「農業基本法」公布▽東芝，電子レンジ国産第1号発売▽**コカコーラの輸入自由化決定**
37	1962	山印信州醸造，高速凍結乾燥による初のパック入りインスタント味噌汁発売▽厚生省，台湾でのコレラ騒動の影響で，台湾バナナの輸入禁止▽明星食品，日本で初めてのスープ別付即席ラーメン発売▽学校給食栄養所要量の規準改定▽中部日本放送（CBC），「3分クッキング」放映開始
38	1963	東京や大阪にてコップ式熱燗清酒機，缶ビールの自動販売機など誕生▽文部省，義務教育の児童全員にミルク給

和　暦	西暦	事　　　　　　　項
		食実施．脱脂粉乳の国庫補助が実現したため▽ドブロク以外の梅酒など12種の果実酒の自家製造自由化▽味の素，アメリカのケロッグ社と提携し，日本で初めての国産コーンフレーク発売▽イギリス・ロンドンの国際捕鯨会議にて年間漁獲量1万頭と決定
昭和　39	1964	ココア・ケーキ・インスタントティー，自由価格になる▽**クノールスープ発売**▽**かっぱえびせん発売**
40	1965	サッポロビール，「サッポロストライク」発売．ビンの王冠を指で押し上げるプルトップ式第1号▽**第2次水俣病発生・表面化**
41	1966	低温輸送を可能にしたコールドチェーン制度の導入開始▽豊年リーバ（現在の日本リーバ），純植物性マーガリン「ラーマ」発売▽外米の自由販売開始▽**早川電気工業（現在のシャープ），日本で初めての家庭用電子レンジ発売**▽エスビー食品，「ゴールデンカレー」発売．高級カレールーのはじめ▽**「野菜生産出荷安定法」制定**
42	1967	サントリー，熱処理をしない日本で初めてのビン詰生ビール「純生」発売▽公正取引委員会，偽装表示をした食品メーカー6社に排除命令▽ハムやソーセージに原料肉名の表示を義務化▽フルーツ牛乳やコーヒー牛乳の牛乳表示を禁止▽元禄寿司，東京錦糸町にて「まわる回転寿司」開店▽**イタイイタイ病問題化**
43	1968	**大塚食品工業，日本で初めてのレトルト食品「ボンカレー」と「ボンシチュー」発売**▽砂糖の輸入自由化決定▽香川県高松市の丸十物産，冷凍ライス（チキンライス・焼めし・釜めし・白飯など）商品化▽東京新橋にて牛丼の「吉野家」開店▽**カネミ油症（米ぬか油中毒事件）が問題化**
44	1969	外食券の廃止など配給制度改正▽**閣議にて自主流通米制度導入を決定（食糧管理法施行令発足）**▽サッポロビール，日本で初めての低アルコールビール「サッポロライト」発売▽チューブ容器入りケチャップ初登場▽**人工甘味料チクロの発がん性問題が起こる**

和　暦	西暦	事　　　　　項
昭和　45	1970	ことぶき食品（現在のすかいらーく），**東京国立にて「ドライブイン・すかいらーく」開店**▽**名古屋にて「ケンタッキーフライドチキン」開店**▽味の素，インスタントだし「ほんだし」発売▽上島珈琲（現在のUCC上島珈琲），世界初の缶コーヒー発売
46	1971	**大阪府箕面市にて，「ミスター・ドーナツ」開店**▽朝日麦酒，日本で初めてのアルミ缶ビール発売▽グレープフルーツなど26品目の輸入自由化▽**銀座にて，「マクドナルド」開店**▽丸美屋，日本で初めての麻婆豆腐の素発売▽**カドミウム汚染米問題が起こる**▽**カップヌードル発売**
47	1972	食品業界にてクチナシ，サフラン，ウコンなどの天然色ブーム▽サントリー，ロング缶ビール（500ミリリットル）発売▽第1次ワインブーム．サントリー，ニューファミリー向け「デリカワイン」発売▽スギヨ，石川県七尾市にて「珍味かまぼこ・かにあし」発売．コピー食品のはじめ
48	1973	**鮮魚商らによる「水産物公害一掃全国総決起大会」開催**▽公正取引委員会，果汁ゼロの飲料に「無果汁」表示義務化▽明治乳業，プレーンタイプの「明治ブルガリアヨーグルト」発売▽**PCB・水銀汚染魚問題が起こる**
49	1974	東京目黒にて「サーティーワン・アイスクリーム」開店▽**東京豊洲にて，日本で初めてのコンビニエンスストア「セブンイレブン」開店**
50	1975	**有吉佐和子，『複合汚染』刊行**▽**紅茶きのこブーム**
51	1976	**米飯給食開始**▽埼玉県草加市にて「ほっかほっか亭」開店．持ち帰り弁当のはじめ▽兵庫県の播州手延素麵の商品名を「揖保乃糸」に一本化
52	1977	東京品川駅付近にて青酸コーラ殺人事件▽日米漁業協定調印▽漁業水域に関する暫定措置法公布▽サントリー，阿波踊りのラベルを貼ったビール発売．ご当地ビールのはじめ▽瀬戸内海にて，赤潮の異常発生．養殖ハマチなどに被害が及ぶ▽雪印乳業，低脂肪・低カロリーの「ローファット牛乳」発売

和暦	西暦	事項
昭和 53	1978	バレンタインデーのお返しに，ホワイトデー登場．福岡市の菓子屋「鶴乃子」考案▽水道水に発がん物質「トリハロメタン」が含まれていると初めて報道
54	1979	紀文，豆乳発売
55	1980	麒麟麦酒，トロピカルドリンクス発売．グアバ，パッションフルーツ，マンゴーの3種．トロピカルブームのはしり▽大塚製薬，「ポカリスウェット」発売．スポーツドリンクのはじめ▽カルシウムを添加したインスタントラーメンや味噌，菓子など登場▽**農政審議会，低脂肪でいて，米や水産物を積極的に摂取する日本型食生活の見直し提唱**▽マイルドブームが起こり，酢・塩分を減らしたマヨネーズや減塩醤油などが好まれる▽**輸入農産物のポストハーベスト（収穫後農薬）問題が深刻化**
56	1981	サントリー，アメリカのビール「バドワイザー」輸入販売開始▽朝日麦酒，日本で初めてのつぶ入りジュース「バヤリースオレンジつぶつぶ」発売▽伊藤園，缶入りウーロン茶を世界で初めて開発．缶入りお茶のはじめ▽大阪にて，「日本の伝統食を考える会」設立
57	1982	**NHK「なぜひとりで食べるの」放映**
58	1983	雁屋哲，漫画『美味しんぼ』の連載開始▽**農水省「食生活ガイドライン」発表**
59	1984	高級アイスクリームメーカーのハーゲンダッツ・ジャパン，東京青山にて「ハーゲンダッツ」開店
60	1985	**厚生省「健康作りのための食生活指針」発表**
61	1986	筑波大学の内宮博文，世界初の稲の遺伝子組み換えに成功．バイオテクノロジーによる野菜作り開始
62	1987	石川県鹿西町の杉谷チャノバタケ遺跡から，日本最古のちまきの化石出土
平成 2	1990	天皇即位を祝福した「饗宴の儀」で，外国人を招いた祝宴としては初めて日本料理を提供▽ヒエ，アワ，キビなどの雑穀に健康食として人気が集まる
3	1991	牛肉とオレンジの輸入自由化開始▽塩専売の民営化開始▽無洗米登場

和　暦	西暦	事　　　　　　　　　項
平成　4	1992	ペットボトル症候群が問題化▽ココヤシを使用したデザート「ナタデココ」ブーム
5	1993	平成の米騒動▽冷夏により米が平年の3割減．政府，タイ米の緊急輸入を決定▽閣議，ウルグアイ・ラウンド農業交渉を成立させるため，米の部分開放を実施▽フジテレビ，「料理の鉄人」放映開始
6	1994	エジプト生まれのモロヘイヤ入りの食品ブーム
7	1995	新潟県の上原酒造，日本で初めての地ビール「エチゴビール」発売▽**「新食糧法（食料需給価格安定法）」施行．食糧管理法を廃止し，米の生産・流通・販売を原則的に自由化**
8	1996	コメ販売の自由化▽大阪堺市の小学校にて病原性大腸菌O-157による集団食中毒発生▽イギリスで狂牛病問題化．日本にも波及▽シュガーレス食品大流行
9	1997	ロッテ，天然甘味料「キシリトール」を配合したガム発売▽オーガニック食品ブーム▽「塩専売法」廃止▽ポリフェノール効果で赤ワインブーム
10	1998	近畿大学と石川県畜産総合センター研究グループにより，世界で初めてのクローン牛誕生▽和歌山県和歌山市にて，カレー砒素混入事件
11	1999	コメの輸入関税化実施▽「新農業基本法」公布
12	2000	雪印集団中毒事件発覚
13	2001	**狂牛病発生**
15	2003	賞味期限表示の用語を「賞味期限」に統一▽カナダやアメリカでBSE感染牛発生．当該地域産牛肉輸入禁止▽中国やアメリカなどで，高病原性鳥インフルエンザ発生．各社，原材料調査に乗り出す
16	2004	山口県にて鳥インフルエンザ発生．中国やタイ産の鶏肉輸入禁止
17	2005	「食育基本法」成立▽日清食品，NASA宇宙食即席めん「スペースラム」開発．野口宇宙飛行士，宇宙にて喫食．**栄養教諭制度導入**
19	2007	『ミシュランガイド東京版』刊行▽赤福，辛子明太子，

和　暦	西暦	事　　　　　項
平成　20	2008	白い恋人などの食品偽装事件相次ぐ 中国製冷凍餃子より有機リン系農薬「メタミドホス」検出▽殺虫剤やカビに汚染された事故米が一般に転売

※　ゴチックは本文中に説明あり